세타힐링

세타힐링®
세타파를 이용한 강력한 에너지 치유법

2024년 8월 19일 초판 1쇄 발행. 비안나 스티발이 쓰고, 양승희가 옮겼으며, 도서출판 샨티에서 박정은이 펴냅니다. 편집은 이홍용이 하고, 표지 및 본문 디자인은 황혜연이 하였으며, 강윤화, 박준형이 마케팅을 합니다. 인쇄 및 제본은 상지사에서 맡아 하였습니다. 출판사 등록일 및 등록번호는 2003. 2. 11. 제2017-000092호이고, 주소는 서울시 은평구 은평로3길 34-2, 전화는 (02) 3143-6360, 팩스는 (02) 6455-6367, 이메일은 shantibooks@naver.com 입니다. 이 책의 ISBN은 979-11-92604-27-5 03180이고, 정가는 25,000원입니다.

세타파를 이용한 강력한 에너지 치유법

THETA HEALING®
세타힐링

비안나 스티발 지음
양승희 옮김

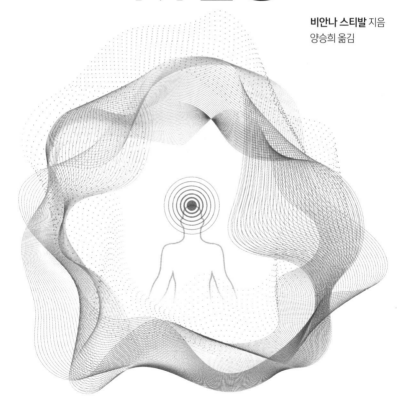

【샨티】

나의 신인 만물의 창조주에게,
당신의 신성한 인도 덕분에 이 책의 정보들을 얻게 되었습니다.

나의 어머니에게,
당신의 가르침 덕분에 신이 늘 우리의 기도를 듣고
응답한다는 것을 믿고 기도할 수 있었습니다.

나의 남편에게,
나의 글을 편집해 주고, 내가 전 세계를 다니며
이 책에 소개된 기법들을 가르치는 동안 나를 도와준 당신에게
말로 다 표현할 수 없는 고마움을 전합니다.

나의 아이들에게,
너희는 나에게 영감을 주는,
뛰어난 직관력을 타고난 나의 친구들이란다.

나의 귀중한 손주들에게,
너희는 내 삶에 축복과 기쁨을 더해준단다.

모든 세타힐링 강사, 세타힐링 프랙티셔너들과
전 세계에서 세타힐링에 활기를 불어넣고 있는 훌륭한 분들에게,
여러분도 내게는 기쁨의 원천입니다.
세타힐링의 놀라운 기법과 개념들을 세상에 소개하는 여정에서
여러분은 내게 영감을 불러일으켜 주는 존재들입니다.

언젠가 만날 이들에게,
여러분의 여정이 더없는 평화와 풍요로운 선善의 자리로
여러분을 인도해 주기를.

그대 자신의 이성과 상식에 부합하지 않으면
어떤 것도 믿지 말라.
어디서 읽었든, 누가 가르쳤든.
설사 내가 한 말일지라도.

—붓다

차례

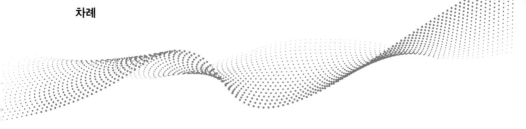

머리말

이 책에서는 지금까지 기록된 것 중에서 가장 강력한 에너지 치유법을 소개하려고 한다. 그것은 바로 세타힐링ThetaHealing®이다. 세타힐링은 집중된 기도로 창조주Creator를 통해 몸과 마음, 영혼을 치유하는 명상 과정이다. 창조주는 우리에게 놀라운 지식을 아낌없이 준다. 우리는 이것을 받기만 하면 된다. 이것을 받은 덕분에 나와 많은 이들의 삶이 바뀌었다.

이 치유법을 쓸 때 꼭 필요한 것이 있다. 그것은 바로 만물의 창조주 Creator of All That Is에 대한 우리 마음 중심에 있는 믿음이다. 이 창조주를 가리키는 명칭은 신이나 붓다Buddha, 시바Shiva(힌두교에 등장하는 파괴와 창조의 신으로 '상서로운 존재'라는 의미를 지닌다—옮긴이), 여신, 예수, 야훼, 알라 등 다양하다. 이들 모두 우리를 존재의 일곱 번째 단계Seventh Plane of Existence와 만물의 창조적 에너지Creative Energy of All That Is를 향한 흐름 속으로 인도한다. 세타힐링은 어떤 종교에도 묶여 있지 않다. 특정한 연령과 성별, 인종, 피부색, 교리, 종교를 위한 것도 아니다. 신이나 창조적 힘Creative Force을 순수하게 믿는 사람이라면 누구나 세타힐링이라는 나무에 다가가 그 나뭇가지들을 이용할 수 있다.

이 책에는 과거에 출간된 《위로 올라가 신을 찾는다Go Up and Seek

God》《위로 올라가 신과 작업한다*Go Up and Work with God*》《DNA 2 고급 매뉴얼*The DNA 2 Advanced Manual*》의 내용이 포함되어 있다. 더불어 이 책들을 집필한 후에 발견한 새로운 정보들도 추가되어 있다.

이 정보를 여러분과 공유하지만, 나는 이 정보의 활용으로 인해 발생하는 변화에 대해서는 어떤 책임도 지지 않는다. 그 책임은 여러분 자신의 것이다. 자신의 삶을 바꾸는 힘, 그리고 타인의 삶을 바꿀 수 있는 힘—물론 상대의 동의를 먼저 구해야 한다—이 여러분 자신에게 있음을 인식하는 순간, 책임도 여러분에게 돌아간다.

그리고 주의할 점이 있다. 이 책에서 설명하는 치유법이나 접근법, 기법은 전문적인 의료 행위나 치료를 보완하거나 대체하기 위한 것이 아니라는 점이다. 자격증이 있는 의료 전문가에게 진찰을 받지 않고 심각한 질병을 치유해서는 안 된다.

1

세타힐링®의 형성 과정

1994년 세타힐링 개념을 착안한 뒤 지금과 같은 형태로 발전시키기까지는 꽤 긴 여정을 거쳐야 했다. 다행히도 훌륭한 세타힐링 프랙티셔너practitioner들과 강사들이 이 여정을 함께하며 작업을 지지해 주었다. 더불어 세계 곳곳에서 많은 사람들이 관심을 가져준 덕분에 세타힐링은 마치 봄날의 물오르는 나무처럼 계속해서 아름답게 잘 자라고 있다.

* * *

나의 이름은 비안나Vianna이며, 나는 세타힐링 기법을 처음 만든 사람이다. 내게는 태어날 때부터 직관적인 능력이 있었다. 하지만 이런 능력을 치유에 활용할 생각은 원래 없었다. 처음에는 나 자신의 건강 문제들 때문에 도교道教와 영양학, 약초 공부를 했다. 이런 분야에 관심을 갖다가 나중에는 '자연의 길Nature's Path'이라는 사업체를 운영하기도 했다.

치유의 길로 처음 발을 디딘 것은 1990년이다. 그해에 나는 10년간 함께 산 남편과 이혼하고 어린 아이 셋을 혼자 키워야 했다. 때마침 정부에서 미국 에너지국Department of Energy에서 일할 여성을 몇 명 뽑는다는 이야기를 들었다. 에너지국 시설은 내가 살던 아이다호 폴스Idaho Falls에서 비교적 가까운 곳에 있었다. 나의 계획은 핵 보안 '기지Site'라는 곳에서 일하면서 내가 정말로 관심 있던 예술에 대한 꿈을 계속 키워나가는 것이었다. 버스로도 직장까지 한참을 가야 했지만, 임금과 혜택을 생각하면 그만한 수고는 아무것도 아니었다.

1991년 나는 핵 보안 요원으로 일하기 위해서 1년간의 훈련 과정을 밟기 시작했다. 경쟁이 치열했지만 나는 해내야만 했다. 이런 과정은 나를 극한까지 몰고 갔다. 훈련 과정을 마친 후, 나는 정부에서 일할 수 있는 비밀 정보 접근권security clearance이 떨어지기를 기다리면서 근처의 한 제조 공장에서 일했다.

이 시기에도 나는 예술에 대한 내 관심사들을 잊지 않았다. 쉬는 시간에는 다른 직원들의 모습을 스케치해 주거나 직관력을 이용해서 짧게 리딩reading(다른 사람의 몸 상태나 감정 등의 에너지를 제3의 눈으로 스캐닝하는 기법—옮긴이)을 해주었다. 하지만 교대 근무라 자정부터 아침까지 일을 하는 경우가 흔했고, 아이들을 혼자 양육하고 있다 보니 제조 공장의 보안 요원 일만으로는 아이들에게 원하는 미래를 제공해 줄 수 없을 것 같았다. 변화가 필요하다는 생각이 들었다.

그러던 차에 건강상의 문제를 계기로 자연 의학naturopathic medicine을 집중적으로 공부하게 됐다. 자연 의학 공부를 마치고 1994년 3월에 나는 풀타임으로 마사지와 영양 상담, 자연 요법을 제공하는 사업체를 열었다.

새로운 문이 열릴 때마다 나는 내 인생의 경로를 제대로 따라가고 있다는 기분이 들었다. 그때 어떤 영매가 내게 리딩을 해주는 일로 돈을 벌어보라고 했다. 일을 벌이자 요술처럼 사무실을 갖게 되었고, 첫날부터 의뢰인이 끊이질 않았다. 첫 주도 지나지 않아 가장 가까운 친구가 될 사람을 만났고, 리딩을 받으러 오는 단골들도 생겨났다. 그렇게 리딩을 하다 보니 귀를 기울이면 창조주가 내게 직접 음성으로 가르침을 들려준다는 사실을 깨닫게 되었다. 그 덕분에 나는 리딩을 꽤 잘하게 되었고, 강좌를 열어서 내가 사용하는 기법을 가르쳐달라는 요청도 받았다. 이렇게 나는 직관 치료사medical intuitive의 길을 걷기 시작했다. 이 시점부터 형이상학적인 경험이 기하급수적으로 늘어났고, 그런 경험들을 통해 내가 앞으로 어떤 존재가 될지가 구체적으로 드러나기 시작했다.

그러는 사이 내 오른쪽 다리에 심각한 문제가 생겼다. 이따금씩 다리가 정상 크기의 두 배나 되게 부어오르곤 한 것이다. 염증과 통증이 너무 심해서 현대 의학의 도움을 받는 것이 좋겠다는 생각이 들었다. 1995년 8월, 뼈암bone cancer이라는 진단을 받았다. 의사는 내 오른쪽 대퇴골에 종양이 생겼다고 했다. 모든 검사 결과들이 그 사실을 확인시켜 주었다. 뼈 전문의는 나와 같은 사례를 딱 두 번 본 적이 있다고 했다. 그러면서 다리를 절단하는 것이 최선의 방법일 것 같다고 했다. 그래야 수명을 조금이라도 더 연장할 수 있다는 거였다.

어둠이 몰려와 나를 에워싸는 것 같은 느낌이 들었다. 하지만 시련은 아직 끝난 것이 아니었다. 의사가 유타 대학교University of Utah에 가서 조직 검사를 받아보라고 한 것이다. 조직 검사를 하려면 대퇴부를 절개한 후 뼈 샘플을 대퇴골 내부에서 긁어내야 했다. 나는 조직 검사를 받기 위해 극심한 고통을 참으며 네 시간이나 이동하는 수밖에 없었다. 당시 남편이었던 블레이크Blake가 나를 유타 대학교까지 태워다주고 병원에도 입원시켜 주었다. 뼈 샘플을 채취하는 내내 나는 깨어 있어야 했다. 망치와 드릴 소리를 피할 수 없었다. 의사는 병원에서 하룻밤 자는 게 좋겠다고 조언했지만, 남편은 의료 보험 가입을 안 해서 퇴원할 수밖에 없다고 했다. 나는 너무 기진맥진해서 남편과 언쟁을 벌일 힘도 없었다. 결국 어마어마한 통증을 감내하면서 서둘러 차에 올랐다. 그러고는 남편의 형 집에서 하룻밤을 보낸 후 집으로 돌아왔다.

퇴원할 때 의사들은 내 발로 걸으면 다리가 부러질 수 있다고 경고했다. 만약 그렇게 되면 암의 전이를 막기 위해 다리를 절단하는 것 말고는 다른 대안이 없다고도 했다. 그러면서 어쨌든 살날이 몇 개월밖에 안 남았다고 덧붙였다.

그런 몸으로 나는 6주 동안이나 목발 신세를 졌다. 종양으로 인한 통증은 여전히 견디기 힘들었다. 내 삶이 완전히 허물어지는 것 같았다. 실제로 얼마나 더 살 수 있을지도 몰랐다. 하지만 나는 끊임없는 통증에도 목발을 짚고 절름거리며 돌아다녔다. 계속 의뢰인들을 만나면서 꿋꿋하게 앞으로 나아갔다. 용기나 인내력이 대단해서 그런 것은 아니었다. 경제적인 책무가 있고, 어린 자식들이 나를 필요로 했기 때문이었다. 당시 나는 블레이크와 막 재혼을 한 신혼 상태였다. 하지만 그와는 진정한 동반자 관계라고 할 수 없었다. 오히려 쇠잔해지는 내게 짐이 하나 더 늘어난 느낌이었다. 이런 상황에서 아이들을 버려둔 채 그냥 포기하고 죽을 순 없었다. 아이들을 다른 친척이나 하반신마비 환자인 아이들 아버지에게 맡긴다는 것은 생각만으로도 견디기 힘들었다. 이런 상황이 오히려 내게 삶의 의지를 고취시켜 주었다.

몸이 아주 좋지 않은 상태였지만 창조주와 더욱 강하게 연결되면서 나의 직관적인 능력들은 갈수록 더 예리해졌다. 열일곱 살에 다짐을 한 후로 나는 평생 내 삶에 어떤 고차원적인 목적이 있다고 믿으며 살았다. 그런데 이제 그 목적을 이룰 수 있을지 확신이 서지 않았다.

혼란과 슬픔 속에서 나는 창조주를 향해 절규했다. "왜 전가요? 왜 제가 다리를 잃어야 하는 건가요? 신이시어, 저는 정녕 죽는 건가요? 제게는 아직 할 일이 많습니다!"

이렇게 한창 울부짖고 있는데 어디선가 목소리가 들려왔다. 그 목소리는 아주 크고 분명했다. 마치 바로 옆에 서서 말하는 것 같았다. "비안나, 너는 다리가 있든 없든 여기에 있단다. 그러니 잘 대처해 보렴."

이 응답에 나는 깜짝 놀랐다. 당시에는 미처 깨닫지 못했지만, 이것이야말로 내게 필요한 응답이었다. 응답을 받는 순간 내 몸을 치유할 길을 찾으리라는 마음이 굳건해졌다.

내가 살던 지역의 힐러healer들이 나의 어려운 처지를 전해 듣고 사방에서 나를 돕기 위해 찾아왔다. 몇몇은 정말로 훌륭한 힐러였다. 그들 덕분에 내가 이 암울한 시기를 뚫고 나아갈 수 있었다고 확신한다. 나를 위한 사람들의 기도는 나를 계속 살아있게 만들어주었다. 앨리스Alice와 바바라Barbara를 보내서 나의 통증을 없애준 신에게 지금도 깊이 감사드린다.

당시의 내 몰골은 정말 딱하고 말이 아니었을 것이다. 나는 절름거리면서 사무실로 들어가 마사지 테이블에 기댄 채로 마사지를 하고, 힘들게 리딩을 해주었다. 이미 있는 문제들로도 힘든 마당에, 내 다리는 포도상 구균까지 감염되었다. '더 이상은 안 돼!' 이런 생각이 저절로 들었다. 이제는 나 자신을 치료하기로 마음먹었다.

여기서 먼저 밝혀둘 것이 있다. 나는 한 번도 기존의 전통 의학을 반대한 적이 없다. 나는 훈련된 의료 전문의들의 소견을 존중해야 한다고, 그리고 대개의 경우 그들의 소견이 맞을 거라고 믿고 있다. 그렇더라도 나처럼 드문 사례에서는 뼈암이라는 의사들의 진단이 틀릴 수도 있다고 느꼈다.

나는 내 직감을 믿었다. 나는 창조주에게 받은 정보를 믿었다. 그리고 내가 가지고 있는 자연 요법 지식을 활용하기 시작했다. 그런 과정에서 몸을 정화하기 위해 죽기 살기로 매달리는 것이 중요하다는 것을 깨달았다. 그래서 사우나 정화 요법과 레몬 정화 요법을 이어서 실행하기 시작했다. 나는 오랜 시간 동안 사우나를 했다. 2주 반이 넘는 기간 동안 하루에 네 시간씩 사우나에서 시간을 보냈다. 그리고 비타민과 미네랄을 섭취하면서 끊임없이 기도했다. 그러는 중에도 나는 여전히 의사의 진단이 틀렸다고 믿었다. 하지만 온갖 방법을 다해 스스로를 치유해 봐도 나는 여전히 심하게 아팠다.

드디어 조직 검사 결과가 도착했다. 검사 결과는 뼈암 음성이었다. 의사들은 혼돈에 빠졌다. 예전의 모든 검사에서 종양이 보였기 때문이다. 그런데 조직 검사에서는 죽은 세포들뿐 아니라 정상적인 뼈 세포들도 보였다. 의사들은 검사 결과를 마요 클리닉Mayo Clinic(미국의 비영리 학술 의료 센터로, 세계 최고의 의료 수준을 자랑하며 치료가 까다로운 환자들을 우선으로 진료한다—옮긴이)에 보내보기로 결정했다. 몇 주 후 유타 대학교에서 내게 마요 클리닉의 검사 결과를 알려주었다. 마요 클리닉에서는 림프 조직에 생기는 악성 종양이나 진단할 수 없는 육종肉腫이 대퇴골에 있는 세포들을 죽였다고 결론지었다. 나는 이 결론이 진실에 훨씬 가까우며, 수은 중독이 그 원인일 것이라고 생각했다. 이걸 어떻게 알았을까? 위로 올라가 신God(혹은 창조주)에게 물었을 때 내가 수은에 중독되었다는 메시지를 받았기 때문이다.("위로 올라가 신에게 묻는다"는 말의 의미는 이 책 3장 '힐링과 리딩' 중 '세타파' 설명 부분에서 자세히 설명된다.—옮긴이)

이후 나는 수은을 몸에서 배출할 방법을 알기 위해 신의 응답을 구하기 시작했다. 창조주로부터 받은 정보를 변함없이 신뢰하면서 정화 작업도 계속했다. 이즈음 내 다리는 오그라들어 있었고, 의사들은 내가 살아남더라도 다시 제대로 걸으려면 물리 치료를 받아야 할 거라고 말했다.

하지만 내가 무슨 일을 겪더라도 신은 즉각 치유해 주리라는 것을 나는 뼛속 깊이 믿었다. 나의 직감도 변함없이 신뢰했다. 왜 그런지 자신을 치유하는 법을 내가 이미 알고 있다는 느낌도 들었다. 단지 내가 무언가를 놓치고 있는 것일 뿐. 기존의 전통 의학과 정화 요법, 영양학, 오일을 모두 활용하고, 비타민도 섭취하고, 긍정 확언과 시각화도 했건만 나는 여전히 아팠다. 창조주에게 물어도 그때마다 내가 이미 답을 알고 있으며 신을 불러내는 법만 기억하면 된다는 말만 돌아왔다.

내 기도에 응답을 받은 것은 산에 있을 때였다. 나는 친구 몇 명과 함께 야영을 하고 각자가 준비해 온 음식을 나눠 먹었다. 이 자리에는 오레곤 주에 사는 이모도 참석했다. 그런데 이모가 그만 심한 복통에 걸리고 말았다. 이모는 할 수 없이 텐트 안에 누워 있어야 했고 나는 이모를 도

우러 텐트 안으로 들어갔다. 내가 자연 요법가라는 것은 이모도 알고 있었다. 하지만 내게는 약초가 없었다. 이모가 극심한 통증을 느끼는 걸 보니 맹장에 문제가 있을지도 모르겠다는 생각이 들었다. 나는 다른 사람들에게 수없이 했던 것처럼 이모의 몸을 스캔하기 시작했다. 리딩을 할 때 늘 그렇듯이 나는 나의 왕관 차크라crown chakra를 통해 나가 머리 위로 올라갔다. 그런 다음 이모의 공간 속으로 들어가서 창조주에게 이모의 문제가 무언지 물었다. 그러자 편모충이 문제라는 답이 왔다. 편모충을 향해 사라지라고 말하고, 창조주가 이모의 복통을 제거하는 모습을 목격자로서 바라봤다. 몇 초도 안 돼 복통은 씻은 듯이 사라져버렸다. 이모는 훨씬 좋아진 상태로 자리에서 일어났다. 이 일로 나는 생각할 거리를 얻고, 이 방법을 다시 써봐야겠다는 용기도 품게 되었다.

그 다음날 어떤 남자가 심한 요통 때문에 나를 찾아왔다. 나는 이모에게 일어났던 일을 반추해 보고 그 남자에게도 똑같은 방법을 써보았다. 그의 요통도 즉시 사라졌다.

그날 밤 나는 지난 며칠 동안 경험한 일들을 깊이 돌아보았다. 이제는 나 자신에게도 똑같은 방법을 적용해 볼 때라는 생각이 들었다.

바로 다음날 나는 절름거리면서 내 사무실로 갔다. 내 다리에 똑같은 과정을 적용하면 어떤 결과가 나타날지 생각하니 설레었다. 한편으로는 '그렇게 쉬울 리 없어!' 하는 생각도 들었다.

나는 사무실 문 앞에 멈춰 서서 왕관 차크라를 통해 나의 공간을 벗어나 위로 올라갔다. 그러고는 창조주를 향해 기도하고 나를 치유해 달라고 '요청했다.' 그러자 정말로 효과가 나타났다! 왼쪽보다 7.6센티미터나 짧게 오그라들어 있던 오른쪽 다리가 순간적으로 펴져 정상 길이로 돌아온 것이다. 통증도 사라지고 다리도 치유되었다.

나는 너무 신이 나서 하루 종일 치유된 다리에 억지로 힘을 가해 통증이 다시 일어나지는 않는지 확인해 보곤 했다.

나는 감사한 마음으로 이 기술을 배우고 싶은 사람이 있으면 누구에게나 가르쳐주겠다고 창조주에게 서약했다. 오늘날 우리가 알고 있고 사랑하는 세타힐링은 이렇게 탄생했다.

내가 이 기법을 사용한 두 번째 의뢰인은 어린 소녀였다. 오드리 밀러Audrey Miller라는 여성이 건강에 문제가 많은 증손녀를 데려와 내게 낫게 해달라고 했다. 그녀는 내가 내 다리를 순식간에 치유했다는 사실을 전혀 몰랐다.

"손녀를 왜 제게 데려오셨나요?"

내 질문에 오드리가 혼이 담긴 듯한 눈빛으로 나를 바라보며 말했다.

"신께서 아이를 선생님께 데려가라고 말씀하셨어요."

그녀가 다가와 손녀를 내 품에 안겨주던 모습이 지금도 기억난다. 손녀의 팔은 앙상했다. 지난 2년 동안 몸무게가 조금도 늘지 않았기 때문이었다. 거기다 고관절이 제자리에서 이탈된 상태로 태어났고, 심잡음까지 있었다. '버릇이 없다'고밖에는 표현할 수 없을 정도로 그 아이의 태도도 엉망이었다.

이 기법으로 내가 이미 치유된 바 있는 터라 나는 오드리에게 6일이면 아이가 나을 수 있을 거라고 말했다. 그 정도면 충분할 것 같았다. 이 새로운 기법에 기대가 큰 만큼 한편으로는 무척 불안하기도 했다. 그래서 창조주에게 간절히 호소했던 기억이 난다. '신이시여, 부디 이 아이를 치유할 수 있게 도와주세요. 제발, 제발 이 아이를 낫게 해주세요.' 그러고는 내가 알게 된 치유법을 사용하려고 왕관 차크라 위로 올라갔다.

6일 동안 매일 오드리의 딸이 차로 두 시간을 달려 내게 아이를 데려 왔다. 그러면 나는 30분 동안 이 아이에게 작업을 했다. 아이에게 색 조명을 비추고 그 새로운 치유법을 사용했다.

당시 아이는 걸을 때 팔에 부착하는 형태의 목발을 사용하고 있었다. 그런데 3일째 되는 날, 아이가 자리에서 일어나더니 이제 걸을 수 있다고 말했다. 목발을 짚지 않고 할머니에게 걸어가 보겠다는 것이다. 나는 아이를 말렸다. "애야, 안 돼. 아직은 안 돼. 그 정도로 튼튼해지지는 않았어." 그래도 아이는 해보겠다고 고집을 피웠다. 그러더니 자리에서 일어나 1미터 넘게 걸어서 할머니에게 갔다. 혼자 힘으로 걸은 것은 이때가 처음이었다. 이런 놀라운 기적이!

그 후로 아이의 등이 곧게 펴지고, 촌충도 여러 번 배설했다. 심잡음도 완전히 사라졌다. 아이는 물리 치료를 통해 제대로 걷는 법을 배우기 시작했다. 이제는 도움을 받지 않고 혼자서 걸을 수 있도록 몸을 단련시킬 만큼 힘도 생겼다. 하지만 이 아이의 치유 사례에서 가장 놀라운 점은 몸무게가 단 사흘 만에 1킬로그램이 늘고, 6일 후에는 거의 2킬로그램이나 늘었다는 사실이었다.

"역시 효과가 있었어!" 한껏 신이 난 나는 온갖 질병과 장애를 지닌 사람들, 위독한 환자들에게도 이 기법을 사용하기 시작했다. 그러자 각계 각층의 사람들이 입소문을 듣고 찾아왔다. 이미 와 있던 사람들이 치유에 큰 성공을 거두면서 곳곳에서 새로운 사람들이 몰려왔다. 이들 중에는 몇 번의 세션을 거쳐야 하는 사람도 있었고, 아예 치유가 안 되는 사람들도 있었지만, 대다수는 즉각 치유되었다.

이 기법으로 다양한 성공을 거둔 뒤 나는 이 기법이 이토록 효과적인 이유에 대해 나름의 결론을 얻게 되었다. 또 이런 치유가 '세타파 상태 Theta state'에서 이루어진다는 믿음도 갖게 되었다. 세타파가 무엇인지는 잠재의식을 다룬 책들을 통해 어느 정도 알고 있었다.

내 이론은 우리가 세타파로 들어갈 때 이런 치유들을 이루어낼 수 있다는 것이다. 내 이론이 맞다면 나는 치유 분야에서 하나의 돌파구를 만들어낸 셈이다. 더불어 믿음 치유faith healing가 효과적인 이유를 과학적으로 설명할 수도 있게 되었다.

2

강의를 시작하다

세타파에서 치유가 일어난다는 것이 새로운 치유 이론이 아니라는 것은 나도 알고 있었다. 많은 최면가들이 세타파 상태에서 작업을 해왔다. 그들은 의뢰인은 물론이고 의료진까지도 세타파 상태로 이끌어 놀라운 결과를 얻어내기도 했다. 나는 세타파 상태에서 신을 부르면 마치 콘센트에 전기 코드를 꽂은 것처럼 신과 연결이 되면서 아픈 사람을 즉각 치유할 수 있다고 확신했다. 실제로 나는 이미 믿기지 않을 만큼 좋은 결과들을 얻어내고 있었다. 하지만 내가 하고 있는 일을 더 잘 이해한다면 이 일을 더 완벽하게 해낼 수 있을 거라는 생각에 나는 연구를 시작했다.

인간의 뇌에서는 알파파, 베타파, 감마파, 델타파, 세타파라는 다섯 가지 뇌파가 방출되며, 우리의 모든 행위와 말은 뇌파의 주파수에 의해 조절된다. 이 가운데 세타파 상태는 아주 깊은 이완 상태이다. 최면에 깊이 들었을 때나 꿈을 꿀 때 우리의 뇌는 세타파 상태에 있다. 세타파 상태일 때 뇌파는 초당 4~7사이클로 느리게 진동한다. 명상가들은 이 상태에 이르기 위해 몇 시간이고 명상을 계속한다. 이 상태에서 비로소 절대적인 평정에 이를 수 있기 때문이다. 세타파 상태는 잠재의식subconsciousness 상태로 볼 수도 있다. 이 세타파는 의식consciousness과 무의식unconsciousness의 중간에 있는 우리 마음의 부분을 다스리기 때문이다. 잠재의식은 또한 기억과 감각도 저장하며, 우리의 태도와 믿음, 행위도 지배한다. 언제나 창조적이고 영감을 불러일으키며 영적인 감각이 뛰어나다는 특징이 있다. 그래서 세타파 상태에서는 의식의 층 아래에서 행동할 수 있게 된다.

세타파 상태는 아주 강력한 상태이다. 마치 아이들이 비디오 게임을 할 때 무아지경에 빠져 주변에서 벌어지는 일을 전혀 감지하지 못하는 상태와 비슷하다. 티베트의 수도승들도 이 세타파 상태를 이용했다. 겨울이면 이들은 젖은 수건을 자신의 어깨 위에 올려놓는데, 그러면 몇 분 지나지도 않아 수건이 바싹 말랐다. 또 고대 하와이의 카후나Kahunas(하와이의 전설적인 존재들로, 영적인 힘을 가진 사람—옮긴이)들은 세타파 상태에서 뜨거운 용암 위를 걸었다.

나의 제자이기도 한 친구가 세타파 상태를 입증하는 작업에 관심을 갖고 실제로 이것을 입증해 보인 바 있다. 물리학자로 시 외곽의 핵 관련 시설에서 일하는 친구였다. 그가 보여준 뇌파 검사electroencephalograph(EEG)를 통해 우리는 흥미로운 사실을 발견했다. 수업 중에 그는 다양한 치유 방식을 경험한 사람들을 뇌파 검사 기록 장치에 연결했다. 그 결과 레이키Reiki 프랙티셔너들은 높은 진폭의 알파파를 사용하는 것으로 나타났다. 알파파는 놀라운 치유의 파동이다. 일본의 일부 과학자들도 이것을 강하게 믿는데, 그것은 알파파가 실제로 통증을 '없애주고' 몸을 이완시켜 주기 때문이다.

또한 우리가 치유를 위해 사용하는 기법 역시 우리를 세타파 상태로 인도한다는 점도 확인했다. 이 기법을 막 배우기 시작한 사람을 포함해 모든 사람들이 세타파 상태로 들어갔다. 치유를 하고 있는 시술자는 물론이고 치유를 받는 사람도 세타파 상태로 들어갔다. 이로써 내가 '신의식God-consciousness'이라고 부르는 상태에서 치유가 일어난다는 것을 모두 믿게 되었다.

세타힐링 기법으로 치유를 할 수 있다는 사실을 발견하고 얼마 지나지 않아, 나는 어떤 이들은 실제로 나아지지만 그렇지 않은 사람들도 있다는 걸 알게 되었다. 위로 올라가 신에게 그 이유를 묻자 그들의 '믿음' 때문이라는 응답이 주어졌다.

그러고 얼마 후 창조주가 16개 레슨lesson으로 이루어진 '네 가지 수준의 믿음 작업belief work'을 제시해 주었다. 이후 이 믿음 작업은 세타힐링을 상징하는 아이콘으로 자리 잡았다. 우리에게는 다양한 수준에 속하는 믿음들이 있다. 핵심적 믿음과 유전적 믿음, 역사적 믿음, 영혼적 믿음이 그것이다. 나는 이때부터 수년간 이 기법을 완벽하게 만들기 위해 노력했다. 그리고 창조주의 도움으로, 마음 작업을 통해 자신을 이해하고 자신이 진정으로 원하는 사람이 될 수 있는 방법을 찾아냈다. 또한 지난 25년간 사람들을 가르치면서, 우리의 모든 믿음에는 목적이 있다는 것도 깨달았다. 부정적인 믿음만이 질병을 붙들고 있는 것이 아니라 긍정적인 믿음 또한 동일한 역할을 하고 있다는 사실도 알게 되었다.

의뢰인들을 치유하면서 내가 발견한 위대한 사실은 우리의 건강, 몸, 활력의 열쇠는 우리 자신이 쥐고 있다는 점이다. 또한 우리로 하여금 어떤 결정을 내리도록 몰아가는 믿음과 그 믿음의 체계도 즉각 변화시킬 수 있음을 알게 되었다. 이것들은 우리 자신의 다양한 측면과 어린 시절부터 학습해 온 경험이 만들어낸 믿음과 프로그램이다. 그중 일부는 세대에서 세대로 전해져 내려오기도 한다.

이 책에서는 우리 존재의 네 가지 수준, 즉 '핵심적 믿음 수준core belief level' '유전적 수준genetic level' '역사적 수준history level' '영혼적 수준soul level'에서 작업할 수 있는 방법을 배울 것이다. 이 네 가지 수준의 프로그램들을 제거하고 교체해야 몸의 질병을 이겨내고 감정적인 장애물도 제거할 수 있다. 그러면 우리가 원하는 삶도 창조할 수 있다. 우리가 우리의 현실을 스스로 창조하며 우리 모두가 신과 연결되어 있다는 것이 진리이기 때문이다. 이제 여러분이 갖고 있던 믿음을 바꾸고 이런 믿음이 끼친 부정적인 영향을 되돌려서 자신이 갈망하는 삶을 창조할 수 있는 도구들을 여러분과 공유하려 한다.

믿음 작업 이후 다른 강좌들도 많이 개설하면서 우리는 전 세계의 학생들을 가르쳐왔다. 25년이 지난 지금(이 책의 개정판이 나온 2020년 현재—옮긴이) 152개 나라에서 세타힐링을 사용하고, 관련 자료도 23개 언어로 번역되었다. 활동 중인 세타힐링 프랙티셔너들도 60만 명을 넘어섰고 강사들도 수천 명에 이르며, 지금도 전 세계적으로 계속 증가하고 있다.

자신의 삶을 바꾸려고 세타힐링을 시작한 전 세계의 학생들이 이제 다른 사람들을 도와 지구를 변화시키고 싶어 하는 세타힐링 프랙티셔너, 즉 세타힐러Thetahealer®로 변모하고 있다. 세타힐링이 하나의 기법에서 철학으로 발전하면서, 세타힐링 프랙티셔너들도 이 기법을 가르치는 강사로 성장해 가고 있다.

사람들은 영혼적 수준에서 알던 것들을 기억해 내기 위해 세타힐링을 배우러 온다. 나는 우리가 단순히 수업만 하는 것이 아니라 자신의 영혼 가족soul family을 알아차리게 돕는 일까지 한다고 생각한다. 사람들이 세타힐링 개념을 쉽게 받아들이는 이유는 자기의 영혼 가족을 기억하고 자신이 창조주가 지닌 에너지의 일부임을 깨닫게 되기 때문이다. 삶의 모든 경험에서 배우는 것들을 하나하나 떨어뜨려 바라볼 수 있다면 우리가 존재한다는 것이 어떤 의미인지 이해하게 될 것이다. 잘 살펴보면 우리 모두가 신의 불꽃spark of God임을 알 수 있다. 우리가 삶 속에서 만드는 모든 창조와 또 부딪히며 경험하는 모든 난관은 영혼이 성장하는 데 중요한 무언가를 우리에게 가르쳐준다.

이 책은 세타힐링의 기본 안내서이자 믿음 작업의 개론서이다. 이 책을 읽은 후에는 공인받은 세타힐링 강사가 진행하는 수업에 참여해 보길 바란다. 그래서 깨어나고 있는 다른 마스터들과 함께 세타힐링을 연습해 보길 권한다.

세타힐링의 접근 방식은 사람들을 창조주와 연결시켜 사람들이 자신의 진정한 삶의 목적을 따라 살도록 하는 것이다. 세타힐링을 통해서 나는 우리 모두가 신의 불꽃이며, 모든 일을 실로 놀랍게 해낼 능력이 있다는 것을 알았다. 그러니 당신도 세타힐링의 여정에 오르기를, 나아가 우리 안의 신 자아God-self를 알아차리고 다른 사람들도 그들의 삶의 길을 발견하도록 도울 수 있기를.

3

힐링과 리딩의 기초

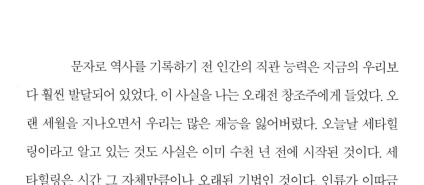

　문자로 역사를 기록하기 전 인간의 직관 능력은 지금의 우리보다 훨씬 발달되어 있었다. 이 사실을 나는 오래전 창조주에게 들었다. 오랜 세월을 지나오면서 우리는 많은 재능을 잃어버렸다. 오늘날 세타힐링이라고 알고 있는 것도 사실은 이미 수천 년 전에 시작된 것이다. 세타힐링은 시간 그 자체만큼이나 오래된 기법인 것이다. 인류가 이따금씩 깨어났다가 잠들기를 되풀이해 온 지난 수천 년 동안 세타힐링은 계속 사용되어 왔다.

　이제 인류는 긴 잠을 끝내고 다시 한 번 눈을 떴다. 나는 인간의 영혼 속에 어떤 천부적인 인식awareness이 있으며, 이 인식이 세타힐링 기법을 고대와 미래의 지식과 연결되게 도와주리라 믿는다. 과거에는 유전, 에너지적인 영향, 집단 의식 같은 문제들로 인해 만물의 공동 창조자Co-Creators로서 우리가 갖고 있는 잠재력을 충분히 발현시키지 못했다. 하지만 지금 우리는 새로운 발달 단계로 접어들고 있다. 이제는 우리에게 만물의 창조주가 지닌 신성한 불꽃과 같은 힘이 있음을 받아들여야 할 때가 되었다.

◖▶ 보석의 단면들

세타힐링의 요소들은 하나하나 보석의 단면과 같다. 보석은 각 단면이 다른 면들과 어우러질 때 빛을 발한다. 우리도 한 사람 한 사람이 하나의 보석과 같다. 어떤 이들은 거친 다이아몬드 원석과 같아서 다듬고 손질을 해야 한다. 그런가 하면 어둠 속에서도 반짝반짝 빛을 발하는 이들도 있다. 이 장에서는 세타힐링의 요소들을 살펴보고, 우리가 지닌 빛이 발하도록 하기 위해 이 요소들을 어떻게 이용할지 알아볼 것이다.

세타힐링의 기본적인 힐링 기법('healing'은 세타힐링의 기법 중 하나인 치유 방법을 일컬을 때는 '힐링'으로, 나머지는 '치유'로 번역한다―옮긴이)과 리딩 기법은 아주 쉽게 따라할 수 있다. 하지만 자신의 진정한 직관적 잠재력을 받아들이지 않을 경우에는 이 기법들의 작동 방식인 시각화visualization가 자연스럽게 이뤄지지 않을 수도 있다. 이런 사람은 먼저 시각화부터 훈련해야 한다. 우리는 다행히도 누구나 이 기술을 터득할 수 있다는 것을 알게 되었다. 자신의 속도에 맞춰 지시대로 따라하다 보면 여러분도 시각화에 능숙해질 수 있다.

힐링과 리딩의 토대는 통제되고 집중된 '생각'에 있다. 생각을 잘 통제하고 집중하려면 우리가 타고난 잠재력에 대해 가능한 한 모든 것을 배워야 한다. 그리고 이런 과정을 이해하려면 먼저 자신에게 직관 능력이 있음을 인정해야 한다.

아래 용어들은 세타힐링이라는 '나무'의 첫 번째 '가지'와 같다. '위로 올라가 신을 찾을go up and seek God' 때 우리는 이 가지들을 이용한다.

1. 말과 생각의 힘

2. 뇌파

3. 초자연적 감각psychic sense과 차크라

4. 자유 행동권free agency과 공동 창조

5. 관찰의 힘과 목격자

6. 명령command

7. 만물의 창조주Creator of All That Is

본격적인 기법 안내를 하기 전 이 용어들에 대한 이해를 먼저 하고 가자.*

◖◗ 말과 생각의 힘

세타힐링을 할 때 우리는 만물의 창조주와 함께 작업한다. 그리고 잠

---

* 참고: 본문 전체에 걸쳐 중요한 부분을 표시하기 위해 세타(Θ) 기호를 사용했다.

재의식과 의식을 모두 탐구한다. 이 두 의식의 층은 모두 나름대로 아주 강력한 힘을 지니고 있기 때문이다.

잠재의식을 대상으로 작업할 때 먼저 기억해야 할 점이 있다. 잠재의식이 이해할 수 있는 말을 사용해야 한다는 점이다. 잠재의식은 '한번 해보다try'와 같은 말은 이해하지 못한다. 어떤 일이든 이루어내기 위해서는 그냥 '한번 해보는' 것만으로는 충분치 않다. 펜을 집어 들려고 '한번 해보겠다'는 말은 있을 수 없다. 그건 그냥 할 수 없다는 의미일 뿐이다. 그것을 하거나 하지 않거나 둘 중 하나만 있는 것이다. 실제로 친구에게 "거기 가도록 한번 해볼게"라고 말하느니 차라리 "거기 가지 않을 거야"라고 말하는 편이 낫다. 내가 아이들에게 "네 방 청소 좀 해라" 하고 말했는데, 아이가 "한번 해볼게요!"라고 말한다 치자. 이것은 아이가 결코 청소하지 않으리라는 걸 의미한다. 잠재의식은 '한번 해보다'라는 말을 이해하지 못한다. 그렇기 때문에 이런 식으로 말을 하면 그게 무엇이든지 그 일이 이루어지지 않으리라고 받아들인다. 그러므로 여러분도 세타힐링 기법들을 '한번 해보려고' 할 게 아니라 이것들을 '경험'해야 한다. '한번 해보다'라는 말은 완전히 배제시키고, 그 대신에 "나는 이 기법을 사용할 거야. 나는 그것을 실행할 거야"라는 식으로 말해야 한다. 이렇게 실제로 '한다'는 자세로 이 기법에 접근해야 하는 것이다.

세타힐링 프랙티셔너로서 여러분은 말의 힘과 정돈된 생각의 힘으로 현실 창조를 이뤄내는 능력을 키우게 될 것이다. 입으로 발실한 말이나 생각의 형태thought form에는 물리적인 변화를 일으키는 힘이 있다는 이 믿음은 고통과 쾌락을 느끼는 인간의 지각 능력만큼이나 오래된 것이다. 세타힐링을 사용하다 보면 우리가 하는 말이나 특히 생각이 갖는 힘은 더욱 커진다는 걸 알게 될 것이다. 그 이유는 세타파 상태에 있을 때 우리는 자신에게 있는 신성은 물론이고 신성한 존재the Divine인 만물의 창조주와도 연결되기 때문이다. 그러므로 불쑥 떠오르는 생각이나 튀어 나오는 말을 꾸준하게 알아차리는 것이 중요하다. 부정적인 생각의 형태나 말에는 예컨대 이런 것이 있다.

- "나는 살을 빼야 해."(살이 빠져도 당신은 늘 그것을 원하게 될 것이다.)
- "나는 그것을 감당할 경제적 여유가 없어."(당신은 아무것도 못하고 풍요도 누리지 못할 것이다. 그럴 형편이 안 되기 때문이다.)
- "돈은 만악의 근원이다."(돈을 악한 것으로 생각하면, 당신은 늘 돈을 멀리하고 돈을 얻을 기회도 밀어내게 될 것이다.)

입 밖으로 소리 내어 한 말이든 생각의 형태로 떠올린 말이든, 말은 우리의 일상에 믿을 수 없을 만큼 커다란 영향을 미친다. 어떤 말이든 여러 번 되풀이하면 그 말은 곧 현실로 구현된다. 아주 깊은 세타파 상태에서 생각을 일으킬 경우 이런 생각은 즉각 현실로 나타날 수 있다. 순수한 명상의 세타파 상태에 있을 때는 특히 더 그럴 수 있다. 세타파 상태에서는 우리가 만물의 창조주와 이어지기 때문이다. 현대 과학도 '생각'의 힘이 지닌 가능성들을 탐구하고 있다는 점이 흥미롭다.

그러므로 여러분의 패러다임 속에 있는 말과 생각의 형태를 잘 들여다보아야 한다. 여러분이 존재하는 모든 수준에서 그것들은 여러분에게 무엇을 의미하는가? 여러분도 모르는 사이에 그것들이 여러분의 진보를 막고 있을 수도 있다. 세타힐링으로 여러분의 직관 능력을 계발하다

보면 말과 생각, 믿음 체계 모두 여러분의 일상에 좋든 나쁘든 변화를 일으키는 힘을 갖게 될 것이다.

세포들 간의 소통

식물을 대상으로 한 연구에서도 생각이 지닌 힘이 입증되었다. 얼마 전 클리브 백스터Cleve Backster라는 뛰어난 과학자는 드라세나(용설란과의 관상용 식물—옮긴이)라는 식물의 반응 능력을 시험해 보기로 마음먹고, 이 식물을 생체 기록기의 피부 전기 반응 부분에 연결했다. 그 결과 이 식물이 인간처럼 반응하는 것을 보고 그는 깜짝 놀랐다. 관찰 기간 후반기에는 드라세나가 그의 의도에 미친 듯 반응하는 것이 차트 상에 그대로 나타났다. 드라세나를 태워봐야겠다는 위협적인 생각을 일으킨 바로 그 순간 드라세나가 거칠게 반응을 한 것이다.

백스터는 요구르트 박테리아와 조류藻類, 이스트와 음식에서도 같은 반응 능력을 발견했다. 이후 그는 인간의 타액에서 수백만 개의 백혈구를 분리해서 시험관에 넣고 전극을 통해 뇌파 검사 장치에 연결했다. 백혈구 기증자는 32킬로미터도 더 떨어진 곳에 있었다. 그런데도 세포들은 기증자가 스트레스를 받거나 흥분하는 바로 그 시간에 반응을 보였다.

우리가 현재 핸드폰으로 소통할 수 있는 것은 공기 중을 통과하는 극초단파 덕분인데, 이는 우리의 뇌도 비슷하게 작용할 수 있음을 잘 보여준다. 마음속에서 일어나는 모든 생각의 형태들에 주의를 기울여야 하는 이유도 여기에 있다. 삶의 경험은 우리가 하는 생각에 따라 긍정적인 것이 될 수도 있고 부정적인 것이 될 수도 있다. 생각은 실체real substance(실제의 물체)를 갖기 때문이다.

깊은 세타파 상태에 있을 때는 생각과 말이 훨씬 강력해진다. 누군가 우리에게 이렇게 말한다고 가정해 보자. "너 괜찮아? 안 좋아 보여." 이럴 경우 이 암시적인 말을 받아들일지 말지는 우리 자신, 우리의 '자유 의지'에 달려 있다. 이런 암시적인 말의 내용에 따라서 그것을 받아들일 때, 우리는 실제로 몸이 아프거나 피곤하거나 슬퍼지거나 기분이 좋아지거나 혹은 에너지로 충만해질 수도 있다.

마찬가지로 어떤 생각의 형태들이 다가와 이를 받아들일 때도 우리는 세심한 주의를 기울여야 한다. 직관력이 깊어지면 이런 생각의 형태들도 잘 인식하게 된다.

세타파 상태에서 말과 생각의 형태는 증폭되므로, 의도적으로 세타파 상태에 머무르면 무엇이든 창조할 수 있으며, 따라서 현실도 즉시 변화시킬 수 있다.

◐ 뇌파

세타파 상태가 어떤 것인지를 알려면 먼저 뇌파를 이해해야 한다. 뇌파에는 베타파, 알파파, 세타파, 델타파, 감마파 다섯 가지가 있으며, 이것들의 주파수는 서로 다르다. 뇌에서 다양한 주파수의 파동을 끊임없이 만들어내기 때문에 뇌파는 계속 움직인다. 우리의 모든 행동과 말도 뇌파의 주파수에 의해 조절되며, 어떤 특정 상황에서는 하나의 주파수가 두드러지게 나타난다.

베타파

생각을 하거나 말을 하거나 대화를 나눌 때 우리의 마음은 베타파 상태에 있다. 글을 읽는 지금 이 순간에도 아마 베타파 상태에 있을 것이다. 베타파의 주파수는 초당 14~28사이클이다. 베타파 상태에 있을 때 우리는 정신이 초롱초롱하며 활동적이다.

알파파

알파파는 베타파와 세타파의 중간 상태로, 이때의 주파수는 초당 7~14사이클이다. 알파파의 주파수는 편안하게 이완된, 명상할 때의 마음 상태와 같다. 또한 알파파는 백일몽이나 환상 상태의 주파수로, 초연하게 이완된 의식 상태를 나타낸다.

이 주파수가 제대로 작동하지 않는 사람들은 기억을 떠올리는 데 어려움을 겪는다. 예를 들어 어떤 꿈이나 명상이 아주 강력했다는 것은 알아도 그 세부적인 내용은 기억하지 못한다면, 알파파의 주파수가 충분히 생성되지 않아서, 즉 잠재의식과 의식 사이를 이어주는 다리가 없어서 그런 것이다.

알파파 상태를 더 충분히 이해하고 싶다면, 두 눈을 감고 일몰 광경을 상상해 보라. 태양이 바다 속으로 가라앉고 갈매기들이 해변 근처로 낮게 날아다니는 모습을 마음속으로 그려본다. 이런 것이 알파파 상태를 불러일으키는 출발점이다.

레이키Reiki 에너지 힐러들의 뇌파를 검사해 보면 그들이 알파파 상태에 있는 것을 볼 수 있다. 레이키 치유를 할 때 그들은 에너지의 '원천'을 자신들의 몸속으로 끌어들인다. 그런 다음 그 에너지를 조종해서 손으로 의뢰인을 치유한다. 뇌파 검사 기록을 보면, 힐러가 원천 에너지를 자기 몸에 받아들여 손으로 환자를 치유할 때 그의 뇌는 알파파 상태에 있다. 이처럼 알파파는 통증을 없애고 치유를 일으키는 데 유용한 것으로 알려져 있다.

세타파

뇌파가 초당 4~7사이클의 주파수로 느리게 움직이는 세타파는 우리로 하여금 의식의 차원 아래에서 행동하도록 해준다. 꿈을 꾸기 시작하는 단계가 이 세타파 상태이다. 산 정상에 서서 주변 경관을 넋 놓고 바라볼 때도 우리는 세타파 상태가 된다. 바로 이런 순간에 우리는 신의 실재에 대한 완전한 '앎knowing'을 경험한다. 신이 '존재한다'는 것을 그냥 알게 되는 것이다. 세타파 상태에 들어 창조주를 부르면, 만물의 창조주와 연결되어 누구나 즉시 치유할 수 있다.

우리가 왕관 차크라를 통해 자신의 머리 위로 올라간다고 상상할 때의 뇌파 기록을 살펴보면 우리의 뇌는 여전히 알파파 상태에 있다. 하지만 세타힐링에서 하듯이 "위로 올라가 신을 찾는다go up and seek God"는 집중된 생각으로 의식을 정수리를 통해 위로 올려 보내면 우리의 뇌가 자동으로 순수한 세타파 상태로 옮겨가는 것을 볼 수 있다. "위로 올라가 신에게 요청하라Go up and ask of God"는 고대인들의 말은 무슨 의미일까? 차크라를 통해 의식을 머리 위로 끌어올린 후 위로 올라가 신에게 요청하는 상상을 하면, 우리의 뇌파는 즉시 세타파 상태가 된다는 뜻이다.

리딩을 할 때 내가 무엇을 하느냐는 질문을 받으면서 깨달은 것은 이런 것이다. 나는 리딩을 받는 사람과 마주앉아 그의 손을 잡은 채 내가 나의 공간 위로 올라간다고 상상하면서 그에게 필요한 것을 리딩할 수 있게 해달라고 신에게 기도하는데, 그러면 리딩이 주어진다는 것이다. 그리고 바로 이때 나는 세타파 상태를 유지한다.

델타파

깊게 잠이 들었을 때 우리의 의식은 델타파 상태가 된다. 델타파 상태에서 뇌파는 초당 0~4사이클의 주파수로 느려진다. 전화벨이 울리는 순간 전화한 사람이 누구인지를 직감적으로 '아는' 경우가 있다. 이럴 때도 우리의 뇌파는 델타파 상태에 있다.

감마파

무언가를 배우거나 정보를 처리할 때 우리의 뇌파는 감마파 상태에 있다. 감마파는 베타 엔도르핀Beta endorphin(일정 수준 이상의 운동 강도에서 뇌하수체로부터 분비되는 통증 경감 호르몬으로, 달리기 중 힘든 상황을 지나 몸이 갑자기 가뿐해지고 마치 구름 위를 걷는 듯한 기분을 느끼는 '러너스 하이'도 이 호르몬의 작용이다—옮긴이)의 분비를 자극한다. 또한 지각과 의식 같은 수준 높은 정신 활동에도 관여하는 것으로 보인다. 감마파 상태에서 우리의 뇌파는 초당 40~5,000사이클로 움직인다.

나는 세타파-감마파 상태야말로 즉각적인 치유instant healing에 가장 적합한 상태라고 생각한다. 기적처럼 즉각적인 치유가 일어날 때 뇌의 주파수는 초당 4사이클에서 초당 5,000사이클로 급속히 바뀔 수 있다.

비상시에 뇌는 감마파와 세타파 사이를 오가며, 다른 뇌파는 보이지 않는다. 이것은 자연스러운 반응으로 여겨진다.

마취 상태에 빠지면 감마파는 사라진다. 감마파는 우리가 하나의 대상을 통일감 있게 지각할 수 있도록 우리의 감각 기관을 통해 들어오는 다양한 정보들을 결합해 주는 데 관여한다. 뇌의 시각 피질에 있는 뉴런들의 기록을 보면, 감마 주파수 대역에서 일어나는 동기화synchronization는 똑같은 대상의 자극을 받은 피질 부위들은 연결해 주지만, 다른 대상들의 자극을 받은 피질 부위들은 연결하지 않음을 알 수 있다. 이런 점은 감마파 리듬이 정보 통합에 관여함을 시사한다. 예를 들어 어떤 대상의 색깔과 모양, 움직임, 위치는 시각 피질에서 서로 다른 방식으로 처리되며, 이런 특징들이 재결합되어야 단일한 개체로 인식하게 된다. 이런 과정을 흔히 결합 문제binding problem라고 부른다.(이것이 '자유롭게 떠다니는 기억들'을 무의식 속에 저장해 두는 이유일지도 모른다.) 이 결합 문제의 해결책을 감마파 리듬이 제공해 주는 것으로 여겨지고 있다. 실제로 이 과정이 너무 효율적으로 진행되어서 우리는 이것이 처리되고 있다는 사실도 거의 인식하지 못한다.

뇌파와 치유

과학자들은 뇌의 몇몇 주파수(특히 알파파나 세타파, 세타파-감마파 상태일 때)는 다음과 같은 작용을 한다는 걸 알아냈다.

- 스트레스를 완화시키고 불안감을 장기적으로 크게 줄여준다.
- 신체를 깊이 이완하게 도와주고 정신을 명료하게 만들어준다.
- 언어 능력과 언어 수행 IQ를 높인다.
- 뇌의 좌우 반구를 동기화한다.

- 생생한 이미지들이 저절로 떠오르게 만들고, 상상력이 풍부한 창조적 사고를 돕는다.
- 통증을 줄이고, 극도의 행복감을 촉진시키며, 엔도르핀 분비를 자극한다.

《미국정신의학회지*American Journal of Psychiatry*》에 실린 최근의 연구 결과들을 보면, 전전두엽에서 세타파의 활동이 증가할 경우 약물을 쓰지 않고도 심각한 우울 증상에서 회복될 수 있다고 한다. 정량적 뇌파 검사 quantitative electrocephalography(QEEG)로 측정된 세타파의 활동량 증가 (4Hz에서 8Hz로)는 임상 시험시 나타나는 '플라시보' 반응과 연관되어 있음을 2002년 로이히터Leuchter와 그의 동료들이 발견했다.[**]

이 연구에서 항우울제를 처방했을 때와 플라시보를 처방했을 때 그 반응 비율에서 나타나는 차이는 통계학적으로 의미가 없었다. 하지만 약물에 반응한 환자들은 전전두엽 세타파 활동량prefrontal Theta cordance(PTC)이 저하된 반면, 플라시보에 반응한 환자들은 전전두엽 세타파 활동량이 증가했다. 어느 쪽에도 반응하지 않은 환자들은 전전두엽 세타파 활동량에 크게 변화를 보이지 않았다. 그러므로 전전두엽 세타파 활동량의 증가는 '약물이 아닌', 즉 플라시보를 복용한 환자에게서 관찰된 증상 개선과 독특하게 연관되는 것으로 보인다.

[**] A.F. Leuchter, I.A. Cook, E.A. Witt, M. Morgan, and M. Abrams, "Changes in brain function of depressed subjects during treatment with placebo," *American Journal of Psychiatry* 159 (2002), 122~9 (submitted by Aimee M. Hunter, PhD, NIMH Research Fellow).

플라시보의 치료 효과는 상태가 좋아지리라는 환자의 기대에 부분적으로 달려 있는 것으로 여겨진다. 이 연구 같은 이중 맹검(실험 진행자와 참여자 모두에게 실험에 관한 정보를 제공하지 않고 실험하는 것—옮긴이) 임상 실험에서는 환자와 의사 모두 누가 약물을 복용하고 누가 플라시보를 복용하는지 실험이 끝날 때까지 모른다. 플라시보를 복용하는 환자 중 자신이 실제 약물을 복용하고 있으며 이 치료제에 효과가 있다고 믿는 이들이 종종 있다. 그러므로 플라시보 반응 환자들에게서 나타나는 전전두엽 세타파 활동량 증가는 우울증의 자연적(즉 약물을 사용하지 않은) 치유와 관련된 생리적 메커니즘을 보여준다고 할 수 있다.

⬤ 초자연적 감각

뇌파의 전기 에너지는 전통적으로 '초자연적 감각psychic sense'이라고 부르는 것과 직접적으로 연관되어 있다. 마음이 명상 중일 때와 같은 깊은 세타파 상태를 유지하려면, 모든 초자연적 감각과 차크라chakra(에너지 센터)가 합일 상태 또는 고대인들이 말하는 '쿤달리니kundalini' 상태에 있어야 한다.

이런 직관적 또는 초자연적인 감각들은 여러 가지가 있다. 태어날 때부터 이런 감각이 활성화되어 있는 사람들도 많지만, 깨어나기를 기다린 채 잠들어 있는 경우도 있다. 많은 사람들이 이 같은 직관적 감각을 겹겹이 쌓여 있는 '믿음 체계' 밑에 묻어두고 있다. 하지만 세타파 상태에서는 직관적 감각들이 깨어나 하나의 의식 안으로 합쳐진다. 그리고 우리는 이 하나의 의식 안에서 신에게 올라간다.

이러한 초자연적 감각들에는 다음과 같은 것이 있다.

공감

공감empathy 능력은 양쪽 갈비뼈와 위胃가 만나는 곳에 위치하는 태양신경총solar plexus에서 감지된다.

공감은 본능적인 수준에서 우리의 전자기장을 타인이 느끼는 것에 투사하거나 연결해서 타인의 느낌을 경험하는 자질을 말한다. 이 공감 능력을 통해 우리는 영적·정신적·신체적·형이상학적 수준에서 타인이 감정적인 생각을 어떻게 경험하는지 '느낀다.'

누군가 위통을 느낄 때 우리도 위에서 약하게나마 똑같은 통증을 느끼는 경우가 있다. 이것이 바로 공감 능력이 발현된 하나의 예이다. 그 사람이 위에 문제가 있다는 것을 우리는 그냥 '안다.' 사람들이 있는 방 안에 들어선 순간 사람들이 나를 좋아하는지 싫어하는지를 즉각 느끼게 되는 것도 이 공감 능력 덕분이다.

투시력

투시력clairvoyance을 발휘할 때 우리는 제3의 눈이 지닌 에너지를 사용한다. 제3의 눈은 두 눈썹 사이의 정중앙에 있으며, 몸의 다른 센터들과 정보를 주고받는다.

투시력은 일상적인 감각으로는 인식할 수 없는 사건이나 대상을 보는 능력을 말한다. 이것은 어떤 사건의 모습과 오라aura 에너지를 마음의 눈으로 보고 시각화하는 능력을 이용하는 '통찰력second sight'이다. 투시가

들 중에는 텔레파시로 타인의 생각을 읽는 이들도 있다.

투시력이 있으면 몸속도 볼 수 있다. 투시력이 발달하면 인체 리딩도 아주 정확히 해내게 된다. 제3의 눈은 '지금 여기here and now'를 다루기 때문에 사람 몸을 리딩할 때는 정확하다. 하지만 미래를 예언하는 일에는 그렇게 정확하지 않다. 미래를 예언할 때 투시력을 사용하면, 상대가 들어야 하는 것보다는 상대가 듣고 싶어 하는 내용을 말해주게 되기 때문이다. 이렇게 되는 이유는 이 능력이 있어도 상대의 가장 큰 두려움과 욕망을 통해서 미래를 보게 되고, 이렇게 본 미래는 상대에게 가장 중요한 '진실'이 아닐 수도 있기 때문이다. 예를 들어 누군가 온몸에 암이 생길까봐 두려워한다고 하자. 직관력이 있는 사람이 제3의 눈만 이용하면, 진실을 읽는 것이 아니라 이 두려움을 '읽게' 된다. 가장 중요한 진실을 얻어내려면 먼저 만물의 창조주와 연결해야 한다.

투청력

투청력clairaudience은 우리의 청각 시스템에서 오는 감각이다. 이 감각은 귀 위에 있다.

투청력은 보통 일상적인 청력으로는 인식할 수 없는 소리나 말을 듣는 능력이다. 초자연적 감각 중에서 마지막으로 개발된다. 이 능력이 있으면 수호 천사가 전하는 말뿐만 아니라 다른 청각적 메시지도 들을 수 있다.

수호 천사가 "멈춰! 길을 건너지 마!" 하고 경고하는 소리를 듣는 것도 투청력이 발현된 한 예이다. 이런 소리가 우리 귀에 늘 들리는 것은 아니다. 하지만 생각의 형태나 우리를 둘러싼 진동으로도 이것들을 들을 수 있다.

예언력

예언력prophecy은 신성한 영감을 이용해서 분명하게 미래를 예언하거나 드러내는 능력을 말한다. 신성한 존재와 연결되면 예언을 하는 사람이 될 수 있다.

우리는 예언자적인 힘을 통해 모든 초자연적 감각들을 통합해서 순수한 세타파에 다가가는 법을 익힐 수 있다. 예언자적인 감각을 활용하기 위해, 우리는 의식을 왕관 차크라로 보낸 뒤 모든 단계들을 지나 위로 올라가 만물의 창조주에 연결시키고, 그 다음 명령한다. 그러면 직관 능력이 있는 사람으로서 우리는 우리가 될 수 있는 그 어떤 것도 될 수 있다. 왕관 차크라를 '예언자 차크라prophetic chakra'로 부르는 이유도 바로 왕관 차크라에서 신성에 속한 능력들이 열리기 시작하기 때문이다.

* * *

초자연적 감각은 차크라의 초시간적timeless 개념과 직접적으로 연관되어 있다. 이 잠재된 에너지 속에 초자연적 감각이 깃들어 있기 때문이다.

◼◻ 차크라

차크라에 대해 이야기하는 책은 많이 나와 있고 앞으로도 더 나올 수 있다. 차크라는 의식 잠재력consciousness potential으로서 척추의 축을 따라 놓여 있는 에너지 센터들이다. 흥미롭게도 이들 각각의 차크라는 척추에서 뻗어나온 주요한 신경절들과 연관되어 있다. 초자연적 감각은 이 빙빙 도는 에너지 소용돌이들 속에 존재한다.

체내의 에너지 센터, 즉 차크라라는 개념은 전 세계 많은 문화 속에 모종의 형태로 퍼져 있다. 하지만 힌두교만큼 이 개념을 많이 발달시킨 문화는 없다. 탄트라Tantric 철학과 요가가 그 예이다.

차크라는 물질적인 의미에서 실재하는 것이라기보다 오라aura 장 안에 존재하는 것으로 이해해야 한다. 차크라는 직관적 에너지의 저장소와 같은 것이다. 힌두교에서는 차크라를 보통 피어나는 연꽃으로 표현한다. 세타힐링에는 이 직관적인 에너지 센터들을 열고 이용하는 훈련법도 있다.

⬤ 쿤달리니

영적인 사람은 쿤달리니kundalini 에너지(쿤달리니는 '똘똘 감겨진'이란 뜻의 산스크리트 어로, 인간의 맨 아래 차크라에 잠재된 형태로 존재하는 우주 에너지를 가리키며, 흔히 똬리를 틀고 있는 뱀의 모습으로 묘사된다. 이것이 잠에서 깨어날 때 차크라가 활성화된다고 한다─옮긴이)를 탐색하는 길 위에 있는 사람이기도 하다. 쿤달리니 각성이 일어나게 되면 직관적인 사람은 새로운 깨우침 속에 깨어나게 된다.

'샥티Shakti', 즉 여성적 에너지는 척추의 맨 아래 부분에 머물러 있다. 이 에너지는 몸을 통해 위로 흐르면서 각각의 차크라를 열어주고, 종국에는 '사하스라라 차크라sahasrara chakra'(왕관 차크라. '사하스라라'는 산스크리트 어로 '천 개의 꽃잎'이란 뜻이다— 옮긴이)에서 남성적 에너지인 '시바Shiva'와 어우러진다. 이렇게 우리의 영적 본질 안에 존재하는 시바와 샥티의 면모들이 어우러지면서 균형을 이룬다.

쿤달리니 에너지가 차크라에 도달할 때마다 각각의 '연꽃'(위에서 설명한 것처럼 연꽃은 차크라를 상징한다— 옮긴이)들이 벌어지면서 꽃을 피운다. 그러다 쿤달리니 에너지가 상위의 차크라로 이동하면 그 연꽃은 꽃잎을 오므리고 고개를 숙인다. 이것은 차크라의 에너지가 활성화되어 쿤달리니 속으로 통합되었음을 상징한다.

세타힐링 기법에서는 쿤달리니 에너지를 지구의 중심으로부터 끌어 모은다. 이 쿤달리니 에너지는 몸을 타고 맨 위의 왕관 차크라까지 올라가면서 각각의 차크라에 불을 붙인다. 의식이 왕관 차크라를 벗어나 위로 올라가면 그 사람은 쿤달리니 에너지와 균형을 이루고 의식은 균형 잡힌 영적 본질의 상태로 창조주를 향해 위로 올라간다.(이것은 6장에 더 자세히 설명되어 있다.)

왕관 차크라를 통해 의식을 위로 올려 보내 창조주와 연결이 되면 우리 마음은 세타파 상태에 이른다. 리딩을 할 때는 모든 차크라를 이용하지만, 세타힐링에서 가장 많이 쓰는 것은 창조주의 진리에 이르는 '관문'인 왕관 차크라이다.

진리를 고려할 때, 우리의 천부적인 능력을 사용하는 것뿐 아니라 만물의 창조주와 공동 창조를 할 수 있도록 우리의 삼재력을 열어주는 것은 자유 행동권free agency 개념이다.

⬤ 자유 행동권과 공동 창조

개인을 위한 기도나 명상과 관련된 자유의 개념을 생각해 보는 것은 중요한 일이다. 자유 의지와 자유 행동권은 우리 스스로 선택할 힘이 있다는 믿음이다. 또한 자유 행동권에 함축되어 있는 영적인 의미는 우리가 신이나 창조주로 인식하는 존재와 연결될 수 있는 권위가 우리 자신 안에 있다는 것이다. 세타힐링에서 우리는 우리 안에 있는 신성의 내적·외적 측면을 우리 바깥에 있는 신성의 내적·외적 측면과 연결할 수 있는 자유 행동권을 갖고 있다.

삶을 살아가다 보면 우리가 가야 할 우리만의 경로를 창조할 기회가 주어지게 마련이다. 우리에게는 타인에 대한 '존중'과 '도덕'이라는 도구도 주어지지만, 창조주는 우리에게 어떠한 간섭이나 판단 없이 삶의 기쁨을 경험할 기회를 주실 만큼 우리를 지극히 사랑한다. 덕분에 우리는 이곳에서의 삶을 몸과 마음, 영혼을 탐구하는 아름다운 배움의 경험으로 인식할 수 있다.

신과의 '공동 창조co-creation'나 신과의 협력synergy을 통해 우리는 창조주를 우리의 삶 속으로 끌어들여 자신과 타인을 치유할 수 있다. 우리는 창조주와 하나가 되고 '목격자witness'가 된다.

⬤ 관찰의 힘과 목격자

깊은 세타파 상태에서 우리는 힐링과 리딩, 현실 창조manifestation의 문을 연다. 따라서 우리는 모든 과정이 완전히 끝날 때까지 창조주의 치유 에너지를 반드시 '목격'해야 한다. '보거나' 혹은 '목격하지' 않으면 현실적으로 어떤 일도 일어나지 않는다. 심상vision으로 보여야만 우리의 마음은 그것을 실재하는 것으로 받아들인다. 심상으로 보이게 되면 우리는 물론이고 창조주도 그것을 실재하는 것으로 인정한다. 이것이 시각화visualization 기술을 개발하는 매우 중요한 이유이다.

'모든 사람'이 시각화를 한다. 그런데 개중에는 눈꺼풀 뒤에서 심상을 보는 것이 시각화라고 생각하는 이들이 있다. 이것은 잘못된 생각이다. 시각화하는 자리는 우리가 기억을 떠올리는 자리이다. 어떤 이들은 이것을 '느낌feeling'이라고 부른다. 사람들은 흔히 '느끼는' 것과 '보는' 것을 구분하는 데 혼란을 겪는다. 녹색을 '느끼면' 우리는 그 녹색을 '시각화'한다. 누군가 "당신 간肝에 반점이 있는 게 느껴져요"라고 말한다면, 이것 또한 시각화의 한 형태이다. 이런 사람이 시각화 과정을 발전시키면 좋은 결과를 가져올 것이다.

시각화는 사실 하나의 행위이다. 우리는 매일, 매분마다 시각화를 한다. 뇌로 들어오는 감각 입력의 90퍼센트는 시각 정보이며, 저장된 기억도 적어도 절반은 시각적인 것이다. 의식을 하든 못하든 간에 우리는 끊임없이 시각화를 하고 있다.

우리는 삶을 계획하고 실행할 때 마음의 눈으로 이미지들을 활용한다. 예를 들어 익숙한 곳이든 아니든 어떤 목적지를 향해 갈 때 우리는 그 장소와 그곳에 이르는 경로를 머릿속으로 그려본다. 가본 적이 없는 장소에 가기 전 미리 그 길을 계획하는 것이다. 어떻게? 상상력을 이용한다. 시각화하는 능력을 이용하는 것이다. 이런 능력으로 그 길과 지나가야 할 거리, 심지어는 교통신호등까지 시각화한다. 그래서 누군가 그 목적지에 가는 길을 물으면 아마 머릿속으로 상상한 경로를 떠올리면서 그 길을 묘사하게 될 것이다.

잔디를 깎거나 저녁 식사를 준비하거나 새로운 옷을 사거나 집 안을 청소하기로 마음먹을 때, 농담을 하거나 책이나 영화 이야기를 할 때도 우리는 상상력과 시각화를 사용한다. 우리 마음의 눈은 끊임없이 움직인다.

백일몽을 예로 들어보자. 우리는 마음속 영화에 그려질 시나리오와 줄거리를 상상한다. 그리고 백일몽을 꾸는 순간 이 백일몽은 우리에게 실재가 된다. 일정한 기간 동안 똑같은 백일몽을 되풀이하면 이 백일몽은 습관이 된다. 심지어 이 백일몽을 믿고 실제 상황처럼 받아들이기까지 한다. 강력한 감정이 결부될 경우에는 특히 더하다.

상상이 현실로 나타나기를 바라는 것은 단순한 시각화가 아니라 '창조' 행위이다. 진심으로 실현시키고 싶은 일을 정한 후 집중력, 믿음, 열망으로 그것을 시각화하면 엄청난 힘이 작동된다. 시각화를 통해 현실을 창조하는 것은 자연스런 과정이다. 우리 모두가 무의식적으로 이런 과정을 이용하고 있다. 마음을 스쳐 지나가는 생각들이 우리의 삶을 창조하는 것이다. 사람들에게 혼란을 불러일으키는 것이 있다면 그것은 다만 상상과 현실에 대한 그들의 '지각'이 다르기 때문이다.

마음의 눈으로 어떤 그림을 보는 것은 세타힐링에서 사용하는 정신적 도구이다. 지금 두 눈을 감고 일몰 같은 자연 속 한 장면을 '보라.' 바로 그 바라봄의 자리에서 몸 내부에 어떤 문제가 있는지 보게 될 것이다.

일단 익숙해지고 나면 시각화 능력을 계속 발전시키는 일은 어렵지 않다. 이 시각화 기법을 훈련하면 느낌과 청각 기술 같은 다른 직관 기술들도 다 향상된다. 이 덕분에 여러분은 창조주의 놀라운 도구가 될 것이다.

뇌는 근육과 같다. 계발할수록 수행 능력이 더 좋아진다. 창조주와 연결하면 할수록 인체의 내부도 더욱 잘 꿰뚫어보고, 힐링 작업도, 목격도 더욱 잘하게 된다. 창조주와 연결이 되면 상상한 것이 현실이 된다.

시각화할 수 없는 것은 없다는 점을 명심하자. 누군가의 몸을 '원격투시remote viewing'하는데 시각화가 잘 안 된다면, 아픈 부위에 너무 가까이에서 아니면 너무 멀리 떨어져서 그 부위를 보려고 하기 때문이다. 대상이 분명하게 보이도록 카메라의 초점을 맞추듯이, 아픈 부위에 더 가깝게 혹은 더 멀게 여러분의 의식을 움직여본다. 인체의 해부학적 구조를 잘 알면 몸 안에서 볼 때 혼란을 줄일 수 있고, 바라볼 때 기준점을 설정해 두면 자신이 어디에 있는지 알 수가 있다. 또한 인체의 내부가 어떻게 되어 있는지 알아보기 어렵다고 핑계를 늘어놓는 마음의 소리도 막을 수 있다.

⊖ 이후의 장들에서 믿음 작업에 대해 이야기할 때, 믿음 수준들에 시각화와 관련된 부정적 프로그램이 있는지 테스트를 통해 확인해 보고, 있다면 제거한다.

⊖ 세타힐링 프랙티셔너는 치유를 현실로 만드는 시각화 기술을 배우는 것이 중요하다. 치유가 실현되는 것을 목격할 수 있어야 한다.

상상력

세타파 상태에서 시각화를 할 때 우리는 상상력을 사용한다. 그런데 많은 사람들이 상상력의 사전적 의미를 정확히 모르고 있다. 상상력의 사전적 의미는 다음과 같다.

1. 시각화하는 능력. 특히 한 번도 직접 보거나 경험하지 못한 것에 대한 이미지나 생각을 머릿속으로 만들어낼 수 있는 능력.
2. 마음의 창의적인 부분. 아이디어와 생각, 이미지가 형성되는 마음의 부분.
3. 수완이 풍부함. 어려움이나 난관을 해결할 방법을 생각해 낼 수 있는 능력.
4. 창조적 행위. 특히 문학에서 현실과 유사한 것을 창조해 내는 행위.

처음에는 시각화가 전부 '우리의 상상' 속에서 일어나는 것처럼 여겨질 것이다. 하지만 사실 상상은 우리의 잠재의식과 세타파를 사용한다. 잠재의식은 기억과 느낌을 담당하고, 의식은 우리의 결정을 담당한다.

◖━━◗ 명령

세타힐링에서는 우리의 공간을 벗어나 위로 올라가서 창조주와 연결한 후 공동 창조의 과정을 시작한다. 이때 우리는 창조주를 향해 기도를 하면서 '명령하다command' 또는 '요청하다request'라는 말을 사용한다. 예를 들면 다음과 같다.

"무조건적인 사랑을 이 사람 몸에 있는 모든 세포에 보내주시기를 요

청합니다. 감사합니다! 이루어졌습니다. 이루어졌습니다. 이루어졌
습니다."

'명령한다'는 말은 잠재의식을 향한 것인 반면, '요청한다'는 말은 창
조주를 향한 것이다. '명령한다'는 말이나 "창조주여, 제게 보여주십시
오"와 같은 명령형 문장의 쓰임새와 의미를 이해하는 것은 중요한 일이
다. '명령하다'라는 말의 정의는 다음과 같다.

- 감독하다.
- 언어를 마음대로 사용하는 것처럼 무언가를 자기 마음대로 하다.
- 적절한 존중과 관심을 받을 자격이 있다.
- 무언가를 작동시키는 신호.

다음은 '명령하다'라는 단어 속에 담겨 있는 하위 단어들이다.

- Co: 라틴어로 'Co'는 철저히 '~와 함께'라는 의미를 지닌다. '협동
  하다co-operate'가 그런 예이다.
- Com: '초대하다, 결합하다, ~와 어울리다'라는 의미이다. '오다
  come'도 그런 예이다.
- Man: '창조주.' 다음과 같은 말에도 'man'이 포함되어 있나.
  - manifesto: 의도나 원칙의 공개적 선언.
  - manifold: 여러 가지의, 많은 종류의, 다양한 요소들로 이루어
    진 전체.

- mandala: 우주를 상징하는 도안.
- mandible: 말을 하는 데 필요한 턱의 아랫부분.(우리는 말로 창
  조를 한다.)
- mandare: 라틴어로 '명령하다.'

보다시피, '명령하다'라는 단어는 창조주에 대한 이해를 바탕으로 우
리에게 힘을 실어주는 것이다.

이 의미를 '요구하다demand'라는 단어의 의미와 비교해 보면 흥미롭
다. 라틴어에서 'de'는 '반대하다oppose, 역전시키다reverse, 제거하다
remove, 줄이다reduce'를 의미한다.

신God, 창조주Creator, 근원Source 혹은 자신이 편안하게 느끼는 다른
명칭으로 신성Divinity을 부르더라도, 신에게 말을 할 때에 '명령'이라는
단어를 사용하면 단순한 기도를 초월하는 몇 가지 일들이 일어난다.
명령을 내릴 때, 우리 마음속에는 그 말씀이 이루어질 거라는 데 의문
의 여지가 없는데, 왜냐하면 이 과정은 우리 자신의 가치나 힘 또는 다
른 것에 대한 모든 의심과 불신을 제거하기 때문이다. 만약 "내가 명령
한다"(I command)라는 표현이 너무 이기적으로 들린다면, "그것이 명
령된다"(It is commanded)라고 말하거나, 그냥 "그것이 요청된다"(It is
requested)라고 말한다.

힐링 작업을 할 때 명령을 내리는 것에 익숙해지면, 그때그때 자연스
럽게 떠오르는 생각의 형태로 '명령 에너지'를 사용하는 것만으로도 충
분할 것이고, 그 과정은 생각만큼이나 빠르게 진행되므로 우리는 단지
목격만 하면 된다.

명령을 할 때는 우리의 인간적인 생각이 개입되는 것 없이 창조주가 알아서 하도록 놔두어야 한다. 명령을 해서 이것이 받아들여지면 우리는 자유롭게 치유 과정을 목격하는 역할을 하고 창조주는 자유롭게 치유를 수행하는 역할을 맡는다.

적어도 처음 명령을 내릴 때는 속으로 조용히 명령을 내리는 것이 중요하다. 그 이유는 사람들이 대부분 큰소리로 말할 때는 세타파 상태를 유지하기 어렵기 때문이다. 그러나 연습을 하다 보면 큰소리로 말하면서도 세타파 상태를 유지하게 될 것이다.

> ☉ 기억하자. 만물의 창조주를 상상하거나 호칭할 수 있는 방법은 여러 가지가 있다. 가장 편안하게 느껴지는 용어를 사용한다. 명령이나 요청을 하는 대상의 이름은 자신의 믿음 체계에 따른 것이어야 한다. 타인이 지각하는 신이 어떤 존재냐에 따라 결정하지 말아야 한다. 신, 생명력Life Force, 알라, 만물의 창조주, 여신, 예수, 성령, 근원, 야훼, 이 모두는 존재의 일곱 번째 단계(이에 대해서는 16장에서 자세히 소개한다)와 만물의 창조적 에너지로 향하는 한 흐름 속에 있다.

4

창조주를 향한 로드맵

돌이켜보면, 리딩과 힐링을 처음 진지하게 했을 때 이미 기회의 문은 내 앞에 열려 있었다. 마치 이상한 나라의 소녀 앨리스가 토끼 굴에 우연히 굴러 떨어진 것과 비슷한 일이 나에게 일어난 것이다. 나는 더욱 강렬한 형이상학적인 일들도 경험하기 시작했다. 이미 이야기했던 것처럼 나는 직관적이었고, 이른바 '봄sight'이라고 불리는 능력을 갖고 있었다. 그럼에도 불구하고 나는 앞으로 일어날 일에 대해서는 전혀 준비되지 않은 상태였다.

나의 직관력이 완전히 열리기 시작한 때는 나중에 '존재의 단계들planes of existence'이라고 알게 된 정보들이 내 마음속에 물밀듯이 흘러 들어 왔을 때인 것 같다. 일곱 가지 존재 단계라는 개념을 가르쳐준 '진실의 법Law of Truth'을 만난 건 이런 경험이 막 시작되던 때였다.(일곱 가지 존재 단계에 대해서는 16장에서 자세하게 소개한다.) 일곱 가지 존재 단계는 물질적 수준과 영적인 수준에서 왜 그리고 어떻게 이 세상이 돌아가고 있으며, 또 그것이 인간인 우리와 어떤 관계가 있는지 이해하는 데 개념적인 매개체가 되었다. 이는 만물의 창조주라는 개념을 더 잘 이해하도록 도와주었다. 나는 만물의 창조주를 통해서 우리가 몸의 치유를 이뤄낼 수 있으며, 영적인 진보와 깨달음을 얻는 것이 가능하다는 것을 배우게 되었다. 일곱 번째 단계에 존재하는 만물의 창조주와 직접 연결될수록, 전체를 구성하는 창조의 다른 단계들에 대한 나의 관점도 더 분명해졌다.

형이상학적인 영역에서 일어나는 일을 설명하는 건 나에게 도전과도 같았다. 영적인 생각의 형태와 영적인 정보의 순수한 발현을 언어로는 다 담아낼 수가 없기 때문이었다. 더군다나 이를 글로 적어서 설명하는 건 더더욱 어려운 일이었다. 문자로 기록하는 기술이 발달하면서 성직자, 선지자, 예언자 들은 영적인 개념을 글로 기록하고자 시도해 왔다. 그러나 '순수한 진동pure vibration'인 개념을 언어로 표현하는 것은 신성이 지닌 본래의 순수함을 다 담을 수 없다는 한계가 있다.

세타힐링 작업을 다른 사람들에게 가르치기 시작할 때도 나는 과정이 너무나도 자연스럽게 일어나는 까닭에 말이나 글로 그 진면목을 보여주기가 쉽지 않았다. 그러나 나는 이 영적인 개념을 언어로 표현해야만 했다. 말로 표현하는 것 말고 나에게는 다른 방법이 없지 않은가!

사람들을 가르치기 위해 처음으로 시도한 것은 내가 리딩할 때 사용하는 기법인 '그들을 자신의 패러다임에서 풀어주기'였다. 명상 과정을 이용해 그들의 의식을 1미터, 2미터 또는 20미터 머리 위 공간으로 올려 보내 신과 연결하도록 하는 것이다. 초창기에 발간한 책《위로 올라가 신을 찾는다*Go Up and Seek God*》와《위로 올라가 신과 작업한다*Go Up and Work with God*》에서 가장 높은 단계의 에너지로 가는 초기의 로드맵으로 1미터, 2미터 또는 20미터를 사용했다. 이 명상 과정은 지구의 자기장 및 사람의 자기 중심적 이기주의로부터 의식이 풀려날 수 있도록 고안된 것이었다.

그 당시에는 다른 사람들을 만물의 창조주와 연결하도록 도와줄 수 있는 좋은 방법이 내게 주어졌다고 생각했다. 그러나 가르치면 가르칠수록 사람들에게 제한적인 믿음 체계가 많다는 걸 발견하게 되었다. 이 방법이 어떤 이들에게는 성공적이었으나, 다른 이들에게는 그렇지 않았다. 어떤 이들은 혼란에 빠졌고, 어떤 이들은 이 과정을 따라 올라가는 도중에도 조언을 해줘야 했으며, 또 어떤 이들은 여전히 자신의 허위 믿음이 가리키는 곳으로 발길을 옮겼다.

학생들 몇 명이 나에게, 창조주에게 연결하려고 올라갈 때 내가 자신들과 다르게 하는 것이 무엇이냐고 묻기 시작했다. 마치 내가 가는 곳에 자신들이 똑같이 도달하지 못한다는 걸 직감적으로 아는 것 같았다. 심사숙고 끝에 나는 내가 여지껏 가르쳐온 대로 내 머리에서부터 1미터, 2미터 또는 20미터 위로 내가 정말 올라가는지 확인해 보려고 명상 자세로 자리에 앉았다. 내가 하는 방식을 다시 한 번 돌아보는 한편, 그 과정을 말로 잘 표현해서 다른 이들에게 도움을 줄 수 있도록 하기 위해서였다. 다음은 내게 주어진 과정으로, 나는 이를 통해 베일을 걷어내는 방법을 배웠다.

●○ 일곱 번째 단계에 계신 만물의 창조주에게 오르기

다음 과정은 만물 그 자체인 여러분All That You Are이 만물 그 자체를 이해하고 만물 그 자체와 연결하는 훈련을 할 수 있도록 창조주가 나에게 주신 것이다. 이 과정을 습득하고 나면 여러분은 일곱 번째 단계에 일관되게 도달하게 될 뿐 아니라 전체 과정을 일일이 거치지 않고서도 쉽게 그곳에 도달하게 될 것이다.

마음의 공간에 집중하세요.

어머니인 지구의 중심, 즉 만물 그 자체의 에너지로 여러분의 의식을 내려 보내기 시작합니다.

여러분의 발바닥을 통해 지구 중심에 있는 만물 그 자체의 에너지를 몸으로 가져옵니다. 이 에너지가 여러분의 일곱 개 차크라를 통과해 올라갑니다.

아름다운 빛의 공이 여러분의 머리 위로 떠오르는 것을 상상해 보세요. 여러분은 이 빛의 공 안에 있습니다. 이 공이 어떤 색깔을 띠는지 눈여겨 살펴보세요.

이제 우주 공간 너머로 날아가는 모습을 상상하세요.

이제 우주 공간 너머에 있는 빛으로 들어가는 상상을 합니다. 커다랗고 아름다운 빛입니다.

이 빛을 통과해 올라간다고 상상하세요. 또 다른 밝은 빛을 지나 또 다른 빛, 또 다른 빛을 계속해서 보게 될 거예요. 실제로 이곳에는 밝은 빛이 많습니다. 계속 나아가세요. 이 빛들 사이에 약간 어둑하게 빛나는 곳이 있는데, 이는 단지 다음 빛과의 간격 때문에 그렇게 보이는 것뿐이에요. 그러니 계속 위로 나아가세요.

드디어 엄청나게 큰 황금빛 찬란한 곳을 지나갑니다. 이곳을 통과하면서 처음에는 어둑하게 보이는 에너지를 보게 될 거예요. 이것은 젤리와 같은 물질로 총천연 무지개 빛깔을 띱니다. 그 속을 지나가면서 이들의 색이 변하는 것을 볼 수 있어요. 이것은 '법Laws'입니다. 갖가지 형상들과 색깔들을 볼 수 있어요.

저 멀리 무지갯빛 광택이 나는 하얀 빛이 보입니다. 마치 진주와 같은 푸르스름한 하얀 빛입니다. 이 빛을 향해 나아가세요. 짙은 파란색의 빛은 피하세요, 이것은 '자기력의 법Law of Magnetism'이기 때문입니다.

가까이 다가가면, 분홍빛 안개 같은 것을 보게 될 거예요. 그 빛이 보일 때까지 계속 올라가세요. 이것은 '연민의 법Law of Compassion'으로 여러분을 특별한 곳까지 밀어 올려줄 겁니다.

당신은 진주 빛이 창문과 같은 직사각형 모양이라는 것을 알게 될 겁니다. 이 창문은 실제로 일곱 번째 단계로 들어가는 입구입니다. 이제 그곳을 통해 들어가세요. 끝까지 깊숙이 들어가세요. 깊고 희끄무레한 빛이 여러분의 몸을 통과해 지나가는 것을 바라보고 또 느껴보세요. 가볍지만 본질을 느낄 수 있어요. 그 빛이 여러분의 몸을 통과해 지나가는 걸 느껴보세요. 마치 여러분의 몸과 이 에너지가 따로 분리되지 않은 듯 느껴질 거예요. 여러분은 만물 그 자체가 되었어요. 그러나 걱정하지 마세요. 여러분의 몸은 사라지지 않을 거예요. 오히려 건강하고 온전해질 겁니다. 이곳에는 사람이나 사물이 아닌 오로지 에너지만이 존재한다는 걸 기억하시기 바랍니다. 그러므로 만일 사람이 보인다면 더 높이 올라가길 바랍니다.

바로 이곳이 '만물의 창조주'가 즉각적으로 낫도록 치유를 하고, 당신이 삶의 모든 측면을 창조할 수 있는 그 장소입니다.

확장해 가는 방법

일곱 번째 단계로 가는 로드맵을 연습하고 난 뒤에 해볼 수 있는 또 다른 방법은 내가 확장해 가기라고 부르는 방법이다.

편안한 의자나 소파에 앉아 깊게 숨을 들이쉬고 내쉽니다. 앉아 있는 의자와 여러분이 분자 수준에서 하나가 되는 모습을 상상해 보세요. 여러분의 분자와 의자의 분자가 서로서로 교환되며 뒤섞입니다. 여러분이 늘어나는 것이 아니라 분자 수준에서 연결되며 하나가 되는 겁니다.

이제 여러분이 분자 수준에서 방 안에 있는 모든 것과 하나가 되는 것을 상상합니다. 밖으로 확장되어 이제 바깥세상과 하나가 됩니다.

여러분이 살고 있는 지역과, 더 나아가 나라와 하나가 되는 것을 상상해 보세요.

여러분이 지구 전체와 하나가 되는 것을 상상합니다. 대지와 바다와 모든 생명체와 이 행성에 존재하는 모든 민족과 연결되어 여러분과 지구가 하나로 될 때까지 상상해 봅니다.

여러분과 온 우주가 하나이며 같다고 상상해 봅니다.

여러분이 밝게 빛나는 저 모든 하얀 빛들의 일부임을 상상해 봅니다.

여러분이 젤리와 같은 물질의 일부임을 상상해 봅니다.

마지막으로 무지갯빛 광택이 나는 하얀 빛, 즉 존재의 일곱 번째 단계의 일부임을 상상해 봅니다.

숨을 크게 들이쉬면서 눈을 뜹니다. 존재의 일곱 번째 단계에 오신 걸 환영합니다. 바라보세요, 여러분은 분리된 존재가 아니라 신, 즉 만물 그 자체의 일부입니다.

Θ 사람들은 선천적으로 익숙한 데서 벗어나기를 주저한다. 존재의 일곱 번째 단계에 도달하기 위해 뇌를 훈련하려면 적지 않은 시간이 소요될 수도 있다. 만약 이 과정을 연습하는 데 어려움이 있다면, 만물 그 자체의 창조 에너지로, 존재의 일곱 번째 단계로 데려다달라고 창조주에게 요청하라. 이 에너지를 이용하는 것은 우리의 타고난 권리이기 때문이다. 우리는 또한 일곱 번째 단계로 가는 명상법을 시도할 수도 있다.(63쪽 참조)

일곱 번째 단계로 올라가는 과정은 여러분의 닫혀 있는 마음의 문을 열어 만물 그 자체의 에너지에 여러분을 연결시켜 줄 것이다. 마치 뇌에 있는 신경 세포들을 '창조'가 시작되는 시점으로 되돌려 연결시켜 주는 것과 같다. 실제로 일곱 번째 단계에 연결된 뒤 눈을 떠 세상을 보면 베일이 걷혀 있으며 여러분이 세상의 모든 것과 연결되어 있음을 깨닫게 될 것이다.

창조주와 진정한 연결이 이루어지면 머리 위에서 찌릿한 전율을 느낄 수 있다. 그때 자신이 창조주와 연결되었음을 알게 된다. 막 연결이 된 것이다.

> ⊖ 여러분의 영spirit이 일곱 번째 단계에 가는 것이 아니라 단지 그 과정에서 창조된 의식consciousness이 가는 것일 뿐임을 기억하자.

지름길을 이용해 일곱 번째 단계에 데려다달라고 요청하는 방법을 사용하기 전에 이 과정을 하나하나 반복해서 연습해야 한다.

이 과정을 거쳐 일곱 번째 단계로 갈 때 여러분은 자신을 벗어나 저 멀리 우주 바깥으로 나아가 관문portal을 거쳐 창조의 세계로 가는 자신을 지각하게 된다. 한편으로 이것은 사실이지만 여러분이 생각하는 방식과는 다를 수 있다. 모든 인간은 만물 그 자체의 광대함과 동일한 각각의 소우주를 자기 자신 안에 가지고 있다.

그렇다면 우리는 과연 우리 안에서 무엇을 찾는 것인가? 우리 모두 안에는 창조의 힘Creative Force, 근원Source, 그리고 신이 있다. '무한함Infinity'은 우리의 바깥뿐만 아니라 우리 내부에도 존재한다. 여러분이 신을 찾고자 올라갈 때 과연 어디로 가는 것일까? 젤리와 같은 물질을 통과해서 올라가는 그곳은 어디인가? 여러분은 원자의 핵으로 들어가는 것이다. 창조주와 연결할 때마다 여러분은 내면에 있는 광대함으로 여행하는 것이다. 이 여정은 여러분을 여러분의 원자들과 연결시키는 한편, 여러분 '밖'에 있는 우주의 무한한 에너지를 인식하게 하고 모든 원자 속에 신이 존재함을 깨닫게 한다.

그러니 여러분의 내면으로 여행을 떠나라. 그래서 여러분 안에 있는 창조주 자아Creator-self를 찾고 또 밖에 있는 우주 의식도 만나라.

⬤〇 우주 의식

우주 의식cosmic consciousness은 우리가 이 지구에서 가지고 있는 인식awareness과는 많이 다르다. 우리가 지각하는perceive 많은 것들은 이 세상의 독특한 측면일 뿐이다. 대부분은 인간에 의해 만들어졌지만, 신성한 영감을 따라 만들어진 것들도 있다. 어느 것이 신성한 개념이고, 어느 것이 지구에만 속한 개념이고, 어느 것이 인간이 지어낸 환영 같은 것인지를 지각하기에는 어려움이 있을 수 있다. 예를 들어 인류의 집단 의식은 아직 완전히 신성한 단계까지 진보하지 못했다. 남과 경쟁하는 경향은 우리 지각의 일부일 뿐만 아니라 우리의 유전자DNA를 타고 전해진다. 또 완전히 신성한 개념이라 할 수 없는 의식의 형태로 지구라는 행성에 존재하는 의식 중 하나가 환생에 관한 것이다.

우리의 지각이 가능한 한 순수해야 하는 이유, 또 우리가 이 지구 차원의 환영을 버리고 창조주와 함께 치유를 이뤄내야 하는 이유가 여기에 있다. 로드맵을 따라 별들을 넘어서 창조의 근원으로 갈 때 비로소 우리는 우리를 붙들고 있는 지구의 법Law of Earth에서 벗어나 더 이상 지구 차원에 매이지 않은 우주적인 힘cosmic power이 될 수 있다.

존재의 일곱 번째 단계로 가는 로드맵을 사용할 때 다음에 열거된 측면과 지각에서 우리는 풀려난다.

- 인간의 에고
- 죽음
- 육체적 그리고 정신적 감정(예컨대 두려움, 의심, 불신)
- 집단 의식
- 이원성
- 본능적인 욕망
- 열정
- 물질 세계에서 인간으로 존재함
- 물질계의 환영幻影
- 고통받아야 함(고통은 선택이다)
- 희생해야 함(희생은 선택이다)
- 분리되어 존재함
- '지적 탐닉brain candy'의 필요성

매일 하는 세타힐링 명상

이 명상법을 활용하여 날마다 만물 그 자체와 연결하는 연습을 한다.

이 에너지와 연결된 상태가 길게 유지될수록 여러분의 삶 속에서 좋은 일을 더 쉽게 만들어낼 수 있다.

상상해 봅니다. 여러분의 발바닥을 통해 지구 중심에서 올라온 에너지가 몸을 통과해 머리로 올라갑니다. 아름다운 빛의 공의 모습으로 그 에너지가 여러분의 머리 위 공간에 떠오릅니다. 존재의 모든 단계들을 지나 일곱 번째 단계에 여러분이 짠 하고 순식간에 도착합니다.

일곱 번째 단계에 도착하자 여러분을 둘러싸던 빛의 공이 사라집니다. 여러분이 만물의 창조주의 사랑에 완전히 녹아들 때까지 만물 그 자체의 에너지가 여러분을 구성하는 모든 분자와 원자를 에워쌉니다. 두려움은 없습니다. 이 에너지가 모든 사물 속에서 부드럽게 움직이는 것이 느껴질 뿐입니다. 여러분이 모든 사물과 모든 사람의 한 부분임을 깨닫습니다.

이 에너지 안에서는 현실 창조가 쉽습니다. 여러분이 모든 사물과 모든 사람의 일부임을 알기 때문입니다. 여러분을 둘러싸고 있는 에너지를 느낍니다. 이 에너지를 인식함으로써 여러분의 신체는 완벽한 균형을 이루게 됩니다.

지금 이 순간 여러분이 인생에서 진정으로 원하는 것이 무엇인가 생각해 보세요. 여러분의 인생에서 원하는 일이 이미 일어나고 있고, 여러분은 그 삶의 일부가 되었음을 상상해 보세요. 숨을 깊이 들이쉬면서 눈을 뜹니다. 만물 그 자체인 에너지에 완전히 연결되어 있음을 느끼세요. 바로 이곳에서 여러분 인생의 에너지를 바꾸고 인생에서 일어나는 일들의 결과를 바꿀 수 있음을 느껴봅니다.

이것이 만물 그 자체로 올라가는ascension 방법이다. 이 책에서 이야기하는 만물의 창조주를 찾아가는 과정이라 하겠다.

5

리딩

지금까지 살펴본 배경 지식을 바탕으로 리딩에 필요한 모든 조각들을 맞춰보자. 여러분이 알아야 할 가장 중요한 사항은 내가 가르치는 모든 것을 할 수 있는 능력이 이미 '여러분에게' 잠재되어 있다는 것이다. 이 능력은 '모든 사람에게' 있으며, 연습을 통해 '누구든지' 할 수 있다. 이 책에서 논의하는 개념들은 '실재'하는 것임을 명심하기 바란다. 그것들은 실제로 일어난다. 그리고 그렇게 되는 이유는 여러분이 명상 상태에 있을 때 여러분의 뇌파가 만물의 창조주와 연결되기 때문이다.

어쩌면 여러분은 단지 이 지식을 '기억해 내는 것'일 뿐이라고 말하는 게 옳을지도 모르겠다. 왜냐하면 이 지식은 어떤 면에서 여러분에게 이미 익숙한 내용이기 때문이다. 잊지 말아야 할 것은 본질적으로 우리는 '신성하다divine'는 사실이다. 우리가 신을 신성하다고 지각한다는 점이 바로 우리에게 있는 신성함의 출처이다.

리딩뿐만 아니라 앞으로 소개할 다른 기법들을 사용할 때에 반드시 갖추어야 할 것은 신에 대한 믿음이다. 어떤 믿음 체계를 받아들이든 상관없다. 여러분을 '방해하는 것'이 아니라 여러분을 '위해주는' 믿음 체계면 된다. 우리는 '진리'의 편에 서야 하고, 이때 진리란 우리 모두 전체와 연결되어 있다는 것이다. 이와 같은 온전함whole, 완전함completeness의 신에게 이 작업을 요청하는 것이다.

여러분이 누군가의 몸 안에 들어가 고요하고 부드럽게 살펴보는 동안 여러분은 예지 상태 또는 치유 상태에 있게 된다. 이 상태에 있을 때 여러분은 진실을 볼 수 있는 능력을 갖게 된다. 그 사람에게 무엇을 보았는지 알려주려고, 말을 하기 시작하면, 여러분의 뇌파는 베타파 상태로 바뀌게 된다. 이렇게 소리 내 말할 때는 언제나 베타파 상태가 되지만, 다시 고요해지면 여러분의 뇌파는 세타파로 되돌아간다. 이런 식으로 명령에 따라 베타파에서 알파파로 그리고 세타파로 바뀌었다가 다시 알파파에서 베타파로 바뀌는 과정이 자동으로 이루어지도록 우리 마음에게 가르치게 된다.

신에게 리딩을 요청하는 바로 그 행위가 자신뿐 아니라 의뢰인을 세타파 상태로 함께 이끌게 된다. 힐링을 받을 때 의뢰인은 조용하고 차분하게 기다려야 한다. 그래서 프랙티셔너는 의뢰인에게 긴장을 풀고 두눈을 감으라고 말한다. 이미 이야기했듯이 큰소리로 말을 하면서 세타파 상태를 유지하기가 무척 어려운 사람들이 있다. 그러므로 속으로 조용히 요청한다. 의뢰인과 대화를 하고 나서는 항상 고요함으로 다시 돌아간다. 그렇게 하면 자동으로 베타파에서 세타파로 왔다 갔다 할 수 있다. 질문에 답을 하거나 다음 과정을 계속 진행하더라도 침묵으로 다시 돌아오면 여러분은 변함없이 세타파 상태를 유지하게 된다.

여러분이 하고 있는 어떤 과정도 의뢰인이 똑같이 따라하지 않도록 한다. 그렇게 하면 의뢰인의 뇌파가 베타파 상태로 바뀌기 때문이다. 그렇게 바뀌지 않도록 해야 한다. 그러므로 의뢰인이 평온하고 조용하게 자리에 눕거나 앉아 있도록 이끈다. 작업을 하면서 의뢰인을 만질 때 그들의 뇌파는 세타파로 바뀐다. 여기에서 세타파가 핵심이다.

나도 수업을 진행할 때는 어쩔 수 없이 소리 내어 요청하는 과정을 거치게 되지만, 그런 다음에는 꼭 침묵 속에서 생각의 형태로 다시 나의 뇌파를 세타파로 이끈다. 그리고 나서 나는 의뢰인의 공간으로 내려가 학생들이 작업하고 있는 것을 관찰한다. 하고 있는 작업은 찰나에 일어나지만, 그 시간 동안 여러분은 세타파의 파장을 유지할 수 있어야 한다. 그러므로 이야기하지 말고 그저 잘 듣고 바라본다. 그러면 여러분은 가장 놀라운 일을 목격하게 될 것이다.

◉ 체계

리딩의 체계는 다음과 같이 간단하다.

- 심장 차크라에서 시작한다.
- 어머니 지구로 여러분의 에너지를 내려 보낸다.
- 그 에너지를 여러분의 몸으로 다시 가져와 차크라들을 열고 '쿤달

리니'를 생성시킨다.

- 이 에너지를 왕관 차크라를 통해 위로 올려 보낸다.
- 창조주로 향하는 로드맵을 이용해 존재의 모든 단계들을 지나간다.
- 존재의 일곱 번째 단계 및 만물의 창조주와 연결한다.
- 리딩을 목격하도록 명령 또는 요청한다.
- 의뢰인의 공간으로 이동한다.
- 리딩을 목격한다.
- 다 마치고 나면, 여러분의 에너지를 되가져와 씻어낸 뒤 지구로 그라운딩grounding하는 과정을 통해 자신의 몸으로 돌아온다.

씻어내기

리딩이나 힐링을 마친 뒤에는 여러분의 의식을 씻어내는rinsing 모습을 시각화하는 것이 중요하다. 상대방으로부터 가져온 아픔과 통증, 감정적인 응어리가 여러분 안에 기억의 형태로 남아 있을 수 있기 때문이다.

씻어내기 작업에는 두 가지 방식이 있는데, 하나는 여러분의 의식이 몸으로 돌아올 때 이것을 흰 빛이나 맑은 물로 씻어내는 것이고, 또 다른 하나는 존재의 일곱 번째 단계로 돌아가서 씻는 방법이다. 일곱 번째 단계에 연결되는 순간 의식은 정화되므로 여러분은 평온한 마음으로 눈을 뜨면 된다. 이것이 바로 '영적인 정화spiritual cleansing'이며 의뢰인으로부터 여러분을 분리하는 과정이다.

그라운딩

'그라운딩grounding'의 정의는 "지구를 이용해 우리의 의식을 우리의

몸과 우리의 공간으로 가져오는 것"이다. 그라운딩을 할 때에는 다음의
순서대로 올바르게 하는 것이 중요하다.

1. 여러분의 에너지가 지구 속으로 내려가는 것을 시각화한다.
2. 이 에너지가 발바닥을 통해 다시 몸으로 들어와서 몸을 따라 위로
   왕관 차크라까지 올라가는 것을 시각화한다.

이와 같은 방법으로 그라운딩을 하게 되면 몸무게가 지나치게 늘어
나는 것을 막아주며, 에너지 센터들이 열려 있어서 '쿤달리니'가 순조롭
게 열리게 해준다. 그라운딩은 세타힐링을 막 시작한 초보 세타힐러들
을 훈련하기 위한 것이다. 여러분이 이 과정에 편안해지면 더 이상 이런
식으로 그라운딩을 하지 않아도 된다. 단지 하얀 빛 속에 머물면서 만물
그 자체의 에너지에 연결되어 있으면 된다. 이것이 여러분으로 하여금
훨씬 잘 알아차리게 하고 또 안전하게 해준다는 것을 알게 될 것이다.

에너지 자르기

'신체 정화'를 하기 위해 에너지 자르기energy break를 한다. 이것은 리
딩에서 오는 부정적인 느낌, 감정 또는 기타 진동과 같은 모든 에너지
적 영향이 프랙티셔너에게서 떨어져나가도록 하기 위한 보호의 한 형
태이다.

에너지 자르기

1 오른쪽 손바닥과 왼쪽 손바닥을 마주 댄다. 손가락이 끝까지 닿게 한다. 이때 팔꿈치는 양 옆으로 벌린다. 오른쪽 손등은 여러분의 가슴을 향하고, 왼쪽 손등은 바깥을 향하게 한다. 마주 댄 손바닥을 서로 비빈다. 오른손은 가슴 앞으로 당기고, 왼팔은 몸에서 멀리 쭉 펴서 의뢰인이 있는 방향을 향해 아래로 내린다. 이렇게 남아 있던 에너지를 정리한다.

2 이렇게 에너지를 의뢰인으로부터 잘라낸 후 오른손을 똑바르게 위로 올린다. 가슴 앞에서 손을 위아래로 움직이며 태양총 차크라를 칼날로 자르는 동작을 한다. 이 마지막 동작은 양극과 음극의 균형을 잡아주는 것으로서, 본질적으로 '에너지를 잠그고' 오라 장을 닫아주는 것이다. 여러분을 둘러싸고 있는 에너지장의 버블은 여러분을 외부의 영향으로부터 지켜주는 보호막으로 영적인 '피부'라고 할 수 있다. 이것은 대부분의 사람들의 경우 머리 위로 0.9미터, 몸 주위로 1.8미터를 에워싸고 있는

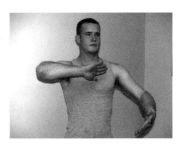

전자기 에너지장이다. 붓다의 오라aura는 수 킬로미터에 이르렀다고 한다.

믿음 작업을 하기 시작하면 창조주에게 연결된 여러분의 에너지가 마치 작은 태양처럼 빛을 발하기 때문에 더 이상 오라 장에 혹시 찢어진 곳이나 구멍이 있을까 걱정할 필요가 없다. 세타힐링에 대한 이해가 깊어질수록 더 자세히 알게 되고 이 과정을 더 효과적으로 할 수 있게 될 것이다.

⬤◯ 리딩하기

다음은 의뢰인과 리딩을 진행하는 방법이다. 올바른 순서대로 단계를 밟아나가는 것이 중요하다.

리딩하기

1 리딩을 받으려는 의뢰인의 바로 맞은편에 놓인 의자에 앉는다.

2 여러분의 양손 손바닥이 하늘을 향하게 한 상태로 의뢰인의 손을 잡는다. 의뢰인의 손바닥은 아래쪽을 향하게 한다.(실질적으로는 어떤 형태로 손을 잡든지 크게 상관은 없다.)

3 마음의 공간에 집중한다. 만물 그 자체의 일부인 어머니 지구의 중심으로 내려가는 모습을 시각화한다.

4 발바닥을 통해 지구의 에너지를 끌어올린 다음 이 에너지가 모든 차크라를 열면서 위로 올라가는 모습을 시각화한다. 왕관 차크라를 통해 위로 올라가 아름다운 빛의 공 안에 있는 상태로 우주 공간 속으로 날아간다.

5 우주의 끝을 넘어 하얀 빛을 지나고, 어두운 빛을 지나고, 하얀 빛을 지나고, 황금빛을 지나고, 젤리 같은 물질인 법Laws을 지나서, 진주 빛 광택이 나는 눈처럼 하얀 빛, 즉 존재의 일곱 번째 단계로 오른다.

6 속으로 조용하게 명령 또는 요청한다. "만물의 창조주여, [의뢰인 이름]의 리딩을 명령 또는 요청합니다."

7 그러고 나서 "감사합니다"라고 말한다. 우리가 "감사합니다"라고 말하면 잠재의식은 이 일이 이미 일어났다고 생각하기 때문에 이 말은 매우 중요하다. 더 중요한 점은 이 우주에서 가장 중요한 존재인 그분 창조주에게 연결해 감사함을 전한다는 사실이다.

8 이제 단호하게 말한다. "이루어졌습니다. 이루어졌습니다. 이루어졌습니다." 이는 이 행위가 이미 완료되었다고 잠재의식과 의식 그리고 상위 자아에게 말하는 것이다.

9 이 시점에서 (여전히 여러분이 자신이 있는 공간 위에 머물고 있다고 상상하고 있음을 기억하라), 여러분이 의뢰인의 머리 꼭대기에서 (왕관 차크라를 통해) 의뢰인의 몸속으로 들어가서 불을 켜는 것을 상상한다.

10 여러분이 리딩을 시작할 때 불을 켠다고 상상하는 것은 여러분의 마음을 훈련하기 위해서이다. 이것은 자전거 타는 법을 연습하는 것과 같다. 불을 켤 때 맨 먼저 일어나는 일은 뇌에 불이 켜지는 것이다. 만약 뇌의 모든 것이 괜찮다면 불이 들어올 것이다. 만약 여러분이 뇌에서부터 아래로 쭉 스캔해 가는 동안 몸의 어느 부분이든지 불이 들어오지 않으면 그곳에 문제가 있다는 것을 알 수 있다.

11 다음은 목으로 간다. 만약 목이 밝아지지 않는다면, 의뢰인에게 목이 아픈지 묻는다. 대부분의 경우에는 교통사고로 목이 삐끗하는 부상을 입었다거나, 목에 통증이 있다고 말할 것이다. 아니면 의뢰인의 갑상선에 어떤 문제가 있다는 것을 알게 될 수도 있다. 그 다음은 가슴으로 내려간다. 가슴에 불이 켜지면, 그 다음 뱃속으로 이동한다. 이렇게 아래로 몸을 통과해 지나가는 상상을 하는 동안 불이 켜지지 않는 부분을 의뢰인에게 알려준다. 이야기를 나눌 때마다 여러분의 뇌파는 베타파 상태가 됨을 기억하라. 그렇지만 명령에 따라 마음이 세타파로 돌아가는 훈련을 하고 있는 것이니만큼 여러분은 베타파에서 알파파로 그리고 세타파로 쉽게 돌아갈 수 있다. 몸 전체의 불을 다 켤 때까지 계속한다.

12 몸 스캐닝이 끝나면, 의뢰인의 공간에서 위로 떠올라 나온 뒤 자신이 물줄기로 깨끗

이 씻기는 모습을 상상한다.(이때 물줄기는 산에서 흐르는 물줄기나 폭포 등 무엇이라도 좋다.) 여러분의 에너지가 여러분의 공간으로 돌아와서 지구 속으로 들어가는 것을 상상한다. 그 에너지를 다시 위쪽으로 차크라들을 따라 왕관 차크라까지 끌어올린다. 그런 다음 에너지 자르기를 한다.

리딩 작업을 처음 할 때에는 위에서 설명한 것처럼 그라운딩을 해야 한다. 그러나 일곱 번째 단계로 가는 명상에 익숙해지면 그라운딩은 불필요해지고, 존재의 일곱 번째 단계의 에너지에 연결된 상태에서 그냥 자신의 에너지를 씻어내면 된다. 그라운딩을 하거나 에너지를 씻어내는 것은 그 일곱 번째 단계의 에너지에 항상 연결되어 있도록 자신을 훈련하기 위함이다.

리딩을 하기 위해 자신의 마음을 훈련하는 것은 정말 신나는 일이다. 잠재의식이 이를 '이해하기'까지는 여러 번의 시도가 필요하지만, 하면 할수록 여러분은 더 깊은 세타파 상태에 도달하게 되고, 의뢰인의 문제에 대해 더욱 구체적이고 자세한 내용을 알게 될 것이다.

일반적으로 리딩하는 것을 힘들어하는 경우를 보면 너무 잘하려고 노력하기 때문이다. 그러면 배우기가 어려워진다. 믿음을 갖고 기뻐하는 마음으로 리딩을 하면 리딩하기가 훨씬 쉬워진다.

"몸에 관해 아무것도 몰라도 괜찮을까요?"라고 질문할 수도 있다. 나는 여러분이 삽화로 인체가 잘 표현된 해부학 책을 사서 공부하기를 권장한다. 그렇게 하면 몸속의 장기들을 보고 구별할 수 있을 것이다. 익숙하지 않은 장기를 몸에서 보게 될 수도 있다. 처음부터 전문가가 되는 것은 아니다. 그러나 시간을 들여 연습을 하면 잘 구별할 수 있다.

⬤○ 리딩의 원칙

몸과 대화하기

이것은 정말 강력한 기법이다. 이 기법은 몸과 소통하는 수단으로 쓸 수 있다. 리딩을 할 때 몸은 여러분과 소통을 한다. 세포는 세포와 대화를 한다. 다른 사람의 몸을 적절하게 만질 때마다 여러분의 몸은 그 사람의 몸과 자동으로 정보를 교환한다. 예를 들어 어떤 여성과 리딩을 하면서 생식 기관에 멈춰 상대방 몸에게 아이를 몇 명 '품었는지housed' 묻는다고 해보자. 순간적으로 몸은 몇 명의 아이를 임신했었는지, 나아가 몇 명의 아이가 태어나기를 기다리며 그들을 가슴속에 품고 있는지 알려준다. 세타파 상태는 몸이 말하고 있는 것을 들을 수 있게 해준다.

임산부를 리딩하는 것은 몸 스캔 작업 중 최고의 경험이다. 엄마의 뱃속에서 발길질하며 움직이는 태아를 보는 것은 정말 놀라운 경험이다. 임산부의 몸 안으로 들어가 태아를 볼 때 아기의 생식기를 찾아 성별도 알 수 있다.

만약 의뢰인의 몸 안에 있으면서 질문이 떠오르면 창조주에게 묻는다. 몸이 아픈 사람이라면 아픈 원인을 보여달라고 창조주에게 요청한다. 항상 창조주에게 정확하게 묻는다. 질문에 대한 답은 아주 구체적으로 오기 때문이다. 창조주는 매우 직접적이며, 따라서 절대 필요한 것보다 일을 더 복잡하게 만들지 않는다.

심장 차크라

세타힐러가 리딩을 하기 위해 의뢰인의 공간으로 들어갈 때는 언제나 그 사람의 심장 차크라를 만지는 듯한 느낌을 경험하게 된다. 이 느낌은 의뢰인에게 낯설 수 있다. 혼란스러워진 의뢰인은 이 느낌이 마치 프랙티셔너를 향한 로맨스인 양 착각할 수도 있다. 이런 경우에 프랙티셔너는 의뢰인에게 이 느낌은 리딩을 하면서 생긴 것이고 또한 일시적인 것이라고 조심스럽게, 그러나 명확하게 설명해 주어야 한다.

또한 리딩 과정에서 나누는 내용은 아주 엄격하게 비밀로 유지되어야 한다. 자신의 의견과 느낌을 리딩에서 배제하는 것이 매우 중요하다. 리딩이 만물의 창조주를 통해 이루어지도록 확실히 해야 한다.

에너지 교환

돈이든 크리스탈이든 심지어 포옹 같은 것일지라도 프랙티셔너와 의뢰인 사이에서는 에너지 교환이 일어나야 한다. 그 이유는 에너지의 교환이 일어날 때 비로소 프랙티셔너와 의뢰인 모두의 초의식超意識이 견고하고 물리적인 무언가가 일어났음을 인식하게 되고, 그에 따라 치유가 이루어지기 때문이다.

세타 수면 사이클

치유나 리딩을 하기 위해 광범위하게 세타파를 사용할 때, 여러분의 신체는 자기가 수면 주기에 있다고 믿게 된다. 이러한 신체 과정과 균형을 맞추기 위해 여러분은 더 많은 육체 운동을 해야 할 필요가 있다.

생각에는 실체가 있다

이미 언급했듯이 세타파를 사용하기 시작하면서부터 여러분은 자신의 생각에 훨씬 더 주의를 기울여야 한다. 이것은 세타파가 마음속에 새로운 문을 열어준다는 점 때문에 중요하다. 여러분의 생각은 전에는 없던 구체적인 실체로 나타나게 될 것이다.

원격 투시

세타파 기법을 통해 우리는 우리의 의식을 시간과 공간 너머로 보내 상대방이 지구상 어디에 있든지 직관적으로 리딩을 할 수 있다. 이 과정은 또한 신체적인 접촉 없이도 리딩이 가능하다는 것을 보여준다.

그 사람이 어느 곳에 살고 있는지 물어본다. 그러고 나면 명령 과정에서 여러분의 의식을 어디로 보내야 할지 알 수 있다. 여러분은 의식을 이동시켜 자신이 그 사람의 공간에 들어가는 것을 시각화할 수 있다. 이 과정은 최대 4초 정도 걸릴 수 있다.

◖◗ 리딩의 도덕적 측면

리딩을 하는 사람이 다른 사람의 인생을 좌지우지하려 시도해선 안 된다. 이 점은 매우 중요하다. 개인의 선택의 자유는 결코 변경되거나 무시되어서는 안 된다. 만약 내가 한 사람에게 길에 떨어져 있는 돈을 발견하게 될 거라고 말하면, 그 말을 들은 사람은 길에서 돈을 찾을 때까지 계속 길바닥을 살필 것이다. 그러므로 여러분이 그 사람을 위해 어떤 상황을 만들고 그의 잠재의식을 그쪽으로 몰고 가서는 절대 안 된다.

누군가를 리딩하는 것은 여러분에게 합당한 것이 무엇이냐를 보는 것이 아니라 그 사람의 인생에서 어떤 일이 일어나는지를 보는 것이다. 여러분의 도덕이나 윤리 감각 또는 의견을 리딩에 끼워 넣어서는 안 된다. 어떤 사람들에게는 한 사람 이상의 연인을 갖는 것이 절대적인 죄인 반면, 어떤 이들에게는 여러 사람을 사랑하는 것이 인생에서 너무나 당연한 일일 수 있기 때문이다. 모든 사람은 자신만의 고유한 삶을 살아간다. 우리 모두는 각기 다른 감정을 가지고 있으며, 자라는 과정에서 옳고 그름에 대한 개념도 다르게 형성되었다. 그러므로 리딩을 하면서 무엇을 하는 것이 옳다거나 그르다고 이야기하는 것은 금물이다. 여러분이 만약 그 사람 입장이라면 어떻게 대처할 것인지 의견을 제시할 수는 있지만 그 사람 대신 결정을 내려주어서는 안 된다. 여러분은 단지 본 것을 이야기해 주고 편견 없이 의견을 건네줘야 한다.

또한 여러분 자신의 인생에 관련된 어떤 것도 리딩에 묻어나지 않도록 해야 한다. 여러분의 인생에 일어나는 일은 의뢰인과는 아무런 상관도 없기 때문이다. 널리 퍼져 있는 잘못된 개념 중 하나는 우리가 만나는 사람이 모두 자신을 비추는 거울이라고 여기는 것이다. 사람들이 여러분 인생에서 일어나는 어떤 일을 비추고 있고, 그것을 바탕으로 배움을 얻을 수는 있지만, 그 누구도 다른 사람의 완벽한 거울은 아니다.

요약하자면, 리딩은 신성하며, 의뢰인에게 초점을 맞추고 있다. 그러므로 여러분이 그들과 관련된 질문을 한다면 돌아오는 대답 또한 그들에게 해당되는 것이다.

6

차크라로 초능력 센터 열기

초능력psychic ability이 계발되면 신기한 일들을 경험하게 된다. 전자 기기가 합선이 되거나, 라디오가 켜졌다 꺼지거나, 전구불이 깜박거리거나, 혹은 자신에게 속하지 않은 '외부의' 정보와 접촉하기도 한다. 만약 이런 경험을 하게 된다면 자신의 초자연적 힘에 생긴 불균형을 의심해 봐야 한다. 이런 문제를 완화하려면, '느슨해진' 에너지가 더 이상 새어나가지 않도록 자신에게 집중해야 한다. 여러분의 초능력 센터psychic centre들이 균형을 이루도록 명령 또는 요청하라. 초자연적인 균형을 유지하는 것은 신체가 균형을 유지하는 것만큼이나 중요하다. 차크라들을 열면 우리 존재의 모든 수준에서 균형이 이루어진다.

⬤◯ 차크라 열기

우리의 초자연적 감각들은 활짝 피어나기 위해 차크라 안에 잠재되어 기다리고 있다. 이것들은 마치 차크라의 꽃이 만개하며 내뿜는 향기와도 같다고 비유할 수 있다. 세타힐링 프랙티셔너로서 여러분은 자신에게든 다른 사람들에게든 한 개 이상의 차크라가 막혀 있는 것을 발견할 수도 있다. 이런 경우 리딩이나 힐링 또는 시각화를 하는 데 어려움을 겪을 수 있다.

어떤 경우에는 왕관 차크라가 닫혀 있기도 한다. 제3의 눈 차크라에 '거미줄이나 망사' 같은 것이 덮여 있어서 직관력을 발휘하기 어렵거나 불가능할 수도 있다. 이 거미줄이나 망사 같은 것이 어디에서 기인하는지는 신경 쓰지 말고 그저 위로 올라가 신과 연결한 후, 이 거미줄이나 망사가 제거되어 신의 빛으로 보내지기를, 그리하여 다시는 돌아오지 않기를 명령 또는 요청한다.

차크라를 여는 과정은 차크라를 통해 초능력 센터를 여는 수단으로 고안되었다. 천천히 진행하는 것이 가장 좋다. 감각의 과부하와 초자연적인 과부하는 모두 실재하는 것이므로, '너무 빨리 너무 많이' 진행하려고 하는 것은 주의해야 한다. 초능력을 향상시키는 과정에서는 어느 때가 되었든 '최상이자 최선highest and best'을 위해 필요한 만큼만 구체적으로 요청한다.

다른 사람에게 작업할 때

위로 올라가서 이렇게 명령 또는 요청한다. "만물의 창조주여, 최상이자 최선의 방법으로 이 사람의 차크라를 열도록 명령 또는 요청합니다. 감사합니다! 이루어졌습니다. 이루어졌습니다. 이루어졌습니다."

의뢰인의 몸에서 15센티미터 떨어진 거리에 여러분의 손을 둔다. 왕관 차크라에서 시작한다. 시계 방향으로 손을 돌리며 손의 움직임과 함께 각 차크라가 마치 꽃이 피듯이 열리는 모습을 시각화한다. 차크라가 열릴 때 그 차크라의 에너지가 손에 느껴질 수도 있다. 일곱 개의 차크라가 모두 열릴 때까지 작업한다.

스스로에게 작업할 때

위로 올라가서 이렇게 명령 또는 요청한다. "만물의 창조주여, 나의 차크라가 최상이자 최선의 방법으로 열리기를 명령 또는 요청합니다. 감사합니다! 이루어졌습니다. 이루어졌습니다. 이루어졌습니다."

스스로에게 하든지 다른 사람에게 해주든지 간에 '이 순간에 맞는 최상이자 최선의 방법으로' 각각의 차크라가 열리는 모습을 시각화한다.

뿌리 차크라base chakra

뿌리 차크라는 다른 모든 차크라를 지탱해 주는 지지 체계이다. 이 차크라는 풍요로움을 다룬다. 또한 우리를 주변 세계로 그라운딩, 즉 정착시켜 준다. 산스크리트 어(고대 인도-아리아 어 계통으로, 우리나라나 중국에서는 범어梵語라고도 부른다. 완성된 언어, 순수한 언어라는 뜻이다─옮긴이)로는 '물라다라Muladhara'이다. 쿤달리니가 있는 자리이다.

천골 차크라sacral chakra

천골 차크라는 성적인 에너지와 풍요로움을 다룬다. 이 차크라는 움직임과 에너지 흐름의 특성과 관련이 있다. 이것에 해당하는 산스크리트 어는 '스바디스탄나Svadistanna'이다.

태양총 차크라solar plexus chakra

이곳은 공감 능력, 즉 '육감'이라고도 할 수 있는 초자연적 감각이 있는 곳이다. 산스크리트 어로 '마니푸라Manipura'로 불린다.

심장 차크라heart chakra

감정의 높고 낮음의 균형을 잡는 차크라이다. 산스크리트 어로는 '아나하타Anahatha'로 불린다.

목 차크라throat chakra

목 차크라는 의사소통, 내적 정체성, 텔레파시와 관련이 있다. 이 차크라는 신성한 정보를 제공하는 데 사용된다. 이것을 뜻하는 산스크리트 어는 '비슈다Visshuda'이다.

제3의 눈 차크라third eye chakra

직관적으로 볼 수 있도록 해주는 차크라이다. 투시력, 지성, 믿음, 이해, 현실 분석 능력과 관련되어 있다. 산스크리트 어로 '아즈나Ajna'로 불린다.

왕관 차크라crown chakra

예지력의 차크라이다. 산스크리트 어로 '사하스라라Sahasrara'로 불린다. 이 차크라는 우리를 외부 우주 및 영적 에너지의 미묘한 차원들과 지속적으로 접촉하게 한다. 이 차크라는 창조물 전체와 연결되어 있다. 뿌리 차크라가 우리를 지구와 견고하고 안전하게 연결시켜 그곳에 자리를 잡게 해준다면, 왕관 차크라는 만물 그 자체인 창조주의 범우주적인 에너지에 열려 있도록 유지시켜 준다.

◼◼◯ 초능력 센터 열기

초능력 센터들은 한 번에 열릴 수 있는 만큼만 열리게 된다. 다음과 같은 방법으로 초능력 센터들을 열기 위해 차크라들을 활성화할 수 있다.

초능력 센터 여는 과정

1 마음의 공간에 집중한다. 만물 그 자체의 일부인 어머니 지구의 중심으로 내려가는 모습을 시각화한다.

2 발바닥을 통해 지구의 에너지를 끌어올린 다음 이 에너지가 모든 차크라를 열면서 위로 올라가는 모습을 시각화한다. 왕관 차크라를 통해 위로 올라가 아름다운 빛의 공 안에 있는 상태로 우주 공간 속으로 날아간다.

3 우주의 끝을 넘어 하얀 빛을 지나고, 어두운 빛을 지나고, 하얀 빛을 지나고, 황금빛을 지나고, 젤리 같은 물질인 법Laws을 지나서, 진주 빛 광택이 나는 눈처럼 하얀 빛, 즉 존재의 일곱 번째 단계로 오른다.

4 명령 또는 요청한다. "만물의 창조주여, [의뢰인 이름]의 초자연적 감각들이 최상이자 최선의 방법으로 열리기를 명령 또는 요청합니다. 감사합니다! 이루어졌습니다. 이루어졌습니다. 이루어졌습니다."

5 여러분의 의식을 의뢰인의 공간으로 옮긴다.

6 창조주에게 연결되어 있는 상태에서 왕관 차크라부터 다음의 과정을 시작한다. 먼저, 의뢰인의 몸에서 15센티미터 떨어진 거리에 여러분의 손을 둔다. 손을 시계 방향으로 돌리며 손의 움직임과 함께 각 차크라가 마치 꽃이 피듯이 열리는 모습을 시각화한다. 이렇게 일곱 개의 차크라를 하나씩 열리게 한다. 손에 느껴지는 에너지를 기준으로 차크라가 적절하게 열리는지를 가늠한다.

7 다 마치고 나면 존재의 일곱 번째 단계의 에너지로 자신을 씻은 후 그 에너지에 연결된 상태를 유지한다.

7

세타힐링

세타힐링을 나무로 생각해 볼 때 그 나뭇가지에 해당하는 힐링과 리딩은 서로 다르다. 그렇지만 세타힐링에 수반되는 모든 기법에 익숙해질수록 이 두 가지 측면이 함께 잘 어우러진다는 것을 결국에는 알게 된다.

즉각적으로 일어나는 치유를 내가 처음 목격한 사례는 말의 부러진 다리가 낫는 장면이었다. 이런 사건들은 내게 다른 증상들도 시험해 보고 싶다는 용기를 주었다. 나는 만물의 창조주의 은혜를 증언하는 다음과 같은 샐리Sally의 말에서처럼, 세타힐링이 암과 같은 질병을 치유하는 데 사용될 수 있다는 걸 알게 되었다.

"제 이름은 샐리입니다. 저는 2001년 6월, 머리 뒤쪽에 있는 점이 악성 흑색종(피부암의 하나―옮긴이)으로 자라고 있다는 진단을 받았습니다. 흑색종에는 효과적인 치료법이 없고, 진단을 받았을 때는 이미 말기인 경우가 대부분이라 저는 비탄에 빠지고 말았습니다.

수술을 받고 나서 수많은 의사들에게 상담을 받고 병리학 소견도 들었어요. 결국 저는 2001년 9월 11일 뇌에 암이 퍼졌다는 사실을 알게 되었습니다. 이 이야기를 듣고 저는 참담했죠. 뇌로 번진 악성 흑색종을 치료할 수 있는 방법은 없으니까요. 보통 기대 수명이 4~6개월이고, 짧게는 4주 정도라고 해요.

제가 비안나를 알게 된 건 이 소식을 들은 후였습니다. 중병에 걸린 사람들이 비안나의 도움으로 나았다는 이야기를 우리 가족의 친구가 들었고, 비안나를 찾도록 연락처도 줬어요.

비안나는 처음부터 정말 놀라웠습니다. 바쁜 일정에도 비안나는 저를 위해 '응급' 세션을 마련해 주었죠. 세션 중 비안나는 저의 뇌에 있는 병변을 제거했어요. 그러고 나서 찍은 뇌 MRI에서 종양은 자취를 감추었죠. 그 후 비안나는 제 혈액을 정화해 주었는데, 존 웨인 암 연구소John Wayne Cancer Institute에서 실시한 특수 검사에서 제 혈액에 더 이상 흑색종 세포가 없다는 게 확인되었습니다. 이것은 제가 이제 암에서 완전히 벗어났다는 뜻이에요.

비안나에게 정말 인상 깊었던 점은 비단 기적적인 치유만이 아니에요. 첫 세션에서 비안나는 저에게 치아의 근관 치료(치아 뿌리 부위의 염증을 치료하는 이른바 신경 치료―옮긴이)에 사용된 '핀'에 문제가 생길 수 있다고 알려주었어요. 수년 전 근관 치료를 받을 때 사용된 은銀 핀의 손상으로 염증이 생겨 상태가 심각해진 것이 그로부터 2개월 뒤에 발견되었죠. 또 뇌 전체에 방사선 치료를 받아야 했기에 그 부작용으로 저는 음식의 맛을 더 이상 느낄 수가 없었어요. 비안나의 세션 중에 저는 이 사실을 이야기했고, 그녀는 방사선 치료 후에 생긴 변화를 조율해 주었죠. 그리고 그날 밤 저는 다시 음식 맛을 느낄 수 있었습니다.

비안나는 늘 깊은 존경심과 친근함으로 저와 제 남편을 대해주었어요. 예약이 다 찬 상황에서도 저를 위해 시간을 만들어주었고요. 그녀는 치유하는 자신의 능력을 담담하게 받아들이는 성실하고 인정 많은 사람이에요. 모든 걸 신에게로 돌리고 자신은 그저 메신저일 뿐이라고 명확히 말하죠. 저에게 그녀의 메시지는 생명이고 소망이 되었습니다. 그 어떤 의사도 저에게 일어난 변화를 설명해 주지 못했어요. 말기 상태의 질병이 사라져버린 것에 그저 놀라워할 따름이죠. 저는 그 이유를 알고 있습니다. 그리고 이제 저는 이 사실을 세상에 함께 나누고자 합니다. 비안나는 진실로 기적을 일으키는 사람입니다."

샐리 같은 경우가 치유 과정을 막는 잠재의식 프로그램이 없는 사람의 아주 좋은 예이다. 이러한 심리적 기질 덕분에 그녀는 즉각적인 치유를 그대로 받아들일 준비가 되어 있었다. 내가 치유가 일어나는 것을 목격할 준비가 되어 있는 것처럼 말이다.

그녀의 몸을 스캔하면서 나는 리딩을 통해 그녀가 화학 공장에 근무하면서 흑색종이 생겼다는 말을 듣게 되었다. 내가 들은 것이 사실인지 확인하기 위해 나는 그녀의 기억을 되살려야 했다. 잠시 생각에 잠기더니 샐리는 수년 전 화학 공장에서 일했다고 대답했다. 이 사실로 나는 흑색종이 방사선이나 화학 물질 같은 환경적인 원인으로 말미암았다는 것을 알 수 있었다. 이로써 믿음 체계를 다시 프로그래밍하지 않아도 그녀가 나을 거라고 확신할 수 있었다.

치유가 일어나는 동안에 나는 창조주가 그녀의 뇌에서 종양을 떼어내는 것을 목격했다. 즉각적인 치유였고, 나는 창조주의 사랑으로 그녀의 몸이 바뀌며 나아지는 것을 느낄 수 있었다. 이 에너지는 나에게로 들어왔다가 나가더니 다시 우리 두 사람에게로 되돌아왔다. 나는 그녀가 순간적으로 나았다는 것을 알았다.

자, 이제 힐링 기법이 진행되는 과정을 한 단계씩 보여주고자 한다.

> ⊖ 만물 그 자체인 창조주가 힐러이며, 여러분은 단지 일어나는 일을 바라보는 관찰자일 뿐이다.

◖▶ 힐링의 원칙

이 기본적인 힐링 기법은 놀다가 다쳐 즉각적인 조치가 필요한 아이들에게도 매우 유용하다. 어떤 상황이든지 여러분의 가족에게 멋지게 사용할 수 있다. 두통을 없애고, 허리 통증도 제거하고, 또 모든 통증이 사라지기를 명령(또는 요청)할 수도 있다. 이 힐링 기법은 여러분의 인생을 바꿀 것이다.

구두 승낙
본인의 구두 승낙 없이 어떤 질병들을 치유할 수 있는지 사람들이 자주 질문하곤 한다.

만약 치유받을 사람이 의식을 잃었거나 위급한 상황이라면 당사자의 상위 자아에게 묻고 승낙을 받은 후 작업할 수 있다.

이 책에서는 염색체 변화, DNA 또는 잠재의식의 프로그래밍을 다루는 다른 기법들도 소개되는데, 이것들은 그것을 받는 당사자의 구두 승낙이 요구되는 기법들이다. 이는 반드시 존중되어야 하는 사항이다.

그러나 무조건적인 사랑은 누구에게나 언제든지 보낼 수 있다.

무조건적인 사랑

몸에서 분자 수준의 변화를 일으키기 위해서는 에너지가 있어야 한다. 이는 가장 작은 입자인 원자까지 내려가는 사실이다. 분자가 형성되기 위해서는 그 분자를 구성하는 원자들을 결합할 에너지가 필요하기 때문이다. 이렇게 분자 수준에서 변화를 일으키는 것이 에너지이기 때문에 어떤 변화든지 만들어내려면 에너지가 필요한 것이다.

그러므로 세포에 변화가 생기도록 또는 몸이 치유되도록 하려면 반드시 에너지가 요구된다. 신체에는 에너지를 만드는 두 가지 방법이 있다. 열과 효소가 그것이다. 만물의 창조주에 의한 변화가 아닌 다음에는 몸에서 일어나는 모든 변화는 열과 효소에 의해 이루어진다.

만물의 창조주에게 힐링을 받으러 위로 올라갈 때 여러분은 '무조건적인 사랑'의 에너지를 붙들어 사신의 몸 안으로 넣게 된다. 변화가 일어나기 위해 필요한 에너지를 이와 같이 몸에 공급하는 것이다. 단순히 몸에게 명령해 자체 메커니즘으로 에너지를 만들어 스스로 치유하도록 하는 것으로는 대개 충분하지 않다. 예를 들어 뼈에게 추가 에너지 없이 치유하기를 명령한다면, 뼈는 그 명령을 수행하기 위해 몸 주변의 조직에 있는 칼슘을 끌어다 사용하게 될 것이다.

여러분은 "무조건적인 사랑의 에너지를 얼마만큼 사용해야 하나요?"라고 물어볼 수도 있다. 무조건적인 사랑의 원자 하나만 있으면 몸에 일어나는 어떤 변화건 충분히 일으킬 수 있다. 예를 들어 다음과 같이 명령 또는 요청할 때 여러분은 변화를 일으키는 에너지가 몸으로 들어오는 것을 자동으로 보게 된다. "만물의 창조주여, 이 사람의 몸에 변화가 일어나기를 명령 또는 요청합니다."

기초 수업에서는 '위로 오르기going up'와 사랑을 모으기 과정을 한 단계씩 가르쳐 시각화할 수 있도록 돕는다. 그러나 시각화하는 것에 뇌가 익숙해지면 이 과정은 자동으로 일어나게 된다. 결국에는 여러분의 '목격'하는 능력이 치유를 '지금 이 순간'으로 가져오게 한다. 창조주가 치유하고 여러분은 그것을 목격하는 것이다. 물리학에도 "목격되기 전에는 그 어떤 것도 존재하지 않는다"는 법칙이 있다.

막고 있는 믿음

많은 사람들은 몸에서 즉각적인 치유가 일어날 준비가 되어 있다. 만약 명령을 했음에도 불구하고 몸에 즉각적인 치유가 일어나지 않는다면, 그것을 막는 잠재의식 프로그램이 있기 때문이다. 이럴 때는 그 프로그램을 찾아서 바꾸어야 한다. 힐러가 낙심하지 않는 한, 창조주는 창조주 자신의 지혜나 의뢰인의 지혜를 통해 힐러가 의뢰인의 느낌, 감정 또는 믿음을 찾도록 도와줄 것이다. 사람의 마음과 몸, 정신은 컴퓨터와 같은 기억력을 가지고 있으므로 여러분이 무얼 물어야 할지 올바로 알고 있다면, 무엇을 풀어주고 무엇을 대체해 줘야 하는지 또는 어떤 느낌이 부족한지 의뢰인의 컴퓨터 같은 측면이 알려줄 것이다.

그러나 힐러가 이런 메시지를 잘못 받아들여 좌절감에 빠질 수도 있다. 또는 그것이 힐러의 것이 아니라 의뢰인의 좌절감이 투영된 것일 수도 있다. 어쩌면 그 사람은 좌절하지 않고 사는 법을 몰라서 절망했을 수도 있다.

모든 특정 치유들에는 몇 가지 느낌과 감정, 믿음이 있다고 나는 확신한다. 또한 질병이란 특정한 믿음 프로그램을 오랜 기간 가지고 있기 때문에 생기는 거라는 사실도 나는 알게 되었다. 이런 믿음이 제거되면 질병도 자취를 감춘다. 그런 믿음을 제거하는 것은 간단하다. 질병이란 무언가가 균형이 깨졌거나 초점이 맞지 않아 몸과 조화롭게 일치되어 있던 상태에서 벗어났음을 알리고 주의를 끌게 할 목적으로 설계되었기 때문이다. 그러니 균형을 다시 맞추기만 하면 된다.

창조주와의 의사소통

세타힐링은 그저 병을 낫게 하는 것만이 목적이 아니다. 세타힐링은 인류가 만물의 창조주와 의사소통하는 방법이기도 하다. 우리의 목표는 창조주와 순수하고 왜곡되지 않은 대화를 할 수 있도록 몸과 마음 그리고 영혼을 짓누르고 있는 믿음을 제거하는 것이다.

자신의 몸 위 공간으로 올라가는 모습을 상상하면 여러분은 만물 그자체의 사랑을 모으게 되고 그 사랑의 도움을 받아서 힐링 작업을 하게 된다. 만물 그 자체인 창조주의 에너지에 연결이 되면 여러분은 지구의 전자기장을 통과하게 된다. 이 전자기장을 지나면 여러분은 카르마의 법Laws of Karma을 지나고 '되는becoming' 것을 가로막는 영역을 지나서 무조건적인 사랑이 있는 자리로 가게 된다. 힐링을 할 때는 항상 이 사랑의 본질을 가져와야 한다. 힐링은 무조건적인 사랑이 존재하는 곳에서 이루어진다! 이 부인할 수 없는 사실을 절대 잊어서는 안 된다. 힐링은 자신의 주장을 증명하기 위해서나 자신의 치유 능력을 보여주기 위해서 하는 것이 아니다.

집착

그 사람이 치유되기를 기대하되 그 결과에 집착하지 말아야 한다. 만물의 창조주가 힐러이다. 그러므로 창조의 힘에 그 결과를 맡겨야 한다. "힐러는 만물의 창조주이므로 우리는 어떤 일이 일어나는지 지켜보자"라고 의뢰인에게 이야기한다.

만약 원하는 결과를 얻지 못한다면 이는 믿음 작업이 필요하다는 뜻이다.

목격과 의도

치유가 이루어지는 것을 목격하는 것은 힐링 과정에서 매우 중요한 부분이다. 위로 올라가서 치유가 일어나기를 명령(또는 요청)하는 것과 치유가 일어나는 것을 목격하는 것은 별개의 과정이다. 치유가 이루어지는 것을 목격한 후에만 이 과정이 진정으로 완료된다.

힐러에게 치유하려는 '의도'만 있으면 치유는 이루어진다고 많은 사람들이 말한다. 그러나 하겠다는 의도를 갖는 것과 실제로 하는 것 사이에는 큰 차이가 있다. 예컨대 하루 온종일 떨어진 열쇠를 줍겠다는 의도를 가지고 있을 수도 있고, 남편을 도와주겠다는 의도를 가지고 있을 수도 있다. 그러나 그런 의도를 갖는 것이 실제로 걸어가서 떨어진 열쇠를 줍는다는 뜻은 아니다. 남편을 도와 무언가를 했다는 뜻도 아니다. 여러분은 의뢰인의 몸 안으로 들어갈 때 여러분이 명령(또는 요청)한 치유가 일어나 완전히 끝날 때까지 그 과정을 지켜보아야 한다. 여러분은 행위가 일어나는 것을 목격하기 위해 그곳에 있는 것이다. 행위가 없이는 아무 일도 일어나지 않는다. 무언가를 하려고 생각하는 것과 질질 끌며 미루는 것 그리고 행동으로 하는 것 사이에는 뚜렷한 차이가 있다. 물질적인 차원에서만이 아닌 형이상학적인 차원에서도 이는 동일하다.

"지옥으로 가는 길은 선한 의도로 포장되어 있다"고 말하지만, 의도에 관한 이 같은 나쁜 평판이 절대적으로 합당한 것은 아니다. 과학자들은 의도가 행동에 약간의 영향은 미친다고 말한다. 좋은 의도가 바람직한 행동을 가져오는 것은 20~30퍼센트 정도에 불과하다. 물론 강한 의도가 약한 의도보다 더 크게 영향을 미치는 것은 당연하지만, 둘 다 실패하는 경우도 많다. '의도'만으로는, 의뢰인의 몸 안에서 혹은 여러분 자신의 몸 안에서 공동의 창조 에너지를 목격함으로써 그 과정을 현실화하는 것과 같은 효과를 발휘하지는 못할 것이다. 세타힐링은 의식에 있는 자아ego의 의도를 넘어 치유의 증인이 되는 것에 중점을 둔다.

치유를 목격하거나 관찰할 때, 관찰에 의한 창조genesis by observation를 통해 치유가 이 현실에 드러나게 된다.

관찰에 의한 창조

2002년 '블랙홀black hole'이란 말을 만들어낸 존 휠러John Wheeler(알

버트 아인슈타인과 닐 보어와 같은 과학자들 중 한 사람)는 "어떻게 해서 존재하게 되는가?"(How come existence?)라는 질문을 우리에게 던졌다. 관찰하는 행위가 우리의 현실을 바꾼다는 사실을 양자물리학이 증명해내는 때가 올 것이다.

관찰 행위가 우리의 현실을 바꾼다는 이 이론을 시험하기 위해 과학자들은 한 가지 실험을 설계했다. 평행을 이루는 두 개의 얇고 긴 슬릿slit 속으로 빛을 비추어 그 빛이 구멍을 통과해 뒤에 있는 감광지에 부딪치도록 하는 것이었다. 이 실험은 두 가지 방법으로 진행되었는데, 서로 다른 결과를 얻었다. 첫 번째 방법은 각 슬릿 바로 옆에 광자光子 감지기를 설치하여 광자가 각각의 슬릿을 지날 때 물리학자들이 그 광자를 관찰하는 것이었다. 이때 광자는 입자처럼 행동했다. 두 번째에는 광자 감지기를 없애고 나머지 조건은 동일한 상태에서 실험을 진행했다. 감광지에 나타난 결과는 입자처럼 행동했던 첫 번째와 달리 빛이 파동처럼 행동하는 모습을 보여주었다. 이 실험으로 빛이 입자와 파동이라는 두 가지 성질을 가지고 있으며, 단순히 '관찰하는 행위'가 빛이 어떤 방식으로 행동할지에 영향을 미치는 것으로 보인다는 사실을 알게 되었다.

이 같은 '관찰에 대한 반응'은 우주적인 규모에서도 똑같이 적용된다. 은하계를 가로질러 지구로 날아온 빛을 가지고 한 실험의 결과 역시 동일했다. 관찰되었는지 아닌지에 따라 빛의 반응이 달랐던 것이다. 수백만 년 전 또는 수십억 년 전 우리가 태어나기 훨씬 전에 만들어진 빛이 지금 우리의 관찰 여부에 따라 입자가 되기도 하고 파동이 되기도 한다는 의미이다. 이는 생각이 우리의 과거까지도 바꿀 수 있다는 말이기도 하다. 또는 존 휠러의 말처럼 "정보는 우리가 세상에 대해 배우는 것만이 아니라 세상을 '만드는' 것일 수도 있다."

이런 것이 세타힐링 기법과 어떻게 연결되는지 살펴보자. 우리는 세타힐링 과정에서 힐러와 의뢰인 그리고 창조의 힘 사이에 작은 '웜홀wormhall'(블랙홀이 회전할 때 그 속도로 인해 생긴다는 가상의 통로로, 블랙홀로 빨려 들어가면 이 통로를 지나 화이트홀로 나온다고 알려져 있다―옮긴이)과도 같은 에테르적 통로가 만들어지는 것을 볼 수 있다. 시공간 속에서 이 웜홀은 우리가 시간이나 다른 요인의 간섭 없이 차원을 넘나들며 리딩과 치유 작업을 할 수 있도록 해줄 뿐 아니라, 우리가 창조의 힘과 연결을 유지하면서 계속해서 그 에너지를 활용할 수 있도록 해준다.

양자역학에서는 관찰하는 행위가 결과에 영향을 미친다. 세타힐링은 관찰하는 행위이다. 세타힐링 기법은 양자역학이며, 따라서 시각화 기술을 반드시 터득해야만 공동 창조co-creation가 가능하다. 치유를 '목격'하는 것이 그렇게나 중요한 이유가 바로 이것이다. 힐러가 치유가 이루어지는 것을 목격할 때 그것이 현실로 나타나게 된다.

창조의 에너지로 발을 들여놓는 가장 좋은 방법은 만물의 창조주에게 '명령 또는 요청'하는 것이다. 이 일이 '이루어지리라는 것'을 잠재의식에게 알리는 것이다. '명령command'이라는 단어 또는 명령하는 에너지를 사용하면 잠재의식이 이 일을 방해하지 않을 위치에 머물게 된다.

받아들임

치유가 '실제로 일어나는 일'이란 걸 받아들이자. 창조주의 치유 에너지는 아주 빨리 작용하기 때문에 여러분이 실제로 치유를 시각화하기 전에 치유를 마칠 수도 있다. 만약 이런 경우가 발생하면, 느린 동작으로 재생해 주기를 명령(또는 요청)한다. 그렇게 할 때 여러분은 치유가 일어남을 목격할 수 있고 또한 받아들일 수 있다.

양날의 검

시각화는 양날의 검과 같다. 한쪽 날은 이미 치유가 '일어난 것'을 목격하는 것이고, 다른 쪽 날은 프랙티셔너가 실제 자신의 육안으로 찢기거나 불에 덴 상처, 부러진 곳을 보는 것이다. 치유되어야 할 상처나 다친 곳 등을 물리적인 눈으로 '볼' 때, 그런 고통을 바라보고 있는 행위가 프랙티셔너의 마음에서 그것들(상처나 다친 곳이 치유되지 않은 현상)을 현실로 드러나게 한다. 그러므로 힐링을 할 때 가장 좋은 방법은 그 작업을 마칠 때까지 아물지 않거나 벌어져 있는 상처를 덮어두고 쳐다보지 않는 것이다. 즉각적인 치유에 익숙해지기 전까지는 신의 눈으로만 보는 것이 최선이다.

원격 치유

리딩이나 몸 스캔을 할 때처럼, 세타힐링의 공동 창조 과정은 의뢰인이 지구 어디에 있든지 상관없이 함께 작업할 수 있게 해준다. 일단 에너지로 연결이 이루어지면, 리딩을 하는 사람은 마치 두 사람이 한 방 안에 있는 것처럼 의뢰인의 공간으로 들어가기 위해 먼 거리를 가로질러 자신의 의식을 보낸다.

두려움, 의심, 불신

두려움이나 의심, 불신은 직관적인 치유에 가장 강력한 방해물이다.

여러분이 갖고 있는 믿음과 두려움은 리딩을 할 때 영향을 미칠 수 있다. 그렇기 때문에 리딩이나 힐링을 하면서 여러분에게 의심이 일어나거나 공동 창조 과정에서 연결이 끊겼다고 느낀다면, 그 사람의 공간에서 빠져나와 에너지를 씻어낸 후 잠시 휴식을 취하도록 한다. 그런 다음에 다시 그 과정을 시작한다. 또한 스스로에 대한 세타힐링 믿음 작업을 실시해 아주 명료한 상태에서 최상의 힐링을 할 수 있도록 해야 한다.

만약 리딩을 하기 전이나 하고 난 후 또는 하는 도중에 과도한 감정적 반응을 경험한다면, 여러분의 믿음이 리딩을 방해하고 있다고 생각해 볼 수 있다. 또한 몸에 병을 지니게 하는 믿음이나 치유 에너지가 그들 몸속으로 들어가는 것을 막는 믿음을 의뢰인이 가지고 있을 수 있다는 점도 기억해 두자.

기쁨, 행복, 사랑

기쁨, 행복, 사랑의 본질은 힐링과 리딩을 공동 창조하는 데 쓰는 치유의 에너지를 발생시킨다. 힐링을 하면서 행복과 기쁨을 창조할 수 있도록 자신의 개인적인 일은 에너지 작업과 반드시 분리시켜야 한다.

또한 사람들을 향해 무조건적인 사랑을 품는 것도 중요하다. 사람들을 진심으로 아끼는 마음을 가져야 한다. 그런 마음이 없으면 이런 일을 하는 게 어렵게 여겨질 것이기 때문이다.

환경에서 오는 질병

환경에서 오는 질병은 즉각적으로 치유될 수 있다. 그렇지만 같은 환경 요인에 계속 노출된다면 같은 질병이 다시 발생할 수 있다. 독소는 그 질병을 계속해서 재발시킬 뿐이다. 치유된 상태로 '머물기' 위해서는 생활 습관과 주변 환경을 바꾼 뒤 믿음 작업을 해서 더 나아지기를 권한다.

여러분은 결코 혼자가 아니다

리딩을 할 때 여러분은 결코 혼자가 아니다. 언제든, 어디서든, 또 어떤 상황이든 상관없이 위로 올라가서 도움을 요청할 수 있다.

힐링을 할 때 여러분은 결코 혼자가 아니다. '여러분'이 아니라 창조주가 치유하기 때문이다. 이 점이 여러분이 기억해야 할 가장 중요한 사실이다.

구체적으로 명령 또는 요청하기

목표를 충분히 이룰 수 있을 정도로 구체적으로 명령(또는 요청)을 한다. 힐링을 하면서 목격하게 될 것이 무엇인지 정확하게 알면 변화가 일어날 수 있다. 성공적인 힐링의 핵심은 여러분이 힐링하고 있는 것이 '무엇인지' 정확하게 아는 것이다.

또한 항상 자신을 고요하게 하며, 위로 올라가 창조주에게 필요한 모든 것을 명령하거나 요청한 뒤 그 과정이 완료될 때까지 의뢰인의 공간에 머물러 있어야 함을 명심한다.

치유가 일어나기에 충분한 시간

세타힐링에서 공동 창조하는 과정에 '시간'은 존재하지 않는다. 치유가 이루어지고 있는 동안에는 시간이 느리게 가기도 하고 때로는 한동안 완전히 멈추기도 한다. 이는 엄청난 양의 작업이 신체적·정신적·영적으로 무리 없이 마무리되도록 하기 위해 일어나는 현상이다.

일단 명령(또는 요청)을 하고 난 후 여러분 마음이 목격을 하고 치유를 받아들이게 되면, 현재의 시간과 현실을 넘어선 외부에서 치유가 이미 이루어졌음을 반드시 깨달아야 한다. 목격자가 됨으로써 그 사실을 지금 이 시간, 이 현실로 가져오게 된다. 그렇게 해서 정확히 물질화되고 또 물질계에서 형태를 취할 수 있도록 하는 것이다.

이러한 시간의 양상은 세타힐링의 모든 기술에 적용된다.

자가 치유

남을 치유하듯이 자기 자신을 치유하지 못할 이유는 없다.

의뢰인에게 하는 것과 똑같은 방법으로 창조주를 여러분의 몸속으로 데려와 치유를 목격하는 힐링 기법을 본인 스스로에게 사용할 수 있다. 이는 수년 전 내 다리에 적용하는 등 나 스스로에게 헤아릴 수도 없이 많이 쓴 치유 방법이다.

세타힐링에서 피해야 할 것

- 모든 박테리아가 몸에서 사라지라고 명령(또는 요청)하는 것. 이런 일은 물론 일어나지도 않겠지만, 이를 피해야 하는 까닭은 몸의 많은 작용이 박테리아의 기능에 의존하고 있기 때문이다.
- 모든 '칸디다균Candida'(건강한 사람 대부분이 피부나 구강, 장관, 질 등에 가지고 있는 곰팡이 균으로 정상균총의 하나이지만, 칸디다증, 무좀, 질염, 아구창 등 각종 감염증의 원인이 되기도 한다—옮긴이)이 몸에서 사라지라고 명령(또는 요청)하는 것. 몸의 많은 작용은 일부 '칸디다균'

의 기능에 의존하고 있기 때문이다.

- 모든 중금속이 몸에서 사라지라고 명령(또는 요청)하는 것. 우리 몸은 칼슘, 아연과 같은 다양한 중금속들로 이루어져 있기 때문이다.

- 창조주에게 필수 미네랄과 비타민을 만들어달라고 명령(또는 요청)하는 것. 연습을 하지 않고서는 몸은 이런 방식으로 미네랄과 비타민을 흡수 및 동화시키는 법을 이해하지 못한다. 여러분이 할 수 있는 것과 할 수 없는 것을 아는 것은 중요하다. 연습을 통해 기술 수준이 발달할 수 있다.

- 몸이 원래의 완벽한 청사진 상태로 되돌려지기를 명령(또는 요청)하는 것. 우리 몸은 수정된 순간부터 스스로에게 자기가 완벽하다고 말하는 유전자 프로그램을 가지고 있다. 몸에 병이 있더라도 몸은 이 상태를 완벽하다고 지각한다. 몸은 완벽한 당뇨병, 완벽한 다발성경화증 등을 가지고 있다. 이 우주에 있는 모든 것은 완벽하다. 그러므로 잠재의식은 이 같은 명령을 이해하지 못한다.

- 프랙티셔너로서 자신이 치유한다고 가정하지 않도록 한다. 치유하는 이는 '신God'이지 여러분이 아니다. 가장 좋은 것은 신에게 "최상이자 최선의 방법으로highest and best way" 이것을 치유하고 "보여달라show me"고 요청하는 것이다.

Θ 명령(또는 요청) 할 때 "최상이자 최선의 방법으로"라는 표현을 쓰는 것이 아주 중요하다. 이는 창조주가 그 사람에게 가장 바람직한 것이 무엇인지 알고 있다고 말하는 것이고, 또한 이 과정이 끝날 때까지 힐러는 자신의 에고로부터 초연하게 분리되어 있다고 말하는 것이다. 또한 우리가 살고 있는

이 차원으로부터 영향을 받지 않고 치유가 일어난다는 말이기도 하다. "보여달라"는 말은 힐러로서 자신이 그 목격자가 되겠다고 창조주에게 신호를 보내는 것이다.

⬤ 힐링

힐링은 즉각적으로 일어나거나 혹은 몇 분이 걸릴 수도 있다. 집중 상태를 유지하여 마음이 산만해지지 않도록 해야 한다.

힐링 기법

1 의뢰인의 허락을 받는다.

⊖ 의뢰인을 치유의 현실로 들어가게 해주기 때문에 허락은 중요하다. 의뢰인이 동의하는 것은 자신의 몸이 치유받을 수 있도록 허용하는 것이다.

2 마음의 공간에 집중한다. 만물 그 자체의 일부인 어머니 지구의 중심으로 내려가는 모습을 시각화한다.

3 발바닥을 통해 지구의 에너지를 끌어올린 다음 이 에너지가 모든 차크라를 열면서 위로 올라가는 모습을 시각화한다. 왕관 차크라를 통해 위로 올라가 아름다운 빛의 공 안에 있는 상태로 우주 공간 속으로 날아간다.

4 우주의 끝을 넘어 하얀 빛을 지나고, 어두운 빛을 지나고, 하얀 빛을 지나고, 황금빛을 지나고, 젤리 같은 물질인 법Laws을 지나서, 진주 빛 광택이 나는 눈처럼 하얀 빛, 즉 존재의 일곱 번째 단계로 오른다.

5 위로 올라가 창조주와 연결한 후 명령 또는 요청한다. "만물의 창조주여, 최상이자

최선의 방법으로 [의뢰인 이름]의 질병이 바뀌어 완벽하게 건강한 상태가 되기를 명령 또는 요청합니다. 보여주세요. 감사합니다! 이루어졌습니다. 이루어졌습니다. 이루어졌습니다."

예를 들어 골절을 당한 사람이라면 이렇게 표현한다. "만물의 창조주여, 이 뼈가 온전해지기를 명령 또는 요청합니다. 감사합니다! 이루어졌습니다. 이루어졌습니다. 이루어졌습니다."

6 그 사람의 공간으로 들어간다. 창조주가 여러분을 치유가 필요한 신체 부위로 데려갈 수 있도록 자신을 맡긴다.

7 문제가 있는 곳에 머물면서 창조주가 그 사람을 치유하는 것을 목격한다.

8 치유의 에너지가 마칠 때까지 그곳에 머문다.

9 다 마치고 나면 존재의 일곱 번째 단계의 에너지로 자신을 씻은 후 그 에너지에 연결된 상태를 유지한다.

> ☉ 힐링에 필요한 에너지를 본인에게서가 아니라 창조주에게서 끌어온다는 점이 중요하다. 이는 창조주에게 치유하도록 명령 또는 요청함으로써 이루어진다. 힐링 작업이 끝난 후 동일한 힘을 사용하여 여러분의 에너지를 보충할 수도 있다.

이런 치유 방식이 얼마나 효과가 있을까? 실제로 우리는 수업 시간에 부러진 뼈를 치유한 바 있다.

◖◗ 방사선 제거하기

이 기법은 과다한 방사선으로 인해 생긴 뇌종양을 창조주가 없애는 것을 목격하면서 만들어진 기법이다. 나는 이 과정을 창조주가 샐리와 다른 사람들을 치유할 때 목격했다.

산업 사회에서 살아가는 우리는 엄청난 양의 방사선에 그대로 노출되어 있다. 얼마 전 나는 방사선이 일부 암의 원인이란 사실을 알게 되었는데, 그때부터 나는 핸드폰, 컴퓨터, 형광등을 비롯한 전자 기기에서 나오는 방사선을 내 몸에서 방출하기 위해 매일 다음의 기법을 사용하기 시작했다.

방사선 방출하기

1 마음의 공간에 집중한다. 만물 그 자체의 일부인 어머니 지구의 중심으로 내려가는 모습을 시각화한다.

2 발바닥을 통해 지구의 에너지를 끌어올린 다음 이 에너지가 모든 차크라를 열면서 위로 올라가는 모습을 시각화한다. 왕관 차크라를 통해 위로 올라가 아름다운 빛의 공 안에 있는 상태로 우주 공간 속으로 날아간다.

3 우주의 끝을 넘어 하얀 빛을 지나고, 어두운 빛을 지나고, 하얀 빛을 지나고, 황금빛을 지나고, 젤리 같은 물질인 법Laws을 지나서, 진주 빛 광택이 나는 눈처럼 하얀 빛, 즉 존재의 일곱 번째 단계로 오른다.

4 명령 또는 요청한다. "만물의 창조주여, [의뢰인 이름]에게 도움이 되지 않는 모든 방사선이 뽑히고 바뀌어 신의 빛으로 보내지기를 명령 또는 요청합니다. 감사합니다! 이루어졌습니다. 이루어졌습니다. 이루어졌습니다."

5 방사선이 뽑혀서 신의 빛으로 보내지는 것을 목격한다.

6 다 마치고 나면 존재의 일곱 번째 단계의 에너지로 자신을 씻은 후 그 에너지에 연결된 상태를 유지한다.

방사선을 없앤 그 자리에 창조주에게 요청해 다른 무엇을 대신 채울 필요는 없다.

8

그룹 힐링

수년 전 미국 아이다호 주에서 수업할 때 처음으로 그룹 힐링을 해보게 되었다. 더 많은 사람이 함께 힐링을 하면 더 좋은 결과를 얻지 않겠느냐는 아이디어가 여러 사람에게서 나왔고, 그래서 여러 명이 그룹을 이뤄 한 사람을 위한 힐링 작업을 해보기로 한 것이다.

첫 참가자는 라일Lyle이라는 이름의 남성이었다. 그는 직장에서 일을 하다가 허리를 다친 뒤로 계속 허리 통증을 겪고 있었다. 나는 그를 설득해서 마사지 테이블 위로 올라와 그룹 힐링을 받도록 했다.

테이블에 누워 있는 그 주변으로 동그랗게 원을 그리고 둘러선 다음 우리는 각자 위로 올라가 그를 위해 작업을 한 후 조용히 기다렸다. 우리가 작업을 다 마치고 나자 그가 일어서려고 했다. 하지만 그는 도통 몸을 움직이질 못했다. 실제로 그의 통증은 더 심해져 있었다. 세타힐링 기법이 너무 강력하기 때문에 그룹 힐링이 잘못 이루어지면 평온함과 안도감이 아니라 오히려 피해를 가져다줄 수 있다는 것을 그때 깨달았다.

나는 위로 신에게 올라가 어떻게 된 상황인지 살펴보았다. 한 사람은 근육을 이쪽 방향으로 당기고 다른 사람은 뼈를 저쪽 방향으로 당기는 일이 동시에 일어난 것을 볼 수 있었다. 또 어떤 힐러는 그의 허리를 이쪽으로 당기고 다른 힐러는 저쪽으로 당긴 것도 보였다. 만약 한 사람 이상의 사람들이 모두 위로 올라가서 힐링을 하게 되면(특히 치유를 강요하고 있다면 더더욱) 모두가 다른 현상을 관찰하게 된다는 것을 알게 되었다.

라일이 테이블에서 천천히 몸을 일으키더니 힐러들의 손아귀에서 빠져나가려고 했다. 망설이는 그를 몇 번이고 설득해 다시 테이블에 돌아가 치유 작업을 받아보게 했다.

그가 테이블에 눕고 내 주위로 프랙티셔너들이 다시 모이자 나는 이번에는 어떻게 하면 좋을지 창조주에게 물었다. 나는 오직 한 사람만이 프랙티셔너 역할을 해야 한다는 말을 들었다. 그 외의 사람들은 테이블에 둘러서서 한 곳으로 사랑을 보내고 지정된 프랙티셔너는 그렇게 더해진 사랑을 그러모아서 의뢰인의 공간으로 가지고 내려오는 것이었다.

이러한 가르침에 따라 나는 위로 만물 그 자체의 에너지로 올라가고, 테이블을 둘러싸고 있는 나머지 사람들은 나에게 사랑을 보냈다. 그룹 힐링이 태어나는 순간이었다. 나는 위로 올라가 모든 사랑을 모아서 라일에게 가지고 내려온 후, 사랑이 그의 몸에 있는 모든 세포 하나하나로 들어가는 것을 목격했다. 창조주는 라일의 허리에 있는 문제를 바로잡았고, 라일은 통증 없이 편안하게 일어나 움직일 수 있었다.

치유가 끝나고 난 뒤 라일에게 기분이 어떤지 물었다. "비안나, 통증은 모두 사라졌지만, 저를 완전하게 낫도록 하지는 마세요. 왜냐하면 산재 보험측과 합의를 해야 하거든요. 만약 제가 완전히 낫는다면 합의금을 받을 수 없게 될 거예요." 나중에 들은 바로는 그는 더 이상 수술을 받을 필요가 없게 되었다고 했다.

18년간 휠체어를 타고 살아온 한 여성에게도 우리는 이 기법을 사용했다. 우리는 위로 올라가 무조건적인 사랑을 그녀 몸의 모든 세포들로 보냈다. 작업을 다 마치고 나자 그녀는 자신의 발 감각을 느낄 수 있었다. 두 번째 작업을 하고 났을 때는 자신의 다리를 감각할 수 있었다. 그녀가 힐링을 더 받으려고 돌아왔을까? 아니, 그녀는 다시 돌아오지 않았다. 그녀는 장애 급여를 받고 있었고, 치료를 계속 받아서 걸을 수 있게 되면 장애 급여 혜택을 잃게 될까봐 몹시 두려웠던 것이다.

낫고자 하는 마음이 없는 사람을 낫게 할 수는 없다. 이것은 당사자의 선택이고, 그렇게 선택할 수 있는 건 그의 권리이다. 여러분은 이 사실을 존중해야 한다.

이제까지 수백 번의 그룹 힐링을 목격한 나는 이 그룹 힐링이 무조건적인 사랑으로 그룹 내 사람들 사이에 유대감을 형성하며 아픈 사람을 경이롭게 치유하는 참으로 놀라운 방법이라고 분명히 말할 수 있다. 지난 수년 동안 나는 그룹 힐링과 그 놀라운 효과에 관해 아주 많은 것들을 배웠다.

⬤◯ 그룹 힐링의 원칙

그룹 힐링을 통해 우리는 세타파 상태로 계속 집중하는 훈련을 하고 시각화 기술도 향상시킬 수 있다. 이는 또한 사람들이 공동 창조 힐링 co-creational healing을 하는 데 필요한 우주 에너지를 모을 수 있게 하고 몸 안에서 치유 에너지도 목격할 수 있게 해준다.

그룹 치유는 또 의뢰인에게 우주에서 가장 높게 진동하는 '무조건적 인 사랑'을 받는 것이 어떤 느낌인지 느낄 수 있게 해준다. 그리고 그룹 멤버들에게는 누군가에게 무조건적인 사랑을 제한 없이 줄 수 있는 기 회가 된다.

그룹 힐링을 받은 사람이 무조건적인 사랑을 느끼지 못한다면 이것은 그 사람에게 무조건적인 사랑을 받아들일 수 없다는 믿음이 있음을 여 러분에게 알려주는 것이다.

꾸미기

여러분의 에고로 치유 과정을 '꾸미는decorating' 것을 방지하기 위해 서 그룹 힐링을 할 때 여러분은 치유 과정에서 감독자 역할을 하지 않는 법을 배우게 된다. 여러분은 단지 만물의 창조주가 치유하는 것을 목격 하는 법만 알면 된다.

그룹 힐링은 다음과 같이 진행된다.

그룹 힐링 과정

한 사람을 프랙티셔너로 지정한다. 그룹 내 다른 사람들은 치유받는 사람 주위에 둘러서 서 지정된 프랙티셔너를 위해 위로 창조주의 힘에게 자신의 에너지를 보낸 뒤 그 상태를 유지한다. 이때 서로 손을 잡아도 된다. 지정된 프랙티셔너는 자신의 양손을 치유받는 사 람 몸에 적절히 얹는다.

1. **치유받는 사람 주위에 둘러선 사람들:** 마음의 공간에 집중한다. 만물 그 자체의 일부인 어머니 지구의 중심으로 내려가는 모습을 시각화한다.

2. 발바닥을 통해 지구의 에너지를 끌어올린 다음 이 에너지가 모든 차크라를 열면서 위로 올라가는 모습을 시각화한다. 왕관 차크라를 통해 위로 올라가 아름다운 빛의 공 안에 있는 상태로 우주 공간 속으로 날아간다.

3. 우주의 끝을 넘어 하얀 빛을 지나고, 어두운 빛을 지나고, 하얀 빛을 지나고, 황금빛을 지나고, 젤리 같은 물질인 법Laws을 지나서, 진주 빛 광택이 나는 눈처럼 하얀 빛, 즉 존재의 일곱 번째 단계로 오른다.

4. 위로 창조주의 힘에게 자신의 무조건적인 사랑을 보내, 지정된 프랙티셔너가 그 무조건적인 사랑을 다 모을 때까지 그대로 유지한다.

5. **지정된 프랙티셔너:** 위로 창조주에게 올라가 명령 또는 요청한다. "만물의 창조주여, 무조건적인 사랑을 [의뢰인 이름]의 모든 세포로 보내서 그가 오늘 치유되기를 명령 또는 요청합니다. 감사합니다! 이루어졌습니다. 이루어졌습니다. 이루어졌습니다."

6. 무조건적인 사랑을 모아서 그 에너지를 가지고 내려온다. 공동 창조 치유의 차원에서 의뢰인의 몸속 모든 세포로 그 에너지를 보낸다.

7. 이 과정을 다 마치고 나면 에너지를 씻은 후 자신의 공간으로 돌아간다. 지구 중심으로 내려갔다가 그 지구의 에너지를 다시 위쪽으로 차크라들을 따라 왕관 차크라까지 끌어올린다. 그런 다음 에너지 자르기를 한다.

8. **치유받는 사람 주위에 둘러선 사람들:** 다 마치고 나면 존재의 일곱 번째 단계의 에너지로 자신을 씻은 후 그 에너지에 연결된 상태로 유지한다.

9

사람들이 치유되지 않는 이유

치유받기 위해 오는 사람들이 많아지면서 나는 여전히 배워야 할 게 많다는 걸 알게 되었다. 나에게 오는 어떤 사람들은 낫지 않았는데, 나는 그걸 보면서 창조주에게 왜 그런지 물었다.

나는 여러 가지 이유가 있다는 대답을 들었다. 많은 경우 유전적인 이유 때문이라고 창조주는 말했다. 나는 이런 경우에는 바꾸거나 해결할 수 없는 것으로 믿고 병이 낫지 않는 사람들에게 이렇게 말했다. "미안합니다. 유전적인 것이라서요." 그 당시에는 유전적 결함은 직관적인 방법(에너지 치유 등의 방법을 말함—옮긴이)으로 치유할 수 없다고 생각했다.

결국은 '내'가 유전적 결함으로 알려진 진단을 받게 되었고, 나는 이 결함을 바로잡을 수 있는 방법을 창조주에게 묻게 되었다. 창조주는 그 대답으로 나에게 유전적 결함을 바꾸는 방법을 보여주었고, 여기에 덧붙여 배워야 할 16가지 방법이 더 있다고 알려주었다. 내가 처음 출간한 책《위로 올라가 신을 찾는다Go Up and Seek God》에 실은 것은 DNA 활성화 기법 한 가지뿐이어서 나는 그저 놀라울 따름이었다.

나는 그 16가지 방법을 얼른 배우고 싶어 조급한 마음이 되었다. 그리고 첫 번째 방법을 배운 뒤 나는 즉시 그것으로 작업에 착수했다. 결과는 점점 나아졌다. 그러나 여전히 도움을 줄 수 없는 사람들이 있었다. 힐링을 하는 도중 창조주에게 올라가 "창조주여, 치유를 막고 있는 게 뭔가요?" 하고 묻기도 했다. 그러자 이런 목소리를 듣게 되었다. "이 사람은 자신이 병들어 아파야 한다고 믿는다." "이 사람은 자신이 벌을 받아야 한다고 믿는다." "이 사람은 의사가 말한 것을 믿는다." 또는 "이 사람은 정말 죽고 싶어 한다." 나는 개인의 믿음을 바꿀 수 있는 권한이 나에게 없다고 생각했고 그런 생각을 갖는 것 자체가 용납되지 않았다. 그랬기에 본인 스스로 생각을 바꾸려는 노력을 해야 한다는 말과 함께 그들을 집으로 돌려보냈다.

1999년 이전에 나는 최면 치유와 감정 방출 기법emotional release technique을 사용해 잠재의식에 있는 생각의 패턴을 바꾸곤 했다. 그런데 이 방법으로는 한 번에 하나씩 몇 가지 믿음 패턴만 느리게 바꿀 수 있었다. 게다가 결과도 일정하게 얻어지지 않은 탓에 매일 행해지는 치유 작업에 포함시킬 수가 없었다.

그러다가 1999년 어느 날 여러 가지 믿음 패턴을 단지 몇 초 만에 바꿀 수 있는 방법을 창조주가 내게 보여주었다. "나는 그다지 똑똑하지 않아" "나는 그다지 잘하지는 못해" "돈은 나쁜 거야" "돈은 악한 거야" "나는 심령술사가 될 수 없어" "나는 힐러가 아니야" "나는 신과 분리되어 있어" 같은 믿음 패턴을 교체할 수 있다는 것을 그때 알게 되었고, 그것 외에도 "나는 괴로움을 당할 거야" "나는 분명 이 병에 걸릴 거야" "그 요인이 내 유전자에 있어" 같은 믿음 체계에도 효과가 있다는 것을 발견했다. 다른 믿음 패턴처럼 이 같은 믿음 체계도 몇 초 안에 바뀔 수 있다는 것을 알게 된 것이다.

창조주로부터 받은 기법들을 사용할수록 패턴의 윤곽이 잡히기 시작했다. 나는 이 패턴이 에너지 치유의 향방을 영원히 바꾸어놓을 것이라고 믿는다.

⬤◯ 개별 진술서와 같은 질병

치유 작업에서 발견한 한 가지 중요한 역동성은, 모든 사람은 다르고 모든 질병은 자신이 누구인지에 관한 개별적 진술이라는 것이다. 중금속이나 독소, 독성 물질에 오염된 것이든, 방사능에 노출된 것이든, 또는 분노나 슬픔, 증오, 개인적 비극과 같은 감정적 문제에 기인한 것이든 간에 질병은 각각의 사람이 다른 것만큼이나 개별적이다. 신체적·감정적·환경적이든 혹은 이 세 가지가 다 섞인 것이든 간에 모든 질병은 개별적으로 접근되어야 한다.

예를 들어 림프암에서 완치될 당시 나는 더 이상 서로를 돌보지 않는, 파탄이 나다시피 한 결혼 생활을 하고 있었다. 마치 그런 어정쩡한 상황을 변화시킬 힘이 내게 없는 것처럼 느껴졌다. 몇몇 사람들은 내 감정 때문에 암이 생겼다고 말했다. 하지만 나는 직감적으로 그렇지 않다는 것을 알았다. 나는 수은 중독으로 암에 걸렸다고 확신했다. 그렇다는 걸 어느 정도 믿었기 때문에, 나는 내 몸 안에 있다고 알고 있는 많은 양의 수은을 제거하는 다양한 해독 요법을 실행할 수 있었다. 수은이 몸 밖으로 방출되고 나자 나는 내가 즉각적인 치유를 받아도 되겠다는 믿음이 생겨났다. 어느 날 세타파 기법으로 내 몸이 스스로 낫도록 명령하자 내 몸은 순식간에 치유되었다. 내가 순식간에 치유된 이유는 내가 아프지 않아도 된다고 믿고 또 나을 수 있다고 믿었기 때문이다.

내가 발견한 사실은 수은과 같은 중금속은 그런 중금속에 오염된 사람에게 영향을 미치는 어떤 투사된 형태의 사고와 믿음을 자기 안에 지니고 있다는 것이었다. 수은이 사라지면 이러한 영향도 없어진다. 내 암은 수은에 의해 발생했고, 따라서 그 수은이 내 몸 조직 속에 남아 있는 한은 내가 암에서 나을 수 있다고 믿기 어려웠다. 독소는 꼭 감정이나 믿음이 그러는 것처럼 그들만의 독특한 에너지적 영향력을 우리 몸에 끼친다.

인생을 살다 보면 수많은 느낌과 감정에 휘둘리게 되고 그중 상당수가 우리 안에 믿음 체계로 자리를 잡는다. 그런 믿음 체계는 우리를 병에 걸리게 할 수도 있다. 실제로 증오는 암을 먹여 살리고, 암은 증오를 싸서 보호하는 수단으로서 증오로부터 자라난다.

느낌과 감정이 믿음 체계로 자리를 잡게 되면 이제 믿음은 변화하고 진화해 간다. 부정적인 형태인 경우 믿음은 마음과 정신, 몸과 영혼에 해로운 영향을 미칠 수 있다. 어떤 사람을 낫게 할 수 있는지 없는지를 결정짓는 데 중요한 역할을 하는 것은 그 사람이 갖고 있는 감정과 믿음이다. 정리하자면, 병에서 나을 수 있다고 믿는지, 아니면 계속 아픈 상태로 있거나 죽어야 한다고 믿는지 그 믿음에 큰 영향을 미치는 요소가 바로 감정이다.

나는 하루에 14시간씩 일주일에 6일 동안 일을 하며, 30분 간격으로 리딩과 힐링 작업을 한 적이 있다. 그때 나는 창조주와의 순수한 연결에서만 경험할 수 있는 황홀경 속에서 세타파의 황홀함에 빠져 있었다. 세타파의 치유 에너지가 나를 그 날개깃에 올려 보듬어주는 가운데, 나는 치유받으러 오는 사람들에게서 패턴이 드러나는 것을 지켜보았다. 수천 명의 사람들과 작업을 하면서 나는 자신이 아파야 한다고 믿는 사람은 계속 아프다는 사실을 발견하게 되었다. 이 때문에 그들을 치유하거나 건강한 상태를 유지하도록 돕기가 거의 불가능했다. 이와 반대로 치유가 '가능'하다고 믿거나 '꼭 낫는다' 혹은 낫는 것이 '당연하다'고 믿는 사람들은 건강을 되찾았다. 내 경험으로는 열이면 아홉 명이 이런 경우에 해당했다.

◖▶ 때론 죽음이 치유이다

여러분이 마주칠 또 다른 부류의 사람들은 그저 죽기만을 바라는 사람들이다. 이런 사람들과 작업을 하다 보면 무엇을 해도 이들이 달라지지 않는다는 걸 알게 된다. 그들이 힐러를 믿든 안 믿든 또는 여러분이 그들이 치유된다고 믿든 안 믿든 변하는 건 없다. 여러분은 결국 그들의 결정을 존중해야만 한다.

갑상선암에서 낫고자 하는 한 여성이 나를 찾아왔다. 초기에만 발견하면 전통 의학 치료로 아주 쉽게 고칠 수 있는 암이다. 그러나 그녀는 암을 그냥 방치했고, 결국 온몸으로 암이 퍼져버렸다. 자몽 크기만큼 자란 종양은 그녀의 성대를 망가뜨렸다. 제거하려고 결심했을 땐 이미 너무 커진 후였다. 나에게 처음 왔을 때 그녀는 몹시 아픈 상태였다. 나는 그녀가 죽어가고 있다는 걸 감지할 수 있었다. 그러나 남편은 그녀를 살리기로 다짐하고 온갖 대체 의학 요법을 시도하고 있었다.

나는 세타힐링과 더불어 빛으로 하는 색채 치료를 이용해 이 여성을 치료하기로 결정했다. 처음 세타힐링 작업을 시작했을 때 비슷한 문제를 가진 다른 사람들과 달리 그녀에게서는 별 효과가 나타나지 않았다. 이 시기에 나는 내가 늘 궁금해 하던 문제, 즉 왜 어떤 사람에게는 효과가 나고 어떤 사람에게는 효과가 나지 않는지 관찰하고 있었다. 나는 스스로에게 물었다. "이렇게 아픈 데서 이 여성이 얻는 것이 과연 뭐지?"

이야기를 하던 중에 그녀는 나에게 암 투병을 하면서 남편과의 관계가 몇 년 만에 처음으로 친밀해졌다는 말을 했다. 남편과 함께 시간을 보내면서 모처럼 기쁨을 표현할 수 있었다고 했다. 치료하는 입장에서 관찰하는 나에게는 정말 눈이 번쩍 떠지는 순간이었다. 이래서 그녀가 암을 가지고 있는 걸까? 사랑받으려고? 우리는 긍정적인 결과를 얻기 위해 이렇게 부정적인 상황까지 만드는 걸까?

몇 번의 작업을 마치고 나서 그녀는 4개월 동안 나에게 오지 않았다. 그녀가 다시 왔을 때 나는 가슴이 찢어지는 것 같았다. 극히 위태로운 상황임이 느껴졌기 때문이다. 나와 두 차례 세션을 가진 후 그녀의 상황은 눈에 띄게 호전되었다. 그리고 나자 그녀는 더 이상 나를 찾지 않기로 마음먹었다. 그리고 한 달 후 그녀는 다시 병이 크게 악화되었다.

나는 그녀를 데리고 다시 세션을 시작했다. 리딩을 하면서 위로 올라가 창조주에게 물었다. "이분에게 무슨 일이 일어나고 있죠?" 창조주가 대답했다. "비안나, 그녀는 이곳에 더 이상 머무르고 싶어 하지 않아. 살고 싶어 하지 않지." 나는 그녀에게 물었다. "살고 싶은가요?" 그녀는 "네"라고 대답했다. 그러나 남편이 직장으로 돌아가게 돼 더 이상 자신을 돌봐줄 수 없게 된 데 무척 화가 나 있었다.

이번에도 이전처럼 그녀는 내게 다시 돌아오지 않아도 될 만큼만 치유를 받고 정기적인 치유 세션에는 오지 않았다. 그렇게 몇 주가 지난 어느 날 그녀의 남편에게서 전화가 왔다. 그녀가 병원에 입원했고, 아마도 곧 죽게 될 것 같다고 했다. 그러면서 혹시 그녀를 만나러 와줄 수 있겠느냐고 물었다. "그럼요, 당연하죠. 가서 뵙죠." 내가 대답했다.

병원에 도착하자마자 그는 나에게 그녀가 무슨 생각을 하고 있는지 알려달라고 부탁했다. 그녀가 더 이상 말을 할 수 없었기 때문이었다. 그녀와 마음으로 대화하면서 나는 그녀가 천상의 집으로 돌아가고자 한다는 걸 알게 되었다. 그녀는 자신의 생이 끝났다고 말했다. 그러곤 남편에게 마지막 인사를 했다. 나는 그녀가 한 말을 남편에게 전했다. 그녀가 이 생을 뒤로하며 베일 너머로 떠나기로 선택하는 것을 나는 눈물로 바라보았다. 때론 부정적인 믿음이 아니라 긍정적인 믿음이 사람들을 아프게 한다.

'그냥 가게 내버려둬'

유방암 선고를 받은 또 다른 여성 한 명이 나를 찾아왔다. 암이 몸을 할퀴고 지나가면서 그녀의 유방은 완전히 사라지고 없었다. 그녀와 마주앉아 나는 그녀에게 살고 싶은지 물었다. "아뇨, 원치 않아요." 그녀가 대답했다. 그러면서 여동생이 자신의 남편과 싸우는 소리를 듣는 게 신물이 난다고 했다. 그녀가 통증에서 벗어나도록 형부, 곧 자신의 남편이 도와주지 않는 것에 여동생은 무척 화가 나 있는 듯했다. 그녀 남편은 아내가 이 땅에서 지은 죄값으로 고통받아야 한다고 여기고 있었다. 그녀는 자신의 고통과 이런 말다툼에 그만 지쳤다고 말했다. 그녀는 죽고 싶어 했다!

나는 그녀가 하는 이야기를 아주 주의 깊게 들었다. 그러고 나서 위로 올라가 통증이 그녀 몸에서 사라지기를 명령했다. 나는 또한 그녀에게 감정 방출 치료emotional release therapy가 필요하다는 것을 알았다. 그래서 창조주가 그녀를 보살펴주는 것과 그녀를 역경 속에서 도와주는 것을 내가 목격할 수 있도록 명령했다. 그녀는 사흘 후에 이 세상을 떠났다. 나의 가장 가까운 친구로부터 감정 방출 치료를 받고 난 뒤였다.

나는 그녀가 저세상으로 가지 못하게 막을 수 없었다. 왜냐하면 그녀가 죽고 싶어 하는 것을 알았기 때문이다. 그녀가 죽은 후 그녀 남편이 내게 전화를 했다. 그가 전화로 자기 아내가 편안하게 저세상으로 갈 수 있도록 도와줘서 고맙다고 했다. 정말 이상한 경험이었다.

사형 선고

또 다른 사례로, 오랫동안 내게 치유를 받다가 가까운 친구가 된 크란달Crandall 부인이 대장암으로 고통받는 것을 지켜본 경우가 있다. 그녀는 앞으로 2주 안에 암으로 목숨을 잃을 거라는 주치의의 통보를 받았다.

그녀가 평상시에 받아오던 세션을 받기 위해 온 어느 날, 나는 그녀에게서 대장암이 완전하게 사라진 것을 직관적으로 볼 수 있었다. 그녀의 주치의는 대장암 흔적을 전혀 찾지 못했음에도 그녀에게 암이 아직 완전히 없어졌다는 의미는 아니라고 말했다. 의사는 전에 내렸던 사형 선고를 굳게 붙들고 있었다.

치유된 뒤 크란달 부인은 자신이 어느 날 딸의 7개월 된 아기를 돌보고 있는 것을 발견했다. 암으로 인해 완전히 망가진 몸이 아직 회복중이고 몸무게는 36킬로그램밖에 되지 않았음에도 그녀는 자기 손으로 손녀를 길렀다. 나는 그녀를 자주 만났다. 그저 이야기를 나누며 용기를 불어넣어 주기 위해서였다. 그녀는 다음과 같은 시를 써서 내게 보내왔다.

> 당신이 아시길 바라요, 당신이 내게 특별하다는 것을.
> 내 인생은 비누 거품 같았지만, 당신은 내게 소망을 주었죠.
> 의사들이 나를 실망시켰을 때, 당신은 내 곁에 있었고,
> 내가 울고 싶었을 때, 당신은 나에게 웃음을 선사했죠.
> 당신은 내가 죽고 싶어 하는 게 아니라는 걸 깨닫게 해주었어요.
> 처음부터 당신은 내 곁을 지켜주었죠.
> 온 마음을 다해 당신에게 감사를 전하고 싶을 뿐이랍니다.

1년하고 반이 지나서 그녀에게 장 폐색이 왔다. 주치의는 여전히 무엇을 하든 상관없이 그녀가 죽을 거라고 여겼다. 암 전문의는 '확실시하기 위해서' 나머지 대장을 제거하길 권했다. 나는 평판이 더 나은 다른 암 전문의의 소견을 들어보라고 제안했다. 하지만 안타깝게도 그녀는 폐색이 온 부분만 제거하는 대신 나머지 대장을 전부 제거하는 데 동의했다. 나중에 안 일이지만 그것은 암이 아니었다.

의미 없는 수술과 함께 건강한 대장을 제거한 뒤 의사는 그녀가 죽을

것이며 다시는 병원에서 집으로 돌아갈 수 없을 거라고 말했다. 나는 자식들이 그녀가 죽기를 바라면서 이미 자기 재산을 나눠 가졌다고 그녀가 울면서 내게 전화했던 것을 기억한다.

그녀는 병원에서 집으로 '돌아왔다.' 그러나 자식들은 아무도 그녀를 방문하지 못하게 하고, 어떤 치유 작업도 받지 못하게 했다. 나는 그녀를 만나려고 해봤지만 들어가지 못하고 돌아와야 했다. 그녀 가족은 그녀를 구할 수 있는 그 어떤 것도 허락하지 않았다. 다른 이들의 의지에 굴복할 수밖에 없었던 나의 아주 멋진 친구는 결국 포기하고 세상을 떠났다.

◖▣◗ 새롭게 드러나는 패턴

지금껏 이야기한 것들은 실제 믿음 체계가 어떻게 작동하고 왜 바뀌어야 하는지를 극명하게 보여주는 사례들이다. 오랫동안 나는 자신의 믿음 체계를 긴 시간에 걸쳐 재프로그래밍하는 작업을 하지 않는 한 믿음을 바꾸기는 불가능하다고 믿었다. 나는 최면 상태에서 믿음이 바뀔 수 있다는 것도 알았고, 목표를 가지면 믿음이 바뀔 수 있다는 것도 알았지만, 30초 만에 믿음이 바뀔 수 있다는 것은 알지 못했다.

그러는 가운데 나는 고통받는 사람들이 개별적인 것만큼이나 육체적인 질병도 개별적이라는 사실을 발견하게 되었다. 바로 다음과 같은 패턴이 드러나 보이기 시작한 것이다.

- 질병의 원인이 독소에 노출된 데 있다면, 그 몸이 정화되고 치유되

어야 한다.

- 질병의 원인이 자신의 믿음 체계에 있다면, 그 믿음이 정화되고 치유되어야 한다.
- 질병의 원인이 유전적인 것에 있다면, 그것 역시 정화되고 치유되어야 한다.

나는 여러 가지 요소들이 질병을 일으킨다는 사실을 새삼 깨닫게 되었다. 느낌이 질병을 유발하고, 질병이 느낌을 유발한다. 이것은 서로 밀접하게 연결되어 있다. 느낌, 감정, 독소, 부상, 유전자, 유전되어 내려오는 믿음 체계, 역사적으로 내려오는 믿음 체계, 그리고 영혼 수준의 믿음 체계 이 모든 것이 질병을 일으키는 요인이 될 수 있다.

누군가를 돕기 위해 필요한 첫 번째 열쇠는 문제를 일으키는 원인을 찾는 것이다. 원인을 알기 위해서는 위로 올라가 창조주에게 물어야 한다. 힐링을 하거나 리딩을 할 때 여러분은 절대 혼자가 아니다. 창조주는 항상 여러분과 함께한다.

10

믿음 체계

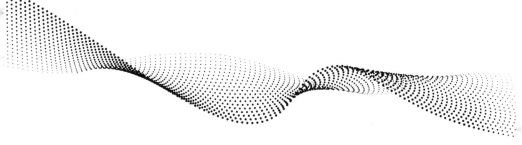

믿음: 어떤 것을 진실 또는 사실로 마음에 받아들이는 것으로, 흔히 감정적 또는 영적인 확실성에 의해 뒷받침된다.

현대 과학은 깨달음enlightenment의 시대에 접어들고 있다. 새로운 사고의 길이 열리고, 마음과 몸이 별개라는 기존의 시각은 사라지고 있다. 감정, 느낌, 그리고 생각의 힘이 우리의 건강에 직접적으로 연관된다는 인식이 이제 주류가 되어가고 있다.

이러한 사실은 정신신경면역학psychoneuroimmunology의 발달로 인해 잘 증명되고 있다. 정신신경면역학은 중추신경계, 신경내분비계, 면역계 및 이들의 상호 관계를 깊이 있게 연구하는 학문 분야이다. 중추신경계는 교감신경계와 부교감신경계를 포함하는 몸 전체의 거대한 연결망이다. 중추신경계는 일반적으로 '정보 물질'이라고 알려진 화학 물질을 이용해 뇌가 몸 전체에 정보를 보낼 수 있도록 한다. 한때는 뇌가 몸 안의 문제에 대응하기 위해 이러한 정보 물질을 내보내며 의사소통은 일방적으로 이루어진다고 여겨졌다. 이제 명확해진 사실은 중추신경계가 몸의 방어 메커니즘을 통제한다는 것이다. 이 사실을 알 때 우리는 모든 생각, 감정, 관념이나 믿음이 신경화학적인 결과를 불러온다고 편안하게 가정할 수 있다.

신경펩타이드라 불리는 몸의 신경 전달 물질은 한때 뇌에서만 발견된다고 여겨졌다. 신경약리학자인 칸다스 퍼트Candace Pert의 선구적 연구에 따르면 뇌의 세포벽과 면역계에도 이들 신경 전달 물질이 존재한다고 한다. 이 복잡한 전달 물질들은 몸의 곳곳을 돌아다니면서 생명 유지에 필수적인 정보를 전달할 뿐만 아니라 거의 즉각적인 신체적 피드백도 전달한다. 만약 여러분이 교통 사고를 당한 적이 있다면 아드레날린의 분비로 인해 부들부들 떨고 있는 자신을 발견했을지도 모른다. 일단 위험이 가시면 모든 것이 괜찮다는 메시지를 몸의 수용체에 보내고 여러분은 진정을 되찾기 시작한다. 이것은 정보가 생각에서 생리적인 과정으로 얼마나 빠르게 전달될 수 있는지를 보여주는 간단한 예에 불과하다.

연구자들은 또한 살면서 생기는 스트레스를 포함해 좋든 나쁘든 우리의 온갖 감정과, 내분비 및 면역계 같은 조절 체계 사이에 중추신경계를 통한 불가분의 화학적 연결 고리가 존재한다는 것을 밝혀내었다. 이것은 우리의 감정을 언어로나 신체적으로 적절하게 표현하는 것의 중요성을 강조한다. 두려움, 화, 분노와 같은 강렬한 감정이 건강한 방식으로 표현되지 않을 때 우리 몸의 교감신경계가 자동으로 반응을 보이는데,

이는 월터 B. 캐논Walter B. Cannon의 항상성homeostasis과 투쟁-도피 반응 증후군fight or flight syndrome에 관한 연구에서 입증되었다. 이와 같은 스트레스를 불러오는 감정들이 부적절하게 저장될 경우 에피네프린이 과다하게 분비되고, 이로 인해 화학적 분해가 일어나 면역 체계가 내부적으로 약해지고 질병에 걸릴 가능성이 커지는 결과로 이어지는 것이다.

우리는 생각, 말, 감정 그리고 신체가 서로 상승 효과를 내도록 연결되어 있다고 분명하게 말할 수 있다. 생각은 전자기 뇌파로 표현되어 신경펩타이드에 메시지를 보내고, 이는 다시 중추신경계로 전달되어 인체에서 적절한 결과를 만들어낸다. 믿음 체계는 이렇게 강한(또는 반복되는) 생각으로서, 신체의 메시지 체계 내에 있는 신경펩타이드로 전달된다. 결국 신체는 자기가 조건화되어 있는 감정적 믿음 체계대로 반응하게 된다. 그러므로 핵심은 신체로 전달되는 메시지를 바꾸는 것이다. 그리고 그렇게 하기 위해서는 우리의 '믿음'을 바꿔야 한다.

⬤○ 믿음을 바꾸는 법

의식적 마음

'의식적 마음conscious mind'은 워드 프로세서에 비유할 수 있다. 이 의식적 마음은 우리의 일상적인 일들을 처리해 나아가는 의사 결정자이다. 이 마음이 잠재의식적 마음subconscious mind(이 'subconscious mind'는 문맥에 따라서 그냥 '잠재의식'으로 번역하기도 했다—옮긴이)에 일정한 과제들을 수행하도록 프로그램들을 보내고, 이 잠재의식화된 프로그램이 어떻게 수행되는지 관찰한 다음, 그 밖에 어떤 일을 더 해야 할지 결정한다.

의식적인 마음은 우리 마음에서 단지 12퍼센트에 불과한 것으로 추정된다. 우리가 '믿음'이라고 지각하는 것이 우리의 잠재의식적 마음이 믿고 있는 것과 꼭 일치하는 건 아니다. 예를 들어 여러분은 자신이 풍요나 돈에 관해 잠재의식적으로 아무런 제한도 두고 있지 않다고 생각할 수 있다. 의식적인 마음에게는 잠재의식이나 다른 어떤 수준에서 스스로에게 그런 한계를 둔다는 것이 논리적으로 말이 안 된다고 여겨질 수 있다. 그럼에도 불구하고 잠재의식에는 그런 한계가 있을 수 있다.

의식적인 마음이 지닌 독특한 특성 하나는 옳고 그름을 빠르게 판단할 수 있다는 것인데, 이는 잠재의식에는 없는 것이다. 의식적 마음은 어떤 정보는 뇌에 저장하고 어떤 정보는 저장하지 않을지—적어도 어느 정도까지는—결정한다.

잠재의식적 마음

'잠재의식적 마음'은 컴퓨터의 하드 드라이브와 같다. 이 잠재의식적 마음은 우리의 모든 기억, 습관, 믿음, 특성, 자아self 이미지 등을 담고 있으며, 자율적인 신체 기능들을 통제한다. 정보의 저장고이자 업무 수행자이다. 심장이 일정하게 뛰게 하는 등 우리가 의식적으로 생각할 필요가 없는 '미리 정의된 지시 사항들'도 여기에 포함된다.

잠재의식은 우리 마음의 88퍼센트를 차지한다고 추정된다. 이 사실은 우리가 자신의 어떤 믿음이 부정적이라고 인식할 때, 우리 마음의 12퍼센트가 나머지 88퍼센트를 바꾸고자 하는 것을 의미한다. 변화하겠다는 모든 결정은 일단 우리의 의식적 마음에서 먼저 형성된다. 이 결정은 어떤 식으로든 기존의 믿음과 충돌할 것이다.

몸

'몸'은 프로그래밍에 반응하도록 설정된 컴퓨터 하드웨어와 같다. 매일 매초마다 우리 몸은 잠재의식적 마음에서 보내는 프로그래밍에 '자동으로' 반응하고 있다. 그러나 몸이 자신만의 지능을 가지고 있다는 증거도 있다. 한 실험에서 영양분이 주어진 세포는 그 영양분에 끌리는 반면, 독소가 주어졌을 때는 뒤로 물러서는 모습을 보여주었다.

긍정적인 변화를 위한 마음 열기

'의식적 마음'은 새로운 행동과 습관에 맞게 잠재의식적 마음을 프로그래밍할 수 있다. 이 능력은 우리에게 내장되어 있다. 아무도 우리에게 걷는 법이나 말하는 법을 가르쳐주지 않았다. '자가 교육'으로 이뤄낸 이 같은 성과들은 아주 어린 나이에 직관적인 과정을 거쳐 완성된 것들이다. 불행하게도 나이가 들면서 우리는 더 이상 자신에게 도움이 되지 않는 낡은 행동 패턴에 갇혀서 이 직관적인 자가 교육 능력을 잊어버린다.

본질적으로 믿음 작업은 행동을 변화시키는 수단이다. 그 행동은 본질적으로 육체적·정신적 또는 형이상학적일 수 있다. 믿음을 변화시키는 가장 좋은 방법은 천진난만한 순수함으로 돌아가는 것이다. 어린아이일 때 우리의 뇌파 패턴은 새로운 정보를 받고 수용하는 데 열려 있다. 세타파 상태가 그렇게 중요한 이유가 바로 이것이다. 세타파는 잠재의식을 성장과 변화의 주파수로 되돌려준다. 그것은 긍정적인 변화를 향해 우리 마음을 열어주며, 우리의 정신을 어린아이의 순수함으로 되돌려준다.

치료사therapist가 의뢰인의 믿음 체계를 바꾸기가 너무 어렵다고 느끼는 이유는 잠재의식적인 마음에 직접 접근할 수 없기 때문이다. 믿음 작업은 바로 그러한 일을 하는 방법이다. 잠재의식적 마음에 접근하는 것 말이다. 하지만 믿음 작업은 우리로 하여금 한 단계 더 나아가게 한다. 그것은 잠재의식을 넘어 영적인 차원에까지 영향을 미치는 믿음을 바꿀 수 있는 능력을 우리에게 제공하는 것이다.

다음 이야기는 프로그램이 어떻게 다시 만들어지고 또 대대로 전해지는지, 그리고 그 프로그램의 '진행progression'이 어떻게 자유 의지에 의해 깨질 수 있는지 보여주는 좋은 예이다.

내가 어렸을 때 어머니는 체벌로 아이들을 훈계해야 한다는 구시대적인 태도를 지니고 있었다. 형제들 중 유일하게 나만이 어머니 매질에서 도망쳐서 숨곤 했다. 때로는 내 침대 밑에 몰래 숨기도 했다. "가서 회초리 찾아와" 하시면 나는 나뭇가지를 찾아드리긴 했지만, 어머니가 나중에 사용하려고 숨겨두면 그걸 찾아다 작게 조각을 내 더는 사용할 수 없게 만들었다. 나는 형제들과 조금 달라서 무턱대고 매질을 당하지는 않았다.

이윽고 나는 성인이 되었고, 내게도 아이들이 생겼다. 마침내 우리 아들 조슈아Joshua가 (모든 아이들이 그렇듯이) 반항하기 시작하는 시기에 이르렀다. 어느 날 내가 무언가를 하라고 하자 조슈아가 내게 돌아서더니 버릇없는 말투로 "싫어"라고 대꾸했다. 그러자, 내가 어렸을 때 어머니가 전수해 준 프로그램대로 나도 하기 시작했다. 어머니가 그랬듯이 손을 뻗어 아이의 멱살을 거머쥐었다. 하지만 아슬아슬하게도 때를 맞춰 나 자신을 억제했다. 젊은 엄마로서 난생처음 나는 나 자신에게 의문을 품기 시작했다.

아이들이 훈육의 경계를 탐험하기 시작했을 때, 그 오래된 "가서 회초리 찾아와" 프로그램이 추한 얼굴을 쳐들었다. 어느 날엔가도 세 아이가 모두 한꺼번에 말썽을 일으켰고, 나는 어머니가 가르쳐준 대로 아이들을 때리려고 그 소중한 어린 아이들에게 가서 회초리를 찾아오라고 말했다. 말도 안 되게 무시무시한 괴물 같은 매질 도구를 하나씩 가지고 아이들이 돌아왔을 때, 내 안에서 무언가가 뒤집어지는 것 같았다. 나는 속으로 생각했다. '어린 아이들에게 내가 어떻게 이런 짓을 할 수가 있지?' 나에게 회초리를 하나씩 건네주는 아이들에게 차례대로 한 명씩 호되게 꾸짖었다. 만약 나뭇가지가 너무 크면 "너, 왜 이러는 거야? 이걸로 맞으면 멍이 든다는 거 몰라? 밖으로 나가. 나가서 놀아"라고 했고, 나뭇가지가 가늘어 채찍 같으면 "너 왜 이래? 이걸로 맞으면 맞은 자리가 부어올라 자국이 남는다는 거 모르는 거야? 밖으로 나가. 나가서 놀아"라고 했다. 한 명도 때리지 않고 아이들을 다 내보내고 나서 나는 뭔지 모를 해방감 같은 것을 느꼈다. 마치 내 안에서 무언가 바뀐 듯한 느낌이었다. 돌이켜보면 나는 그때 핵심적 프로그램과 함께 어쩌면 어머니로부터 물려받은 유전적 프로그램까지 깨버렸던 것이다.

* * *

여러 해에 걸쳐 창조주는 믿음 작업을 내 두뇌에 모자이크로 만들어 놓고 있었다. 내 마음이 이 개념을 받아들이면서, 이 믿음 작업은 세타 힐링이라는 신성한 나무에 하나의 새로운 가지로 자라났다. 나는 믿음을 바꾸는 방법을 배울 준비가 되었고, 그것이 가능하다고 믿었다. 그러곤 내가 늘 해오던 대로 작업하기 시작했다. 위로 창조주에게 올라가서 "창조주여, 믿음이 어떻게 바뀌나요? 보여주세요"라고 요청했다. 그리고 세타힐링에서 하는 기법을 동일하게 사용해서 믿음을 바꿀 수 있다는 걸 알게 되었다.

나는 또한 치유가 일어나기 위해서는 힐링을 받는 당사자가 건강을 다시 회복하기를 '원해야' 하고, 힐링을 하는 사람은 낫는 것이 가능하다는 것을 '믿어야' 한다는 사실도 알게 되었다. 세타힐링에서는 창조주가 치유를 하고 여러분은 단지 목격자일 뿐임에도 불구하고, 만약 여러분이 치유가 불가능하다고 믿는다면, 치유를 목격하는 것도 불가능하게 된다. 또한 만약 의뢰인이 치유되기를 원치 않거나 자신이 치유될 수 있다고 생각지 않는다면, 여러분은 '믿음 작업'으로 그들을 도와줄 수 있다.

⬤▭ 프로그램

믿음 작업을 통해 우리는 잠재의식 세계에 직접 접근할 수 있으며, 그 안에 있는 믿음을 바꿀 수 있다. 우리 뇌는 정보를 평가하고 반응하는, 살아있는 슈퍼 컴퓨터처럼 작동한다. 우리가 경험에 반응하는 방식은 마음에 주어진 정보와 그것을 어떻게 받아들이고 거기에 어떤 의미를 부여하는지에 따라 달라진다. 몸, 마음 또는 영혼이 어떤 믿음을 현실로 받아들이면 그것은 '프로그램'으로 자리 잡는다.

프로그램은 우리를 이롭게도 할 수 있고 해롭게도 할 수 있다. 그것은 어떤 프로그램인지에 따라, 또 우리가 어떻게 반응하는지에 따라 달라진다. 많은 사람들은 '성공할 수 없다'는 숨겨진 프로그램을 가지고 인생 대부분을 살아간다. 수년간 매우 성공한 삶을 살던 사람도 갑자기 한순간에 가진 것 모두를 잃기도 하고 스스로를 파멸시킬 어떤 일을 저지르기도 한다. 스스로를 망가뜨리고 있다는 걸 깨닫지 못한다면 이 과정을 계속하게 될 것이다. 유년 시절부터 자기 안 깊숙한 곳, 잠재의식 속을 떠돌다가 틈만 나면 언제든 현실로 쳐들어오려고 기회를 엿보는 프로그램이 있다는 걸 모르는 것이다.

믿음 작업은 그러한 부정적인 프로그램을 제거하고 그 자리에 만물의 창조주로부터 오는 긍정적인 프로그램을 대체할 수 있는 권한을 우리에게 부여한다.

◯ 믿음의 수준들

우리에게는 네 가지 수준의 믿음이 있다.

핵심적 믿음 수준

핵심적 믿음은 이번 생을 살면서 어린 시절부터 배우고 받아들인 것으로, 우리의 일부분이 된 믿음이다. 이 수준의 믿음은 뇌의 전두엽에 에너지로 저장된다.

유전적 믿음 수준

이 수준은 우리 조상으로부터 이어져 내려오거나 이번 생에서 우리의 유전자에 더해진 믿음이다. 이 믿음의 에너지는 물리적 DNA를 둘러싸고 있는 형태형성장morphogenetic field에 저장된다. 이 지식의 '장field'이 어떤 작용을 활성화해야 하는지 DNA에게 알려준다.

역사적 믿음 수준

전생의 기억, 깊게 자리 잡은 유전적 기억 또는 오늘날에까지 이어져 온 집단 의식의 경험 등과 관련된 수준이다. 이 기억들은 우리의 오라 장auric field에 기록된다.

영혼적 믿음 수준

이 수준은 그 사람 자체인 모든 것이다. 이 수준에는 개인의 완전성을 끌어내는 프로그램들이 있다. 이 완전성은 심장 차크라에서 시작해 밖으로 뻗어나간다.

◖◗ 에너지 테스트

어떤 믿음 프로그램을 가지고 있는지 알기 위해 고안된 간단한 방법으로 '근육 테스트' 혹은 '에너지 테스트'라 불리는 방법이 있다. 네 가지 수준에 있는 믿음을 테스트하는 이 방법은 의학적인 진단을 위해 만든 전통적인 형태의 신체운동학kinaesiology에서 비롯되었다.

전통적인 신체운동학은 인간의 신체 움직임을 과학적으로 연구하는 학문으로, 인체해부학, 생리학, 신경과학, 생화학, 생체역학, 운동심리학,

그리고 스포츠사회학을 총망라한다. 운동의 질과 인체의 전반적인 건강 사이의 상관 관계도 연구한다. 이들 연구에서 얻어진 정보는 물리 치료, 작업 요법occupational therapy, 척추 교정 치료chiropractic, 정골整骨 요법 osteopathy, 운동생리학, 운동 요법, 마사지 요법, 인체공학ergonomics, 그리고 운동 코칭 등에 적용된다.

응용운동학Applied Kinesiology(AK)은 의학적 진단을 목적으로 하는 신체운동학과 비교해 사이비과학이라 여겨지지만 신체의 물질적인 특성에 대한 피드백을 준다고 알려진 방법이다. 이 응용운동학을 사용하는 치료사들은 이 방법을 적절히만 활용한다면 근육 강도 테스트와 같은 응용운동학 테스트의 결과가 고객에게 최적의 치료법을 결정할 수 있도록 도와준다고 말한다. 응용운동학은 대체 의학의 한 분야이며, 따라서 학문적인 신체운동학과는 구별된다.

세타힐링 에너지 테스트

세타힐링에서 근육 테스트 방법을 이용하는 것은 병을 진단하거나 신체 운동의 메커니즘을 연구하기 위한 것이 아니라 네 가지 수준에 있는 믿음 프로그램을 테스트하기 위한 것이다. 이것은 프랙티셔너가 의뢰인의 에너지 장 또는 만물 그 자체로서의 그 사람의 본질을 직접 테스트하는 과정이다. 이 점이 바로 이를 '에너지 테스트'라고 부르는 이유이기도 하다.

믿음 작업에서 이 에너지 테스트는 의뢰인의 믿음 프로그램을 찾아내고 그것이 또 어느 수준에 있는 프로그램인지 밝혀내는 방법이라는 점에서 유용하다. 본인이 어떤 믿음을 가지고 있다는 것을 의식하는지 여부와 관계없이 테스트는 정확하다.

에너지 테스트는 자극에 대한 반응을 경험하게 할 뿐만 아니라 믿음 프로그램이 존재하고 있다는 것과 바뀌었다는 것을 신체적으로 그리고 시각적으로 프랙티셔너와 의뢰인 모두 알 수 있게 해준다. 그에 따라서 그들은 기존의 믿음 프로그램이 풀려나고 새로운 것이 그 자리에 대체되었다고 '믿게 된다.'

에너지 테스트가 믿음 작업의 고리를 푸는 마지막 열쇠였다. 한때는 이 방법에 대해 회의적이었던 적도 있었다. 내 믿음을 에너지 테스트한 모든 세션에서 그 결과가 사실과 다르게 나왔기 때문이다. 그때 에너지 테스트가 제대로 이루어지려면 몸에 적절한 수분 공급이 이루어져야 한다는 걸 내게 보여준 한 프랙티셔너를 만났다. 몸에 수분이 제대로 공급만 되면 에너지 테스트는 매우 효과적인 도구가 된다. 나는 에너지 테스트를 적절히 진행하면 의식적 마음과 상관없이 여러분의 잠재의식이 믿고 있는 바가 무엇인지 알려줄 것이라고 장담한다.

이제, 믿음 작업에서 사용하는 두 가지 에너지 테스트 방법을 소개하려고 한다.

프랙티셔너가 믿음 작업을 하는 데 어느 정도 경지에 이르게 되면, 의뢰인의 잠재된 프로그램을 찾기 위해 에너지 테스트를 할 필요는 없다. 그러나 에너지 테스트는 의뢰인이 자신에게 있는 믿음을 인식하고 인정하는 데는 여전히 유용하게 활용된다.

다음 그림들은 약한 반응(또는 '아니오')과 강한 반응(또는 '네')의 경우를 보여주고 있다.

'아니오' 반응을 나타낸다.   '네' 반응을 나타낸다.

에너지 테스트: 방법 1

의뢰인의 맞은편에 앉는다. 의뢰인의 가슴 앞에서 여러분의 손을 위아래로 올렸다 내리며 잘라낸 뒤 다시 올리는 동작을 한다. 이는 에너지를 '잠가서zip up' 의뢰인의 전자기장을 고르는 작업으로, 에너지 테스트를 올바르게 할 수 있게 해준다.

1   의뢰인으로 하여금 엄지와 검지 또는 약지를 마주대어 동그라미 모양을 만들도록 한다. 손가락이 벌어지지 않도록 단단히 힘을 주라고 말한다.

2   성별에 따라 "나는 남자다" 또는 "나는 여자다"라고 말하도록 지시한다. 예를 들어 여성이라면 "나는 여자다"라고 말하라고 지시한다.

3   '강한지' 또는 '약한지' 가늠할 수 있도록 의뢰인의 손가락을 떼어본다. 두 손가락이 꽉 맞물려 벌어지지 않으면 강한 반응 또는 '네'를 나타낸다. 만약 맞물려 있던 두 손가락이 벌어지면 약한 반응 또는 '아니오'를 나타낸다. 이 경우 여성인데 손가락이 벌어졌다면 이는 수분이 부족한 상태라는 걸 나타내며, 따라서 수분 공급을 한 다음 테스트를 진행한다.

의뢰인에게 물을 한 잔 권한다. 더 빨리 수분을 공급해야겠다고 생각되면 아주 소량의 소금을 줄 수도 있다. 소금이나 물은 우리 몸을 속여 수분이 섭취되었다고 착각하게 한다.

물을 마시고 나면 의뢰인에게 엄지와 다른 손가락을 마주대고 다시금 벌어지지 않게 단단히 힘을 주게 한 뒤, 한 번 더 "나는 여자다" 또는 "나는 남자다"(여자면 여자라고, 남자면 남자라고 상황에 맞게)라고 말하게 한다. 이번에 손가락이 꽉 맞물려 벌어지지 않으면 이는 '네'를 나타내는 것이다.

이제 의뢰인이 여성이라면 "나는 남자다"라고 대답하고, 남성이라면 "나는 여자다"라고 대답하게 한다. 손가락이 꽉 맞물려 벌어지지 않으면 이는 '네'라는 답을 나타내는 것으로, 의뢰인이 여전히 탈수 상태라는 뜻이다. 물을 더 마시게 한 후에 다시 테스트한다.

자신의 성별을 올바르게 말할 때 손가락에 힘이 들어가고 틀리게 말할 때 약해지는 반응을 보인다면, 이제 에너지 테스트를 할 준비가 된 것이다.

프랙티셔너는 의뢰인이 진술하는 내내 손가락을 단단히 모으고 있다가 진술 중 언제 자기도 모르게 무의식적으로 손가락이 벌어지는지 주의 깊게 관찰해야 한다. 의뢰인이 테스트 과정을 조작하려고 임의로 손가락을 벌리거나 닫으려고 하지 않게끔 주의해야 한다.

에너지 테스트: 방법 2

다음은 스스로 자신을 치유할 때나, 전화로 다른 사람의 치유 세션을 할 때, 또는 함께 자리하고 있는 의뢰인들과 작업할 때 사용할 수 있는 또 다른 에너지 테스트 방법이다.

1 북쪽 방향을 향해 선 채로 테스트받는 사람이 '네'라고 말한다. 이때 그 사람의 몸이 앞으로 기울어지면 이는 긍정적인 답이다.

2 그 사람이 '아니오'라고 말할 때 몸이 뒤로 기울어지면, 이는 부정적인 반응이다.

3 만약 몸이 기울어지지 않으면, 이는 수분 부족을 나타낸다.

4 '아니오'라고 답하면서 몸이 앞으로 기울어지거나 '네'라고 답하면서 몸이 뒤로 기울어지는 것도 또한 수분 부족 현상이다.

5 '네'라고 답하면서 몸이 앞으로 기울어지거나 '아니오'라고 답하면서 몸이 뒤로 기울어지면, 프로그램을 테스트할 준비가 된 것이다.

에너지 테스트시 주의 사항

- 의뢰인이 수분을 보충하기 어려운 상황이라면, 손을 신장 쪽, 허리 뒷부분의 갈비뼈 바로 밑에 얹게 한다.(손바닥으로 허리의 뒷부분을 감싸듯이 하면서 허리춤에 손을 얹게 하라는 뜻—옮긴이) 이렇게 하면 몸에 수분 공급이 이루어진 것으로 몸이 착각하게 된다.

- 의뢰인이 어렸을 때 다른 언어를 구사했다면 잠재의식 속에 있는 프로그램이 어려서 쓴 그 모국어로 저장되어 있을 수 있다. 이런 경우 프로그램이 모국어로 고정되었기 때문에 테스트가 원활하게 진행되지 않을 수 있다. 이때는 의뢰인에게 자신의 모국어로 소리 내어 말하거나 그 프로그램이 만들어진 언어로 말하도록 지시한다. 또한 네 가지 믿음 수준 모두에서 프로그램이 대체되도록 동일한 모국어로 창조주에게 명령할 필요가 있다. 의뢰인에게 프로그램을 모국어로 어떻게 말하는지 물어서 이후 명령을 할 때는 그 표현을 사용한다.

- 만약 의뢰인이 "나는 남자(또는 여자)다"라고 소리 내어 말하는 것을 불편해한다면, 그렇게 말하는 대신 '네'와 '아니오'로 말하게 한다.

- 무의식은 '~하지 않는다' '~이 아니다' '~을 할 수 없다' '그렇지 않다'와 같은 단어를 이해하지 못한다. 그러므로 믿음 작업을 하는 과정에서 자신의 프로그램을 진술할 때 이와 같은 단어는 빼고 하라고 의뢰인에게 알려주어야 한다. 예를 들면 "난 나를 사랑하지 않아" 또는 "난 나를 사랑할 수 없어"와 같은 표현은 사용하지 말아야 한다. 의뢰인의 프로그램을 제대로 테스트하려면 "난 나를 사랑해"라는 식으로 말해야 한다. 그러고 나면 의뢰인은 이 프로그램에 대해 부정적이거나 긍정적으로 에너지 테스트에 반응을 할 것이다.

- 믿음은 네 가지 수준 중 오직 한 수준에만 존재할 수도 있다.

- 만약 의뢰인이 테스트하는 프로그램에 관련된 '느낌'을 모른다면, 그의 몸이 앞이나 뒤로 기울거나 움직이지 않을 수 있다. 이런 때에는 그에게 익숙지 않은 느낌을 가르쳐주는 과정이 필요할 수 있다.(171쪽 참조)

- 의뢰인의 맞은편이나 바로 앞에 앉지 말고 살짝 비껴 앉아서 에너지 테스트를 한다. 앞에 앉으면 의뢰인의 오라 장을 방해할 수 있다.

- 세타힐링 에너지 테스트로 다음과 같은 것은 하지 않는다. ① 이것이 의뢰인의 '쌓여 있는' 믿음 체계의 밑바닥 믿음이라고 입증하는 것.(178쪽 참조) ② 의뢰인의 특정 문제에 대한 세션이 완성되어 마무리되었다고 확인해 주는 것. ③ 영양보조제나 약의 복용량 또는 복용의 유무를 확인하는 것.

11

네 가지 수준에서 작업하는 방법

"내가 먹는 음식이 곧 나"라는 말을 들어본 적이 있을 것이다. 세타힐링에서는 "내가 생각하는 것이 곧 나"라고 믿는다. 우리의 생각은 우리의 경험에 의해 만들어진다. 우리의 경험은 결과적으로 세상에 대한 우리의 지각과 우리를 향한 다른 사람들의 지각으로 만들어진다. 우리는 신호를 보내고 다른 사람들은 이렇게 우리가 투사한 생각의 형태를 통해 우리를 지각한다. 호주에서 강의할 때 사람들은 내가 인도 출신이라고 생각하고 나에게 제3의 눈에 붙일 수 있도록 빈디bindis(인도 여성이 제3의 눈이 있는 이마에 찍는 작은 점―옮긴이)를 가져다주기도 했다. 그러면 나는 기쁜 마음으로 빈디를 이마에 붙였다. 많은 사람들이 전생에 인도에서 살았던 나를 기억하는 것이 가능해서 그런 걸까? 아니면 내 에너지 진동이 그들로 하여금 그걸 기억하게 한 걸까?

내가 사무실을 열었을 때 사람들은 내게 이집트 선물들을 아주 많이 가져다주었다. 그것들로 '이집트 방'을 하나 만들 정도였다. 그 다음에는 또 많은 사람들이 아메리칸 인디언 선물을 가져다줘서 이번에는 '아메리칸 인디언 방'을 만들었다. 우리는 다른 사람들이 지각하고 해석한 우리의 모습을 지각한다. 그러나 우리가 우리 자신이라고 믿는 것은 정확하게 무엇인가?

어릴 때 학습되어 형성된 믿음과 유년기에 굳어진 경험이 핵심적 믿음을 만든다. 어린아이의 마음은 너무도 여려서 부모를 마치 자기 인생에서 최고의 신 또는 여신인 양 여긴다. 부모가 어떤 말을 하고 어떤 행동을 하건 간에 아이들은 곧이곧대로 받아들인다. 이 초기 각인first imprint은 아이가 무엇을 믿고 무엇을 믿지 않을지를 결정짓는다. 아이가 듣는 모든 말은 마치 신으로부터 온 메시지라도 되는 양 아이의 그 작은 마음으로 다 들어간다. 우리가 아이들에게 말을 할 때에 특별히 조심해야 하는 이유가 바로 이것이다. 우리가 말한 내용과 그 방식에 조금만 더 신경 썼다면 얼마나 많은 사람들의 삶이 달라졌을지 자주 생각해 보곤 한다.

◖◗ 네 가지 수준

핵심적 수준

핵심적 믿음

핵심적 믿음은 엄마의 태중에서 시작해서 현재까지 우리가 이번 생에서 배우고 받아들인 믿음이다. 우리가 이 공간과 시간 속에 존재하는 한 우리는 늘 새로운 핵심적 믿음을 만들고 있다. 지금 이 책의 내용을 읽고 습득하는 것도 새로운 핵심적 믿음을 만드는 것이다.

핵심적 믿음의 수용 또는 거절

우리에게는 언제든지 어떤 프로그램을 수용하거나 거절할 선택권이 있다. 우리가 자유 의지를 행사해 자기 운명에 대한 일종의 지배력을 갖게 되는 것은 바로 이러한 능력에 대한 깨달음을 통해서이다.

네 명의 아이가 부정적인 상황에서 어떤 핵심 믿음을 형성하는지 조사해 보면, 예상되는 프로그램을 이 아이들이 수용할지 아니면 거절할지 어떤 선택을 할지가 명백해진다. 아이들에게는 각기 "너는 아무것도 제대로 못할 거야"라는 메시지가 주어진다.

1. 첫 번째 아이는 이 말을 문자 그대로 받아들여서, "아무것도 제대로 못한다"는 프로그램이 지시하는 대로 한다.
2. 두 번째 아이는 성취욕이 지나치게 강해져서, 이 프로그램이 잘못되었음을 증명하려고 끊임없이 노력한다. 절대로 만족스럽다거나 충분하다고 느끼지 못한다.
3. 세 번째 아이는 이 부정적인 믿음을 '사실'로 받아들이지만, 삶 속에서 영향력 있는 사람을 만나 자신이 얼마나 괜찮은 사람인지 알게 된다. 이 아이는 동시에 두 가지 프로그램을 믿게 된다.(이렇게 해서 이중적인 믿음 체계가 형성된다.)
4. 네 번째 아이는 이 프로그램을 완전히 거부하고 자신의 자유 의지

의 길을 따라간다.

핵심적 믿음 수준은 뇌의 전두엽에 있는 신경 세포에 에너지로 저장
된다.

유전적 수준

유전자는 우리 몸에서 가장 복잡한 부분이다. 유전자는 모든 기능을
원활하게 작동시키기 위한 프로그램들로 이루어진다. 유전자는 세포
의 핵 내부에 존재하는 일련의 핵산核酸들로, 디옥시리보핵산, 즉 DNA
를 구성한다. DNA는 23쌍의 염색체로 구성되어 있다. 각 염색체 쌍 안
에 있는 DNA 한 가닥마다 10만 가지 이상의 기능을 수행하는 메커니
즘이 있다. 46개의 염색체 하나당 두 가닥의 DNA가 있다. 리딩을 하면
서 바라보는 DNA는 정말 아름답다. DNA는 몸 안에서 일어나는 모든
일을 실행시킨다.

시간이 경과함에 따라 몸 안의 세포들은 약해지고 사멸하기 시작한
다. 그러면 DNA가 그 역할을 이어받아 세포들에게 스스로를 재생산하
는 데 필요한 신호를 보낸다.

DNA의 기본 구조는 서로를 감싸면서 하나는 동쪽으로 이어지고 하
나는 서쪽으로 이어져 있는 두 개의 기다란 사슬 형태로 되어 있다. 사
슬은 사다리라고 불리는 네 종류의 핵산으로 구성된다. DNA 자체는 운
송체라고 불리는 것에 의해 엮어진다.

운송체와 핵산의 특정 부위의 기능들을 모두 과학적으로 설명하기보

다는, DNA 염기 서열과 이중 나선 암호화에 위치한 유전자가 10만 개가 넘는다고 말하는 것으로 충분하다. DNA는 너무 길어서 세포 안에 촘촘한 코일처럼 감겨져 있다. 하나의 세포에서 DNA를 꺼내 길게 펼쳐 놓으면 사람 키만큼 길어진다. 이렇게 우리 몸의 각 세포에는 놀라운 양의 정보가 암호화되어 있다.

자, 여기에 신비한 면이 있다! DNA 가닥 주변에 형태형성장morphogenetic field이라 불리는 기이한 지식의 장場이 있는 것이다. 그리고 이 장 안에 유전적으로 내려오는 느낌과 감정이 담겨 있다. 이것은 DNA가 DNA 역할을 하도록 알려주는 지식의 장이다. 아기의 세포에게 다리가 몇 개, 발이 몇 개 그리고 손이 몇 개 생겨야 하는지 알려주는 장이다.

DNA 구조 안에는 적어도 7세대를 거슬러 올라가는 유전적 기억이 있으며, 형태형성장에는 과거 세대들이 수세기에 걸쳐 저장해 온 정보에 의지하고 있는 믿음 체계가 있다. 우리는 단순히 육체적인 에너지이기만 한 것이 아니라 정신적·영적인 에너지이기도 하며, 우리가 살면서 하는 많은 일들이 그저 우리가 믿는 것만이 아니라 우리 조상들이 믿어온 것에 의해서도 지배된다는 사실이 밝혀졌다. 믿음은 형태형성장에 의해 한 사람의 믿음 체계에서 다른 사람의 믿음 체계로, 한 세대에서 다음 세대에게로 전해질 수 있다.

유전적 수준의 프로그램은 조상으로부터 물려받거나 이번 생애에서 우리의 유전자에 추가되는 프로그램이다. 모든 프로그램과 마찬가지로 어떤 것은 우리에게 이롭고 어떤 것은 그렇지 않다.

세타힐링 프랙티셔너가 유전적 프로그램이 제거되고 대체되는 것을 목격할 때, 우리의 미래와 과거 그리고 현재의 에너지 유전자 그리고 형제자매와 부모, 조상, 친척들의 것까지 모두 제거하고 대체하게 된다.

위치

유전적 수준은 뇌 중심에 위치한 송과선松果腺 내의 마스터 세포에 있는 형태형성장에 에너지로 저장된다.(146쪽 참조) 우리가 마스터 세포에서 일어나는 변화를 목격할 때 몸에 있는 모든 세포에서도 같은 변화가 일어난다.

역사적 수준

우리가 한 생에서 다음 생으로 항상 가지고 다니는 세 가지의 분자molecule가 있다. 영spirit이 몸으로 들어올 때, 이 세 가지 분자들이 신체 안의 각각 다른 세 곳에 안주하게 된다. 하나는 뇌의 송과선, 다른 하나는 심장, 그리고 마지막은 척추의 밑부분이다. '쿤달리니'가 깨어나기 시작하면, 이 분자들이 깨어나면서 이 세 분자가 가지고 다니는 기억들도 깨어나기 시작한다.

이 기억들은 잠재의식에 그리고 유전자 혹은 형태형성장에 자리 잡고 있다고 알려져 있지만, 일부 기억들의 경우 정확히 어디에서 시작되었는지 알기 어렵다. 이것들을 이른바 전생前生 기억이라고 부른다.

진짜 전생에서 온 기억인지 아닌지 논란의 여지가 많은 탓에 우리는 이를 역사적 수준이라 부르기로 했다. 이 수준에는 유전적으로 내려오는 오래된 기억, 우리가 보았거나 직접 접촉했던 사람들에 관한 기억, 다른 시간과 장소에 관한 기억 등이 있다.

집단 의식group consciousness과 아스트랄계astral plane(물리적 세계 너

머의 영역—옮긴이)로 통하는 출입구 역시 이 수준에 있다. 이 수준에 있는 많은 프로그램은 우리가 인간의 다양한 사고 형태들과 상호 연결되어 있기 때문에 생기는 '공동체 의식collective consciousness'의 결과물이다. 이 사고 형태들은 긍정적이든 부정적이든 간에 수천 년에 걸친 인간 경험의 결과이다.

우리의 직관력이 발달할수록, 다른 이들의 아이디어나 생각이 공동체 의식으로부터 또는 다른 이들로부터 직접 우리의 뇌로 흘러 들어오게 된다. 자신도 모르는 사이에 이런 아이디어와 생각은 우리의 잠재의식 속에 있는 믿음 체계에 영향을 미치게 된다.

이 수준에서 프로그램을 해결할 때, 이전 수준에서 들였던 것과 똑같은 시간과 주의를 이 과정에도 기울이는 것이 매우 중요하다. 초심자에게는 이 수준의 에너지가 굉장히 유혹적일 수 있다. 그러므로 이 수준의 에너지와 연결할 때는 현실감을 놓치지 않고 유지하는 것이 중요하다.

역사적 수준은 현재의 삶으로 짊어지고 온 전생이나 공동체 의식 경험에서 오는 기억들과 관련이 있다. 이러한 에너지는 취소하거나 삭제하는 것이 아니라 해결해야 한다. 그것은 이러한 에너지가 학습 경험으로서 우리에게 중요하기 때문이다.

영혼의 에너지 조각들soul fragments은, 다른 사람들이 남겨놓고 갔거나 다른 사람들로부터 빼앗거나 혹은 그들에게 빼앗긴 강력한 영혼 감정의 본질로서, 이 수준에 자리한다. 영혼의 에너지 조각은 프랙티셔너가 이를 목격하면 자동으로 해결되고 정화되어 제자리로 돌아가게 된다.(362쪽 참조)

역사적 수준은 머리와 어깨 뒤쪽에 있는 에너지 장에 위치한다.

영혼적 수준

우리의 영혼은 우리의 육체보다 훨씬 더 신성하고 광대하다. 그것은 장엄하고 아름다운 거대한 공ball과 같다. 어떤 면에서는 연약한가 하면 어떤 면에서는 우리가 알 수 있는 것보다 훨씬 더 강인하다. 그것은 찬란하다glorious. 그것은 신의 일부이고, 창조주의 일부이며, 완벽함 그 자체이다. 영혼적 수준에 있는 프로그램은 심오하고 강력하며, 개인의 완전함을 끌어낸다.

◼◯ 믿음 수준들의 작업 과정

자, 이제 모든 수준에 있는 믿음 프로그램을 제거하고 대체하는 과정을 살펴보자.

> ⊕ 이 책의 나머지 장들을 끝까지 다 읽기 전에는 잠재의식을 재프로그래밍하는 믿음 작업을 시작하지 않도록 한다. 세타힐링은 다양한 조각들로 전체 디자인을 완성한 모자이크와 같다. 각 조각은 이전 조각을 기반으로 쌓아 올려진다. 리딩은 힐링을 하기 위한 기초 단계가 되고, 힐링은 믿음 작업을 하기 위한 기초 단계가 되며, 믿음 작업은 느낌 작업을 할 수 있는 기초가 된다. 각 측면을 이해하게 되면 전반적인 개념이 하나로 통합될 것이다.

핵심적 수준

에너지 장 잠그기

맨 처음 하는 단계는 '에너지 장 잠그기'로, 에너지 테스트를 올바로 할 수 있도록 다음과 같이 의뢰인의 전자기장을 마치 지퍼를 잠그듯 정리해서 손으로 쓸어 올린다.

1. 의뢰인의 맞은편에 앉는다. 여러분의 손을 위아래로 움직이면서 의뢰인의 가슴 앞에서 아래로 자르는 동작을 했다가 다시 위로 올린다.
2. 수분 공급이 잘되었는지 에너지 테스트로 확인한다.

에너지 테스트

"나는 아름답다" "힐러는 사악하다" "나는 나를 사랑한다", 이렇게 세 가지 프로그램을 이용해 에너지 테스트로 시작한다. 초기에 이 세 가지를 사용하는 이유는, 이것들이 믿음 작업을 경험해 보지 못한 사람들 대부분이 가지고 있는 유전적인 프로그램이기 때문이다.

- 대부분의 사람들은 자신이 아름답다고 믿지 않는다. 내면 깊은 곳에서는 자신이 못생겼다고 믿거나 아름다운 것은 나쁘다고 믿는다.
- "힐러는 사악하다"라는 프로그램은 힐러들이 박해당한 역사적 사실 때문에 생긴 두려움과 관련된 경우가 많다.
- "나는 나를 사랑한다"라는 프로그램은 이 지구에서 살아가는 힐러

가 배우고 성취하고 가르쳐야 하는 것 중 하나이다. 먼저 자기 자신을 사랑하는 법을 배우지 않고서는 다른 사람을 온전히 사랑할 수 없기 때문이다.

에너지 테스트는 다음과 같다.

1 의뢰인에게 엄지와 다른 손가락을 마주대고 벌어지지 않도록 단단히 힘을 주라고 말한다. 그런 다음 "나는 나를 사랑한다"라고 말하도록 지시한다. 만약 손가락이 벌어지면 '아니오'라는 반응을 나타낸다. 만약 에너지 테스트의 두 번째 방법을 사용한다면, 의뢰인은 서 있는 상태에서 발꿈치부터 뒤로 기울어지는 '아니오' 반응을 보이게 된다.

2 '아니오' 반응은 네 가지 믿음 수준 중 적어도 하나의 수준에서 의뢰인이 자신을 사랑하지 않는다는 뜻이다. 어느 수준에 이 프로그램이 자리 잡고 있는지 찾아내기 위해 다음과 같이 에너지 테스트를 한다.

   · "'나는 나를 사랑한다'라는 프로그램이 핵심적 수준에 있다."(네/ 아니오)
   · "'나는 나를 사랑한다'라는 프로그램이 유전적 수준에 있다."(네/ 아니오)
   · "'나는 나를 사랑한다'라는 프로그램이 역사적 수준에 있다."(네/ 아니오)
   · "'나는 나를 사랑한다'라는 프로그램이 영혼적 수준에 있다."(네/ 아니오)

어느 특정 수준에 이 프로그램이 존재한다고 해서 다른 수준에도 이 프로그램이 존재한다는 것을 의미하는 것은 아니다. 하나 이상의 다른 수준에 이 프로그램이 존재하는지 여부를 알려면, 각 수준을 하나씩 에너지 테스트해야 한다.

만약 이들 프로그램 중 어느 것에도 부정적으로 반응하지 않는다면, 이들 대신 다른 프로그램 중 하나로 에너지 테스트한다.

프로그램을 풀어주고 대체하기

> ☉ 잠재의식은 오직 긍정 문구만 이해한다는 점을 기억하기 바란다. 그러므로 "난 두려워"라는 프로그램을 "난 두렵지 않아"라는 프로그램으로 대체하는 것은 권하지 않는다. 그보다는 "난 용감해"라는 프로그램으로 대체한다.

네 가지 수준 모두에서 "나는 나를 사랑한다"라는 프로그램에 '아니오'라는 반응이 에너지 테스트 결과로 나온다면, 이것은 "나는 나를 사랑한다, 아니오"라는 프로그램이 모든 수준에 자리 잡고 있음을 의미한다. 핵심적 수준에서 "나는 나를 사랑한다, 아니오" 프로그램을 풀어주고 다른 것으로 대체하려면, 의뢰인에게 구두 승낙을 받은 후 다음과 같이 풀어주고 대체한다.

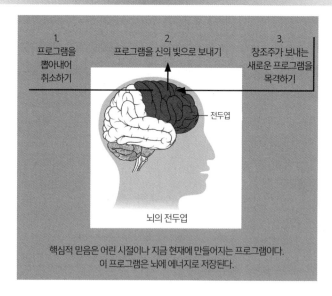

뇌 훈련: 핵심적 수준 과정

1.
프로그램을
뽑아내어
취소하기

2.
프로그램을 신의 빛으로 보내기

3.
창조주가 보내는
새로운 프로그램을
목격하기

전두엽

뇌의 전두엽

핵심적 믿음은 어린 시절이나 지금 현재에 만들어지는 프로그램이다.
이 프로그램은 뇌에 에너지로 저장된다.

1 마음의 공간에 집중한다. 만물 그 자체의 일부인 어머니 지구의 중심으로 내려가는 모습을 시각화한다.

2 발바닥을 통해 지구의 에너지를 끌어올린 다음 이 에너지가 모든 차크라를 열면서 위로 올라가는 모습을 시각화한다. 왕관 차크라를 통해 위로 올라가 아름다운 빛의 공 안에 있는 상태로 우주 공간 속으로 날아간다.

3 우주의 끝을 넘어 하얀 빛을 지나고, 어두운 빛을 지나고, 하얀 빛을 지나고, 황금빛을 지나고, 젤리 같은 물질인 법Laws을 지나서, 진주 빛 광택이 나는 눈처럼 하얀 빛, 즉 존재의 일곱 번째 단계로 오른다.

4 명령 또는 요청한다. "만물의 창조주여, [의뢰인 이름]의 핵심적 수준에 있는 '나는 나를 사랑한다, 아니오' 프로그램이 풀려나와 취소된 뒤 신의 빛으로 보내져 '나는 나를 사랑한다' 프로그램으로 대체되기를 명령 또는 요청합니다. 감사합니다! 이루어졌습니다. 이루어졌습니다. 이루어졌습니다."

5 뇌의 명령 센터로 들어가는 것을 상상한다. 이곳은 이마 윗부분의 정중앙에 위치하며, 뇌의 신경 세포들이 마치 컴퓨터처럼 프로그램을 만들어내는 곳이다. "나는 나를 사랑하지 않는다" 프로그램과 이에 관련된 에너지가 풀려나와 취소된 뒤 신의 빛으로 보내지는 것을 목격한다. 부정적인 프로그램이 풀려나오고 창조주의 새로운 프로그램으로 대체되면서 뇌의 오른쪽에서 아름답고 장엄한 에너지가 방출되는 것을 목격하게 된다. 만약 변화가 목격되지 않는다면, 그 프로그램은 사라지지 않고 다른 수준에서 다시 나타날 수 있다.

6 다 마치고 나면, 존재의 일곱 번째 단계의 에너지로 자신을 씻은 후 그 에너지에 연결된 상태를 유지한다.

7 이 프로그램이 풀려났음을 확인하기 위해 에너지 테스트를 한다. 의뢰인이 소리를 내어 "나는 나를 사랑한다"라고 말한다. 이때 손가락이 벌어지지 않으면 '네'를 나타내며, 이는 핵심적 수준에서 이 프로그램이 풀려나고 대체되었음을 의미한다. 만약 에너지 테스트의 두 번째 방법을 사용한다면, 의뢰인은 서 있는 상태에서 몸이 앞으로 기울어지는 '네' 반응을 보일 것이다.

축하한다! 여러분은 자신의 첫 믿음 프로그램을 풀어주고 대체하는 데 성공했다!

Θ 풀어주고 대체하려는 프로그램은 의뢰인에게 하나하나 구두 승낙을 받아야 한다는 걸 다시 한 번 꼭 기억하기 바란다. 하나의 프로그램을 변경할 수 있는 권한이 주어졌다고 해서 허가 없이 다른 프로그램까지 바꿀 수 있는 권한이 부여된 것은 아니기 때문이다.

유전적 수준

우리 조상들은 자상하게도 많은 믿음 체계들을 유전적 수준을 통해 우리에게 물려주었다. 유전적 믿음 체계의 훌륭한 본보기로 편견을 꼽을 수 있다. 예컨대 자기와 다른 민족이 사는 동네를 걸어갈 때 우리는 때로 그런 편견을 느낄 수 있다. 인종이나 민족에 바탕을 둔 편견은 오늘날에도 여전히 우리 사회 안에 깃들어 있다. 무슨 이유로 한 집단의 사람들이 다른 집단의 사람들을 싫어하는 걸까? 도대체 말이 안 되지만, 되돌아가 그들의 유전적 성향을 살펴보면 얘기가 달라진다. 유전적 수준과 역사적 수준은 둘 다 유전적으로 생긴 증오에 관한 믿음을 지닐 수 있다. 물론 이런 믿음은 믿음 작업을 통해 풀어줄 수 있다.

이 과정을 잘 해내려면 뇌에 있는 송과선으로 이동해야 한다. 송과선은 정수리에서 뇌의 정중앙으로 내려간 지점, 즉 제3의 눈 뒷부분에 위치하고 있다. 송과선 내부에 마스터 세포, 즉 몸 안의 다른 세포들에게 해야 할 일을 지시하는 컨트롤 센터가 있다. 마스터 세포 내에 형태형성장이 있다. 형태형성장은 마스터 세포에 있는 DNA를 둘러싸고 있는 에너지 장이라고 한 것을 기억할 것이다. 프로그램이 풀려나고 취소되어 신의 빛으로 보내진 뒤 긍정적인 믿음으로 대체되는 것을 목격하기 위해 우리는 의뢰인의 마스터 세포로 이동하는 것이다. 이 절차는 치유에 매우 중요하다. 여러분은 의뢰인의 뇌의 오른쪽(여러분의 왼쪽)에서 프로그램의 에너지가 회전하면서 나가는 것을 목격하게 될 것이다. 프로그램이 의뢰인의 몸에서 빠져나갈 때 그 에너지는 신의 빛으로 가게 된다. 이와 거의 동시에 그 프로그램은 긍정적인 프로그램, 즉 창조주가 가져오는 올바른 프로그램으로 대체될 것이다. 여러분은 에너지가 창조주로부터 소용돌이치며 내려와 의뢰인의 형태형성장 안으로 흘러 들어오는 것을 보게 될 것이다. 이 소용돌이 움직임이 가라앉으면 치유가 완료된다. 이 과정이 완료되기 위해서는 마무리될 때까지 반드시 소용돌이 움직임을 목격해야 한다.

위 핵심적 수준에서와 동일한 의뢰인과 작업하고 있으며, 몸에 수분이 충분해서 에너지 테스트를 정확히 할 수 있다고 가정하고, 다음의 훈련 과정으로 넘어가 보자.

뇌 훈련: 유전적 수준 과정

1. 프로그램을 뽑아내어 취소하기
2. 프로그램을 신의 빛으로 보내기
3. 창조주가 보내는 새로운 프로그램을 목격하기

뇌하수체

송과선
마스터 세포의 위치

마스터 세포의 내부에서 프로그램은 DNA 주변의 에너지 장으로부터 풀려난다.

에너지 테스트 결과 "나는 나를 사랑한다, 아니오" 프로그램이 유전적 수준에 존재하는 것을 보았다고 하자. 이제 믿음 작업으로 유전적 수준에 있는 이 "나는 나를 사랑한다, 아니오" 프로그램을 제거하고 "나는 나를 사랑한다" 프로그램으로 대체한다.

유전적 수준에서 "나는 나를 사랑한다, 아니오" 프로그램을 풀어주고 "나는 나를 사랑한다" 프로그램으로 대체할 수 있도록 구두 승낙을 받는다.

1 마음의 공간에 집중한다. 만물 그 자체의 일부인 어머니 지구의 중심으로 내려가는 모습을 시각화한다.

2 발바닥을 통해 지구의 에너지를 끌어올린 다음 이 에너지가 모든 차크라를 열면서 위로 올라가는 모습을 시각화한다. 왕관 차크라를 통해 위로 올라가 아름다운 빛의 공 안에 있는 상태로 우주 공간 속으로 날아간다.

3 우주의 끝을 넘어 하얀 빛을 지나고, 어두운 빛을 지나고, 하얀 빛을 지나고, 황금빛을 지나고, 젤리 같은 물질인 법Laws을 지나서, 진주 빛 광택이 나는 눈처럼 하얀 빛, 즉 존재의 일곱 번째 단계로 오른다.

4 명령 또는 요청한다. "만물의 창조주여, [의뢰인 이름]에게 있는 '나는 나를 사랑한다, 아니오' 프로그램이 뽑혀져 나와 취소된 뒤 신의 빛으로 보내져, '나는 나를 사랑한다' 프로그램으로 대체되기를 명령 또는 요청합니다. 감사합니다! 이루어졌습니다. 이루어졌습니다. 이루어졌습니다."

5 송과선 내의 마스터 세포에 있는 형태형성장으로 가기 위해 뇌 안으로 들어가는 것을 상상한다. 형태형성장에서 풀려난 프로그램의 에너지가 회전하며 터져 나와서 신의 빛으로 가고, 만물의 근원에 의해 새로운 프로그램으로 대체되는 것을 목격한다.

6 다 마치고 나면, 존재의 일곱 번째 단계의 에너지로 자신을 씻은 후 그 에너지에 연결된 상태를 유지한다.

7 이 프로그램이 풀려났음을 확인하기 위해 에너지 테스트를 한다. 의뢰인이 소리를 내어 "유전적 수준에서 나는 나를 사랑한다"라고 말한다. 이때 손가락이 벌어지지

않으면 '네'를 나타내며, 이는 유전적 수준에서 이 프로그램이 풀려나고 대체되었음을 의미한다. 만약 에너지 테스트의 두 번째 방법을 사용한다면, 의뢰인은 서 있는 상태에서 몸이 앞으로 기울어지는 '네' 반응을 보일 것이다.

축하한다! 여러분은 자신의 첫 유전적 프로그램을 풀어주고 대체하는 데 성공했다! 부정적인 믿음을 새로운 믿음으로 대체하면 의뢰인이 사랑에 대해 느끼는 방식이 순간적으로 달라진다.

> ☉ 만약 리딩이나 힐링을 하면서 시각화하는 것이 어렵다고 느낀다면, 두 눈을 감은 채로 눈을 위로 살짝 이마의 꼭대기를 향하게 한다. 이렇게 머리 윗부분 한가운데로 눈을 향하면 좀 더 선명하게 시각화를 할 수 있다.

형태형성장에 있는 믿음 체계를 바꾸면 어떤 질병들은 순식간에 치유된다. 의뢰인 한 사람이 대장암으로 고통받고 있었다. 이번이 세 번째 병 치례였다. 핵심적 수준과 유전적 수준에서 "아버지가 밉다"라는 믿음을 풀어주고 나자 그의 암이 사라졌다.

역사적 수준

이 수준은 중요하다. 이 통로를 통해 들어오는 생각, 기억, 정보는 균형 있게 잘 분별할 필요가 있기 때문이다. 역사적인 수준은 불확실한 기원으로부터 직관적으로 주어지는 정보를 균형 있게 바라볼 수 있는 수단을 제공한다. 보통 기억은 잠재의식 속이나 유전자 안 또는 형태형성장 안에 담겨 있다. 그렇지만 일부 기억은 그 기원이 어디인지 정확히 알기가 어렵다. 이런 기억은 보통 전생前生 기억이라고 부르는데, 우리는 이것을 역사적 수준이라고 부른다. 앞에서도 말한 것처럼 이것이 순수한 에너지에 대한 깊은 유전적 기억인지, 원격으로 투시해서 보거나 직접 만난 사람에 대한 기억인지, 아니면 전생과 같이 다른 시간과 다른 장소에 대한 기억인지 확신할 수 없기 때문이다.

- 역사적 수준은 몸을 에워싸고 있는 오라 장의 일부인 순수한 에너지이다.
- 그것은 우리가 과거, 현재, 미래에 동시에 존재하는 모든 삶으로 통하는 문이다. 그것은 우리가 매일 살아가는 시공간의 문이다.
- 그것은 영혼의 거대한 에너지에 연결되어 있다.

영혼의 에너지 조각

역사적 수준은 영혼의 에너지 조각soul fragment을 되찾아 회수하는 수단이다. 영혼의 에너지 조각을 잃었다고 너무 놀라지 말자. 간단하게 명령하는 과정을 통해 영혼의 에너지 조각들이 돌아오게 할 수 있다.

설명을 해보겠다. 영혼의 본질soul essence은 거대하다. 영혼의 본질은 창조주와 연결되어 있다. 영혼은 육체와 감정을 통해 교훈을 경험하고 배우고자 이곳에 왔다. 이 배움의 과정에서 영혼은 다른 사람의 공간으로 자신을 확장하게 되고 거기에 자기 본질의 잔여물을 남겨둔 채 떠나게 된다.(이에 대해서는 바로 아래에서 자세히 설명된다─옮긴이) 이 본질을 되찾아오고 또 자기에게 남겨진 다른 사람의 본질을 방출할 때 영혼과 그것을 담는 그릇인 육체는 강화되고 균형을 이루게 된다. 그 결과 만물 그 자체 에너지인 우리는 만물 그 자체인 영혼의 상태를 되찾을 수 있다.

영혼의 에너지 조각은 감정적 만남에서 잃어버린 필수 생명 에너지의 파편이다. 이 영혼의 에너지 조각들은 다른 장소나 시간 속에 남겨져 있을 수 있다. 그것들은 또 조상들이 트라우마를 겪으면서 잃어버린 유전적 기억들일 수도 있다. 이 시간에 속한 영혼의 에너지 조각들이 최상이자 최선의 방법으로 돌아오도록 요구할 수 있다.

연애를 하거나 어떤 형태로든 DNA를 주고받는 상황(구체적으로는 성관계를 갖는 것을 의미하며, 몸의 접촉을 넘어 타액이나 체액이 교환되는 과정도 물리적인 DNA를 교환하는 과정이다―옮긴이)에 처할 때에도 우리는 영혼의 에너지 조각들을 남기게 될 것이다. 아픈 아이를 돌보는 경우처럼 자기가 사랑하는 사람을 장기간 병간호하는 경우에도 그럴 가능성이 높아진다. 영혼이 갖고 있는 연민의 마음이 이 아이를 살려두기 위해 자신의 생명력을 뒤에 남기는 것이다. 이 책의 후반부에는 특정 본질을 방출하고 돌려받는 영혼의 에너지 조각 연습 방법을 소개한다.(362쪽 참조) 역사적 수준의 믿음이 해결되고 대체되면, 그 믿음과 관련된 영혼의 에너지 조각은 자동으로 돌아온다.

전생

존재existence를 통한 영혼의 여정에서 이번 생으로 들어온 다른 화신化身(incarnation, 육체를 가진 존재―옮긴이)들의 본질은 전생이나 윤회의 개념으로 설명된다.

전생 개념은 주로 힌두교의 가르침에서 비롯된다. 파라마한사 요가난다Paramahanda Yogananda를 비롯한 힌두교 스승들은 인도의 영적 사상들로 서구 사회에 자극을 주었다. 그 덕분에 서구 사회의 영적인 풍경은 깨어나는 양상을 띠게 되었고, 이러한 깨어남은 100여 년이 넘도록 계속되고 있다.

오늘날 우리가 힌두교의 전생 개념을 이렇게 가깝게 느끼는 까닭은 그 윤회 사상에서 기인한다. 윤회는 영원불변한 영혼에 대한 믿음과 카르마karma 개념으로 설명되는 과정이다. 카르마는 영혼을 위한 가르침의 도구이다. 어떤 카르마는 오직 육체 안에서만 해결될 수 있기 때문에, 윤회의 순환이 이어지면서 영혼이 삶에서 그 다음 삶으로 배움의 길을 계속 열어가게 되는 것이다.

특히 아이들은 전생 경험을 기억하고 있는 경우가 많다. 정확하게 어디에서 이런 경험의 기억이 유래하는지는 논란의 여지가 있다. 나는 이런 논란에 특별히 관심은 없으나 이해를 돕기 위해 보조 설명을 더 해보겠다. 그렇긴 하나 전생에 관한 기억들은 매우 현실감이 있다. 나는 전생 기억이 다양한 근원에서 말미암는다고 믿는다.

첫째로, 우리는 모두 DNA 기억을 가지고 있다. 세포 안에 삶의 경험들이 기억으로 저장되며, 이 저장된 기억은 한 세대에서 다음 세대로 전달된다. 우리는 DNA 기억이 적어도 일곱 세대까지 거슬러 올라간다는 것을 알고 있다. DNA에 여러분의 조부모가 여러분이 태어나기 전에 행한 모든 것이 저장되어 있는 것이다. 우리가 전생 기억이라 부르는 것의 일정 부분이 어쩌면 여기에 해당될지도 모르겠다.

우리가 접근할 수 있는 것으로, '기록의 전당Hall of Records' 또는 아카식 레코드Akasic Records(신지학 및 인지학에서 말하는 과거, 현재, 미래의 모든 사건, 생각, 감정, 행위 등이 자세히 기록되어 있는, 일종의 우주적 저장고를 가리킨다. 이 개념은 과거의 모든 사건의 흔적이 어딘가에 영원히 새겨져 있다는 발상에 기초한다―옮긴이)라 불리는 곳이 있다. 이 기록의 전당 또는 아카식 레코드는 창세로부터 존재해 왔다고 전해지는 바, 모든 현실에 존재하는 인간의 의식과 관련된 사건과 반응이 하나도 빠짐없이 기록되어 있는 도서관과 같다. 모든 인간은 아카식 레코드에 기여하고 있으며 또 접근할 수 있고, 자신의 의식을 통해서 기록의 전당을 방문해 각 개인의 기억과 경험을 살펴볼 수 있다. 나도 개인적으로 기록의 전당을 경험한 바 있으며, 다른 사람들 역시 이 기록의 전당에 연결되어 있다는 것을 의심치 않는다. 이 점 또한 많은 전생 기억들을 설명해 준다.

대지大地 또한 자신만의 기억들을 가지고 있다. 이런 종류의 기억, 즉 새겨진 흔적ghost imprint이 직관적인 사람에게는 너무나 또렷하기 때문에 전생 기억과 혼동될 수 있다.(더 자세한 내용은 20장에 나오는 '새겨진 흔적'을 참조)

마지막으로, 여러분이 실제 전생의 삶을 살았을 수도 있다. 그 생애에 모든 걸 배우지 못했고, 그 카르마로 인해 또 다른 생을 살아가야 할 수도 있다. 하지만 다른 삶을 살았다고 한들 그 사실이 그렇게 중요할까? 윤회는 세타힐링 가르침에서 특별히 염두에 두고 있는 것은 아니다. 우리는 모든 종교적 신념 체계에 부합하고 또 도움이 되는 것을 가르치고자 한다.

나는 우리가 경험한 모든 것을 통해 배울 수 있다고 믿는다. 그렇지만 중요한 것은 우리가 지금 현재 살고 있는 삶이다. 그러므로 현생에 집중해야 한다. 내 개인석으로도 전생에 관련된 경험들이 있지만, 내가 지금 살고 있는 현재의 삶에 집중할 수 있도록 항상 주의를 기울인다. 전에 내가 누구였고, 무엇을 했는지, 또 어떤 경험을 했는지 따위에 정신을 빼앗기지 않기를 바란다. 다른 시대, 다른 장소에 존재한 내 모습에 지나치게 연연하지 않기를 바란다.

리딩을 하거나 다른 어떤 세타힐링 기법을 사용할 때 가장 중요한 것은 만물 그 자체인 창조주에 대한 믿음이다. 기억해야 할 가장 중요한 점은 "우리는 모두 완전한 전체complete whole에 연결되어 있다"는 진리를 따르는 것이다. 바로 이 전체, 이 완벽함, 우리가 작업을 하면서 부르는 이 창조주를 우리는 따르는 것이다. 다른 사람들이 무엇을 믿든 그냥 믿게 두어라. 중요하지 않은 사실을 분석하려고 시간을 낭비하지 마라. '지금 이 순간'을 살면서 지혜롭게 여러분의 시간을 사용하라. 과거를 놓아주고 현재를 살아라. 과거를 기억하지 말라고 하는 것이 아니다. 과거의 경험을 통해 배우지 말라는 이야기도 아니다. 단지 거기에 갇히지 말라는 것이다.

전생에 관한 일반적인 믿음에 내가 동의하지 않는 또 다른 이유는 그에 관해 내가 전혀 다른 개념을 갖고 있기 때문이다. 나는 여러 전생을 살아온 사람들의 영혼이 과거와 미래의 삶을 동시에 경험하고 있다고 믿는다. 왜냐하면 나는 우리가 지각하는 것과 같은 시간은 존재하지 않는다고 믿기 때문이다. 우리의 과거, 현재 그리고 미래의 삶은 모두 우리의 시간 관점 바깥에 존재한다. 우리가 올바른 마음 상태에 있을 때 우리는 이렇게 중첩된 기억 중 일부를 경험할 수도 있다.

우리가 계속 같은 의뢰인과 작업하고 있으며, 몸에 수분이 충분해서 에너지 테스트를 정확히 할 수 있다고 가정하고, 다음의 훈련 과정으로 넘어가 보자.

뇌 훈련: 역사적 수준 과정

에너지 테스트 결과 역사적 수준에 "나는 나를 사랑한다, 아니오" 프로그램이 존재하고 있다는 것을 알았다고 하자. 이제 "나는 나를 사랑한다, 아니오" 프로그램을 제거하고, "나는 나를 사랑한다" 프로그램으로 대체하는 믿음 작업을 진행한다.

> ⊖ 역사적 수준에서 프로그램을 바꿀 때에는 '취소한다cancel'는 용어를 쓰거나 그런 사고 형태를 사용하여 명령하지 않도록 한다. 항상 '해결한다resolve'고 써야 한다. 이는 이 작업이 올바르게 진행되도록 하는 데 매우 중요하다.

역사적 수준에서 "나는 나를 사랑한다, 아니오" 프로그램을 풀어주고 "나는 나를 사랑한다" 프로그램으로 대체할 수 있도록 구두 승낙을 받는다.

1 마음의 공간에 집중한다. 만물 그 자체의 일부인 어머니 지구의 중심으로 내려가는 모습을 시각화한다.

2   발바닥을 통해 지구의 에너지를 끌어올린 다음 이 에너지가 모든 차크라를 열면서
    위로 올라가는 모습을 시각화한다. 왕관 차크라를 통해 위로 올라가 아름다운 빛의
    공 안에 있는 상태로 우주 공간 속으로 날아간다.

3   우주의 끝을 넘어 하얀 빛을 지나고, 어두운 빛을 지나고, 하얀 빛을 지나고, 황금빛
    을 지나고, 젤리 같은 물질인 법Laws을 지나서, 진주 빛 광택이 나는 눈처럼 하얀 빛,
    즉 존재의 일곱 번째 단계로 오른다.

4   명령 또는 요청한다. "만물의 창조주여, [의뢰인 이름]의 역사적 수준에 있는 '나는
    나를 사랑한다, 아니오' 프로그램이 뽑혀지고 해결되어서 신의 빛으로 보내지며, 모
    든 영혼의 에너지 조각들이 씻기고 정화되어, '나는 나를 사랑한다' 프로그램으로 대
    체되기를 명령 또는 요청합니다. 감사합니다! 이루어졌습니다. 이루어졌습니다. 이
    루어졌습니다."

5   "나는 나를 사랑한다, 아니오" 프로그램의 에너지가 뽑혀지고 해결되어서 신의 빛으
    로 보내지며, 또한 모든 영혼의 에너지 조각들이 씻기고 정화되어, "나는 나를 사랑
    한다"는 새로운 프로그램으로 대체되는 것을 목격한다.

6   이 수준을 시각화하려면, 역사적 수준으로 데려가 달라고 다음과 같이 명령해야 한
    다. "창조주여, [의뢰인 이름]의 역사적 수준으로 데려가 주시기를 요청합니다." 여
    러분은 의뢰인의 머리와 어깨 조금 위쪽으로 데려가져서, 그곳에서 그 사람의 전생
    기억이나 인류의 역사를 주마등처럼 스쳐가듯 보게 된다. 이것은 몸을 에워싸고 있
    는 오라 장, 즉 에너지 장으로 이곳에서 에너지가 해결되게 된다. 이 수준에서 작업
    할 때에는 해결하려는 문제가 무엇인지에 집중하는 것이 매우 중요하다. 이 수준은
    이 자체가 유혹적일 정도로 아름답다. 전생 기억들로 가게 되면, 환상과 함께 엄청난
    양의 정보를 얻게 될 수도 있다. 감정적으로 쉽게 휩싸여서 왜 그곳에 왔는지 잊어버
    리기 십상이다. 당면한 문제에 집중하고, 그곳을 떠나기 전에 그 문제가 처리되었는
    지 확인한다.

7   다 마치고 나면, 존재의 일곱 번째 단계의 에너지로 자신을 씻은 후 그 에너지에 연
    결된 상태를 유지한다.

8   이 프로그램이 풀려났음을 확인하기 위해 에너지 테스트를 한다. 의뢰인이 "역사적
    수준에서 나는 나를 사랑한다"라고 소리 내어 말한다. 이때 손가락이 벌어지지 않으
    면 '네'를 나타내며, 이는 역사적 수준에서 이 프로그램이 풀려나고 대체되었음을 의

미한다. 만약 에너지 테스트의 두 번째 방법을 사용한다면, 의뢰인은 서 있는 상태에서 몸이 앞으로 기울어지는 '네' 반응을 보인다.

축하한다! 여러분은 자신의 첫 역사적 프로그램을 풀어주고 대체하는 데 성공했다!

영혼적 수준

긴 시간에 걸쳐 만물의 창조주는 내가 믿음 작업을 할 수 있도록 나를 훈련시켰다. 나는 새로운 지식을 탐구하면서 내게 있을 법한 믿음들을 에너지 테스트하기 시작했다. 이 당시에 나는 세 가지 수준의 믿음만 알고 있었다. 나는 "난 속으로 울고 있다"라는 프로그램이 내 몸에 있다는 것을 알게 되었지만, 이 프로그램은 핵심적·유전적 그리고 역사적 수준에서는 풀려나지 않았다. 창조주는 나에게 이 프로그램이 영혼적 수준에까지 가 있다고 알려주었다. 나는 의욕이 사라지고 화가 났다. 어째서 그것이 내 영혼적 수준까지 가게 되었는지 이해할 수가 없었다. 영혼적 수준에까지 가 있다면 그 문제는 영원히 그곳에 있을 것만 같았다.

그때 내 머릿속에 이렇게 창조주의 달콤한 목소리가 들려왔다. "비안나, 위로 올라가서 '속으로 울고 있다'는 믿음이 풀려나게 해달라고 명령하렴."

"안 될 거예요. 이미 그게 영혼적 수준 끝까지 도달한 걸요." 내가 대답했다.

그러자 창조주가 차분한 목소리로 대답했다. "비안나, 네 영혼은 아직도 배우고 있는 중이야. 그리고 영적으로 성장하기 위해 이번 생에서 경험하게 되어 있는 일들을 향해 나아가고 있단다. 그게 네가 지금 여기에 있는 이유이기도 해. 창조하는 법을 배우고 또 그것을 경험하려고 말이야. 자, 위로 올라가서 명령해. '속으로 울고 있다'는 믿음이 풀려나게 해 달라고. 이 믿음을 가지고서는 너는 네 자신에게나 다른 누구에게도 도움이 될 수 없어. 만약 자기 자신이나 남들에 대한 연민에 빠져서 허우 적거리기만 한다면 넌 그 누구도 도와줄 여유가 없을 거야. 위로 올라 가서 바꾸렴."

나는 창조주가 알려준 대로 했다. 나는 내 머리 위 공간에서 위로 창조 주에게 올라갔다. "나는 속으로 울고 있다"는 영혼의 프로그램들을 모두 뽑아내고 취소하여 "나는 기쁨이 있다"로 대체되기를 명령했다.

나는 위로 올라가서 이 과정을 목격했다. 그 과정이 다 끝났을 때 나는 내 마음과 영혼 깊숙한 곳까지 밀려드는 평온함을 느꼈다. 나는 그 평온 함이 내 몸을 통과해 밖으로 확장되면서 흘러나가는 것을 보며 변화가 나에게 오고 있음을 느꼈다. 난 기뻐서 울고 싶었다.

영혼적 수준에까지 도달하는 느낌과 생각, 믿음은 흔하지 않다. 그러 나 도달한다면 그것은 우리의 삶에 지대한 영향을 미치게 될 것이다. 여 러분이 영혼적 수준을 이해하기 시작하면 네 가지 수준의 믿음을 모두 순간적으로 동시에 풀어내고 대체하는 법을 배우게 될 것이다. 그리고 그 결과로 리딩이나 힐링을 하면서 순서에 맞게 하나씩 작업해 나아갈 수 있게 될 것이다.

우리가 계속 같은 의뢰인과 작업하고 있으며, 몸에 수분이 충분해서 에너지 테스트를 정확히 할 수 있다고 가정하고, 다음의 훈련 과정으로 넘어가 보자.

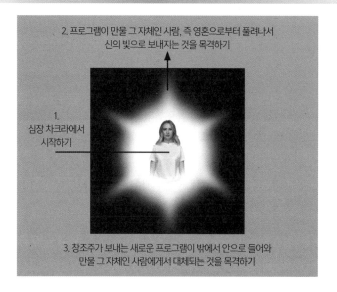

뇌 훈련: 영혼적 수준 과정

2. 프로그램이 만물 그 자체인 사람, 즉 영혼으로부터 풀려나서
신의 빛으로 보내지는 것을 목격하기

1.
심장 차크라에서
시작하기

3. 창조주가 보내는 새로운 프로그램이 밖에서 안으로 들어와
만물 그 자체인 사람에게서 대체되는 것을 목격하기

영혼적 수준에 "나는 나를 사랑한다, 아니오" 프로그램이 존재하고 있다는 것을 에너지 테스트로 알았다. 이제 "나는 나를 사랑한다, 아니오" 프로그램을 제거하고, "나는 나를 사랑한다" 프로그램으로 대체하는 믿음 작업을 진행한다.

영혼적 수준에서 "나는 나를 사랑한다, 아니오" 프로그램을 풀어주고, "나는 나를 사랑한다" 프로그램으로 대체할 수 있도록 구두 승낙을 받는다.

1 마음의 공간에 집중한다. 만물 그 자체의 일부인 어머니 지구의 중심으로 내려가는 모습을 시각화한다.

2 발바닥을 통해 지구의 에너지를 끌어올린 다음 이 에너지가 모든 차크라를 열면서 위로 올라가는 모습을 시각화한다. 왕관 차크라를 통해 위로 올라가 아름다운 빛의 공 안에 있는 상태로 우주 공간 속으로 날아간다.

3 우주의 끝을 넘어 하얀 빛을 지나고, 어두운 빛을 지나고, 하얀 빛을 지나고, 황금빛을 지나고, 젤리 같은 물질인 법Laws을 지나서, 진주 빛 광택이 나는 눈처럼 하얀 빛,

즉 존재의 일곱 번째 단계로 오른다.

4 명령 또는 요청한다. "만물의 창조주여, 영혼적 수준에 있는 '나는 나를 사랑한다, 아니오' 프로그램이 풀려나고 취소된 뒤 신의 빛으로 보내져, '나는 나를 사랑한다' 프로그램으로 대체되기를 명령 또는 요청합니다. 감사합니다! 이루어졌습니다. 이루어졌습니다. 이루어졌습니다."

5 이 수준에서 작업할 때에는 심장 차크라로 가서, 만물 그 자체인 사람, 즉 영혼으로부터 바깥쪽으로 풀려나는 프로그램을 목격한다. 근원 에너지에서 보내는 새로운 프로그램의 에너지가 오래된 프로그램을 심장 차크라에서 시작해 오라 장을 향해 밖으로 밀어내서 대체하는 과정을 끝까지 목격한다.

6 다 마치고 나면, 존재의 일곱 번째 단계의 에너지로 자신을 씻은 후 그 에너지에 연결된 상태를 유지한다.

7 이 프로그램이 풀려났음을 확인하기 위해 에너지 테스트를 한다. 의뢰인이 소리를 내어 "영혼적 수준에서 나는 나를 사랑한다"라고 말한다. 이때 손가락이 벌어지지 않으면 '네'를 나타내며, 이는 영혼적 수준에서 이 프로그램이 풀려나고 대체되었음을 의미한다. 만약 에너지 테스트의 두 번째 방법을 사용한다면, 의뢰인은 서 있는 상태에서 몸이 앞으로 기울어지는 '네' 반응을 보일 것이다.

축하한다! 여러분은 자신의 첫 영혼적 프로그램을 풀어내고 대체하는 데 성공했다!

경험

믿음 작업 경험이 쌓여갈수록 의뢰인에게 있는 믿음 프로그램의 수준이 몇 가지인지, 또 얼마나 깊이 들어가는지 등을 창조주에게 묻기가 쉬워질 것이다. 이 과정은 자연스러워지고 어느 수준에 프로그램이 있고 또 얼마나 깊은지도 쉽게 알게 된다. 또한 의뢰인의 믿음이 대체되었는지를 확인하기 위해 굳이 '네' 또는 '아니오'라는 에너지 테스트를 할 필요도 없음을 알게 될 것이다.

여러분의 직관적 감각이 의뢰인의 에너지에 조율되면, 여러분은 여러 가지 다른 믿음 체계들의 느낌도 알아보기 시작할 것이다. 여러분은 드러나는 믿음 프로그램들을 선명히 시각화하게 되고, 믿음 프로그램들에 대한 '네' '아니오' 답도 듣게 될 것이다. 에너지 테스트는 일차적으로 의뢰인에게 도움을 주기 위한 것이다.

◼️ 통합

다음 단계는 믿음의 도약이 될 것이다. 이 시나리오에서 대체 프로그램은 창조주에 의해 주어질 것이다. 프랙티셔너는 단지 창조주에게 프로그램을 대체해 달라고 명령 또는 요청할 뿐이다.

프로그램이 네 가지 수준 모두에 있을 때, 그 믿음을 풀어주고 대체하는 과정은 에너지 테스트로 시작된다. 이때 프랙티셔너는 의뢰인이 적절하게 수분 섭취가 되어야 올바른 답을 얻을 수 있다는 것을 기억해야 한다.

네 가지 수준 모두에 들어 있는 프로그램을 한 번에 풀어주고 대체한다고 가정하고, "나는 사람이 싫다"라는 프로그램을 예로 들어보자.

의뢰인에게 "나는 사람이 싫다"라고 소리 내어 말하게 한다. 손가락이 벌어지지 않으면 '네' 반응을 나타낸다. 만약 에너지 테스트의 두 번째 방법을 사용한다면, 의뢰인은 서 있는 상태에서 앞으로 기울어지는 '네' 반응을 보일 것이다.

다음은 얼마나 깊게 이 프로그램이 자리하고 있는지 알아보는 단계이다. 각 수준을 하나씩 에너지 테스트하며 다음과 같이 의뢰인에게 말하게 한다.

- "'나는 사람이 싫다'라는 프로그램이 핵심적 수준에 있다."(네/ 아니오)
- "'나는 사람이 싫다'라는 프로그램이 유전적 수준에 있다."(네/ 아니오)
- "'나는 사람이 싫다'라는 프로그램이 역사적 수준에 있다."(네/ 아니오)
- "'나는 사람이 싫다'라는 프로그램이 영혼적 수준에 있다."(네/ 아니오)

이 경우에는 에너지 테스트 반응이 모든 수준에서 '네'라고 나왔다. 그러므로 이 사람이 믿고 있는 "나는 사람이 싫다"라는 프로그램은 네 가지 수준 모두에 동시에 존재한다.

모든 수준에 있는 "나는 사람이 싫다"라는 프로그램을 풀어주고 대체하는 것에 대한 구두 승낙을 구한다.

"나는 사람이 싫다"라는 프로그램을 제거하고 창조주에게서 온 프로그램으로 대체하는 믿음 작업의 과정은 다음과 같다.

통합 과정

1 마음의 공간에 집중한다. 만물 그 자체의 일부인 어머니 지구의 중심으로 내려가는 모습을 시각화한다.

2 발바닥을 통해 지구의 에너지를 끌어올린 다음 이 에너지가 모든 차크라를 열면서 위로 올라가는 모습을 시각화한다. 왕관 차크라를 통해 위로 올라가 아름다운 빛의 공 안에 있는 상태로 우주 공간 속으로 날아간다.

3 우주의 끝을 넘어 하얀 빛을 지나고, 어두운 빛을 지나고, 하얀 빛을 지나고, 황금빛을 지나고, 젤리 같은 물질인 법을 지나서, 진주 빛 광택이 나는 눈처럼 하얀 빛, 즉

존재의 일곱 번째 단계로 오른다.

4 명령 또는 요청한다. "만물의 창조주여, '나는 사람이 싫다'라는 프로그램이 역사적 수준에서 풀려나서 해결되고, 다른 수준들에서는 풀려나서 취소되어 신의 빛으로 보내진 뒤, 창조주에게서 오는 올바른 프로그램으로 대체되기를 명령 또는 요청합니다. 모든 믿음 수준들에서 저에게 보여주세요. 보여주세요. 감사합니다! 이루어졌습니다. 이루어졌습니다. 이루어졌습니다."

5 "창조주여, 핵심적 수준에서 보여주세요"라고 말한다. 뇌의 전두엽으로 들어가는 것을 상상한다. "나는 사람이 싫다"라는 프로그램 및 그와 관련된 에너지가 뽑혀져 나와 취소된 뒤 신의 빛으로 보내지는 것을 목격한다. 부정적인 프로그램이 뽑혀 나오고 창조주의 새로운 프로그램인 "사람들은 착할 수 있다"로 대체되면서 뇌의 오른쪽에서 아름답고 눈부신 에너지가 방출되는 것을 목격하게 된다.

6 "창조주여, 유전적 수준에서 보여주세요"라고 말한다. 송과선 내의 마스터 세포에 있는 형태형성장으로 가기 위해 뇌 안으로 들어가는 것을 상상한다. 형태형성장에서 풀려난 "나는 사람이 싫다"라는 프로그램 에너지가 회전하며 터져 나와서 신의 빛으로 가고, 창조주의 "사람들은 착할 수 있다"라는 새로운 프로그램으로 대체되는 것을 목격한다.

7 "창조주여, 역사적 수준에서 보여주세요"라고 말한다. 여러분은 그 사람의 머리와 어깨 조금 위쪽으로 데려가져서, "나는 사람이 싫다"라는 프로그램이 뽑혀지고 해결되어서 신의 빛으로 보내지며, 모든 영혼의 에너지 조각들이 씻기고 정화되어, "사람들은 착할 수 있다"라는 새로운 프로그램으로 대체되는 것을 목격하게 된다.

8 "창조주여, 영혼적 수준에서 보여주세요"라고 말한다. 심장 차크라로 가서, 만물 그 자체인 사람, 즉 영혼으로부터 바깥쪽으로 풀려나는 "나는 사람이 싫다"라는 프로그램을 목격한다. 창조주에게서 온 "사람들은 착할 수 있다"라는 새로운 프로그램의 에너지가 심장 차크라에서 시작해 오라 장을 향해 밖으로 움직이는 과정을 끝까지 목격한다.

9 다 마치고 나면, 존재의 일곱 번째 단계의 에너지로 자신을 씻은 후 그 에너지에 연결된 상태를 유지한다.

10 이 프로그램이 풀려났음을 확인하기 위해 에너지 테스트를 한다. 의뢰인이 소리를 내어 "모든 믿음 수준에서 나는 사람이 싫다"라고 말한다. 이때 손가락이 쉽게 벌어

지면 '아니오' 반응을 나타낸다. 만약 에너지 테스트의 두 번째 방법을 사용한다면, 의뢰인은 서 있는 상태에서 뒤로 기울어지는 '아니오' 반응을 보일 것이다.

축하한다 ! 여러분은 모든 수준에 있는 프로그램을 풀어내고 대체하는 데 성공했다!

◖◗ 모든 수준에서 동시에 작업하기

믿음 작업을 이해하기 시작하면서 여러분은 네 가지 수준 모두에서 동시에 작업할 수 있게 된다. 각 수준마다 각각의 프로그램을 따로따로 명령할 필요가 없다. 나중에는 이 과정이 생각이 떠오르듯이 빠르게 일어날 것이다.

그러려면 각각의 수준에서 개별적으로 프로그램을 제거하는 작업에 먼저 익숙해져야 한다. 어느 수준에 어떤 프로그램이 존재하는지 알 수 있도록 뇌를 훈련하는 것이다. 그 정도로 뇌가 훈련되고 나면 다음과 같이 프로그램을 네 가지 수준 모두에서 한꺼번에 제거할 수 있다.

모든 수준에서 동시에 작업하는 과정

1 선택한 프로그램을 풀어주고 대체할 수 있도록 의뢰인에게 허락을 구한다.

2 마음의 공간에 집중한다. 만물 그 자체의 일부인 어머니 지구의 중심으로 내려가는 모습을 시각화한다.

3 발바닥을 통해 지구의 에너지를 끌어올린 다음 이 에너지가 모든 차크라를 열면서 위로 올라가는 모습을 시각화한다. 왕관 차크라를 통해 위로 올라가 아름다운 빛의 공 안에 있는 상태로 우주 공간 속으로 날아간다.

4 우주의 끝을 넘어 하얀 빛을 지나고, 어두운 빛을 지나고, 하얀 빛을 지나고, 황금빛을 지나고, 젤리 같은 물질인 법을 지나서, 진주 빛 광택이 나는 눈처럼 하얀 빛, 즉 존재의 일곱 번째 단계로 오른다.

5 명령 또는 요청한다. "만물의 창조주여, [의뢰인 이름]에게 있는 [프로그램]이 모든 수준에서 한꺼번에 제거되기를 명령 또는 요청합니다. 이 프로그램이 모든 수준에서 뽑혀져 나와 취소되어 대체되고 역사적 수준에서는 해결되어 올바른 프로그램으로 대체되기를 명령 또는 요청합니다. 보여주세요. 감사합니다! 이루어졌습니다. 이루어졌습니다. 이루어졌습니다."

6 의뢰인의 공간으로 이동해서, 네 가지 수준 모두에서 보이는 것을 한꺼번에 시각화한다.

7 네 가지 수준 모두에서 프로그램 에너지가 취소되고, 역사적 수준에서는 해결되어, 신의 빛으로 보내지는 것을 시각화한다. 신의 빛으로부터 새로운 프로그램의 에너지가 흘러나와 네 가지 수준 모두에 자리 잡는 것을 시각화한다.

8 작업이 완전히 마쳐진 것이 확실할 때까지 의뢰인의 공간에 머문다.

9 다 마치고 나면, 존재의 일곱 번째 단계의 에너지로 자신을 씻은 후 그 에너지에 연결된 상태를 유지한다.

믿음이 모든 수준에 존재하지 않는다 해도, 모든 수준에서 믿음이 한꺼번에 풀려나기를 명령해도 괜찮다. 그러나 반드시 각각의 수준에서 풀려나고 대체되는 것을 반드시 목격해야 한다. 핵심적·유전적·역사적 그리고 영혼적 수준 모두 개별적으로 말이다. 일어나는 변화를 목격하지 않으면 그 믿음은 사라지지 않는다.

영혼의 에너지 조각들이 모든 수준에서 각각 풀려나고 각 수준에서 대체되는 것을 목격할 수도 있다. 이것은 믿음 작업을 할 때 흔히 일어나는 일이다.

나는 종종 "모든 부정적인 프로그램들이 즉각적으로 바뀌도록 명령할 수 있나요?"라는 질문을 받는다. 안타깝게도 그렇게 할 수는 없다. 우리의 잠재의식은 부정적인 프로그램과 긍정적인 프로그램 사이에 다른 점이 무엇인지 모르기 때문이다. 바로 여기에서 의식적인 마음이 관여하여 그것이 부정적인지 아니면 긍정적인지를 결정하는 것이다.

12

느낌 만들기

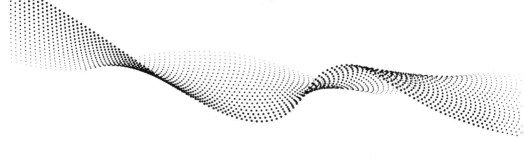

　　세션에서 믿음 작업을 처음 사용할 무렵, 만성적으로 우울증에 시달리던 한 여성과 작업하게 되었다. 그녀는 우울한 상태에서 벗어나 본 적이 없었다. 난 "인생은 슬프다"라는 프로그램을 뽑아내고 "인생은 즐겁다"라는 프로그램으로 대체해 줄 생각이었다. 그러나 그 과정을 목격하는 동안 나는 움직임이 멈추는 것을 보았다. 그녀의 몸이 새로운 믿음을 받아들이길 거부하는 것이었다.

　창조주에게 왜 그런지 이유를 묻자, 그녀가 한 번도 기쁨을 경험해 보지 못했고 그 느낌이 어떤 건지 모른다는 답을 들었다. 호기심이 동해서 내가 창조주에게 물었다. "그럼 저는 기쁨을 경험해 본 적이 있나요?" 아니라는 답이 돌아왔다. 나도 기쁨을 경험한 적이 없었던 것이다. 나는 거의 반 미친 사람처럼 생각했다. '세상에 이럴 수가. 나의 기쁨을 찾아야

해. 어디선가 잃어버린 게 분명해!'

세션을 마치고 난 뒤 나는 잠시 명상하는 시간을 가졌다. 나는 자리에 앉아 창조주와 대화하기 시작했다. 내가 첫 번째로 한 질문은 "창조주여, 제가 하와이에 가면 기쁨을 찾을 수 있을까요?"였다. "그럼." 창조주는 당연하다는 듯 대답했다. 이 질문을 한 이유는 내가 전에 하와이에 갔을 때 그곳에서 처음으로 어느 정도의 평화를 경험했기 때문이었다. 그곳에서 평화를 찾았다면 기쁨도 거기에서 찾을 수 있지 않을까 하는 생각이 든 것이다.

하루 일과를 마치고 집에 돌아온 나는 남편 가이Guy에게 좀 쉬면서 나의 기쁨을 찾고 싶다고 말했다. 인내심 많은 남편이 웃으면서 말했다. "그래, 당신이 가서 기쁨을 찾고자 하는 거라면 내가 함께 가지 않는 편이 좋겠네. 당신도 알다시피 난 움직이지 않고 가만히 있지 못하는 성격이잖아. 내가 없어야 당신이 더 편안하게 휴식을 취할 수 있을 거야." 누군가는 집에 있으면서 사무실과 가게를 돌봐야 했기에, 가이는 남고 난 내 기쁨을 찾기 위해 하와이로 향하기로 했다.

나는 하와이와 사랑에 빠졌고, 마우이 섬의 하나Hana라는 곳에 끌렸다. 남편은 만류했지만, 나는 친구 크리시Chrissie와 그녀의 세 살짜리 아들 캐스피안Caspian과 함께 하와이에 가기로 결정했다. 남편이 보기엔 캐스피안이 나를 좀 힘들게 할 것 같았고, 아무래도 내가 어린아이와 함께 있으면 쉴 수 없을 거라고 생각이 되었던 것이다. 그런 우려에 대해 이야기하자 크리시는 아이를 잘 돌보겠다고 내게 다짐했다. 낙천적인 나는 친구와 함께 하와이에 가고 싶은 마음에 다 같이 가기로 결정했다.

더 말할 것도 없이, 캐스피안과 함께 가는 것에 대한 가이의 우려는 적중했다. 마우이로 가는 비행기 안에서 그 아이는 40분 동안 쉬지 않고 소리를 질러댔다. 호놀룰루를 이륙한 순간부터 하나에 착륙하는 순간까지 그 작은 가슴이 터지도록 소리를 질렀다. 억수같이 쏟아지는 빗속에 우리는 착륙했고, 우리가 머무르기로 한 집에 도착했을 때 나는 애처로운 크리시로부터 스트레스를 받고 있었다. 나를 방해하지 않으려고 캐스피안을 내게서 멀리 떨어져 있게 하려다 보니 아이보다도 본인이 더 스트레스를 받고 있었기 때문이다. 가이는 내가 푹 쉴 수 있게 해달라고 그녀에게 당부를 했었다. 그러나 크리시도 나도 어떻게 긴장을 푸는지 몰랐고, 그 느낌이 어떤 건지도 몰랐다. 우리는 긴장을 풀려고 미친 듯이 노력했다.

이렇게 사나흘을 보낸 후 집으로 돌아가야 할 시간이 다 되었지만 나는 여전히 나의 기쁨을 찾지 못하고 있었다! 마침내 비가 멈추고, 크리시와 나는 떠나기 전 마지막으로 헤이아우 루아키니Heiau-Luakini를 찾았다. 왕과 신 들을 기리기 위해 수세기 전에 지은 하와이의 신성한 영적 건축물이었다. 위로 올라가니 둥글고 예쁜 돌들로 만든 거대한 피라미드 같은 구조물이 보였다. 나는 이 구조물이 공동체 전체 구성원들의 사랑과 기쁨 가득한 집단적 노력으로 지어졌다는 말을 들었다. 돌 하나하나가 한 사람 한 사람의 손으로 전달되어 수 킬로미터나 떨어진 헤이아우의 동산까지 옮겨졌다는 것이다. 그 각각의 돌들이 쌓여 이 기념비적인 건축물을 이루었고, 이곳에 놓여 축복을 받고 있었나.

이 고대 건축물이 풍기는 고요한 정적 속을 홀로 거니는 사이 나는 이곳의 '느낌'에 연결되었고, 그 전에는 한 번도 느껴보지 못한 기분을 순간적으로 느꼈다. 나는 그것이 바로 '기쁨joy'이라는 것을 깨달았다. 전에는 한 번도 느껴보지 못한 감정이었다. 내 아이들이 태어났을 때 행복감을 느끼긴 했지만, 가슴 아픈 인생의 소용돌이 속에서 기쁨은 내 경험의 일부가 되지 못했다.

그 순간 나는 양자적 도약quantum leap을 이뤘다. 어쩌면 창조주께서 다른 사람들이 기쁨을 찾도록 돕는 방법을 내게 보여주실 수도 있을 것 같았다. 나는 내 위의 공간으로 올라가 창조주와 연결한 후 어떻게 해야 하는지 묻고 다음과 같은 답을 얻었다.

"비안나, '알게' 해달라고 명령을 하기만 하면 돼. 기쁨이 어떤 '느낌과 같은지' 알게 해달라고 요청하면 온몸의 세포가 그것을 배우게 되지. 네가 지구에 존재하는 이유는 경험을 통해서 배우기 위해서거든. 더 진한 경험을 통해야만 배울 수 있다는 법은 없어. 넌 느낌을 순간적으로 배울 수 있지. 기쁨의 느낌은 어떤지, 연민의 느낌은 어떤지, 어떻게 스스로에게 연민을 가질 수 있는지, 어떻게 스스로를 사랑하는지 등등을 말이야."

바로 그 순간에 탄생한 것이 느낌 작업이다. 하와이에서 돌아온 뒤 나는 우울증 때문에 기쁨을 느끼지 못하던 그 여성과 다시 세션을 하게 되었다. 나는 일곱 번째 존재 단계에 있는 만물의 창조주에게서 오는 기쁨이 어떤 느낌인지 그녀에게 가르쳐주었다. 이 순간부터 사람들이 전에는 결코 느끼지 못하던 사랑, 기쁨, 행복, 연민, 용서, 존경과 같은 것이 어떤 느낌인지 느낄 수 있는 문이 활짝 열리게 되었다.

⬤◯ 느낌 작업

느낌 작업을 통해 여러분은 그 느낌이 어떤 '느낌과 같은지'뿐만 아니라, 그 느낌을 가질 수 있다는 것도 배우고 또 그것을 어떻게 가질 수 있으며 어떻게 사용하는지도 배울 수 있다.

느낌 작업은 세타힐링에서 가장 강력한 기법에 속한다. 이 작업으로 생기는 변화의 속도는 실로 엄청나다. 사랑받고, 공경받고, 존중받고, 소중히 여겨지는 것이 '어떤 느낌인지'를 사람들에게 빠르게 가르쳐줄 수 있다. 게다가 습관에 의해 만들어지는 부정적인 느낌 '없이' 살아가는 것이 '어떤 느낌인지'도—예를 들면 "나는 비참하다는 느낌 없이 사는 법을 안다" 같은 것을—가르쳐줄 수 있다.

믿음 작업에서 하듯이, 프랙티셔너는 에너지 테스트를 통해 의뢰인이나 자신이 특정 느낌을 경험했는지 아닌지를 알아낼 수 있다. 어떤 사람들은 일생 동안 특정 느낌을 경험하지 못한 채 살아간다. 어쩌면 어린 시절에 겪은 트라우마로 인해서 그런 느낌이 발달하지 못했을 수도 있고, 삶 속에서 일어나는 상황들 속에서 그런 느낌을 '잃어버렸을' 수도 있다. 이것이 바로 우리가 인생에서 소울 메이트soul mate라든지 풍요 등 많은 것이 현실로 나타나기를 원하지만 이루어지지 않는 이유이다. 그것들을 현실로 가져오려면 그 느낌이 어떤 건지 그 전에 먼저 '경험'해 보아야 하기 때문이다.

예를 들어 기쁨의 느낌을 맛본다거나, 누군가를 사랑하거나 누군가로부터 사랑을 받아본다거나, 또는 부자가 되면 어떤 느낌인지 알기 위해서는 창조의 힘Creative Force이 그 사람에게 그 느낌들을 보여줘야 한다.

이 느낌 작업을 하기 위해서는 의뢰인으로부터 구두 승낙을 받고 창조의 힘에 연결해서 그 과정을 명령한 다음, 창조주로부터 '다운로드받는' 느낌의 에너지를 목격하고, 이 에너지가 네 가지 믿음 수준으로 그리고 온몸의 세포들로 흘러 들어가는 것을 목격한다. 이 느낌을 경험하고 나면 그 사람은 비로소 자신의 삶을 바꿀 준비가 된다.

이와 같은 방법으로 평생에 걸쳐 배울 수 있는 것을 단 한 순간에 익힐 수 있게 된다. 여러분은 강박적으로 느끼는 불행, 두려움, 분노, 좌절, 그리고 갈등 없이 살아가는 것이 '어떤 느낌인지' 아는가? 그런 느낌들을 갖고 사는 것이 습관처럼 굳어져서, 그 상태로는 진짜 삶을 살아갈 수 없음에도 불구하고, 우리는 더 이상 그런 느낌들 없이 어떻게 살아야 하는지 모르게 된다. 만물의 창조주는 우리 삶의 모든 면에서 그런 느낌 없이 살아가는 것이 어떤 느낌인지 즉시 가르쳐줄 수 있고, 통제를 잃는 것에 대한 두려움도 제거해 줄 수 있다. 두려움이나 화를 느껴야 할 때 못 느끼게 된다는 의미가 아니다. 단지 여러분이 삶에서 두려운 상황을 꼭 만들어내지 않아도 된다는 뜻이다.

믿음 작업을 할 때와 같이 에너지 테스트 절차를 사용해, 의뢰인이 어떻게 느낄지 이해 못하는 게 무엇이고 모르는 게 무엇인지 확인한다.

다음은 에너지 테스트를 하기 위한 '느낌'과 '아는 것' 리스트의 앞부분이다.(《DNA 2 고급 매뉴얼*The DNA 2 Advanced Manual*》에 느낌의 전체 리스트가 있다.)

- "나는 기쁨을 갖는 것이 어떤 느낌인지 이해한다."
- "나는 인정받는 것이 어떤 느낌인지 이해한다."

- "나는 용서하는 것이 어떤 느낌인지 이해한다."

- "나는 나의 직관력을 신뢰하는 것이 어떤 느낌인지 이해한다."

- "나는 전적으로 존경받는 것이 어떤 느낌인지 이해한다."

- "나는 내 스스로를 용서하는 것이 어떤 느낌인지 이해한다."

- "나는 이 지구에 존재하는 것이 어떤 느낌인지 이해한다."

- "나는 이 지구와 연결되어 있는 것이 어떤 느낌인지 이해한다."

- "나는 신의 사랑을 받을 만한 가치가 있다는 것이 어떤 느낌인지 이해한다."

- "나는 행복하게 사는 법을 안다."

- "나는 비참하게 느끼지 않고 사는 법을 안다."

- "나는 화를 내지 않고 사는 법을 안다."

느낌 작업 절차

1   마음의 공간에 집중한다. 만물 그 자체의 일부인 어머니 지구의 중심으로 내려가는 모습을 시각화한다.

2   발바닥을 통해 지구의 에너지를 끌어올린 다음 이 에너지가 모든 차크라를 열면서 위로 올라가는 모습을 시각화한다. 왕관 차크라를 통해 위로 올라가 아름다운 빛의 공 안에 있는 상태로 우주 공간 속으로 날아간다. 우주의 끝을 넘어 하얀 빛을 지나고, 어두운 빛을 지나고, 하얀 빛을 지나고, 황금빛을 지나고, 젤리 같은 물질인 법을 지나서, 진주 빛 광택이 나는 눈처럼 하얀 빛, 즉 존재의 일곱 번째 단계로 오른다.

3   명령 또는 요청한다. "만물의 창조주여, [느낌 프로그램]의 느낌이 [의뢰인 이름]의 몸에 있는 모든 세포와 네 가지 믿음 수준, 그리고 그의 삶의 모든 영역에 최상이자 최선의 방법으로 스며들기를 명령 또는 요청합니다. 감사합니다! 이루어졌습니다. 이루어졌습니다. 이루어졌습니다."

4   느낌의 에너지가 의뢰인의 공간으로 흘러 들어가는 것을 목격한다. 창조주에게서

온 느낌이 그 사람 몸의 모든 세포들 속으로 마치 폭포수처럼 쏟아져 내려 네 가지 믿음 수준 모두로 스며들어 가는 것을 시각화한다.

5 끝나면, 의뢰인의 공간 밖으로 자신의 의식을 옮기고 왕관 차크라를 통해 자신의 몸으로 돌아온다. 의식을 어머니 지구로 내려 보내서 그라운딩을 하고, 다시 왕관 차크라로 에너지를 끌어올린 뒤 에너지 자르기를 한다.

6 다 마치고 나면, 존재의 일곱 번째 단계의 에너지로 자신을 씻은 후, 그 에너지에 연결된 상태를 유지한다.

다음 프로그램과 느낌은 이러한 카테고리에 속하는 것들이다.

- "나는 ~에 관한 만물의 창조주의 정의를 이해한다."
- "나는 ~것이 어떤 느낌인지 이해한다."
- "나는 ~을 안다."
- "나는 언제 ~할지를 안다."
- "나는 어떻게 ~할지를 안다."
- "나는 어떻게 매일 ~하면서 살아갈지를 안다."
- "나는 ~에 관해 근원이 보는 관점을 안다."
- "나는 ~하는 것이 가능하다는 것을 안다."

여러분은 아래 프로그램들을 가지고 있는가? 만약 가지고 있지 않다면, 만물의 창조주와 연결해서 여러분의 네 가지 믿음 수준으로 그 느낌들을 '다운로드'한다.(《DNA 2 고급 매뉴얼*The DNA 2 Advanced Manual*》에 다운로드할 것들의 전체 리스트가 있다.) 이 같은 느낌을 가르치면 직관적인 사람의 능력에 극적인 영향을 미치고 신체적 건강을 증진시킬 것이다.

만물 그 자체인 창조주와 관련한 프로그램

- "나는 만물 그 자체인 창조주를 안다."

- "나는 '신God'과 '만물 그 자체인 창조주Creator of All That Is'가 동일하다는 것을 안다."

- "나는 만물 그 자체인 창조주를 아는 것이 가능하다는 것을 안다."

- "나는 만물 그 자체인 창조주를 아는 것이 어떤 느낌인지 이해한다."

- "나는 창조주와 완전하게 연결되는 것이 어떤 느낌인지 이해한다."

- "나는 만물 그 자체인 창조주가 나와 완전하게 연결되어 있음을 안다."

- "나는 만물 그 자체인 창조주와 완전하게 연결되는 법을 안다."

- "나는 만물 그 자체인 창조주와 연결하는 법을 안다."

- "나는 만물 그 자체인 창조주와 연결하는 것이 어떤 느낌인지 이해한다."

- "나는 만물 그 자체인 창조주의 사랑을 받을 만한 가치가 있다는 것이 어떤 느낌인지 이해한다."

- "나는 창조주에게는 모든 일이 가능하다는 것을 아는 것이 어떤 느낌인지 이해한다."

- "나는 만물 그 자체인 창조주의 사랑을 받을 만한 자격이 있다는 것이 어떤 느낌인지 이해한다."

- "나는 만물 그 자체인 창조주의 사랑을 받을 만한 자격이 있다는 것을 안다."

- "나는 만물 그 자체인 창조주가 나에게 몸 안에 무엇이 있는지 보도록 허용하는 것이 어떤 느낌인지 이해한다."

- "나는 만물 그 자체인 창조주가 나에게 몸 안에 무엇이 있는지 보도록 허용하는 법을 안다."
- "나는 만물 그 자체인 창조주가 내가 몸 안에서 보고 있는 것을 정확히 말해줄 거라고 신뢰하는 것이 어떤 느낌인지 이해한다."
- "나는 만물 그 자체인 창조주가 내가 몸 안에서 보고 있는 것을 정확히 말해줄 거라고 신뢰하는 법을 안다."
- "나는 만물 그 자체인 창조주의 말을 듣는 것과 나 자신의 말을 듣는 것의 차이를 안다."
- "나는 만물 그 자체인 창조주의 말을 듣는 것과 나 자신의 말을 듣는 것의 차이를 아는 것이 어떤 느낌인지 이해한다."
- "나는 다른 사람들에게 그들이 만물 그 자체인 창조주에게 중요하다는 것을 보여주는 것이 어떤 느낌인지 이해한다."
- "나는 다른 사람들에게 그들이 만물 그 자체인 창조주에게 중요하다는 것을 보여주는 법을 안다."
- "나는 만물 그 자체인 창조주의 에너지를 세상으로 발산하는 것이 어떤 느낌인지 이해한다."
- "나는 만물 그 자체인 창조주의 에너지를 세상으로 발산하는 법을 안다."
- "나는 만물 그 자체인 창조주와 완전히 연결된 일상을 사는 법을 안다."
- "나는 만물 그 자체인 창조주가 치유를 하도록 허용하는 것이 어떤 느낌인지 이해한다."
- "나는 만물 그 자체인 창조주가 치유를 하도록 허용하는 법을 안다."

- "나는 만물 그 자체인 창조주가 치유를 하도록 언제 허용할지 안다."

참나에 관련된 프로그램

- "나는 참나를 안다."
- "나는 참나를 아는 것이 어떤 느낌인지 이해한다."
- "나는 참나에 대한 만물 그 자체인 창조주의 관점을 안다."

자신을 바라보는 것에 관련된 프로그램

- "나는 창조주가 나를 보는 방식과 동일하게 나 자신을 보는 것이 어떤 느낌인지 이해한다."
- "나는 만물 그 자체인 창조주가 정의하는 것과 동일하게 나 자신을 보는 법을 안다."
- "나는 만물 그 자체인 창조주가 정의하는 것과 동일하게 나 자신을 보는 것이 가능하다는 것을 안다."

삶의 목적과 관련된 프로그램

- "나는 내 인생의 목적에 관한 만물 그 자체인 창조주의 관점을 안다."
- "나는 내 인생의 목적을 아는 것이 가능하다는 것을 안다."

13

밑바닥 믿음

이제 믿음 작업과 느낌 작업을 하는 법을 배웠다. 의뢰인과의 세션이 더 효과적으로 이루어지도록 도와줄 몇 가지 빠른 방법을 소개하겠다.

파고들기

프랙티셔너로서 좀 더 효과적인 일대일 세션을 할 수 있는 방법으로 '파고들기digging'라 불리는 방법이 있다. 파고들기는 많은 믿음 뒤에 있는 밑바닥 믿음key belief을 찾기 위한 에너지 테스트이다. 여기에서 프랙티셔너는 탐정 역할의 기회를 얻는다. 에너지 테스트를 통해 여러분이 알게 된 문장이 의뢰인의 밑바닥 믿음을 찾는 근거가 되며, 이것이 그들을 도와주는 방법이 된다.

믿음 체계는 블록들을 쌓아 만든 탑이라고 생각하면 도움이 된다. 맨 밑에 있는 블록이 다른 믿음들을 자신 위에 얹어 쌓아두는 '밑바닥 믿음'이다. 그 위에 있는 다른 프로그램들의 뿌리가 되는 것이다. 그러므로 창조주에게 항상 "이 믿음 체계를 온전하게 붙들고 있는 맨 밑바닥 믿음이 무엇인가요?" 하고 묻는다.

한번은 자기 스스로는 절대로 나을 수 없다고 믿는 한 여성과 작업을 했다. 세션이 진행되자 그녀는 "나는 나을 수 없어요. 나는 스스로 나을 만한 자격이 없거든요"라고 말했다. 왜 스스로 나을 만한 자격이 없는지 묻자 그녀는 "신은 내가 스스로 낫는 것을 원치 않아요"라고 대답했다. 나는 그녀가 신을 사랑하는지 알기 위해 에너지 테스트를 했다. 그녀는 신을 사랑했다. 신을 미워하는지 그녀에게 물었다. 그녀는 또한 신을 미워하고 있었다. 왜 신을 미워하는지 물었다. 잠시 생각에 잠기더니 그녀가 말했다. "신은 벌을 내리니까요." 나는 직관적으로 이것이 믿음 체계의 열쇠라는 걸 알았다. 그녀에게 허락을 구하고 나서 나는 세타파 상태로 들어가, "신은 벌을 내린다"는 믿음 체계가 신의 빛으로 사라지고 "신은 우리를 용서하고 우리를 사랑한다"로 대체되는 것을 목격했다. "신은 벌을 내린다"는 믿음이 창조의 빛으로 사라지면서, "신이 밉다"와 "나 스스로 나을 수 없다"는 믿음도 사라지는 것을 목격했다. "신은 벌을 내린다"는 밑바닥 믿음을 풀어주자 이 모든 믿음 체계가 깨끗이 정화되었다.

완료되었다는 부드러운 느낌이 가슴에서 느껴지면, 여러분은 밑바닥 믿음을 찾았다는 것을 알게 될 것이다. 이렇게 주된 밑바닥 믿음을 찾아 정화하면 세션에 걸리는 시간을 절약할 수 있다. 우리 프랙티셔너 중 한 사람은 믿음 체계를 마치 카드로 지어진 집으로 상상해 보라고 제안하기도 했다. 창조주에게 어떤 밑바닥 믿음 체계를 뽑아내면 이 카드로 지어진 집이 무너질지 묻는다면, 그 믿음이 선명하게 드러날 것이다. 밑바닥 프로그램을 찾으면, 곧바로 프로그램이 제거되어 생긴 빈 공간에 들어갈 새 프로그램을 요청하거나 찾아야 한다.

세션을 마칠 때까지 해결하려는 문제의 가장 밑바닥에 자리 잡은 믿음을 찾아서 끌어내고 대체하는 것이 가장 바람직하다.

밑바닥 믿음을 결정하는 절차

1 의뢰인에게 "살면서 무엇이든지 바꿀 수 있다면 무엇을 바꾸고 싶은가요?"라고 묻는다. 깊이 자리 잡고 있는 핵심 문제에 도달할 때까지 의뢰인이 바꾸고 싶다고 한 문제에 관해 질문한다. 의뢰인이 방어적인 말을 하거나 몸을 꼼지락거리거나 울음을 터트리는 등 프로그램을 붙들려는 무의식적인 시도를 보인다면 여러분은 밑바닥 믿음에 가까워지고 있음을 알게 될 것이다. 여러분이 찾아낸 믿음 수준에서 필요에 따라 그 문제를 뽑아내고, 취소하고, 해결하고, 대체한다. 여러분이 물어봐야 할 주요 질문은 '누가?' '무엇을?' '어디에서?' 그리고 '어떻게?' 등이다.

2 의뢰인이 문제를 찾는 동안 여러분 자신의 프로그램이나 느낌을 개입시키지 않도록 주의해야 한다.

3 여러분이 그 사람의 '공간'에 머무는 동안 일곱 번째 단계의 창조주의 관점에 확고하게 연결되어 있어야 함을 명심한다. 어떤 경우에는 의뢰인이 질문과 대답의 시나리오를 반복하거나 숨기거나 또는 빙빙 돌리기도 할 것이다. 인내심을 가지고 계속 물어야 한다. 깊게 자리 잡은 프로그램이 무엇인지 창조주에게 물을 필요가 있을 수도 있다.

믿음을 에너지 테스트하는 과정에는 시상視床과 시상하부視床下部가 모두 관여한다. 시상은 뇌간과 전뇌 사이에 위치하고 있으며, 시각과 청각, 그리고 통증과 체온, 촉감 등의 신체 감각 정보를 받아들인다. 시상은 주로 깨어 있을 때 활발하게 작용한다. 시상은 유입되는 정보를 대뇌피질에 저장된 기억과 비교하는데, 참고할 만한 기준을 발견하지 못하면 시상은 연상이나 비교를 통해 찾은 기억을 바탕으로 지적인 추측을 하게 된다.

시상하부는 뇌하수체를 조절하며, 호르몬, 신진대사 성장과 성적인 작용에 영향을 미쳐 신체적 균형을 유지한다. 또한 수면과 각성 주기를 조절하는 데도 도움을 준다. 이것은 기분 장애에도 영향을 미치고, 투쟁-도피 반응으로 몸이 위협을 받을 때 신체 변화를 일으키기도 한다. 또한 땀, 눈물 및 침의 분비도 조절한다. 이러한 작용은 눈을 뜨건 감건, 깨어 있건 자고 있건 항상 일어난다.

밑바닥 프로그램 또는 근본 프로그램을 여러분이 정화했는지 확인하려면 의뢰인이 눈을 감은 상태 및 뜬 상태에서 그를 테스트해 본다. 눈을 떴을 때나 감았을 때 믿음이 정화된 것으로 테스트되지 않는다면 아직 밑바닥 믿음을 찾지 못한 것이므로, 밑바닥 믿음과 연결된 프로그램의 근본 믿음 체계는 여전히 그대로 남아 있는 것이다. 계속해서 창조주에게 밑바닥 믿음이 무엇인지 묻고 그 해당 프로그램을 제거한 다음 의뢰인이 눈을 뜬 상태 및 감은 상태에서 다시 그를 테스트한다.

믿음에 대한 반응

밑바닥 믿음을 찾는 과정을 시작했다면, 세션이 끝나기 전에 반드시 찾아야 한다. 그러지 않으면 명현 현상을 경험하게 될 수도 있다. 믿음 작업을 완전히 끝마치기 전에는 자리를 뜨지 말아야 하고, 의뢰인이 불편해하는 기미가 보이는지 신중하게 관찰해야 한다. 의뢰인이 불안감을 보이거나 불안해하는 행동을 한다면, 또 어떤 식으로든 통증을 느끼거나 슬픔을 느낀다면 문제가 해결되지 않았다는 뜻이기 때문에 믿음 작업을 계속해야 한다.

만약 세션 중에 의뢰인이 이유를 알 수 없는 신체적 통증을 경험한다면, 잠재의식 깊게 자리 잡고 있는 프로그램과 마주친 것일 가능성이 크다. 이것은 의뢰인의 잠재의식이 붙들기 위해 싸우고 있는 다른 믿음 체계들을 여러분이 자극했다는 뜻이다. 고통이 사라질 때까지 계속해서 믿음들을 풀어주어야 한다. 의뢰인의 허락을 받은 후, 안전하다는 것이 어떤 '느낌인지'를 다운로드해 준다. 편안하고 평화로운 태도가 될 때까지 세션을 계속한다.

마음에 믿음 가르치기

다음과 같은 두 가지 방법으로 마음에 믿음을 가르칠 수 있다.

1. 믿음을 뽑아내고 대체하는 방법. 믿음을 뽑아내면, 반드시 그것을 새로운 믿음으로 대체해야 한다.
2. 의뢰인에게서 아무것도 뽑아내지 않고 느낌 작업으로 하는 방법. 한 가지 이상의 느낌이 필요할 수 있다.

밑바닥 믿음을 파고드는 과정의 예

가장 깊은 곳에 있는 맨 밑바닥 믿음을 파고들기는 쉽다! '누가?' '무엇을?' '어디서?' '왜?' 그리고 '어떻게?'라고 묻기만 하면 된다. 의뢰인의 마음에서 파고들기가 다 일어난다. 마치 컴퓨터에 있는 정보에 접근하듯 모든 질문에 대한 답을 여러분에게 주게 된다. 설령 의뢰인이 답을 찾다가 막히는 듯해도 그것은 일시적인 현상이다. 답이 나올 때까지 '왜?'에서 '어떻게?' 등으로 질문을 바꿔서 해본다. 그래도 의뢰인이 질문에 대답하지 않으면 "만약 답을 안다면 무엇일까요?"라고 묻는다. 여러분은 약간의 연습을 통해 마음의 능력에 접근해 답을 찾는 법을 배우게 될 것이다.

믿음 작업 과정에서 언제든 창조주가 여러분에게 와서 여러분이 찾고자 하는 밑바닥 믿음을 줄 수 있으니, 신성한 개입에 마음을 열자.

여기서 파고들기 예를 몇 가지 살펴보자.

파고들기: 첫 번째 예

다음은 실제 세션에서 있었던 내용이다.

남성　　"돈 문제가 있어요."

비안나　"왜 돈 문제가 있죠?"

남성　　"돈은 모든 악의 근원이기 때문이죠."

[여기서 만약 "돈은 모든 악의 근원이다" 프로그램을 리딩 초기에 뽑아내면, 더 깊은 곳이나 바닥에 있는 문제에는 영향을 미치지 못하게 된다.]

비안나　"왜 돈이 모든 악의 근원인가요?"

남성　　"많이 배운 사람들만 돈이 있으니까요."

비안나　"왜 많이 배운 사람들만 돈이 있나요?"

남성　　“그냥 그런 거예요.”

비안나　“만약 그게 사실이라면, 그럼 당신은 뭐가 되나요?”

남성　　“바보인 거죠.”

비안나　“누가 그렇다고 말했나요?”

남성　　“아버지가 그랬죠.”

비안나　“왜 아버지가 그렇게 말했나요?”

남성　　“아니에요, 어머니가 그렇게 말했어요.”

[바로잡기 위해서 두뇌는 정확한 기억을 찾을 것이다.]

비안나　“왜 아버지가 그렇게 말했다고 생각했나요?”

남성　　“몰라요.”

이 시점에 그는 의자에 불편하게 앉아 몸을 꼼지락거리기 시작했다. 만약 의뢰인이 두 눈에 아무런 움직임도 없이 여러분 얼굴을 똑바로 거침없이 바라보고 있다면, 여러분이 밑바닥 믿음으로 향하고 있지 않다고 봐야 할 것이다. 의뢰인이 불안해서 격해지거나 의자에 앉아 많이 움직인다면, 이는 여러분이 밑바닥 믿음에 다가가고 있다는 말이다.

비안나　“그래도 만약 안다면?”

남성　　“부모님은 자식 낳기를 원치 않으셨어요. 아이를 결코 원하지 않으셨죠. 전 실수로 태어났어요.”

“나는 실수로 태어났다” 그리고 “내가 태어나기를 바랐다, 아니오”가 이 상황에서 밑바닥 믿음일 가능성이 높다.

문제의 근원을 찾았는지 알아보기 위해, 눈을 뜬 상태는 물론이고 눈을 감은 상태로도 의뢰인을 에너지 테스트한다. 그러고는 위로 올라가 창조주에게 이것이 밑바닥 믿음인지 묻는다.

이런 경우에는 "나는 실수로 태어났다" 그리고 "내가 태어나기를 바랐다, 아니오" 믿음을 풀어주고 "내가 태어나기를 바랐다" 믿음으로 대체한다. 연이어, 창조주가 정의하는 태어나기를 바라는 마음이 '어떤 느낌'인지 이 사람에게 가르쳐주는 느낌 작업을 확실하게 해주어야 한다. 이때 명령을 하는 말의 순서는 이렇다. "나는 일곱 번째 단계로부터 오는 만물의 창조주의 '내가 태어나기를 바란다'는 것이 어떤 느낌인지 안다." 의뢰인의 승낙을 받은 후 만물의 창조주에게서 나오는 느낌이 그에게 스며들게 한다.

일단 밑바닥 믿음을 찾았다면 파고들기 과정은 항상 세션을 완성하기 위한 '느낌 작업'으로 마무리한다. 만약 특정 프로그램을 갖는 것이 어떤 느낌인지 모른다면, 그 프로그램을 대체한다 해도 마음은 여전히 빙글빙글 돌기만 할 것이기 때문이다.

이 예에서 세션의 마지막 부분에 자기가 태어나길 원하는 마음이 '어떤 느낌'인지 다운로드해 주면 의뢰인은 어떻게 자기가 태어나길 원하게 되는지 알게 되고, 양육되고 받아들여지는 것이 어떤 느낌인지도 알게 된다. 그러면 문제가 해결될 가능성이 높아진다.

이런 느낌을 의뢰인에게 다 가르치고 나서 다시 그를 에너지 테스트하면 "돈은 모든 악의 근원이다" 프로그램이 사라지고 없을 것이다. 사람들에게 있는 돈에 관련된 문제는 돈 그 자체와는 무관하다. 돈은 그저 가치를 매겨놓은 종이일 뿐이다. 사람들은 자존감에 문제가 있을 때 돈에 문제가 생긴다.

파고들기: 두 번째 예

이 예는 한 여성과 나눈 실제 세션 내용이다. 나는 자신이 힐러라는 사실과 관련해 이 여성이 어려움을 겪고 있음을 발견했다. 그녀는 에너지 테스트에서 "나는 힐러라는 이유로 죽임을 당할 거야" 믿음에는 긍정적인 반응을, "나는 치유 작업을 할 수 있다" 믿음에는 부정적인 반응을 보였다.

여성   "내가 힐러라는 이유로 죽임을 당할 거예요."

비안나   "왜 죽임을 당하죠? 왜 치유하는 일을 할 수 없나요?"

여성   "저를 죽일 테니까요."

비안나   "왜요?"

여성   "왜냐하면 사람들에게 내가 믿는 것을 말하는 건 잘못된 일이니까요."

비안나   "언제 이런 일이 시작되었나요?"

여성   "전에 다른 생애에서 시작되었어요. 아뇨, 우리 어머니였어요. 이번 생에서요. 내가 믿는 걸 어머니에게 말할 때마다 어머니는 내 뺨을 때리곤 했어요."

비안나   "그래서 믿는 걸 말하면 벌을 받는다는 건가요?"

여성   "언제나 그랬죠."

비안나   "어머니와 문제가 있나요?"

여성   "당연하죠. 어머니는 아주 끔찍한 사람이에요."

비안나　"왜죠? 믿는 것을 말할 때마다 벌을 받았나요?"

여성　"언제나 그랬죠. 우리 아버지한테도 벌을 받았어요."

비안나　"언제부터 그랬나요?"

여성　"제가 네 살이었을 때 시작된 것 같아요."

비안나　"네 살 때 무슨 일이 있었나요?"

여성　"어머니한테 아버지를 그런 식으로 대하는 건 옳지 않다고 말한 기억이 나요. 그러자 어머니가 절 때렸어요. 내가 사랑하는 사람을 옹호하거나 내가 믿는 걸 말하면, 매번 난 벌을 받았죠."

비안나　"벌을 받지 않으면서 자신을 표현하는 것이 어떤 느낌인지 알기를 원하세요?"

여성　"네, 그러고 싶어요."

밑바닥 믿음은 "나는 벌을 받는다"이다. 그러므로 "내가 믿는 것을 말하면 벌을 받을 것이다" 믿음을 뽑아내도 근본적인 이유는 해결되지 않는다. 먼저 이 사람은 벌을 받지 않으며 살아가는 법을 알 필요가 있다. 그러므로 벌을 받지 않으면서 자신을 표현하는 것이 어떤 느낌인지, 그 느낌을 다운로드해 주어야 한다. 이렇게 하고 나자, 처음에 언급한 "힐러라는 이유로 죽임을 당하게 된다" 프로그램도 사라졌다.

모든 부정적인 믿음에는 긍정적인 이유가 따라온다. 따라서 그 다음으로 물어야 하는 질문은 다음과 같다. "벌을 받음으로써 무엇을 얻고 있나요?"

⬤ 두려움 작업

수년 전 세타힐링 강사 세미나를 몬태나 주에 있는 옐로스톤Yellowstone에서 한 적이 있다. 학생들 중 한 명이 내게 와서 자기가 속해 있는 그룹의 한 남성이 '렙틸리언reptilian'(일부 음모론이나 공상과학 등에서 주장하는 파충류 형태의 외계 종족으로, 인간으로 변장해서 인간 사회를 배후에서 조종하려는 의도를 가지고 활약한다고 한다―옮긴이)이고, 그래서 악하다고 비난했다. 렙틸리언 스파이가 힐러들을 감시하려고 수업에 들어왔다는 소문이 학생들 사이에 퍼졌다. 그 학생은 그를 수업에서 제외시켜야 한다고 단호하게 주장했다. 이런 상황 앞에서 나는 이렇게 말했다. "모든 존재들은 세타힐링 작업을 배울 수 있는 자격을 지니고 있어요. 괜찮을 거예요. 만약 진짜 렙틸리언이라면 우리가 고쳐놓으면 되죠."

그 수업을 듣던 사람들은 내 설명을 달가워하지 않았다. 자신들이 제조해 낸 진실에 사로잡혀 흥분하고 있었기 때문이다. 그들은 자신들이 상상으로 꾸며낸 두려움에 완전히 사로잡혀서, 이 남성이 실은 아틀란티스Atlantis(플라톤이 자신의 저술에서 언급한 전설상의 섬이자 국가로 고도의 문명을 이루었으나 기원전 1만 년경 대서양 속으로 가라앉았다고 한다―옮긴이) 시대에 살았던 오래된 영혼이며, 악함과는 아무 상관도 없는 빛의 존재라는 사실을 알아보지 못했다. 알고 보니 그는 한 학생이 자신에게 이성으로 관심을 보이며 접근하는 것을 거부했고, 이유는 모르겠지만 그로 인해 그녀는 이 남성이 렙틸리언이라고 믿게 되었다는 사실이 밝혀졌다. 설령 그곳의 어떤 사람에게 '렙틸리언 에너지'가 있었다 해도 그 사람은 아니었다. 그렇지만 학생들의 속닥거림과 거짓 비난에 그의 마음은 몹시 상처받을 수밖에 없었다.

두려움은 우리가 머무르고 있는 공간에 우리를 가두며, 치유하고 치유받는 우리의 능력을 차단한다. 두려움은 우리가 존재의 일곱 번째 단계에 접근하는 것을 막는 유일한 것이다.

여러분이 가장 두려워하는 것은 무엇인가? 강박적인 두려움은 힐링, 리딩, 현실 창조를 막는 원인이 되기도 한다. 한편으로 여러분은 무언가를 현실로 창조하기를 원하지만 여러분의 두려움이 그것을 막는다. 다른 한편으로 여러분은 자신이 가장 두려워하는 바로 그것을 창조하게 될 수 있다.

직관력이 빠르게 발달하기 시작할 때, 두려움은 현실 창조 기도를 하는 사람에게 가장 큰 위험으로 다가온다. 만약 직관력 있는 사람이 두려움과 증오에 힘을 주는 것만큼 사랑과 빛, 균형에도 힘을 준다면, 자기를 파괴하는 일은 거의, 아니 전혀 없을 것이다. 직관적인 사람은 생각이 자기 삶에 얼마나 큰 영향을 미치는지 인식해야 한다.

게다가 두려움 프로그램은 유전자를 타고 전해지거나 역사적 수준을 통해서도 전해져 내려올 수 있다. 필요하다면 이 에너지를 뽑아내고, 취소하고, 해결하고, 대체하도록 한다.

두려움 프로그램은 넓은 공간을 차지하기 때문에 두려움이 아주 심한 경우에는 부신과 허파에 무리를 줄 수 있다.

그러나 위급 상황에 대처하는 데 필요한 자연적인 두려움 반응도 있다. '두려움 프로그램'을 이러한 자연스런 비상 대응과 분리시키는 것이 중요하다. 만약 사람이 두려움에 사로잡혀 산다면 이것은 공포증phobias으로 불리는 프로그램이다. 이것 역시 믿음 작업으로 바꿀 수 있다.

두려움 정화하기

두려움 프로그램은 믿음 작업으로 간단하게 제거할 수 있다. 마음에서 계속 일어나는 강박적인 두려움에 압도된 사람을 상대할 때에는, 무엇이 가장 크게 두려운지, 최악의 상황에 일어날 수 있는 일이 무엇인지 물으면서 그 두려움이 지어내는 시나리오를 따라간다. 그 시나리오의 결말까지 따라간다. 이런 방법으로 두려움의 연결고리를 따라갈 수 있도록 그 사람 마음을 훈련시키면, 그 상념체thought form를 끝까지 따라가 마무리 짓는 식으로 두려움을 극복할 수 있게끔 도와줄 수 있다.

'왜' 두려움이 생겼는지, '어떻게' 생겨났는지, 그리고 '언제' 생겼는지 등의 질문을 통해 두려움의 경로를 끝까지 따라간다. 만약 이 과정에서 난관에 부딪쳐 어느 방향으로 가야 할지 모르겠다면, 그저 조용히 앉아서 그 사람을 지켜본다. 아마도 그 사람이 다른 시간과 장소에 연루된 새로운 길을 떠올리게 될 것이다.

두려움이 풀려날 때 두려움은 몸을 통과해 지나가게 된다. 이때 의뢰인 스스로 가슴샘(가슴 중앙의 흉선)을 부드럽게 만지거나 톡톡 두드리도록 권한다. 그렇게 하면 조상들로부터 온 느낌(세포에 저장된 기억)이나 어린 시절의 느낌이 풀려나게 될 것이다. 가슴샘은 감정 에너지를 몸 안에 저장하는 주된 장소의 하나이다.

신을 실망시켰다는 것은 사람들에게 커다란 두려움을 주는, 신과 관련된 프로그램이다. 같은 맥락에서 사람들이 종종 갖는 또 다른 두려움은 신을 위한 사명을 완수하지 못할 것이라는 것이다. "나에게는 신을 위한 사명이 있다" 프로그램이 있는지 의뢰인에게 물어보고, 이 사명과 관련해 어떤 두려움을 갖고 있는지 살펴본다. 그렇게 "신은 나를 미워한다" "신은 나를 버렸다" "신이 두렵다"와 같은 프로그램들을 테스트해 본다. 이것들은 모두 신을 잘못 이해한 데서 생긴 두려움이다.

수천 번의 리딩을 하고 나자 두려움 프로그램의 패턴이 내 눈에 보이기 시작했다. 이것은 두려움과 관련된 수많은 세션들을 거쳐서 만들어진 과정이다. 다음의 예는 세타힐링 수업에서 진행한 실제 세션 내용이다.

두려움: 첫 번째 예

프랙티셔너   "가장 두려운 게 뭐죠?"

의뢰인   "가난해질까봐 두려워요."

프랙티셔너   "가난해지면 어떻게 되는데요?"

의뢰인   "길거리로 나앉겠죠."

프랙티셔너   "그래서 길거리에 나앉으면 어떻게 되나요?"

의뢰인   "고통받다가 죽게 되겠죠."

프랙티셔너   "그래서 고통받다가 죽으면요?"

의뢰인   "제가 아무것도 아니게 되겠죠."

진짜 두려움은 '아무것도 아니게 되는 두려움'이다.

두려움: 두 번째 예

나는 고소공포증에 시달리는 한 여성과 작업했다. 그녀의 프로그램은 "나는 높은 곳이 두렵다"였다.

공포증을 다룰 때에는 마음이 다시금 두려움의 미로를 헤쳐나갈 수 있도록 안내해야 한다. "가장 큰 두려움에 직면했을 때 일어날 수 있는 최악의 일은 무엇인가요?"라고 묻자 그 여성이 대답했다.

여성   "절벽에서 떨어질 거예요. 온통 노란색이고, 주위에 나무도 없
어요."

비안나   "이 일이 언제 마지막으로 일어났죠?"

여성   "모르겠어요."

비안나   "그때 무슨 일이 있었나요?"

여성   "마차가 절벽 아래로 떨어져 그 밑에 깔렸어요."

비안나   "그러고 나서 어떤 일이 일어났나요?"

여성   "그 차가운 절벽 바닥에 갇혔어요."

> Θ 이렇게 기억이 자세할 때에는 그 일이 실제로 일어난 것이다. 기억의 출처는 중요하지 않다. 가장 큰 두려움의 한가운데에 버려져 있지 않도록 의뢰인을 차근차근 안내해 주어야 한다.

비안나   "그런 뒤에 무슨 일이 일어났죠?"

여성   "저는 탈수 현상으로 죽어요. 탈수돼서 죽는 건 끔찍해요. 첫째로 눈이 마르기 때문에 앞을 못 보게 되거든요."

> Θ 죽음이 두려움의 끝이 아니다.

비안나   "당신이 죽어서 일어나는 최악의 상황은 무엇인가요?"

여성   "아이들이 저를 볼 수 없게 되겠죠. 그리고 저는 아이들을 실망시킬 거예요."

비안나	"아이들을 실망시킬 때 일어나는 최악의 상황은 무엇인가요?"
여성	"신을 실망시키겠죠."
비안나	"신을 실망시켜서 일어나는 최악의 상황은 무엇일까요?"
여성	"홀로 어둠 속에 갇히겠죠."
비안나	"그렇게 되면 무슨 일이 일어나죠?"
여성	"전 아무것도 아니게 될 거예요. 신을 실망시키면 전 아무것도 아닌 게 돼요. 아무것도 아닌 것이 될까봐 무서워요."

"아무것도 아닌 것이 되는 것이 무서워요"는 우리가 대부분 갖고 있는 가장 큰 두려움의 밑바닥 프로그램이다. 사실상 인류에게 있는 가장 큰 두려움이기도 하다. '아무것도 아닌 것이 되는 두려움'은 죽음 뒤에 아무것도 없고, 신도 존재하지 않으며, 우리가 결국 아무것도 아닌 곳에 다다를 거라는 사실에 대한 불안함이다.

"아무것도 아닌 것이 되는 것이 무서워요"라는 두려움을 제거하고, 만물의 창조주가 주는 프로그램으로 대체한다. 대부분의 경우 "창조주는 항상 나를 사랑한다" 프로그램으로 대체한다.

자, 이제 이 사람을 그 높은 절벽으로 다시 데려가 본다.

비안나	"높은 절벽을 생각해 보세요. 떠올리면 조금이라도 불안해지나요?"
여성	"너무 신기해요! 더 이상 신경 쓰이지 않아요."

놀랍게도 그녀의 고소공포증은 사라지고 없었다. 진짜 두려움이 지나

가는 경로가 마지막 지점에 다다른 것이다. 두려워하는 것은 높이가 아니라, 아이들을 실망시키고, 신을 실망시키며, 자신이 아무것도 아닌 것이 되는 것이었다.

두려움: 세 번째 예

다음 여성이 가장 두려워한 것은 바닥이 깊은 물이었다.

비안나 "만약 당신이 물 속에 있다면 일어날 수 있는 최악의 일은 무엇인가요?"

여성 "물에 빠져 죽는 거예요."

비안나 "만약 물에 빠져 죽는다면 일어날 수 있는 최악의 일은 무엇인가요?"

여성 "다시 태어나게 됩니다."

비안나 "만약 다시 태어난다면 일어날 수 있는 최악의 일은 무엇인가요?"

여성 "그게 절대 멈추지 않을 거예요. 신을 실망시켜서 다시 돌아오게 되겠죠."

비안나 "만약 다시 태어난다면 일어날 수 있는 최악의 일은 무엇인가요?"

여성 "결코 멈추지 않을 거예요. 또다시 태어나는 끝없는 고통에 빠질 거예요."

비안나 "그 후에는 어떤 일이 일어나죠?"

여성 "그 후에는 또다시 돌아와야 합니다. 내 삶의 사명에 실패하게 되고요."

비안나   "그 후에는 또 어떤 일이 일어나죠?"

여성   "돌아와서 또 물에 빠져 죽겠죠."

비안나   "만약 또 물에 빠져 죽는다면 일어날 수 있는 최악의 일은 무엇인가요?"

여성   "몇 번이고 반복해서 전 다시 돌아올 거예요."

비안나   "몇 번이고 반복해서 다시 돌아온다면 일어날 수 있는 최악의 일은 무엇인가요?"

여성   "저는 절대로 끝마치지 못할 거예요. 저는 갇힐 거예요. 다시는 신과 함께할 수 없게 될 거예요."

이 여성의 경우 밑바닥 믿음이 "다시는 신과 함께할 수 없게 된다"는 것임을 추측할 수 있을 것이다. 이 프로그램을 풀어주고 "난 항상 창조주와 함께 있다" 프로그램으로 대체하면, 물에 대한 두려움은 이 사람에게서 사라지게 된다.

> ⊖ 모든 사람이 각기 다르다는 점을 반드시 인식해야 한다. 한 가지 방식으로만 믿음 작업을 하는 것이 아님을 유념하기 바란다. 예를 들면 고소공포증을 가지고 있는 모든 사람에게서 "아무것도 아니게 되는 것이 두렵다" 프로그램을 뽑아낼 수는 없다. 모든 사람은 해변의 모래알 하나하나처럼 각기 독특하다.

⬤ 세 가지 Rs: 거절, 원망, 후회

　나는 거절rejection, 원망resentment, 후회regret라는 이 세 가지 프로그램을 '세 가지 Rs'라고 부른다. 우리의 마음은 이 같은 세 가지 문제에 엄청나게 많은 시간을 소모하고 있다. 이것들과 관련된 프로그램을 정화하면 사물을 움직일 수도(즉 염력으로 사물을 움직일 수도) 있을 만큼 여러분의 마음에 충분한 공간이 열리게 된다.

　뉴런으로 알려진 뇌 세포에는 감정을 받아들이는 수용체가 있다. 그 감정이 우울감이든 행복감이든 수용체가 어떤 감정을 받아들이면 그 감정은 세포에 '꽉 붙들려' 있는 것처럼 된다. 수용체가 어떤 감정에 익숙해지면 그 수용체는 마치 마약에 중독되듯이 그 감정을 찾게 된다. 그러므로 만약 우울감에 익숙해져 있다면 우울증이 생길 수 있다. 그러나 적절한 자극이 주어지면 뇌는 늘 새로운 연결을 만들어낸다. 그러므로 느낌 작업을 하게 되면 여러분은 뇌를 자극해서 새로운 연결을 첨가하게 된다. 느낌 작업을 통해서 특정한 부정적 습관 없이 사는 법을 배우게 되며, 이에 따라 그 부정적인 감정 프로그램을 찾고 있는 수용체를 닫고 긍정적인 프로그램으로 가는 새로운 경로를 만들어내는 능력을 뇌에 부여하게 된다. 느낌 작업을 통해서, 우울감이나 비참한 느낌 없이, '불쌍한 나' 증후군 없이 살아가는 것이 어떤 '느낌인지' 가르치고 기쁨과 행복, 책임감을 신경 세포의 수용체가 받아들이도록 재교육시킬 수 있다는 것은 실로 놀라운 일이다. 느낌 작업 후에는 예전의 부정적인 감정이 다시 나타난다 해도 그것을 의식적으로 자각할 수 있을 뿐더러 부정적인 감정을 차단하고 긍정적인 감정으로 나아갈 수가 있다.

거절

거절당함에 대한 두려움은 한 사람의 인생 대부분에 영향을 미칠 수 있다. 성공을 막을 수도 있고, 참 사랑을 찾을 수 없게 만들 수도 있다. 거절당할지 모른다는 두려움은 시작도 하기 전에 실패하게 만드는 원인이 되고, 자신이 하는 모든 일을 스스로 방해하는 이유가 된다. 거절을 두려워하는 마음을 정화할 때 우리는 자신의 인생을 살아갈 수 있다.

원망

원망 프로그램을 뽑아낼 때는 우리 뇌가 컴퓨터와 비슷하다는 점을 인지할 필요가 있다. "어머니가 원망스럽다" 프로그램을 뽑아낼 경우 처음에는 사라지지만, 그것은 이내 어머니를 향한 원한grudge으로 변한다. 따라서 다음으로 원한을 제거해야 한다. 그러나 당사자는 원한을 뽑아내는 것을 불편하게 느낄 수 있다. 원한을 품는 것이 자신을 안전하게 지켜주기 때문이다. 프랙티셔너는 '어머니를 원망하지 않고 사는 법'과 '그렇게 해도 안전하다는 것'을 의뢰인에게 반드시 가르쳐주어야 한다. 우리가 원한을 만들어내는 이유는 우리를 아프게 하는 이들에게서 자신을 안전하게 지키기 위해서, 그래서 더 이상 아픔을 겪지 않기 위해서이다. 우리는 믿음 작업을 통해 원망을 하나하나 제거할 수 있지만, 한 걸음 더 나아가 원한도 없애야 한다.

핵심은 바로 여러분 인생에 등장하는 모든 사람은 어떠한 형태로든지 여러분에게 도움을 준다는 것이다. 만약 삶 속에서 누군가 여러분을 힘들게 하고 여러분에게 저항하는 사람이 있다면, 아마도 저항은 여러분이 뭔가를 하도록 동기를 부여하는 방식일 것이다.

후회

후회는 여러분을 몹시 아프게 할 수 있다. 실패한 결혼, 외로운 결혼 생활, 외로움, 사랑하는 사람에게 사랑한다고 말하지 않는 것 등은 모두 여러분이 건강해질 수 없도록 막는다. 후회는 온몸 전체에, 특히 폐에 영향을 끼친다.

* * *

믿음 작업을 해도 나아지지 않는 사람이 있다면 세 가지 Rs로 돌아가자. 세 가지 Rs를 제거하면 신장과 폐, 그리고 간이 정화될 것이다.

세 가지 Rs 프로그램

- "나는 [사람/ 상황]에 의해서 거절당했다." 이 프로그램은 다음으로 대체한다. "나는 나 자신을 받아들인다." "나는 거절당하지 않고 살아가는 것이 어떤 느낌인지 이해한다."
- "나는 [사람]이 원망스럽다." 이 프로그램은 다음으로 대체한다. "나는 원망스러움을 풀어준다." "나는 원망하는 마음 없이 살아가는 것이 어떤 느낌인지 이해한다."
- "나는 [상황]을 후회한다." 이 프로그램은 다음으로 대체한다. "나에게 후회는 없다." "나는 후회하지 않으며 살아가는 것이 어떤 느낌인지 이해한다."

14

믿음 작업을 활용한
심화 치유 과정

우리 중 몇몇은 가끔 하늘에 대고 소리를 지르거나 심지어 숨을 내쉬며 이렇게 중얼거린다. "신이 내게 왜 이러실까?" 하지만 그건 책임 회피이다. 신은 우리에게 무언가를 하지 않는다. 신은 우리의 삶을 비참하게 만들려고 하지도 않는다. 자애로운 부모처럼 신은 우리가 자기 인생의 행로를 스스로 결정하도록 놔둔다. 신에게는 우리가 받아들이길 허락한다면 얼마든지 접속해서 쓸 수 있는 에너지가 있다. 하지만 우리가 허락하지 않는 한 신은 우리 스스로 자기 삶을 살아가도록 둔다. 신은 무엇이든 순식간에 바꿀 수 있다는 걸 아는 사람이 얼마나 될까?

이 신은 도대체 누구인가? 남자인가? 여자인가?

얼마나 많은 사람들이 죽은 뒤에 심판을 받는다고 믿고 있을까?

이 세상이 실재實在가 아님을 아는 것이 어떤 느낌인지 이해하고 있는 사람은 또 얼마나 될까? 여러분의 영과 몸이 이 공간을 차지하고 있지만 이곳에 실제로 현존하는 것은 없다는 것을 아는 것 말이다. 또 만물이 원자와 에너지로 이루어져 있다는 것을 지적으로 깊이 깨닫고 있는 사람은 몇이나 될까?

전립선암이 유행성 이하선염보다 더 심각한 병이라고 믿는가?

유방암이 수두보다 더 심각한 병이라고 믿는가?

당뇨병은 치료할 수 없다고 믿는가?

신에게 즉각적인 치유를 받는 것이 어떤 느낌인지 이해하는가?

이것이 바로 믿음 작업을 하는 이유이다. 믿음 작업으로 마음과 몸, 영에 관련된 이런 질문에 답할 수 있는 능력을 갖게 됨으로써, 우리는 우리 안에 있는 믿음 체계를 제거하고 대체하며 '만물 그 자체'인 에너지에 완전하게 연결될 수 있는 것이다.

세타힐링 기법을 연습할수록 우리는 더 성장하며, 그런 만큼 우리는 이 기법을 연습할 필요가 있다. 많은 사람들이 나에게 "당신이 할 수 있는 것처럼 나도 하고 싶어요"라고 말한다. "네, 그렇다면 연습을 해야 합니다." 나의 대답이다. "아뇨, 지금 당장이요." 학생들이 고집스럽게 대답하고, 그러면 나는 참을성 있게 이렇게 말한다. "아뇨, 그렇게는 되지 않아요. 연습해야 합니다. 그래야 성장해요."

성장하는 가장 좋은 방법은 '느끼는' 법을 배우는 것이다. 느낌 작업을 통해서 여러분은 경험하는 데 평생이 걸릴 어떤 느낌을 신으로부터 받아들이고 그 느낌을 여러분의 성장을 위해 '지금 이 순간'에 체험하는 법을 배우게 될 것이다.

여러분의 능력이 향상되면 어떤 장소에 갔을 때 그곳에 있는 누군가에게 뭔가 잘못된 점이 있다는 걸 직관적으로 '보게see' 된다. 그 장본인에게 알려주는 건 여러분의 책무가 아니다. 그들의 자유 의지를 존중해야 하며, 그들이 작업하기를 원해서 물을 때까지 기다려야 한다. 그때 비로소 그들이 치유받을 준비가 되기 때문이다.

어떤 이들은 즉각적인 치유를 받아들이지 못한다. 치유가 되려면—하루든, 한 주든, 한 달이든—시간이 걸린다고 믿기 때문이다. 힐러로서 그 또한 존중해야 한다. 즉각적으로 치유된 사람들에게서 내가 공통으로 발견한 한 가지 사실은, 그들이 건강하다는 것이 어떤 느낌인지 이해하고, 신에게 사랑받는다는 것이나 신에게 자기가 가치 있는 존재라는 것이 어떤 느낌인지 이해한다는 것이다. 만약 그들에게 이런 느낌이 없다면 이 느낌을 그들에게 심어주어야 한다. 그러나 이런 느낌이 어떤 건지 이해한다고 해서 자기가 이런 것을 '누릴 만한 가치가 있다'고 믿는 것은 아니다. 믿음 작업과 느낌 작업을 함께 해야 할 필요가 있을 수도 있다.

한 여성이 치유를 받고 싶다고 연락해 왔다. 나는 신에게 그녀의 다리에 있는 암을 낫게 해달라고 하기 위해 그녀와 함께 믿음 작업을 했다. 그 후 그녀가 매우 화가 난 모습으로 내 수업에 나타났다. 창조주는 그녀의 다리에 있는 암은 낫게 했지만, 암과 무관하던 무릎의 심한 통증은 방치했다. 그 때문에 그녀는 무척 화가 났던 것이다. 나는 인내심을 가지고, 그녀의 무릎 통증이 왜 낫지 않는지 알아내기 위해 그녀의 공간으로 들어가 믿음 작업을 했다. "신에게 너무 많은 것을 요청하는 것은 잘못이다"라는 믿음이 그녀 안에 있었고, 그것이 그녀의 치유를 막고 있는 걸 발견했다. 호기심이 생겨 확인해 본 결과 나에게도 동일한 프로그램이 있다는 걸 알게 되었다.

힐러로서 여러분은 수많은 부류의 사람들에게 인내심을 가지고 대할 필요가 있다. 여러분은 이 같은 인내심을 가지고 있는가? 이러한 인내심이 어떤 느낌인지 이해하는가? 기억해야 할 것은 어떤 느낌인지 안다고 해서 그 느낌대로 '행동'하는 법을 아는 것은 아니라는 점이다.

많은 사람들이 치유를 받아들이는 데서 다음 단계로 더 나아가지 못하는 이유는 두려움 때문이다. 만약 여러분이 손을 대고 만지는 사람이 누구든 그 사람에게 즉각적인 치유를 행하게 된다면 무슨 일이 일어날까? 머릿속에 있는 목소리가 나지막이 이렇게 속삭이지는 않을까? '네가 뭐라고 그렇게 해? 오직 그리스도만 그렇게 치유할 수 있어!' 이러한 마음속 논쟁은 우리 안에서 끊임없이 일어난다. 이런 것들을 없앨 수 있다면, 우리는 신과 진정한 유대가 더 강화되는 단계로 들어갈 수 있다. 우리가 긍정적인 것과 부정적인 것, 원인과 결과, 선과 악에 영향을 받지 않게 되면, 우리는 신을 목격할 수 있고 그런 프로그램의 간섭도 받지 않을 수 있다.

세상의 다양한 종교적 신념 체계 안에서 자란 사람들이라도 신이 무엇이고, 신이 누구이며, 신이 자신들을 위해 무엇을 할 거라고 믿는지에 대해 어떤 명확한 관점을 갖고 있지 않을 수 있다. '만물의 창조주'인 신을 여러분이 어떻게 바라보고 있는지 탐구해 보면 좋을 것이다.

"나는 기적을 믿는다" "나는 신에게 충분히 중요한 존재이다" "나는 창조주와 완전히 연결되어 있다" "나는 신과 항상 연결되어 있다" 같은 프로그램을 가지고 자기 마음을 특정한 상태로 유지하는 방법을 배우는 것도 중요하다. 일단 신의 사랑을 받아들이고 믿으면 치유는 자연적으로 일어나게 된다.

⬤ 새로운 패러다임: 그들에게 도움을 주는 것은 무엇인가?

나는 어떤 사람들은 질병을 자신에게 도움이 되도록 이용하고 있다는 사실을 알게 되었다. 그래서 치유를 받아들이지 않는 사람을 만나면, 그가 처한 조건이 그에게 어떤 혜택을 주고 있는지 찾아내야 한다. 그런 혜택의 좋은 예로 병을 앓고 있는 동안 받게 되는 관심이 있을 수 있다. 몸이 좋지 않을 때 사람들은 여러분을 걱정한다. 선물을 보내기도 하고, 시간을 내어 전화를 하거나 잘 지내는지 들르기도 한다. 이런 식으로 질병 덕분에 어떤 혜택을 보고 있는 사람을 만나면, 더 이상 질병이 도움이 되지 않도록 하기 위해 이 사람에게 어떤 믿음의 변화가 필요한지 찾아야 한다.

어떤 이들은 질병이 자기 삶의 모든 것이 된 까닭에 고통을 '잃는' 것이 그들로선 감당할 수 없을 만큼 힘든 일이 되고, 따라서 결국 치유받지 못하게 된다. 어떤 경우에는 그들 존재의 모든 의미가 질병과 싸우는 것이다. 어쩌면 그들은 병으로 말미암아 사랑과 관심, 동정을 받는지도 모른다. 또는 병에서 나으려고 정말 놀랄 정도로 집중했는데 막상 그 고통이 사라지면 어찌할 줄 몰라 하기도 한다. 병을 이겨내기 위해 도전하는 것만이 살아야 하는 유일한 이유였기 때문이다. 힐러는 이런 사람들에게 새롭게 집중할 수 있는 일이나 살아야 할 새로운 이유를 제공해야만 한다. 그러지 않으면 그들은 그저 한 가지 고통에서 다른 고통으로 옮겨가며 익숙한 도전을 계속 해나가게 된다. 사람들은 대부분 변화에 적응하기를 몹시 어려워한다. 새로운 패러다임에 편안해지지 않으면 예전 것으로 돌아가기 쉬울 것이다. 그러므로 프랙티셔너가 부정적인 결과를 초래하는 프로그램을 찾아서 풀어주고, 그들이 치유 과정을 받아들일 수 있도록 새로운 프로그램으로 대체하는 것이 중요하다.

또한 사람들이 "창조주에게 치유받는 것이 어떤 느낌인지 이해한다" 같은 특정 느낌을 갖고 있지 않아서 치유받지 못할 수도 있다. 그런 경우 두려움이 치유 과정을 방해할 수 있으므로 질병에 대한 두려움 프로그램은 어떤 것이든 그 두려움을 정화하고, 그 후에 질병 없이 살아가는 삶과 관련해 그들이 갖고 있지 않은 느낌을 다운로드해 준다.

또 한 가지는 세타힐링을 할 수 있도록 그 사람을 훈련하는 것이다. 어떤 사람들에게는 다른 사람의 치유를 돕는 것이 본인을 위한 가장 효과적인 치료 요법일 수 있다.

◼◯ 의무에서 자유로워지기

내가 처음 국제적으로 세타힐링을 가르치기 시작했을 무렵 나는 수년간 알고 지내던 한 사람에게 나와 함께 일해줄 수 있겠냐고 부탁했다. 그는 나의 좋은 친구였는데, 처음엔 자기 친구를 상사로 두는 것에 좀 망설였지만 나의 설득에 못 이겨 마침내 수락했다.

나는 살면서 발생하는 대부분의 상황에는 반드시 그럴 만한 이유가 있다고 믿는데, 여러분이 부디 이 점을 이해할 수 있기를 바란다. 시간이 흐르면서 나는 내가 왜 이 친구를 나와 함께 일할 사람으로 직관적으로 선택했는지 알게 되었다. 긍정적인 프로그램 때문이 아니라 우리가 함께 가지고 있는 부정적인 프로그램 때문에 내가 그를 선택한 것이었다. 우리 둘 사이에 일어나는 교류는 흥미로웠고, 이는 수년간 이상한 시나리오로 이어졌다. 내가 모험을 감수하고라도 기회를 만들려고 하면, 그는 엄청나게 스트레스를 받으면서, 내가 실패할 거라고, 내가 목표를 이루기는 불가능할 거라고 말했다. 자연스럽게 그를 향한 내 반응은 "내기할까? 내가 하는 걸 보라고! 이루어낼 테니까. 그렇게 된다니까"가 되었다.

그때까지 내가 일을 해결하는 유일한 방법은 '갈등을 겪으면서' 해내는 것이었다. 그래서 목표를 성취하려고 사람을 끌어들이긴 했지만 그것이 곧 최상이자 최선의 방식은 아니었던 것이다. 결국 나는 내가 이 사람과 함께 하려는 것이 잘못된 이유로 말미암았음을 깨달았다. 결국 그가 행복해질 수 있도록 떠나보내야 할 시간이 되었다. 나 또한 끊임없이 부정적으로 도전받아야 할 필요에서 벗어났다.

여러분의 인생을 자세히 살펴보라. 주변 사람들이 어떤 방식으로 여러분을 돕고 있는지 관찰해 보라. '왜' 그들이 여러분을 돕고 있는지 알아보라. 여러분이 피해자이기 때문인가, 아니면 여러분이 갈등을 겪으면서 일을 해나가는 스타일이기 때문인가? 만약 그들이 긍정적인 효과를 가져오려고 부정적인 방식으로 여러분을 돕고 있다면, 어쩌면 이제는 그들을 그 의무에서 해방시켜야 할 때일 것이다. 그러나 이런 상황을 만드는 원인이 되는 믿음을 풀어주지 않는다면 서로 별반 다르지 않은 상황으로 그저 대체만 될 뿐이다. 예를 들어 여러분을 돕고 있는 어떤 사람을 여러분의 삶 밖으로 밀어내더라도 그저 그 자리만 나중에 또 다른 누군가가 대신 채우게 되는 식이다.

자, 이제 여러분의 인생을 자세히 살펴보라. 주변 사람들이 어떻게 여러분을 돕고 있는지 관찰해 보라. 스스로 이렇게 질문해 보라.

- "나의 수줍음이 어떤 목적을 가지고 있는가?"
- "다른 사람의 공격적인 태도가 나에게 동기를 부여하는가?"
- "내 삶 속에 나를 비참하게 만드는 사람이 있는가?"
- "내가 뭔가를 할 수 없다고 끊임없이 말하거나 나를 지지하지 않으면서 발목을 잡는 사람이 있는가? 내 인생에 극복해야 할 도전을 만들어내는 사람이 있는가?"
- "내가 앞으로 나아갈 수 없도록 막고 있는 사람이 있는가? 만약 내 삶에 그런 사람이 없다면 어떤 일이 일어날까? 내가 앞으로 나아갈 수 있을까, 아니면 다른 사람으로 대체하게 될까? 그들이 나로 하여금 무엇을 보게 하는 걸까?"

만약 그 누군가가 여러분의 삶을 비참하게 또는 슬프게 만든다면, 그들을 그런 의무에서 해방시키자.

또한 "난 할 수 없어" "힘들어야 해" "너무 쉬워" "이렇게 쉬울 수는 없어" "인생에서 가치 있는 일은 다 어려운 법이야"와 같은 믿음의 의무에서 벗어나자. 이 같은 프로그램을 자신에게서 찾아내 필요에 맞게 대체하자. "갈등을 겪지 않으면서 목표를 달성하는 것이 어떤 느낌인지 안다" "갈등 없이 살아가는 법을 안다" 같은 느낌을 심자. "이 사람은 갈등을 일으킴으로써 나에게 동기를 부여한다" 프로그램을 뽑아내고, "나는 내 인생에서 갈등을 일으켜야 하는 의무로부터 이 사람을 해방시킨다" 프로그램으로 대체하자.

이 같은 문제와 연관된 느낌 작업을 할 필요가 있을 수 있다.

● 심화 프로그램

자기 연민

나의 아주 멋진 친구 한 명은 유명한 라마lama(티베트나 몽고의 승려—옮긴이)와 함께 잠시 시간을 보내면서 인생에서 가장 중요한 한 가지가 있다면 무엇이라고 느끼는지 물은 적이 있다고 했다. "다른 사람에게 연민의 마음을 갖는 것"이라고 대답했을 거라 생각할지 모르겠지만, 그 성자가 한 대답은 이랬다. "그것은 시간을 함께 보내는 사람입니다. 이번 생에서 당신이 할 수 있는 가장 중요한 일은 좋은 친구를 사귀는 것이에요."

우리는 모두 이런 지혜를 마음에 새겨야 한다. 여러분 주위에 있는 친구와 가족, 직장 동료 들을 살펴보자. 그들은 여러분이 자신에 대해 기분 좋게 느끼게 하는가, 아니면 여러분을 계속 지치게 하는가? 자신의 인생을 재평가해 볼 필요가 있다.

좋은 친구와 관계를 잘 유지하기가 어렵다고 느끼는 사람도 있을 수 있다. 그렇다면 여러분은 먼저 자신에게 연민의 마음을 갖는 법을 배워야 하고, 연민을 갖는다는 것이 무엇이며 또 어떤 느낌인지 알아야 한다. 만약 여러분 삶 속에 자신이나 다른 사람을 사랑하지 못하게 막고 있는 사람이 있다면 스스로를 연민의 마음으로 대하기가 어려울 수 있다.

자기 연민 프로그램

스스로에게 다음 프로그램들을 테스트해 보라.

- "나는 나 자신에게 연민의 마음을 갖는 것이 어떤 느낌인지 이해

한다."

- "나는 나 자신에게 연민의 마음을 갖는 법을 이해한다."
- "나는 연민의 마음이 어떤 것인지 안다."

안전

어린 시절, 폭력과 불확실성이 가득한 격동의 시기를 보냈다면, 안전하다는 '느낌'과 안전함이 무엇인지 '아는 것'을 놓고 스스로를 테스트해 보자. 이 같은 환경에서 성장한 사람은 오랫동안 안전함을 경험해 보지 못했기 때문에 안전하다는 느낌을 만들어내지 못했을 것이다. 따라서 이런 사람들에게 안전하다는 느낌을 심어주는 것이 중요하다. 그러지 않으면 이들은 무의식적으로 생각과 행동을 통해 안전하지 못한 상황을 만들 것이다.

안전 프로그램

- "나는 안전하다는 것이 어떤 느낌인지 이해한다."
- "나는 나의 몸 안에 있으면서 안전하다고 느끼는 것이 어떤 느낌인지 이해한다."

받아들임

정보에 대한 지각 능력은 치유를 이해하는 데 있어서 중요한 요소이다. 여기에는 배후 사정, 현재 마음의 상태, 감정의 균형 상태, 신체 상태, 영적인 성장 등 다양한 요인이 함께 작동한다. 이 모든 것이 신성한 지식을 듣고 분별하는 능력의 요소들이다.

발달을 가로막을 수 있는 부정적인 영향은 물론이고 긍정적인 영향으로부터도 간섭받지 않고 받아들임의 본질을 찾을 수 있도록 지각 능력을 세밀하게 조정하는 법을 배우자.

"나는 나 자신을 받아들인다"라는 프로그램을 테스트해 보자. 이 프로그램은 여러분에게 있는 자기 의심을 완전히 해소시킬 수 있다. 만약 "나는 자기 의심을 가지고 있다" 프로그램에 긍정 반응이 나왔다면, "나는 자신을 있는 그대로 받아들인다" 프로그램으로 바꾼다.

받아들임 프로그램

- "나는 받아들여지는 것이 어떤 느낌인지 이해한다."
- "창조주는 나를 받아들인다."
- "나는 신으로부터 즉각적인 치유를 받아들이는 법을 이해한다."
- "나는 나의 몸을 받아들인다."

기쁨

기쁨이 어떤 느낌인지 이해하지 못하는 사람들을 앞으로 작업하면서 많이 만나게 될 것이다.

기쁨 프로그램

- "나는 기쁨을 갖는 것이 어떤 느낌인시 이해한다."
- "나는 기쁨을 통해서 배우는 것이 어떤 느낌인지 이해한다."

지금 이 순간을 살아라!

대부분의 사람들은 자기 인생의 드라마 속에서 너무 많은 시간을 허비하느라 지금 이 순간에 충실하게 사는 것을 잊어버린다. 이런 사람들은 주로 현재보다는 과거 속에 살고 있으며 미래를 바라보지 않는다. 멋진 하루를 보내고도 그 시간이 지나고 나서야 그 사실을 깨닫게 될 수도 있다. 지금 이 순간을 살도록 자신을 가르치자.

지금 이 순간을 사는 프로그램

- "나는 지금 이 순간순간을 살아간다."
- "나는 온몸으로 기쁨을 느끼며 지금 이 순간을 사는 것이 어떤 느낌인지 이해한다."
- "나는 지금 이 순간을 살면서 미래를 창조하는 것이 어떤 느낌인지 이해한다."

희생

어떤 사람들은 다른 시대의 유전적·역사적 또는 그 외 다른 단계들에서 이번 생에 큰 희생을 재현하기로 한 약속을 행동으로 옮긴다. 그것은 영혼이 자신이 알고 있는 유일한 방법으로 성장하고 있기 때문이다. 이런 사람들은 모든 것을 희생하지 않고도 영적으로 성장하거나 물질적으로 이득을 얻을 수 있도록 재훈련할 필요가 있다.

희생은 헌신이나 확신과는 다르다. 이런 측면들이 어떻게 다른지 알수 있도록 신에게 묻자. 희생은 선택이다. 마지막으로 봉사 또한 희생과는 다른 것임을 기억해야 한다.

- "세상을 구하는 것은 내가 해야 하는 일이다." 이것은 다음으로 대체한다. "나는 완벽하게 균형과 조화를 이룬다."
- "나는 이 세상에서 일어나는 모든 일에 책임이 있다."
- "나 자신을 희생해야만 예수에게 사랑받을 수 있다."
- "나 자신을 희생해야만 다른 누군가로부터 사랑받을 수 있다." 이것은 다음으로 대체한다. "나는 항상 사랑받는다."
- "나는 돈을 벌기 위해 희생해야만 한다."

다양한 믿음 체계들

돈

돈에 관한 개념을 둘러싸고 있는 믿음 체계들은 부정적인 믿음 프로그램들을 풀어주고 대체하는 법을 설명하기 좋은 예이다.

오랫동안 사람들은 신과 대화하려면 겸손해야 한다고 믿어왔다. 그런데 돈이 있는 사람들은 겸손하다고 여겨지지 않았고, 따라서 돈은 '만악의 근원'으로 간주되었다. 이제 우리는 창조주가 모든 면에서 풍족하다는 것을 인식하고 있다.

자, 이제 여러분이 누군가와 돈과 연관된 프로그램을 가지고 작업한다고 해보자. 먼저 그들 몸에 수분이 충분해서 테스트할 준비가 되었는지 확인한다. 첫 번째로 할 일은 에너지 테스트이다. 그들 스스로 자기가 부유하다고 믿는지 가난하다고 믿는지 테스트하기 위해 그들에게

"나는 가난하다"라고 말하게 한다. 이 말에 의뢰인이 긍정 반응을 보였다고 가정해 보자.

의뢰인에게 허락을 받은 후 위로 창조주에게 올라가서 명령(또는 요청)한다. 그런 뒤 의뢰인의 공간으로 들어가서 "나는 가난하다" 믿음이 풀려나고 "나는 부유하다"로 대체되는 것을 목격한다. 다시 에너지 테스트를 하면서 의뢰인에게 "나는 가난하다"라고 말하게 한다. 이번에는 '아니오' 반응으로 손가락이 스스럼없이 열리게 된다.

그러고 난 다음 유전적 수준을 에너지 테스트한다. 다시 "나는 가난하다"라고 말하게 한다. 이에 의뢰인이 또다시 "네, 나는 가난하다"라는 반응으로 그 말을 확증해 준다. 그러면 여러분은 이 믿음 체계가 그 사람의 유전적 수준에 자리 잡고 있음을 알 수 있다. 의뢰인에게 허락을 받은 후 "나는 가난하다" 믿음 체계를 풀어주고 "나는 부유하다"로 유전적 수준의 믿음 체계를 대체한다.

"나는 부유하다" 프로그램으로 대체하고 나면 여러분은 의뢰인이 끔찍한 갈등을 겪는 것을 느낄 수 있다. 그러면 여러분은 재빨리 의뢰인이 "돈이 있는 것은 나쁘다" 프로그램을 가지고 있는지 테스트한다. 의뢰인은 '네' 반응을 보일 것이다. 다시 테스트하면서 의뢰인에게 "나는 가난을 맹세했다"라고 말하게 한다. 아니나 다를까 그 사람은 가난의 맹세를 가지고 있다. "돈이 있는 것은 나쁘다"에 긍정적인 테스트 결과가 나왔기 때문에 이는 당연한 결과이다. 의뢰인의 허락을 받은 뒤 역사적 수준으로 가서 모든 가난의 맹세가 뽑혀지고 해결되어서 신의 빛으로 보내지며, 모든 영혼의 에너지 조각들이 씻기고 정화되어, "모든 맹세는 이제 끝났다" 프로그램으로 대체되기를 명령한다.

가난의 맹세는 주로 유전적 수준과 역사적 수준에서 만들어진다. 특별히 성직자였거나 그와 유사한 일을 이번 생에서 해본 적이 있다면, 핵심적 수준을 확인해 볼 필요가 있을 수 있다. 만약 맹세가 유전적 수준과 역사적 수준에서 유래되었다면, 이 사람에게 이 맹세의 에너지가 '종결'되었음을 다운로드해 주어야 한다.

역사적 수준에 아직도 가난의 맹세가 있는지 확인하기 위해서 에너지 테스트한다. 만약 아니라면, 다음은 영혼적 수준을 테스트한다. 대부분의 경우 이런 문제는 영혼적 수준까지 도달하지는 않는다. 그렇지만 한 가지 수준 이상으로 깊게 존재하는 프로그램은 영혼적 수준까지 깊게 들어가기도 한다.

돈과 관련된 이야기로 예를 든 까닭은 전 세계의 힐러들이 자신이 겸손해야 한다고, 다시 말해 가난해야 한다고 생각하기 때문이다. 어떤 지혜의 말이나 문헌에도 겸손하다는 의미가 가난하게 사는 것이라고 언급된 내용은 없다. 인도주의적 차원에서 베푸는 선행들도 많은 경우 돈으로 성취될 수 있다. 그 덕분에 기아로 허덕이는 아이들이 배부르게 먹고, 고통으로 시달리는 이 세상 많은 사람들이 도움을 받는다. 만약 누군가 돈은 악하다고 믿는다면 돈을 가지고 있는 것도 악하다고 믿게 되므로, 이러한 믿음은 단연코 해제되어야 한다.

투쟁

결함이 있는 믿음 체계의 또 다른 예는 "투쟁해야 한다"이다. 한때 나도 내 인생에서 고군분투해야 한다고 믿었다. 그 결과 나는 인생의 첫 30년을 완전히 투쟁 속에 살게 되었다.

이 프로그램은 뽑혀져나가고 그 대신 "인생은 모험이다"로 대체되어야 한다. 흥미롭게도 이 "투쟁해야 한다" 프로그램은 유전적 수준뿐만 아니라 종종 역사적 수준에서도 발견된다. "어려움을 겪어야만 삶에서 좋은 것을 얻을 수 있다" 프로그램도 뽑아내고 대체해야 한다. 우리가 경험하는 모든 것을 통해 배우는 것은 사실이지만, 나쁜 경험으로 배우는 것만큼이나 좋은 경험을 통해서도 우리는 쉽게 배울 수 있다.

힐러나 영적인 사람이 스스로 겪으면서 배우게 될 교훈들을 관찰하는 것은 제법 흥미롭다. 많은 면에서 나는 나 자신을 위해 내가 만든 교훈들에 매우 감사한다. 그것들 덕분에 각계각층의 사람들과 공감할 수 있는 마음을 가질 수 있었기 때문이다. 그렇지만 투쟁 프로그램은 "인생에는 도전해 볼 만한 것이 있다"와 "인생은 모험이다"로 바꿀 수 있다. 투쟁 프로그램을 "인생은 쉽다"로 대체하지는 말자. 영혼이 지루해하며 배움의 과정을 멈출 수 있기 때문이다.

고통

우리가 배우기 위해 고통을 겪어야 한다는 개념은 거짓이다. 우리는 행복과 도전 그리고 모험을 경험할 수 있다는 진실을 받아들여야 한다. 인생은 모험을 의미한다. 여러분이 배움을 얻고 있다면 영혼은 좋은 모험을 하는지 나쁜 모험을 하는지 개의치 않는다. 그렇다면 인생의 여정을 기쁜 경험으로 가득하게 만들지 않을 이유가 무엇인가?

물론 인생에 일어나는 모든 일을 완벽하게 통제할 수는 없다. 여러분이 다른 사람의 인생을 통제할 수 없다는 것 또한 사실이다. 하지만 여러분 자신의 결정과 또 여러분이 창조해 내는 것은 통제할 수 있다. 고통받아야 한다는 프로그램을 풀어줌으로써 여러분은 많은 시간과 에너지를 절약할 것이다.

고통 프로그램
- "고통을 더 많이 받을수록 배움이 더 빨라진다."
- "고통을 더 많이 받을수록 신에게 더 가까워진다."

"나는 혼자다"

나는 믿음 작업을 하면서 사람들이 자기에게 편하게 지각되는 것을 믿음으로 붙들고 있기를 좋아한다는 사실을 알게 되었다. 한번은 한 의뢰인이 자기가 아무도 없이 혼자라는 믿음을 고수하기 위해 정말 애를 쓰며 고군분투하는 것을 보았다. 그녀는 "우리는 모두 홀로 이 세상에 태어난다" "우리는 모두 홀로 죽는다" "우리는 우리 자신만의 섬이다"라는 표현들을 썼다. 나는 우리가 실은 늘 보이지 않는 수호자들에게 둘러싸여 있다고 그녀에게 설명해 주었다. 우리는 우리에게 배정된 동반자들과 창조주의 사랑 에너지로 둘러싸여 있다. 우리는 결코 혼자가 아니다.

누군가의 프로그램을 대체할 때, 만약 대체할 프로그램이 무엇인지 확실치 않거든 언제든 창조주에게 묻는다. 여러분은 항상 창조주로부터 답을 얻을 것이다. 믿음 작업도 결코 홀로 하는 것이 아니다.

"나는 피해자다"

사람들이 붙잡고 있는 또 한 가지 믿음 체계는 자신이 피해자라는 것이다. 내 수업에 참석한 사람들을 돌아보면, 여자 열 명 중 여덟 명은 분명히, 그리고 남자도 열 명 중 다섯 명 정도는 아마도 성추행을 당했다고 쉽게 추정할 수 있다. 새삼스런 사실도 아니다. 유감스럽지만 사실이다. 나도 열 명 중 여덟 명의 여자 중 한 사람에 포함된다. 하지만 그 사실을 여러분 인생을 망가뜨리거나 살아갈 수 없는 핑곗거리로 삼지는 말아야 한다.

"나는 피해자다" 프로그램을 사람들에게서 풀어주는 것은 그들의 건강과 행복을 위해 절대적으로 필요하다. 의뢰인이(또는 여러분 자신이) "나는 피해자다" "나는 학대당했다" "나는 성추행을 당했다" 프로그램을 갖고 있는지 에너지 테스트를 한다. "나는 피해자다" 믿음을 "나는 내 인생의 힘이다"라는 긍정 확언으로 대체하거나 창조주가 알려주는 프로그램으로 대체하면, 그들의(또는 여러분 자신의) 삶은 극적으로 그리고 영구적으로 바뀌게 될 것이다!

사람들에게 "나는 피해자가 되지 않고 사는 것이 어떤 느낌인지 안다"라는 프로그램을 가르쳐준다.

비만

사람들이 비만 프로그램을 풀어줄 수 있도록 돕는 것은 즐거운 일이다. 사람들이 비만하게 되는 데는 여러 가지 다양한 이유가 있다. 한 가지 이유는 자신을 제외한 가족 모두가 비만이기 때문에 자신도 과체중이어야 한다고 느끼는 경우이다. 다른 이유는 자신이 비만하게 되면 안전하게 보호받는다고 느끼는 경우이다. 또는 '과체중 유전자'(그 자체로도 흥미로운 믿음 체계)라고 불리는 것을 갖고 있는 경우도 있다.

비만이기 때문에 자신이 영향력 있고, 안전하고, 듬직하다고 믿고 있는지 에너지 테스트를 해본다. 그렇지만 사람들은 각기 다르기 때문에 이와 다른 믿음을 가지고 있을 수 있다. 숨겨진 믿음들에는 "내가 과체중일 때 영향력이 있다" "직관력을 가지려면 살이 쪄야 한다" "나는 묵직하다" 같은 것들이 있을 수 있다. 역사적 수준에서 이런 프로그램을 테스트해 본다. 또한 "나는 피해자다" 프로그램도 확실하게 해제해야 한다.

비만은 과거 많은 문화권에서 부와 권력, 번영의 상징이었다. 일부 부족, 특히 하와이 원주민이나 아메리칸 인디언 부족에게 살이 찐 사람은 가장 영향력 있는 사람이었다. 의뢰인을 에너지 테스트해서 이런 비만과 관련된 믿음이 있는지 확인한다.

"나는 비만이야" 또는 "나는 뚱뚱해"와 관련된 모든 프로그램은 "나는 날씬해" 또는 "나는 건강해"로 대체되어야 한다. 여러분은 이런 비만과 관련한 믿음들이 적어도 유전적 수준에서 전해진다는 것을 알게 될 것이다.

밑바닥 믿음을 찾기 위해 '파고들어야' 할 수도 있다. 이 밑바닥 믿음이 비만과 전혀 관련이 없더라도 놀라지 말기 바란다.

이중 믿음

영적인 잠재의식은 조금 까다로울 수 있다. 나는 많은 사람들에게 이중 믿음 체계가 있는 것을 보았다. 이중 믿음이란 의미상으로는 상반되지만 주제가 동일한 두 가지의 믿음 프로그램이 하나 또는 그 이상의 믿음 수준에 동시에 존재하는 것을 말한다. 예를 들면 어떤 사람의 믿음 프로그램을 에너지 테스트하는데, "나는 풍족하다"에 긍정 반응이 나오면서 또한 "나는 가난하다"에도 긍정 반응이 나오는 경우이다. 그러니까 그 사람은 풍족하다거나 풍족해질 수 있다고 믿는 동시에 가난하다고도 믿는 것이다.

이중 믿음을 풀어주려면 긍정적 프로그램은 그 자리에 그대로 남겨 두고 부정적 프로그램만 풀어주어 신의 빛으로 보낸 뒤 적절한 긍정 프로그램으로 대체한다.

많은 사람들이 이중 믿음 체계를 갖고 있다는 사실을 염두에 두고, 믿음 프로그램을 테스트할 때는 꼭 상반되는 믿음 또한 테스트하기 바란다. 이를테면 "나는 엄마가 밉다" 믿음을 테스트해서 긍정 반응이 나왔다면, "나는 엄마를 사랑한다"는 상반된 믿음을 갖고 있을 가능성이 높다. 일부 사람들은 자기가 엄마를 미워하는 믿음을 갖고 있다는 사실에 적지 않게 충격을 받는다. 그렇긴 하나 이는 엄마에 대한 사랑과 미움 두 가지가 다 있는 이중 믿음 체계를 갖고 있으며, 따라서 여전히 엄마를 사랑하고 있음을 보여준다는 점에서 치료 도구로서 유용하다.

이와 유사하게 "나는 비만이다" 프로그램을 갖고 있다면 "나는 날씬하다" 프로그램을 가지고 있는지 테스트할 수 있다. 또한 의뢰인이 자신이 부유하다고 믿는다면 가난하다고 믿는지 테스트하기 전에는 그 다음으로 넘어가지 않도록 한다. 나는 내가 부유하다고 믿는 동시에 가난하다고 믿고 있다는 걸 발견했었다.

이중 믿음이 있는지 모든 수준에서 항상 확인하도록 한다.

◖◗ 미움과 용서

미움이라는 단어, 감정, 프로그램은 우리 대부분이 갖고 있는 가장 보편적인 문제 중 하나이다. 나는 미움이 질병을 일으키는 가장 주된 원인이라고 믿는다. 미움에 아주 많은 에너지를 쓰다 보면 그것은 무의식적인 것이 되기에 이른다. 사람들이 내면에 미움을 품고 움켜쥐고 있으면 그것은 신체에 축적되어 결국 질병을 유발하게 된다. 그러므로 현재에 대한 미움이든 과거에 대한 미움이든 모든 미움을 자신의 모든 수준에서 풀어주는 것이 절대적으로 필요하다.

미움을 풀어주면 몸에서 즉각적인 효과가 나타난다. 형태형성장이나 잠재의식 수준에서 무엇이든 풀어주면 우리는 그 사람에게서 신체적인 변화가 생기는 것을 볼 수 있다. 미움이라는 믿음 체계에서 자유로워지면 사람들의 건강은 즉각적으로 개선된다.

몸이 몹시 허약한 사람과 작업할 때였다. 나는 그의 허약함의 근본 원인이 간에 있다는 것을 알았다. 에너지 테스트를 한 결과 이 문제가 어머니를 향한 미움에서 비롯했다는 판단을 내렸다. 그가 가지고 있는 미움이 너무나 강력한 나머지 그의 간 기능에 영향을 미치고 있었다. 나는 허락을 받고 위로 올라가 어머니를 향한 모든 미움을 뽑아내고 취소한 후, "어머니를 용서한다"로 그 미움을 대체했다. 이렇게 다 마치고 나자 그의 간 기능이 정상적으로 작동하기 시작했을 뿐만 아니라 어머니와의 관계도 다시 정상으로 돌아갈 수 있었다.

그러나 특정한 누군가를 용서하도록 재프로그래밍할 수 없는 사람들도 더러 있다. 만약 그런 사람을 만나게 된다면 이는 아직 용서할 때가 되지 않았다는 의미이다. 만약 의뢰인이 그 누군가를 용서하고 싶은 마음이 없다면(예컨대 성추행을 저지른 사람같이), "나는 이 사람을 지금 신의 빛으로 풀어준다"로 그 프로그램을 대체한다. 늘 용서를 강요해서는 안 된다. 풀어주는 것도 그 자체로 하나의 용서이다. 어떤 사람은 누군가를 용서하기에 앞서 자신의 느낌을 풀어주어야 한다. 혹은 용서하는 느낌을 배워야 할 필요가 있을 수도 있다. 다른 책에서 내가 제안하는 용서 기법은 독자들에게 유용할 수 있다.

"아버지가 밉다" 혹은 "어머니가 밉다"와 같은 프로그램을 대체하고 용서를 심어줄 때에는 주의 깊게 해야 한다. 어떤 경우에는 그 사람이 아버지나 어머니와 거리를 두기 위해 이러한 프로그램을 고수하고 있을 수 있기 때문이다. 미워하고 용서하지 않는 것만이 그들을 향한 자신의 느낌을 통제하는 유일한 방법인 것이다. 이런 경우에는 미움을 풀어주고 어머니나 아버지를 향한 자신의 느낌을 적절하게 분별하는 법을 심어주는 것이 최선책이 될 수도 있다. 그 사람이 적절한 분별력으로 용서하는 것이 '어떤 느낌인지' 이해하게끔 해야 한다.

내가 작업한 사람들이 점점 더 늘면서 나는 많은 사람들에게 미움 프로그램이 뿌리 깊게 자리 잡고 있다는 걸 알게 되었다. 결국 나는 위로 올라가 나 자신에 대한 작업을 하기 시작했다. 의식적으로는 내가 누군가를 미워할 수 있다는 걸 믿을 수 없었다. 그러나 당연한 말이지만 나의 잠재의식은 내 과거에 집착하고 있었다. 내가 좋아하지 않는 사람이 몇몇 있었다. 내가 이들을 좋아하지 않는다는 믿음을 풀어주자 뭐라고 설명할 수 없는 기운이 내 몸으로 돌아오는 것이 느껴지기 시작했다. 미움은 미워하는 바로 그 사람의 생명력을 소모시킨다고 언젠가 들었던 게 바로 이것이었다. 나는 미움을 몸에서 풀어주면 그 자리에 다른 감정을 대체해야 한다고 들어 알고 있었다.

나는 이런 내적 탐색을 확장해서 내가 아는 다른 사람들을 향한 나의 미움 프로그램을 테스트했다. 그 결과 나는 많은 사람들에게 지니고 있는 나의 미움 감정을 찾아냈다. 이는 참으로 놀라운 사실이었다. 나는 자라면서부터 미워하는 것은 옳지 않다고 믿었고, 게다가 내가 누구를 미워하고 있다고 생각해 본 적도 없었기 때문이다. 나는 이런 감정을 뽑아내고 대체하기 시작했다.

여러분도 자신에게 솔직해지기를 바란다. 여러분을 마음 아프게 만든 누군가를 향한 잠재의식 속의 미움을 에너지 테스트해 보라. 가족, 오랫동안 반목해 온 사람, 직장 동료에 대한 미움을 테스트하자. 얼마나 많은 사람을 미워하고 있는지 놀랄 것이다. 이런 프로그램들은 대대로 전수되어 온 유전적 수준에 그 뿌리가 있음에 유의하기 바란다.

미움을 풀어주고 취소하여 신의 빛으로 보낸 뒤 다음과 같이 "나는 풀어준다" 또는 "나는 용서한다"로 대체한다.

- "나는 누군가를 용서하는 것이 어떤 느낌인지 이해한다."
- "나는 용서받기에 충분하다."
- "나는 나 자신을 용서하는 것이 어떤 느낌인지 안다."

용서하는 느낌이 '어떤 느낌인지' 알도록 명령 또는 요청한다.

미움을 풀어주었으면 "나는 [사람 이름]에게 화가 난다"와 같은 프로그램도 풀어주도록 한다.

자기 혐오 프로그램들, "가족이 밉다"나 "신이 밉다"처럼 숨어 있는 프로그램들도 테스트해서 필요에 따라 취소하고 대체한다.

편견과 미움 풀어주기

자신이 사람들을 향한 불합리한 편견을 가지고 있는지도 에너지 테스트한다.

"나는 편견의 뜻이 무언지 안다" 프로그램을 먼저 에너지 테스트한다. 테스트에 긍정 반응을 보이지 않으면, "[어떤 사람]은 나를 불쾌하게 한다"는 표현을 써서 에너지 테스트를 한다. 예를 들면 "거지는 나를 불쾌하게 한다" 같은 표현을 가지고 해본다.

다음으로 다른 민족의 문화와 사람들을 향해 숨겨진 편견 프로그램이 있는지 에너지 테스트한다.

또 "나는 [잠재의식적으로나 유전적으로 어떤 성향을 가지고 있을 만한 사람들의 그룹]에 대하여 편견을 가지고 있다" "[잠재의식적으로나 유전적으로 어떤 성향을 가지고 있을 만한 사람들의 그룹]은 나를 불쾌하게 만든다" 프로그램이 있는지 에너지 테스트한다.

편견을 가지고 있다고 긍정 반응이 나오면 뽑아내고 해결해서 취소한 후 적절하게 대체한다. "나는 사랑한다" 프로그램으로 대체하는 것이 최선이 아닐 수도 있다. 때로는 "나는 이것에 대해 적절한 분별력을 가지고 있다" 또는 "나는 같은 인간으로서 사랑할 수 있다"로 대체하는 것이 더 나을 수 있다. 이런 잠재의식 프로그램을 가지고 있다는 걸 전혀 감지하지 못할 수 있음을 이해하자.

자신이 속한 인종이나 종교에 대해 사람들이 편견을 갖고 있는 걸 보기란 결코 드문 일이 아니다.

이런 믿음들이 어떤 점에서 여러분에게 혜택을 주는지, 그리고 이런 믿음을 갖고 있음으로 해서 어떤 긍정적인 것을 얻는지 항상 창조주에게 묻는다. 그리고 나서는 무엇으로 대체하면 좋을지도 창조주에게 묻는다.

이런 에너지 테스트들 결과에 놀라게 될 수도 있으리라. 바로 이런 이유에서 나는 '세계 속의 관계 세미나World Relations Seminar'를 만들어 유전적 프로그램과 잠재의식적 프로그램을 면밀히 연구하고 편견을 정화할 수 있도록 했다.

⬤ 다중 인격 장애

다중 인격 장애를 가지고 있는 의뢰인과 작업할 때 다중 인격 중 어떤 인격은 도움이 안 되므로 제외시켜도 괜찮다고 가정해서는 안 된다! 오히려 다중 인격들 간에 조화와 합치점을 찾도록 한다. 다양한 인격들이 긍정적인 통합 방식으로 함께 일할 수 있도록 도와야 한다.

다중 인격 장애를 가진 의뢰인과 작업을 시작하는 초기에는 하나의 페르소나persona(겉으로 드러난 인격—옮긴이)만 만나게 되며, 하나의 페르소나에서만 프로그램을 뽑아내고 있다는 걸 이해하는 것이 중요하다. 효과적으로 작업을 진행하기 위해서는 각각의 페르소나에서 프로그램을 뽑아내고 대체해야만 한다. 만약 이것이 이루어지지 않는다면, 오래된 프로그램은 처음에 언급되지 않은 페르소나에 의해 재현되기 쉽다. 그러므로 프로그램을 뽑고 대체하기 전에 한 번에 모든 페르소나들에게 구두 승낙을 받아야 한다. 또한 저항하는 페르소나가 있을 경우 프로그램을 풀어주는 것을 그 페르소나가 받아들이도록 설득해야 한다.

위로 올라가 창조주와 연결한 후 그 사람의 공간으로 내려간다. 모든 페르소나들이 특정 프로그램을 뽑아내는 것에 동의하도록 설득하는 장면을 시각화한다.(어떤 프로그램은 일부 페르소나에만 존재한다.)

이제 그 과정을 살펴보자.

다중 인격 장애 프로그램을 뽑아내는 절차

1 선택한 프로그램을 뽑아내는 것에 대해 그 사람의 모든 인격들로부터 허락을 구한다.

2 마음의 공간에 집중한다. 만물 그 자체의 일부인 어머니 지구의 중심으로 내려가는 모습을 시각화한다.

3 발바닥을 통해 지구의 에너지를 끌어올린 다음 이 에너지가 모든 차크라를 열면서 위로 올라가는 모습을 시각화한다. 왕관 차크라를 통해 위로 올라가 아름다운 빛의 공 안에 있는 상태로 우주 공간 속으로 날아간다.

4 우주의 끝을 넘어 하얀 빛을 지나고, 어두운 빛을 지나고, 하얀 빛을 지나고, 황금빛을 지나고, 젤리 같은 물질인 법을 지나서, 진주 빛 광택이 나는 눈처럼 하얀 빛, 즉 존재의 일곱 번째 단계로 오른다.

5 명령 또는 요청한다. "만물의 창조주여, [프로그램 이름]이 역사적 수준에서는 해결되고, 다른 모든 수준에서는 취소되어 신의 빛으로 보내진 뒤, [사람 이름]에게서 [새로운 프로그램 이름]으로 네 가지 수준 모두에서 한 번에 대체되기를 명령 또는 요청합니다. 감사합니다! 이루어졌습니다. 이루어졌습니다. 이루어졌습니다."

6 그 사람의 공간으로 이동해서 서로 다른 인격 모두에게서 한 번에 네 가지 수준이 모두 드러나는 것을 시각화한다.

7 핵심적·유전적·영혼적 수준에서 프로그램의 에너지가 풀려나고 취소되며, 역사적 수준에서는 해결되어, 신의 빛으로 보내지는 것을 시각화한다. 신의 빛에서 새로운 프로그램의 에너지가 흘러내려 각 인격의 네 가지 수준 모두에 해결되어 대체되는 것을 본다.

8 다 마치고 나면, 존재의 일곱 번째 단계의 에너지로 자신을 씻은 후 그 에너지에 연결된 상태를 유지한다.

⬤ 자유롭게 떠다니는 기억

자유롭게 떠다니는 기억이란 의식적 마음이 닫히고 취약해진 무의식적 마음 상태에서 그 사람이 받아들인 프로그램을 말한다. 단어나 소음 또는 상황이 반복될 때 무의식 상태에서 그 프로그램을 받아들이게 되는데, 깨어 있는 상태에서는 이것들이 트라우마로 재현된다. 이런 기억은 주로 수술이나 사고, 전쟁, 극심한 학대, 술과 약물의 남용 등으로 의식을 잃은 상황에서 생겨난다. 만약 치유가 잘 안 되는 의뢰인이 있다면, 이 자유롭게 떠다니는 기억을 점검해 본다.

자유롭게 떠다니는 기억을 갖고 있는 사람은 뇌가 단순한 두통에서 발작 경련에 이르기까지 다양한 범위로 반응을 보일 수 있다. 이러한 반응은 트라우마가 일어난 시점에서 귀에 들린 단어나 소음 또는 상황으로 말미암아 형성된 프로그램이 뇌에 기억을 불러일으킬 때에 발생한다.

자유롭게 떠다니는 기억을 풀어주는 절차

1 마음의 공간에 집중한다. 만물 그 자체의 일부인 어머니 지구의 중심으로 내려가는 모습을 시각화한다.

2 발바닥을 통해 지구의 에너지를 끌어올린 다음 이 에너지가 모든 차크라를 열면서 위로 올라가는 모습을 시각화한다. 왕관 차크라를 통해 위로 올라가 아름다운 빛의 공 안에 있는 상태로 우주 공간 속으로 날아간다.

3 우주의 끝을 넘어 하얀 빛을 지나고, 어두운 빛을 지나고, 하얀 빛을 지나고, 황금빛을 지나고, 젤리 같은 물질인 법을 지나서, 진주 빛 광택이 나는 눈처럼 하얀 빛, 즉 존재의 일곱 번째 단계로 오른다.

4 명령 또는 요청한다. "만물의 창조주여, 최상이자 최선의 방법으로, 더 이상 필요치

않고 더 이상 이 사람에게 도움이 되지 않는 자유롭게 떠다니는 기억이 뽑혀져 나오고 취소되어 신의 빛으로 보내지며, 창조주의 사랑으로 대체되기를 명령 또는 요청합니다. 감사합니다! 이루어졌습니다. 이루어졌습니다. 이루어졌습니다."

5   의뢰인의 공간으로 자신의 의식을 옮긴 후 치유가 일어나는 것을 목격한다. 오랜 기억이 신의 빛으로 보내지면서 창조주의 새로운 에너지로 대체되는 것을 바라본다.

6   다 마치고 나면 존재의 일곱 번째 단계의 에너지로 자신을 씻은 후 그 에너지에 연결된 상태를 유지한다.

◖◗ 새로운 삶을 위한 실험

새로운 삶을 위한 실험이란 자기가 무엇을 말하는지, 무엇을 하는지, 어떻게 행동하는지, 또 다른 사람에게 어떻게 반응하는지 모니터링해서 스스로를 훈련하는 것을 말한다. 이 연습을 통해 우리가 살아가면서 얼마나 많은 부정적인 것을 만들고 있는지, 어떻게 하면 부정적으로 하는 말이나 행동을 멈출 수 있는지 알게 될 것이다.

부정적인 표현을 쓰고 있는 것을 알아차리면 언제든지 취소한다. 아니면 말하기 '전에' 알아차려서 다른 생각을 선택한다. 다른 현실로 갈아타, 여러분의 에너지를 현실 창조나 치유 작업에 쓸 수 있도록 선택한다.

부정적인 상념체는 엄청난 양의 에너지를 소모한다. 그러므로 부정적인 상념체가 모습을 갖추기 시작하면 그 움직임을 멈추게 한다. 그러고는 다시 그 이전으로 돌아가, 그 상황에 대한 창조주의 관점을 자신에게 가르친다. 그 상황을 긍정적인 상황으로 쉽고 우아하게 바꿀 수 있도록 자신에게 사랑과 에너지를 보낸다. 영적인 다음 단계로 발걸음을 내딛어

나아가는 법을 창조주가 여러분에게 가르쳐주도록 허락한다.

기억해야 할 사항은 다음과 같다.

- 불평불만하지 않기.
- 투덜거리지 않기.
- 지나치게 비판적이지 않기.
- 지나치게 판단하지 않기.
- 다른 사람 놀리지 않기.
- 냉소적이거나 우스꽝스럽게 굴지 않기.
- 미안해야 할 이유를 만들거나 습관적으로 미안하다고 말하지 않기.
- 스트레스받을 만한 이유 만들지 않기.
- 불행할 이유 만들지 않기.
- "난 살쪘어" 같은 부정적인 생각을 확언하지 않기.
- "난 우울해" 같은 부정적인 느낌을 확언하지 않기.
- 화낼 이유 만들지 않기.
- 다른 사람과 경쟁하거나 맞서거나 갈등을 일으켜 (필요 이상으로) 전투에 돌입해야 할 이유 만들지 않기.
- 불안해야 할 이유 만들지 않기.
- 압도당할 이유 만들지 않기.
- 걱정해야 할 이유 만들지 않기.
- 자신을 의심할 이유 만들지 않기.
- "난 기운이 없어" 같은 말로 부족하고 결핍된 상황을 만들지 않기. 그 대신 "난 충분하게 가지고 있어"라고 주장하기.

- 오락, 흥분거리, 모험, 스릴을 위해 또는 평화를 피하려고 혼란이나 드라마 만들지 않기.
- '한번 해볼게try'라는 단어를 사용하지 않기.

15

진실의 법

나는 늘 영spirit의 세계와 가까웠다. 나는 네 살 때부터 영적인 경험들을 했다. 이러한 경험들은 유령에서부터 깨어 있는 환영에 이르기까지 다양한 형태로 나타났다. 어린 시절, 내가 굳이 원해서 이런 경험들을 한 것은 아니었다. 때로는 그것들이 난데없이 나타나 깜짝 놀라곤 했다.

나이가 들면서 나는 이런 경험들에 훨씬 더 통제력을 갖기 시작했다. 그럴 수 있었던 것은 신에 대한 믿음 때문이었다. 나는 항상 신에게 깊은 유대감을 느꼈다. 너무도 깊이 신을 사랑했기에 영적 경험들이 와도 두렵지 않았다. 내가 보호받고 있다는 것을 알고 있었기 때문이다. 신은 모든 것 위에 계신다.

이 믿음 덕분에 나는 영적인 것들에 대해 어떤 두려움이나 의심, 불신도 가질 이유가 없었다. 내 직관력은 방해받지 않고 발전해서, 마침내 나는 세타파 상태에 들어가 실제로 손을 뻗어 달의 먼지moon dust를 휘저을 수 있을 정도였다.

알다시피 의도적으로 세타파 상태로 들어가는 경험을 하기 시작하면, 여러분은 깨어서 꿈을 꾸는 상태waking dream state가 된다. 그 상태에서는 주위에 있는 형이상학적이고 영적인 세계를 더 쉽게 받아들일 수 있게 된다. 육신을 떠난 영 중에는 선한 영도 있고 그렇지 않은 영도 있다. 다음 장에서 나는 여러분이 두려움을 느끼지 않도록 이러한 영을 구별하는 법과 이 영들에 어떻게 대처할 수 있는지를 가르쳐줄 것이다. 강박적인 두려움에 사로잡혀 있는 한은 시간만 낭비할 뿐이다. 비이성적인 두려움에 휩싸여 있을 때 우리는 아무것도 성취하지 못한다. 직관적인 치유를 가로막는 유일한 것은 두려움이나 의심, 불신이다.

수업에서 나는 이야기들을 통해 사람들을 가르친다. 다음은 내가 처음 '진실의 법Law of Truth'을 만났을 때의 이야기 한 토막이다. 이 모든 것은 무료로 진행한 한 리딩에서 시작되었다.

여러 해 전, 내가 리딩과 마사지를 직업으로 하기 전 보안 요원으로 일하고 있을 때 알게 된 한 영매가 나에게 무료로 리딩을 해주었다. 나는 늘 직관적이었기에 그 보답으로 그녀를 리딩해 주었다. 나는 그녀가 끼고 있는 반지에 초자연적 각인psychic impression이 깃들어 있는 것을 '읽고', 그녀의 손을 잡고 '리딩'을 했다. 그녀가 흡족했음이 분명했다. 그녀가 말했다. "자기, 참 소질 있다. 이거 하는 게 좋겠어."

그녀는 남편과 함께 지내기 위해 그 고장을 떠나고 싶어 했지만, 마사지 치료사와 함께 쓰는 공간에 대한 임대 계약 문제가 아직 해결이 안

된 상태였다. 그녀는 사무실 임대료의 절반을 지불하고 있었기 때문에, 마사지 치료사는 만약 떠나려면 누군가 대신할 사람을 찾아주고 떠나라고 했다. 그녀는 나에게 그 계약을 인수하겠냐고 물었다. 그 당시 나는 마사지 치료사 및 자연 요법가로 훈련을 마친 상태였다. 보안 요원 일을 그만두기에는 조금 걱정되는 면이 있었지만, 나는 이것이 기회일 수 있겠다는 생각이 들었다. 그래서 그렇게 하겠다고 했다. 나는 그녀가 나의 잠재력을 알아본 것에 감사했다. 그녀는 나중에 나의 절친이 된 크리시 Chrissie의 어머니이기도 했다.

그녀를 리딩하고 두 달이 지난 뒤, 나는 내 사업체에서 마사지와 리딩, 영양 상담을 하고 있었다. 나는 치료 마사지도 꽤 잘했지만 이 세 가지 중 리딩으로 먼저 바빠지게 되었다. 그러면서 나는 영양 상담을 리딩에 결합시켰다. 내가 먹고살 만큼 벌기 위해서는 하루에 두서너 개의 예약이 필요했다. 그 와중에 임대를 함께 하던 분이 임신을 해서 나는 전체를 홀로 떠맡게 되었다. 절반의 임대료만이 아니라 그녀의 몫까지 내가 마련해야 하게 된 것이다.

리딩을 잘하려면 오로지 한 가지, 즉 내가 진실을 볼 수 있어야 한다는 걸 깨달았다. 나는 사람들에게 그들이 듣고 싶어 하는 이야기를 해줄 수도 있지만, 내가 진실을 이야기하면 그들이 다시 돌아올 것이고 다른 사람들에게도 내 이야기를 하리란 걸 알았다. 이렇게 하는 것만이 내가 이 일을 해나갈 수 있는 유일한 방법이라고 느꼈다. "신이시어, 제발 진실을 볼 수 있는 방법을 저에게 가르쳐주세요"라고 내가 기도드렸던 게 기억난다.

몇 주 후에 기도의 응답이 왔다. 내 아이들은 유타 주에 있는 자기들

아빠에게 가 있었고, 당시 내 남편은 경찰 교육 훈련으로 출장 중이었다. 그래서 내가 일을 마치고 집에 왔을 때 나는 온전히 혼자였다. 나는 침대에 누웠고, 잠에 빠졌다. 묘한 꿈을 꾸었는데, 내 거실에 거대한 얼굴들이 떠다니고 있는 꿈이었다. 엄청나게 컸다! 그들은 말했다. "비안나, 함께 가자. 보여줄 것이 있어."

물론 당연히 난 꿈에서 깨어나려고 발버둥 쳤고, 깨어났다. 난 생각했다. '기괴한 꿈이네. 이상해.'

그러곤 자리에서 일어나 화장실에 다녀왔는데, 그들을 실제로 보게 되었다. 내 거실에서 떠다니고 있는 엄청나게 큰 얼굴들을 말이다. 그들은 계속해서 다른 형체로 바뀌었고, 묘한 에너지가 그들에게서 흘러나오고 있었다. 때로는 거대한 에너지 공들 같기도 하고, 때로는 얼굴들 같기도 했다. 이유는 모르겠지만 그들 모두 에너지를 변화시키고 있음을 알 수 있었다. 하나로 모아지더니 그들이 말했다. "비안나, 함께 가자. 보여줄 것이 있어."

물론 나는 자존심 있는 직관자라면 누구나 그랬겠지만 당연히 침대로 도망쳤다. 이불 속으로 기어들어 가 웅크린 채 '정말' 진심을 다해 기도했다. 다 물러가게 해달라고!

나는 그들이 다 사라질 때까지 계속 기도했다. 말할 필요도 없이 그날 밤 잠을 한숨도 잘 수 없었다.

나는 아직 이런 경험을 할 준비가 되지 '않았던' 것이다.

이 시점까지 나는 인체와 해부학, 기생충, 비타민, 미네랄, 신神, 경전, 종교에 관해서 읽고 배워서 알고는 있었지만, 형이상학적인 지식은 별로 아는 게 없었다. 영의 존재를 본 적은 있었지만, 이번에는 그것과 많이 달랐다. 초자연적 현상은 내 삶의 일부였지만, 이번 경험은 내 능력 밖의 영역이었다.

이 시점에 나는 크리시와 친분이 두터워지고 있었다. 그녀는 내 사무실에 와서 여러 가지 이야기를 들려주곤 했다. 나는 그녀가 초자연적 현상들을 배우며 자라났다는 것도 알고 있었고, 그런 연유로 다양한 형이상학적인 철학과 서적을 접해왔다는 것도 알고 있었다. 그 다음날 나는 내가 맞닥뜨린 일에 관해 그녀에게 물어보기로 마음먹었다.

다음날 그녀가 사무실에 오자 내가 말했다. "무슨 일이 일어났는지 믿을 수 없을 거야! 내 거실에 정말 거대한 얼굴들이 나타났어. 난 이불 속에 숨어서 그것들이 다 물러가기만 기도하고 또 기도했다니까."

그러자 그녀가 흥분해서 말했다. "와, 비안나, 정말 멋지다."

그녀의 반응에 당황하며 내가 물었다. "진짜?"

"그래, 그렇고말고. 정말 신나는 걸! 비안나, 다음에 그들이 또 오면 그들과 함께 가야 돼! 그들이 원하는 것을 알아야지!"

어리둥절하기도 하고 약간 심란한 상태로 내가 말했다. "알았어." 하지만 나는 기도를 열심히 해서 다시는 그들이 돌아오지 않도록 할 자신이 있었다.

크리시는 내가 주저하는 것을 눈치 챈 듯했다. 그날 내내 쉬는 시간만 되면 그녀는 내 사무실에 올 구실을 만들어 찾아왔다. 그녀는 외계인의 방문, 집단 의식 등등 형이상학적인 모든 것에 관해 내게 이야기하기 시작했다. 자신이 전하고 싶은 걸 강조하기 위해 그녀는 하루 종일 이런 이야기를 계속 했다. 결국 나는 그 얼굴들이 다시 오면, 그들과 동행해서 그들이 원하는 게 뭔지 알아보겠다고 약속했다. 나는 한 입으로 두 말하는 사람은 아니다.

그날 밤 집으로 돌아온 나는 집 전체를 샅샅이 살펴보고 아무것도 없음을 확인했다. 무언가를 찾게 되리라 기대한 것은 아니었고, 그 전날과 같은 경험이 다시 일어나지 않을 거라고 거의 확신했다. 침대에 누워 몸을 웅크리고 나는 잠을 청했다. 그러나 잠에 채 빠져들기도 전에 그들이 나타났다. 그들은 내 키보다 더 컸고, 이 얼굴에서 저 얼굴로 바뀌며 네 명이 하나로 뒤섞여 있었다. 그들이 말했다. "비안나, 우리와 함께 가자."

크리시와 한 약속을 지켜야 한다는 생각이 떠올랐다. 최대한 용기를 내서 혼자 생각했다. '최악의 상황에서 나한테 일어날 수 있는 일이 뭐지? 내가 죽는 것?' 그러곤 스스로에게 말했다. '알았어. 좋다고. 우리는 모두 언젠가 다 죽어. 그럼 내가 잃을 게 뭐 있어? 저들이 날 그냥 놔두지 않을 텐데, 그냥 따라가서 도대체 나에게 뭘 보여주려는지 보지 뭐.'

이윽고 그들은 나를 건초 더미들이 줄줄이 늘어선 것처럼 보이는 장소로 데리고 갔다. 건초 더미들은 갈고리에 걸려 매달려 있었다. 이 존재들은 나에게 그중 하나를 만져보라고 했다. 그렇게 하자, 사무실에서 내가 작업하고 있는 사람들 모두의 가장 깊숙하고 가장 은밀한 비밀을 볼 수 있었다. 갑자기 나는 '내 삶 속에 존재하는 모든 사람들의' 가장 은밀하고 가장 깊이 숨어 있는 어두운 비밀을 보게 되었다. 끔찍한 일이었다! 나는 내 사무실에 왔던 한 여성에게 성적인 문제가 있다고 감을 잡고 있었는데, 그 여성은 두 살과 네 살 된 자신의 자녀를 성추행하고 있었다. 한 건초 더미에서 다음 건초 더미로 옮겨가며 하나씩 만질 때마다 나는 이들이 세상에서 숨기고 싶어 하는 모든 추악한 비밀을 알게 되었다. 이 이미지에는 나와 이야기를 나눈 사람들, 이웃 사람들, 나에게 찾아온 의뢰인들이 모두 포함되어 있었다. 이것은 내가 살면서 겪은 가장 끔찍한 경험이었다. 사실 이것이 바로 내가 나의 전 남편을 떠난 이유이기도 했다. 내가 한밤중 내내 이런 이미지 속에서 내 남편의 깊숙하고 어두운 비밀을 보게 되었을 때 나는 마침내 거기에서 풀려나오게 되었다.

나는 몹시 무서웠고 또 속이 상했다. 나는 한 남성이 바퀴 달린 환자 이송용 침대에서 병약한 어린아이를 성추행하는 것을 보았다. 사람들이 거짓말하는 것도 보고, 믿을 수 없는 짓을 하고 있는 것도 보았다. 다음 날 나는 일어나자마자 짐을 싸서 아이들을 데리고 차를 몰아 몬태나로 가기로 결심했다. 조그마한 동네에 정착해 사람들과는 되도록 말을 적게 하며 살기로 마음먹었다. 인류 전체가 아주 끔찍하게 여겨졌다.

그러나 그 순간 내가 몬태나에 가서 새로 삶을 시작할 만한 돈이 없다는 사실을 깨달았다. 떠나기 전에 먼저 일을 해서 돈을 모아야 했다. 그날 아침 내가 세운 계획은 단순했다. 유타에 가서 아빠랑 있는 아이들을 찾아 데리고 오고, 돈이 충분히 모아지면 몬태나로 운전을 해서 떠나는 것이었다.

나는 피곤과 환멸을 느끼면서 일을 하러 갔다. 사무실에 도착하자 크리시가 와 있었고, 나는 그녀에게 지난밤 일을 이야기했다. 크리시가 얼굴에 활기를 띠며 나에게 묻기 시작했다. 내가 그녀의 깊고 어두운 비밀들을 이야기해 주자 그녀는 그것들이 다 사실이라고 인정했다.

사실이라고 인정하는 소리를 듣긴 했지만 여전히 의심은 내 안으로 깊이 파고들었다. 내가 그저 꿈을 꾼 거라면 어쩌지? 크리시의 경우만 맞은 거라면? 다른 이들에 관해서는 내가 본 게 다 틀렸다면? 그런 일들이 실제로 일어나지 않았다면 어쩌지? 내가 다 꾸며낸 거라면?

나는 2차 검증이 필요하다고 결론지었다. 결국 나는 검증을 받았고, 신이 그날 나와 함께하신 게 분명했다. 실제로 신은 내가 본 이미지 속에 있던 일곱 명을 내게 보내주셨으니 말이다.

자기 아이들을 성추행한 여성이 맨 먼저 사무실에 들어섰다. 말이 그냥 입 밖으로 터져 나왔다. "당신은 애들을 성추행했어요." 그러자 그녀가 내 발 밑에 쓰러져 울면서 용서해 달라고 빌기 시작했다. 보기가 너무 끔찍했다. 굴욕감이 느껴졌다. 내가 꿈에 본 것들이 이제 모두 검증되었고, 그날 사무실에 온 모든 사람들한테서도 그것은 똑같이 끔찍한 진실이었기 때문이다.

의뢰인들과의 작업을 모두 마치고 나자 밖은 이미 어두워졌고, 유타까지 네 시간 동안 운전하고 가서 아이들을 데려왔다가 다시 여섯 시간 운전을 해 몬태나로 갈 만한 시간은 없었다. 그래서 나는 집으로 돌아가 잠자리에 들었다.

전과 똑같이, 거대한 얼굴들이 또 나타났다. 이번에는 더 놀라운 것을 가지고 왔다. 그들은 '존재의 단계들planes of existence'로 나중에 알게 된 곳으로 나를 데리고 갔다. 나는 여섯 단계를 통과해 올라가서 진실의 법에 도착했다. 이 고귀하고 순수한 곳에서 나는 세상 모든 사람들의 삶이요 나의 삶인 존재의 모든 수준들을 볼 수 있었다. 바로 이곳에서 나는 가장 깊고도 어두운 내 인생의 비밀을 보았다. 그들은 내가 살면서 행한 모든 것을 보여주었다.

그들은 또 그 당시에는 내가 충분히 이해하지 못한 무언가를 나에게 해주었다. 그들이 나를 데리고 올라가 내 삶을 보여주었을 때, 나는 지금 있는 곳으로 나를 이끌어온 모든 결정을 '내'가 내렸다는 것, 내 삶에서 일어나는 모든 일에 대한 책임이 '나'에게 있다는 것을 깨달았다. 나는 선한 기독교 가정에서 자라났고, 그래서 신이 나에게 힘과 배움의 능력이 있음을 증명해 보이도록 나를 시험한다는 견해를 가지고 있었다. 고통을 통해서 신과 더 가까워질 수 있다고 믿었기 때문에, 나는 정말 기이한 경험들을 만들어내고 있었다. 그 얼굴들은 '내'가 그런 경험들을 만들어내고 있는 것을 보여주었다.

내 인생의 그 순간에 나는 내가 사랑하지 않는 사람과 살고 있었고, 내가 살고 싶어 하지 않는 곳에서 재정적 의무를 다하지 못해 사무실을 비워야 하는 상황에 직면하고 있었다. 이 모든 것을 전부 다 보면서, "내가 창조한 것이구나" 하는 깨달음이 왔다.

그러자 진실의 법이 말했다. "잘 봐! 넌 무엇이든 바꿀 수 있어! 네가 해야 할 일은 단지 위로 올라가서 바로 이곳에 있는 거야. 비안나, 저 아래에 있는 자신을 내려다봐. 네 인생이라는 에너지를 내려다봐. 그리고 변화를 명령해. 그럼 그렇게 변하게 될 거야."

나는 법에게 말했다. "그건 불가능해. 그럴 수 없어. 도대체 어떻게 그게 된다는 거야? 내가 내 일생을 전부 다 바쳐서 이 난장판을 만들었는데, 30초 만에, 아니 그보다 더 짧은 시간에 그걸 다 바로잡을 수 있다고? 말도 안 되지."

나는 잠시 멈춰 생각한 뒤 진실의 법에게 말했다. "알았어. 이게 만약 사실이리면 말야, 그럼, 난 사무실을 새로 차릴 장소가 필요해. 지금 잃어버리게 생겼거든. 새 집도 필요하고. 지금 살고 있는 집은 부서지기 일보직전이야. 새로운 곳이 필요해." 그러고 나서 '나는 새로 지은 깨끗한 아파트를 원해'라고 생각했던 게 기억이 난다. 내가 왜 대저택을 요구하지 않았는지 그 이유를 모르겠다. 하지만 그 당시 내 입장에는 아파트가 더 잘 맞는 듯했다. 나는 또 말했다. "하는 김에 더 말하자면, 난 새 남편이 필요해." 나 혼자 생각했다. '나는 몬태나 남자를 원해. 내가 꿈에서 늘 보던 그 남자.' 그러곤 나 스스로를 저지했던 기억이 난다. '아냐, 난 아직 그 사람을 만날 준비가 안 됐어. 난 아직 그 사람에게 적합하지 않아.' 그래서 나는 그 대신 내가 그 남자에게 적합하다는 느낌을 갖기 원한다고 말했다.(자신의 믿음이 어떻게 자신을 한계 짓는지 보이는가?)

존재의 일곱 번째 단계에서 나는 어떻게 내 삶인 에너지의 거품 속으로 손을 뻗어내려 에너지를 휘젓고 그와 동시에 내가 원하는 변화를 명령하는지 그 방법을 보고 배웠다.

현실 창조 과정이 끝난 후 나는 내 몸으로 돌아왔고, 밤에 일어난 기이한 현상들을 돌이켜보았다.

다음날 아침 나는 집에서 전화 한 통을 받았다. 존이라는 이름의 남성이었고, 그는 아이다호 폴스Idaho Falls에 형이상학 사무실을 갖고 있었다. 그가 나에게 말했다. "비안나, 내가 사무실을 옮기는데, 새로 이사한 곳에 함께 월세를 낼 사람이 필요하거든. 나하고 같이 이사하면 어때?"

이것은 전날 밤에 한 현실 창조를 입증해 주는 일련의 사건들의 시발점이었다. 2주 사이에 나는 새로 지은 아파트로 이사했고, 사무실을 옮겼으며, 새로운 남편을 만났다. 나는 나와 함께하던 남자의 깊고 어두운 비밀을 본 뒤 즉각 이혼 소송을 제기했었다.

그날 오후 나는 내 존재에 관해 되돌아보았다. 내 문제들을 내가 창조해 냈다는 깨달음은 꼭 쓰디쓴 알약을 삼키는 것만 같았다. 사람들 속의 진실을 보는 능력은 나를 뒤흔드는 충격이었다. 나는 신에게 올라가 말했다. "나에게 왜 이렇게 하셨죠? 내가 왜 이런 경험을 통해 배워야 했나요?" 그리고 나는 "오, 비안나, 그리스도는 사람들의 진실을 볼 수 있었고, 그럼에도 여전히 그들을 사랑했지"라는 메시지를 받았다. 내가 말했다. "글쎄요, 전 이런 무조건적인 사랑 같은 건 원치 않아요. 책임이 너무 큰 걸요." 신은 웃는 것 같았고, 아무 말도 하지 않았다.

시간이 흐르면서 나는 진실이란 있는 그대로의 모습이고 사람도 그저 자기 모습 그대로라는 걸 깨닫게 되었다. 누군가의 진실을 보고도 여전히 그들을 있는 모습 그대로 사랑할 수 있는 능력이 바로 무조건적 사랑의 진정한 의미이다.

나는 신에게 진실을 보여달라고 요청했고, 그 결과 진실을 만났다. 나는 진실의 법을 만났다. 진실의 법이 내 거실에 나타났다. 때로는 얼굴의 형태로, 때로는 형체 없는 에너지 공의 모습으로 왔다. 그리고 나에게 '진실'을 보는 법을 알려주었다.

이것이 존재 단계들의 법을 내가 처음으로 경험한 이야기이다. 내가 앞으로 나누고자 하는 내용은 그 이후로 배운 존재의 일곱 단계들에 관한 것이다.

16

일곱 가지 존재 단계들

일곱 가지 존재 단계들은 세상이 물질적·영적 수준에서 왜 그리고 어떻게 돌아가고 있는지, 그리고 이것이 우리와 어떻게 관련되는지 이해하는 개념적 수단을 제공한다. 그것들은 우리에게 만물 그 자체인 창조주라는 개념을 이해하는 방법을 보여준다. 만물의 창조주를 통해 우리는 육체적 치유를 이뤄내는 법, 영적으로 진보하는 법, 깨달음을 얻는 법을 배운다.

일곱 가지 존재 단계들은 여러 수준level으로 나누어진다. 그것들은 차원dimension이 아니다. 그러나 수없이 많은 차원들이 시간의 법Law of Time을 통해 존재의 네 번째, 다섯 번째, 여섯 번째 단계에 존재한다.

각 단계는 자기만의 조건, 규칙, 법칙 그리고 약속에 의해 지배를 받지만, 일단 이해를 하고 나면 모든 단계들에는 치유하는 능력이 있다는 것을 알게 된다. 우리는 각 단계의 모든 것을 중시하고, 단계들을 통해 놀라운 치유 능력을 성취한 많은 분들에게 존경을 표한다. 그렇지만 이 책의 목적은 만물 그 자체인 창조주의 무조건적인 사랑을 이용해, 일곱 번째 존재 단계의 치유 능력에 접근하는 법을 가르치는 데 있다. 만물의 창조주를 통해 즉각적인 치유, 즉각적인 책임, 즉각적인 결과가 창조된다. 일곱 번째 단계에서 치유가 되면, 우리는 처음 여섯 단계들을 지배하는 계약과 조건에 어떤 의무도 갖지 않게 된다.

처음 여섯 가지 단계들에 속한 맹세, 서약, 규칙이나 조상의 약속에서 벗어날 필요가 있는 때들이 종종 있다. 앞으로 이들 단계들에 대해 살피다 보면 이 같은 믿음과 약속—이 가운데 어떤 것은 우리에게 있는지도 몰랐던—을 상당수 찾아내고 정화하게 될 것이다.

일곱 번째 단계는 원자, 입자, 쿼크(양성자, 중성자 같은 소립자를 구성한다고 여겨지는 아주 작은 기본 입자—옮긴이), 암흑 물질을 창조하는 '만물 그 자체' 에너지이다. 이것이 곧 만물 속에 흐르는 생명력이요, 시작과 끝이며, 성령Holy Spirit이다. 만물 그 자체인 창조주는 어디에나 존재한다. 창조의 에너지는 어디에나 퍼져 있다. 그것은 우리 주위에 가득하다. 우리가 바로 창조의 에너지이고, 여러분이 바로 창조의 에너지이다. 여러분이 바로 일곱 가지 존재 단계들 그 자체이다.

◖◗ 존재의 첫 번째 단계

존재의 첫 번째 단계는 지구에 존재하는 모든 무기 물질, 지구를 구성하는 모든 원소의 원형, 그리고 탄소carbon bases와 결합하기 전 주기율 표에 있는 모든 원자로 이루어진다. 첫 번째 단계의 원자들은 광물, 결정체, 토양, 암석과 같은 고체 물질을 만들기 위해 아주 느리게 움직인다. 그것은 가장 작은 결정체에서 시작해서 크게는 가장 높은 산에 이르기까지 무기 물질 형태로 지구의 모든 조각들을 구성한다. 매 순간 우리는 존재의 첫 번째 단계와 함께 살아가고 있다.

각각의 단계는 우리의 육체적·감정적 측면을 나타낸다. 완벽하게 균형을 이룬다면 완벽하게 건강한 상태가 된다. 미네랄을 덜 흡수할수록, 존재의 첫 번째 단계와의 불균형은 커지고, 관절염이나 골다공증 같은 미네랄 결핍과 관련된 질환에 걸릴 위험이 높아진다. 우리 몸에 미네랄이 부족하면 삶에서 정서적 지지와 안정감을 주는 구조도 부족하게 된다.

존재의 첫 번째 단계에서만 일하는 사람들을 때로 '연금술사'라고 부르기도 하는데, 이들은 광물을 한 형태에서 다른 형태로 변환하는 영적 지식을 가지고 있다. 마음의 전자기적 힘으로 물체를 움직이거나 숟가락을 굽히는 능력이 이 단계에 속하며, 이것은 여섯 번째 단계와의 긴밀한 결합으로 이루어진다.

힐러가 미네랄을 사용할 때, 그들은 존재의 첫 번째 단계를 사용하는 것이다. 크리스탈을 사용하는 힐러도 이 단계를 사용한다. 크리스탈을 사용할 때에는 시간과 에너지가 필요하기에, 만약 조력자facilitator가 훈련을 올바르게 받지 못하면 자기 생명력의 일부를 사용하여 치유하게 된다. 그렇지만 모든 질병에는 적절한 미네랄이 있고, 존재의 단계들은 모두 치유에 사용될 수 있다.

⬤▬ 존재의 두 번째 단계

존재의 두 번째 단계는 비타민, 식물, 나무, 요정, 4대 정령elementals(흙, 물, 불, 공기의 네 가지 원소를 정령으로 설명한 것—옮긴이)과 같은 유기 물질로 이루어진다. 이 단계의 분자 구조는 탄소 분자를 함유하고 있으며, 따라서 유기물이다. 미네랄은 무기 물질이고 비타민은 유기 물질이지만, 둘 다 생명을 유지하는 데 없어서는 안 되는 성분이다. 유기적 생명을 만들어내기 위해서 첫 번째 단계의 원자들은 더 빠르게 움직인다.

비타민은 상징적으로 우리에게 사랑받는 느낌을 갖게 해준다. 비타민이 부족하거나 몸에 흡수가 잘 안 되면 우리 몸은 존재의 두 번째 단계와 불균형을 빚게 된다. 이것은 사랑의 결핍이라는 느낌으로 우리 몸에 나타난다.

효모, 곰팡이, 박테리아도 이 단계에 속한다. 효모나 박테리아는 몸에서 자연적으로 발생하며 좋지도 나쁘지도 않은 것들이지만, 이것들이 몸과 균형을 이루는 것은 중요하다. 인체는 몸에 필요한 것을 갈구한다. 탄수화물(당류)이 부족하면 에너지가 떨어지며, 따라서 몸은 탄수화물을 원하게 된다. 존재의 두 번째 단계와 조화를 경험하려면 우리 몸이 균형을 이루는 것이 중요하다.

우리는 존재의 두 번째 단계와 조화를 이루며 살아간다. 식물과 인간은 공생 관계를 이뤄왔다. 식물은 사람을 통해 퍼지고 번식하며, 인간에게 식물 역시 생존에 없어서는 안 되는 일부가 되었다. 식물은 기적과도 같은 광합성 작용을 통해, 축복받은 햇살의 신성한 창조물인 순수한 에너지를 만들어 우리가 소비할 수 있게 한다. 이 에너지로 인간은 번성하고, 식물은 새로운 주기를 시작하도록 땅 속에 씨앗을 뿌린다.

식물은 고도로 진보한 존재이다. 이들은 빛과 미네랄로 살아가는, 자신만의 의식을 가진 존재들이다. 땅과 대기의 영과 함께 식물은 존재의 첫 번째 단계와 세 번째 단계 사이에서 양쪽을 연결하는 신성한 춤을 추고 있다. 이들은 또한 동물들이 사용할 수 있도록 생명력을 전달한다.

식물과 나무는 신의 피조물 가운데 가장 진보하고 신성한 존재 중 하나이다. 탄생과 죽음의 순환 속에서 이들은 어머니 지구로부터 영양분을 모았다가, 죽고 나서 한참 후에는 결국 똑같은 영양분을 대지에 돌려준다. 이들은 자연의 신성한 순환 주기를 따르며, 단지 살기 위해 경쟁할뿐 파괴하는 것은 없다. 오로지 햇빛과 대기, 토양으로 삶을 영위하면서, 다른 생명체들에게 쉴 곳과 자양분을 공급해 준다.

식물 수확하기

사랑, 기쁨, 행복과 존중은 식물과 나무를 진정으로 이해하는 열쇠이다. 식물과 나무를 이용해 치유를 하고자 할 때, 그것들이 집에서 자랐든 야생에서 자랐든 존중심을 갖고 수확하는 것을 잊지 않도록 한다.

식물을 수확하고자 할 때는 자신의 공간에서 위로 올라가 창조의 힘에 연결한 후, 만물의 창조주를 통해 식물과 대화하며, 필요한 사정을 전달하고, 수확하는 것에 대해 허락을 얻는다. 식물은 요구에 대답할 것이고, 사용하려는 목적에 합당한 식물로 여러분을 이끌어줄 것이다. 식물을 수확할 때는, 창조주에게 연결해서 이 식물이 씨앗이었을 때로 돌아가 씨앗에게 사랑과 축복을 부어준 다음, 이런 사랑으로 식물이 현재 모습으로 자라는 모습을 마음속에 그린다. 이것이 이 식물의 효능을 더욱 강력하게 해줄 것이다.

음식물 축복하기

허브, 비타민, 식품을 구입할 때 이것들이 여러분에게 가장 좋은 선택인지를 만물의 창조주에게 묻는다. 제품을 손에 든 채로 창조주와 연결해서 그것의 효능이 나에게 맞는지 묻고 구입 여부를 결정할 수 있다.

그것의 성분이 테스트를 통과하면 최상의 효능과 효과, 품질을 얻을 수 있도록 먹기 전에 그 식품을 축복한다. 만물에는 의식이 있고, 그것을 먹을 때 우리는 그 에센스를 흡수하게 되므로, 우리가 먹는 모든 음식을 축복할 필요가 있다! 만약 이런 음식물들이 마땅히 받아야 할 존중감 없이 다뤄진다면 효과는 격감할 것이다. 특히 옥수수같이 유전적으로 조작된 음식물이 지닌 의식은 우리에게 도움이 되지 않을 수 있다. 만약 음식의 출처에 의문이 든다면, 그 음식의 기원으로 돌아가 축복한다.

이 존재 단계를 이용하는 힐러들은 허브와 비타민을 사용해서 어떻게 건강을 도모할 수 있는지 이해하고 있다. 이들은 어떻게 음식으로 알칼리성의 균형을 맞춰 건강을 꾀할 수 있는지 이해하고 있다.

우리가 섭취하는 모든 음식은 그 음식물이 지니고 있는 지식을 우리에게 전달한다. 섭취하는 모든 것에는 각자의 지능이 있다. 그러므로 낮은 지능의 음식이나 밀 같은 노예 음식slave food을 섭취하면, 우리는 그런 의식을 갖게 된다. 노예 음식이란 정복해서 노예로 전락시킨 사람들에게 먹으라고 준 음식을 일컫는다. 그 반면 왕족은 흰 빵을 사치품처럼 먹었다. 그렇게 어떤 음식물에는 낙인이 찍혀 있다. 밀과 같은 음식에 이렇듯 낙인을 찍는 집단 의식을 항상 제거하도록 한다. 귀리는 의식이 다르기 때문에 귀리를 사용해 균형을 맞출 수 있다. 그러니 언제나 여러분이 먹는 음식을 축복해 준다.

모든 단계마다 거기에 요구되는 규칙과 규정이 있다. 이 두 번째 단계를 이용한 치유는 꾸준히 진행되어야 하며, 효력이 발휘되기까지는 시간이 걸린다. 이 단계를 활용해 작업하는 힐러는 식물과 의약품의 상호작용에 대한 광범위한 지식이 요구된다. 이러한 지식이 없다면 이는 의뢰인에게 위험할 수도 있다. 첫 번째 단계의 미네랄처럼, 모든 질병에는 거기에 맞는 식물들의 유기적인 조합이 있다.

자연의 영

존재의 두 번째 단계는 삶, 감정, 느낌을 즐길 수 있는 능력을 보여주는 첫 단계이다. 단계들 간에 공존과 생존이 시작되는 단계인 것이다.

여기에서 살아있는 유기체가 나무나 식물과 연결된다. 식물은 향기를 내뿜어 해충을 물리치는가 하면, 이로운 곤충을 끌어들여 가루받이를 한다. 또한 식물과 나무는 자신들을 보호해 주는 영을 가지고 있다. 이들이 바로 두 번째 단계에 머물고 있는 요정의 영과 4대 정령이다. 설령 요정이 여러분이 갖고 있는 믿음 체계의 일부가 아니라고 해도, 세타파 상태에 있는 시간이 길어질수록 이 같은 에너지들을 맨눈으로 볼 수 있는 확률은 더 커지게 된다.

두 번째 단계의 에너지들은 비록 일부는 단지 호기심에 그치기도 하지만 대개는 독특하면서도 유쾌한 기운을 담고 있다. 이들은 인간과는 달리 그들 고유의 모순과 열정을 가지고 있다. 요정 에너지로 작업을 할 때는 적절한 분별력을 발휘해야 한다. 이들은 놀라우리만큼 강력하지만 사람과 같은 방식으로 생각하지는 않기 때문이다. 요정은 장난스럽고 호기심이 엄청 많으며, 우리를 도와주고 싶어 하는 만큼이나 또 우리를 귀찮게 하기를 좋아한다.

우리가 현실 창조를 할 때 두 번째 단계의 4대 정령 에너지를 직접 불러서 사용한다면, 이 4대 정령은 그 현실 창조의 대가로 무언가를 지불하라고 요청할 것이다. 4대 정령은 때로 우리를 약탈자로 여기고 두려워하면서 자신을 드러내지 않기도 한다. 그러나 개울과 수역水域의 생명력이면서 자신만의 영을 가진 물의 정령은 여러분에게 이야기를 걸기도 한다. 이들은 다섯 번째 단계의 어린 영일 수도 있다.

이 단계에서 중점적으로 작업하는 사람을 일컬어 '마법사'라고 부르기도 한다.

◖◗ 존재의 세 번째 단계

존재의 세 번째 단계에 동물과 인간이 존재한다. 움직일 수 있는 생물들이 이곳에 함께 공존하는 식물이나 다른 동물을 먹으며 살아가는 단계이다. 이 단계는 단백질 기반 분자, 탄소 기반 구조 및 아미노산 기반 사슬로 이루어져 있다. 이런 유기 복합물들은 이 단계 생명의 기초가 되며, 원자의 움직임은 두 번째 단계보다 더 빨라진다.

인간처럼 복합적인 존재는 상상력과 뛰어난 문제 해결 능력, 그리고 '왜?'라는 질문을 할 수 있는 능력을 갖는다. 인간은 스스로를 첫 번째 단계나 두 번째 단계보다 훨씬 더 진보되었다고 여긴다. 아마도 생존하기 위해서 또 무언가를 이루어내기 위해서 주어진 본능, 즉 에고를 인간이 가지고 있기 때문이 아닐까 싶다.

우리는 실제로 걸어 다니는 기적들이다! 우리는 우리 몸을 조정하는 법부터 두뇌를 사용하고, 걷고, 말하며, 팔다리를 사용하는 법을 익히고, 나아가 우리의 생각과 아이디어 그리고 꿈에 따라서 행동할 수 있는 능력도 배운다. 사람이 건물을 상상하면 그 건물을 지을 수 있다.

바로 이 단계에서 우리는 감정과 본능적 욕망, 열정에 지배당하며, 물질 세계 안에서 인간으로서 살아가는 도전에 직면한다. 이 단계는 우리의 몸, 생각, 감정을 조절하는 방법을 배우는 터전이다. 또한 이곳은 상상하고, 문제를 해결하며, 투쟁-도피 반응을 경험하는 단계이다.

여러분은 자신이 물질적으로 존재의 세 번째 단계에 있다고 생각할지 모르지만, 실은 존재의 일곱 단계 전체에 거하며 살아가고 있다. 실제로 인간은 다른 단계에서 이곳으로 왔다. 우리는 다섯 번째 단계에서 온 아이들로, 이에 관한 약간의 의식적인 기억을 가지고 있는 듯하다. 사실 많은 종교들이 이러한 개념에 기초를 두고 있다. 바로 이 점이 왜 인간이 스스로를 '신의 자녀children of God'라고 믿는지 설명해 준다. 우리에게는 다섯 번째 단계에 거하면서 스스로를 신gods이라 부르는 영적인 아버지와 영적인 어머니가 있기 때문이다.

존재의 세 번째 단계는 다섯 번째 단계 에너지를 학습할 수 있는 학교이기 때문에, 본래 신성한 존재로서 우리는 일곱 번째 단계의 힘을 사용하는 방법을 쉽게 배울 수 있다. 사실상 세 번째 단계를 졸업하기 위해서 인간 '학생'은 존재의 일곱 번째 단계 사용법을 반드시 배워야 한다. 현재 지구에 있는 많은 사람들이 다섯 번째 단계에서 온 마스터들로, 세 번째 단계의 학생들, 즉 아이들이 무사히 배움을 마치고 다섯 번째 단계에 있는 집으로 돌아가는 과정을 돕고 있다.

만약 여러분이 자주 여기 지구에 속하지 않는 듯 느끼고, 지구가 너무 각박하고 사람들은 잔인해서 믿기 힘들 만큼 향수에 젖으며 영적인 가족을 그리워한다면, 여러분은 다섯 번째 단계의 마스터일 수 있다. 만약 여러분에게 놀라운 능력이 있고 또 창조주와 강한 유대감을 가지고 있다는 것을 안다면, 여러분은 지구를 돕고자 깨어나고 있는 마스터일지도 모른다. 다섯 번째 단계에서 온 마스터는 자신의 마음을 어떻게 이끌어야 하는지 쉽게 기억할 수 있다. 높은 다섯 번째 단계에서 온 모든 마스터들은 일곱 번째 단계를 사용해 창조를 한다.

존재의 세 번째 단계에서 힐러들은 시간의 통제를 받는다. 이들은 종종 이 단계의 드라마에 휩쓸리기도 하고, 집단 의식에 갇혀 어떤 것은 치료할 수 없다고 믿기도 한다. 이들은 또 일곱 번째 단계의 '만물 그 자체인' 에너지와 사랑의 에너지 대신, 다섯 번째 단계의 선과 악 에너지(이원성)에 종종 휩쓸리기도 한다.

우리는 존재의 세 번째 단계의 환영illusion 속에서 살고 있다. 여기에서 우리는 프로그램들, 상념체 및 집단 의식을 만들어냈다. 에고는 우리의 또 다른 창조물로서 바로 이 단계에 존재한다. 이 단계의 큰 특징은 열정과 감정을 경험할 수 있다는 것이다.

믿음 체계를 제거하여 대체하고 '느낌'을 더하는 과정을 통해서 우리는 다른 존재 단계들의 진동에 접할 수 있는 기회를 얻는다. 그렇게 하여 카르마의 영향에서 벗어나게 된다. 더 많은 믿음이 바뀔수록 우리는 더 빠르게 다른 단계로 접근할 수 있다.

우리는 미네랄과 유기 물질로 만들어졌기 때문에 다른 단계들과 여전히 밀접하게 연결되어 있다는 것을 기억하자.

이 단계의 구성 요소는 단백질이다. 만약 이 단계에 약점이 있으면 단백질이 결핍되고 몸에 구조적 결함이 생기게 된다. 몸에 단백질이 부족하면 감정적 자양분 또한 부족해진다. 그러나 모든 질병에는 각기 그 질병의 치유에 도움이 되는 적절한 아미노산이 하나씩 있다.

은하계의 방문이 일어나는 곳은 존재의 세 번째 단계와 다섯 번째 단계이다.

떠도는 영wayward spirit(20장 참조)은 세 번째 단계와 네 번째 단계 사이에 존재한다.

◖━◗ 존재의 네 번째 단계

존재의 네 번째 단계는 영spirit의 영역으로, 죽은 후에 사람이 존재하는 곳이요 우리 조상들이 가서 기다리고 있는 곳이다. 이곳이 일부 사람들이 '영의 세계'라고 일컫는 곳이다. 널리 퍼져 있는 믿음이나 미신과는 달리 영은 여전히 느낄 수 있고, 만지거나 냄새를 맡을 수 있으며, 듣거나 볼 수도 있다. 음식을 먹을 수도 있으며, 여전히 영양분도 섭취해야 한다. 이 세상은 더 높은 진동으로 이루어져 있어서 분자들이 세 번째 단계보다 빠르게 움직인다. 어느 단계도 실제로 '고체'가 아니며, 단지 모두 에너지와 진동, 빛이 다르게 조합되어 있을 뿐이다. 이 단계에서 우리는 영, 즉 우리가 창조의 영적 측면으로 지각하는 것을 마스터하는 법을 배운다.

네 번째 단계는 우리가 알고 있는 시간 개념에 제한을 받지 않는다. 원자가 존재의 세 번째 단계보다 훨씬 빠른 주파수로 움직이기 때문이다. 우리에게 100년처럼 느끼는 시간이 네 번째 단계의 의식에게는 단지 몇 초처럼 느껴질 수 있다. 네 번째 단계에 존재하는 영들은 많은 것을 배워 진보의 새로운 수준에 도달하기도 한다. 고도로 진보한 많은 가이드들이 이곳에서 오기도 한다. 수많은 여신 숭배 종교가 이 단계에 기반을 두고 있다. 이 단계는 토착 문화에서 말하는 동물의 영 및 변신술사 shape-shifter의 영적 에너지가 발견되는 곳이기도 하다.

네 번째 단계의 맹세, 문제점과 의무

샤먼이나 치료 주술사 같은 힐러들은 종종 영이나 조상의 도움으로 치유하기도 한다. 그들은 영과 약초를 함께 사용해서 위대한 일들을 많이 이루어낸다. 그렇지만 이 단계의 특별한 치유 에너지를 이해하고 있는 힐러들은 이곳에 존재하는 의무 사항들의 구속을 받게 된다. 일부 네 번째 단계의 힐러들은 괴로움을 겪어야 한다는 의무, 그리고 스스로를 낫게 할 수 없다는 맹세와 서약에 구속되어 있을 수 있다. 만약 상황이 이렇다면, 때로는 실제로 죽었다가 다시 돌아오는 '작은 죽음Little Death'의 과정을 통과해야 한다.

또한 질병을 치유하기 위해서는 그 질병을 '짊어져야' 한다는 의식이 있을 수도 있다. 질병을 짊어신 후 나중에 변형시켜 없애는 방법을 알고 있는 주술사는 괜찮지만, 유전적으로나 에너지적으로 이 능력을 물려받은 많은 사람들은 질병을 짊어진 후 없애는 방법을 잊어버린다는 문제가 있다.

이 단계를 사용하는 힐러들은 이원론에 휘말릴 수 있다. 선과 악의 영원한 투쟁이 있다는 믿음, 어머니인 대지와 아버지인 하늘처럼 상반되는 두 가지가 하나로 짝을 이루고 있다는 믿음 같은 것들이다.

정리하자면 다음과 같다.

- 이 단계의 에너지를 사용하여 치유하는 조상들과 힐러들은 자기 스스로를 치유할 수 없다고 믿는다. 이 단계는 하나를 얻으려면 하나를 주어야 한다고 믿는 단계이기 때문에, 다른 이의 병을 없애기 위해 자신이 그 병을 떠맡는다.
- 네 번째 단계의 에너지에 연결하는 힐러는 치유 세션을 해주고 돈을 직접 받는 것은 나쁘다는 프로그램을 가지고 있다. 따라서 대면 상황에서는 오직 선물만 허용한다.
- 이 단계에 지워진 의무는 자기 희생이며, 또한 조상들의 부정적인 믿음을 극복하는 법을 배우기 위해 괴로움을 겪어야 한다는 것이다.
- 존재의 네 번째 단계에서는 입문initiation에 관해 배우게 된다. 죽음에 가까이 다가가야 한다거나 더 배우기 위해서는 반드시 죽어야 한다는 '믿음'이 이 단계에 속한 믿음이다. 이 단계를 마스터하기 위해 죽음과 함께 춤을 추거나 입문의 '작은 죽음'을 경험해야 한다고 믿는다.
- 존재의 네 번째 단계나 다섯 번째 단계에 있는 영은 오도誤導하는 경향이 있으며, 종종 힐러로 하여금 자기가 다른 누구보다 더 특별한 것처럼 믿게 만들기도 한다. 힐러는 다른 이들이 자신을 에고가 없는 사람으로 인정해 주기를 기대하는 한편으로, 공경받기를 바라고

숭배되거나 두려움의 대상이 되기를 기대하기도 한다. 이 단계에서
는 힘power에 대한 잘못된 감각을 갖게 될 수 있다.

떠도는 영

영이 지구를 떠날 때 '만물 그 자체인 창조주'의 빛으로 가기를 두려
워한 나머지 종종 세 번째와 네 번째 단계 사이에 갇히는 경우가 있다.

- 이들은 단순히 빛을 믿지 않는 영들일 수 있다.
- 자살을 했거나 충격적인 죽음을 맞은 영들일 수 있다.
- 이미 죽었으나 빛이 될까봐 두려운 까닭에 빛으로 가기를 꺼리는 아
  메리칸 인디언들일 수 있다.

이들은 떠도는 영wayward spirit들로 잠시 동안 네 번째 단계에 갇혀 있
는 것이지만 우리에게는 수백 년같이 느껴질 수 있다. 이들은 간단한 기
법을 통해 쉽게 창조주의 빛으로 보낼 수 있다.(20장 참조)

네 번째 단계의 프로그램들

다음을 에너지 테스트한다.

- "나는 고통을 겪어야 배운다."
- "나는 어렵게 배운다."
- "내가 괴로움을 겪는 것은 당연하다."
- "고통이 클수록 신과 더 가까워진다."

- "영적으로 성장하려면 죽음의 문을 통과하거나 죽어야 한다."

이것들을 다음으로 대체한다.

- "나는 고통 없이 배운다."
- "나는 창조주에게 배운다."
- "나는 쉽고 자유롭게 배운다."
- "나는 헌신에 대한 만물의 창조주의 정의가 무엇인지 안다."
- "나는 만물의 창조주와 항상 연결되어 있다."
- "나는 만물의 창조주를 통해 영적으로 성장한다."

◖▬▶ 존재의 다섯 번째 단계

존재의 다섯 번째 단계는 네 번째 단계보다 원자들이 훨씬 더 빠르게 움직인다. 이 단계의 수준 정도를 헤아린다면, 이 단계는 수백 개의 수준으로 나누어질 수 있다. 이곳은 이원론의 극치를 이루는 단계이다. 다섯 번째 단계의 낮은 수준에 부정적인 개체들이 존재한다. 높은 수준에서는 12명으로 이루어진 자문위원회Councils of the Twelve가 열린다. 각각의 영혼 가족마다 12명의 자문위원회가 있다. 여러분은 이 자문위원회의 일원일 수도 있다. 이 위원회의 구성원들은 세 번째 단계와 네 번째 단계를 지나 깨달음을 얻어 진보한 마스터이며, 자신의 앎을 다른 세상의 창조를 돕는 데 쓰고자 회의에 함께 참석하게 된다. 이런 마스터들이 존재의 세 번째 단계의 에너지를 바꾸기 위해 지금 이 현실로 환생하고 있다.

이 단계에는 지구에는 한 번도 와본 적이 없는, 늘 이 단계에 존재해 온 천사들도 있다. 이러한 빛의 천사들은 우주의 모든 피조물들과 연결해서 그들을 돕는 일을 하고 있다.

이 단계에는 또한 직관력 있는 사람이 도움을 요청하면 와서 치유 수술healing operation(심령 수술)을 도와주는 특별한 영들의 집단이 존재한다. 우리의 영적인 아버지와 어머니도 이 단계에 존재하고 있다. 아스트랄계가 존재하는 곳도 이곳이다.

이 단계의 부정적인 수준들은 천사, 12명의 자문위원회, 영혼 가족, 마스터, 천상의 아버지, 천상의 어머니 같은 긍정적인 수준들과 섞이지 않는다는 것을 이해하기 바란다. 여기에서 마스터라 하면 붓다나 그리스도처럼 물질적인 몸과 영적인 몸 두 가지를 다 초월한 존재를 일컫는다. 존재의 다섯 번째 단계에는 이와 같이 깨달음을 얻은 존재들이 있지만, 낮은 수준에는 여전히 에고가 존재하고 있다.

천사나 선지자 들과 채널링하는 사람들은 이 단계에 접속하는 것이다. 이곳이 바로 낮은 차원의 신들gods과 여신들goddesses, 수호 천사, 천사, 길잡이 영guides과 악마가 존재하는 곳이다. 이 같은 존재들과 연결할 때마다 동시에 이 단계의 문이 여러분을 향해 열린다.

연결을 하게 되면 이 단계의 영들은 사람과 창조주 사이에서 매개자 역할을 한다. 이러한 존재들은 그 정보 속에 자신의 의견을 무심결에 끼워 넣어 메시지를 받는 사람에게 혼란을 일으킬 수 있다. 이 단계에서 배워야 할 것이 있기는 하지만, '궁극의 이중성'인 '악에 맞서 싸우는 선' 의 투쟁 드라마에 휩쓸린다거나 이들의 의견에 발목이 붙잡히지 않도록 해야 한다.

이 단계의 드라마에 휩쓸리는 사람들은 '세상의 종말'에 관한 이론을 믿는다든지, 죄와 두려움, 의심, 죄책감에 기반한 드라마 정보를 믿게 된다. 이 단계를 토대로 작업하는 힐러는 '일곱 번째 단계의 가장 높은 진리'에 비해 감정, 두려움, 공격성 등을 더 잘 읽어낸다. 무조건적인 사랑이 우주에서 가장 높은 진동수라면 두려움은 가장 낮은 진동수임을 기억하자.

다섯 번째 단계에 연결하기

다른 단계들에 연결하기 전에 항상 일곱 번째 단계에 먼저 연결하자. 예를 들어 만약 존재의 다섯 번째 단계에 연결해서 그곳에 있는 천사나 상승한 마스터 같은 영적 에너지들에 도움을 요청한다면, 여러분은 이 다섯 번째 단계의 규칙을 따라야 하는 의무를 갖게 된다. 이 단계에 정해져 있는 환영幻影에 따라 힐러와 신God 사이에 반드시 에너지 '교환'이 이루어져야 하는 것이다. 그러나 일곱 번째 단계로 가서 동일한 요청을 한다면, '만물의 창조주'가 다섯 번째 단계에 있는 천사를 보내 힐러를 돕게 한다. 이 경우에 힐러는 다섯 번째 단계의 규칙을 따라야 하는 의무가 없다.

또한 다섯 번째 단계의 의식consciousness과 작업을 할 때는 여러분의 에고가 여러분의 판단력을 방해할 수 있으므로 주의해야 한다. 에고의 방해를 받게 되면 여러분은 자신이 옳지 않을 수 있다는 가능성을 외면하게 될 것이다. 결정을 재고하는 것도 거부할 것이다. 다른 사람의 잘못 때문이라고 가정하면서 자신을 돌아보기를 거부할 것이다. 다섯 번째 단계는 자신에 대해 부풀려 생각하게 할 수 있고, 또 자신이 옳다는 걸 증명해야 할 것 같은 느낌을 갖게 할 수도 있다. 여러분은 집단 의식 속에 들어 있는 두려움을 붙잡고서 모든 사람에게 자신이 중요한 존재라고 각인시키려 들 수도 있다. 자신에게만 특별한 능력이 있다거나, 자기만 어떤 특별한 지식의 열쇠를 지니고 있다거나, 자기만 그 정보를 지구로 가지고 올 수 있다는 식의 잘못된 정보를 얻을 수도 있다.

어떤 영에게 정보를 얻든지 위로 만물의 창조주에게 올라가서 그 정보가 올바른지 확인하자. 이 단계에 있는 존재들이 자신만의 의견을 가지고 있기 때문이다. 일곱 번째 단계에서 모든 정보는 질문을 하는 누구에게나 열려 있다. 창조주는 항상 여러분을 도와줄 것이다. 각 단계마다 그 단계에 해당하는 진실이 있으나, 일곱 번째 단계가 최상의 진실이다. 태산처럼 거대하게 보였던 문제라도 일곱 번째 단계를 이용하면 작은 문제가 된다.

다섯 번째 단계에서 이곳 지구로 와 있는 마스터들은 세 번째 단계에서 사람들을 도와주기 위해 일곱 번째 단계 사용법을 다시 배워야 한다는 것을 안다. 어느 시점에서 그들은 다음과 같은 자신의 사명을 기억하게 된다.

1. 학생들에게 일곱 번째 단계를 활용하는 방법과 그들의 한계를 없애는 방법을 가르쳐야 한다.
2. 학생들에게 자신의 생각을 다스리는 방법과 '만물 그 자체'에 접속하는 방법을 가르쳐야 한다.

세 번째 단계에 환생한 경험이 없는 다섯 번째 단계의 존재들은 세 번째 단계에서 3일 이상 그곳의 에너지를 유지할 수 없다. 자신의 높은 진동수를 세 번째 단계의 낮은 진동수로 맞추기가 어렵기 때문이다. 낮은 진동수가 있는 곳에 태어나서 자기가 기억하고 있는 높은 진동수로 상승하기가 훨씬 쉽다. 이것이 바로 마스터들이 이 시기에 세상에 환생하는 이유이기도 하다. 세 번째 단계의 아이들과 달리 이들은 '앎knowingness'을 가지고 태어난다. 이들은 지구의 졸업을 돕기 위해 자신들이 알아야 할 모든 것을 기억해 낼 것이다.

다섯 번째 단계의 치유

일곱 번째 단계에 먼저 가지 않고 다섯 번째 단계의 에너지를 사용하는 힐러는 '규칙'에 매이게 되고, 종종 에너지를 희생하면서 치유를 하게 된다. 예를 들면 이런 식이다.

- "나는 벌을 받아야 한다."
- "나 자신을 치유하는 것은 이기적이다."
- "투시력의 은사를 얻기 위해 내 두 눈을 바칠 것이다."
- "당신의 목숨을 구하기 위해 내 목숨을 희생할 것이다."
- "신에게 가까워지려면 나는 죽어야 한다."
- "신을 향한 나의 사랑을 증명해야 한다."
- "나는 항상 악과 싸워야 한다."

많은 힐러들이 다섯 번째 단계에서 일어나고 있는 드라마에 붙들려 에너지를 소모하며, 만물 그 자체인 창조주가 만물 그 자체의 '만물'을 창조했다는 사실을 간과한다. 다른 사람들과의 경쟁과 질투의 감정에 휘말려 있는 자신을 발견하기도 한다. 그들이 낮은 수준의 다섯 번째 단계 에너지에 연결되어 있기 때문이다.

힐러가 다섯 번째 단계에 연결하려 처음 시도할 때에는 세 번째 단계 가장자리로 연결되기가 쉽다. 그들은 자신들이 있던 곳에서 벗어나 위로 올라가 다섯 번째 단계로 갈 수 있게 하려고 그 경계선이 존재한다는 것을 깨닫지 못한다. 이 경계선의 예는 다음과 같다.

- "나는 유한한 존재이다."
- "나는 한계가 있다."
- "나는 나 자신을 입증해야 한다."
- "당신은 고통을 겪어야 한다."
- "당신은 분리되어 있다."

다섯 번째 단계의 프로그램, 서약 또는 약속

믿음 작업의 역사적 수준이 존재의 다섯 번째 단계와 연관되어 있을 수 있다. 다른 장소와 시간에서 만든 많은 서약이나 약속 프로그램도 이 단계에서 작용할 수 있다. 다음에 열거하는 서약이나 약속을 에너지 테스트해서 그 아래에 나오는 프로그램으로 대체하여 심는다.

먼저 다음 프로그램을 에너지 테스트해 보자.

- "나를 이 단계에 얽어매는 서약과 약속이 나에게 있다."

테스트 결과가 긍정으로 나오면 다음의 서약이나 약속을 포함해 어떤 서약이나 약속이 있는지 살펴본다.

힘

다음을 에너지 테스트한다.

- "힘을 얻기 위해 내 몸을 내줘야 한다."
- "나는 내 힘을 소유하는 것이 두렵다."

다음으로 대체한다.

- "나는 힘에 대한 일곱 번째 단계의 만물의 창조주의 정의를 이해한다."
- "내 힘은 창조주이기에 내 힘을 알고 소유하는 것이 어떤 느낌인지 이해한다."
- "나는 힘을 부여받았다."

타인에 대한 사랑

다음을 에너지 테스트한다.

- "나는 누군가를 사랑하면서 힐러가 될 수 있다."
- "나는 신에게 충실하면서 동시에 배우자와 함께할 수 있다."
- "나는 힐러가 되는 것에 대한 일곱 번째 단계의 만물의 창조주의 정의를 이해한다."

- "나는 사랑을 아는 것이 어떤 느낌인지 이해한다."
- "나는 사랑이 뭔지 안다."
- "나는 언제 사랑에 빠질지 안다."
- "나는 일상 속에서 사랑하며 사는 법을 안다."
- "나는 사랑에 대한 만물 그 자체인 창조주의 관점을 안다."
- "나는 내가 사랑에 빠질 수 있다는 것을 안다."
- "나는 사랑하는 사람이 있으면서 여전히 만물의 창조주를 사랑하는 것이 어떤 느낌인지 이해한다."

희생

다음을 에너지 테스트한다.

- "내가 만물의 창조주에게 가까이 가려면 내 감각 중 하나를 '희생' 해야 한다."

다음으로 대체한다.

- "나는 만물의 창조주와 항상 연결되어 있다."

고통

다음을 에너지 테스트한다.

- "내가 만물의 창조주에게 가까이 가려면 고통을 겪어야 한다."

다음으로 대체한다.

- "나는 고통을 만들지 않으면서 살아가는 법을 안다."

사랑을 증명하기
다음을 에너지 테스트한다.

- "나는 만물의 창조주를 향한 내 사랑을 증명하기 위해 혹은 창조주를 기쁘게 하기 위해 죽어야 한다."

다음으로 대체한다.

- "만물의 창조주는 조건 없이 나를 사랑한다."

악과의 투쟁
다음을 에너지 테스트한다.

- "나는 악과 싸워야 한다."

다음으로 대체한다.

- "나는 악에 영향을 받지 않는다."
- "나는 악에 영향을 받지 않는 것이 어떤 느낌인지 이해한다."

- "나는 악에 영향을 받지 않는 법을 안다."

질병 떠맡기

다음을 에너지 테스트한다.

- "나는 질병을 치유하기 위해 그 질병을 앓아야 한다."

다음으로 대체한다.

- "만물의 창조주가 힐러이고, 나는 목격자이다."

신이 힐러다

다음을 에너지 테스트한다.

- "오직 남자(또는 여자)만이 치유할 수 있다."

다음으로 대체한다.

- "만물의 창조주가 힐러이고, 나는 목격자이다."

신을 위한 독신 생활

다음을 에너지 테스트한다.

- "내가 만물의 창조주와 가깝게 지내려면 독신이어야 한다."

다음으로 대체한다.

- "나는 배우자와 함께하면서 여전히 신의 사랑을 받을 수 있다."

홀로 있기

다음을 에너지 테스트한다.

- "내가 만물의 창조주와 가까워지려면 홀로 지내야 한다."

다음으로 대체한다.

- "나는 언제나 만물의 창조주와 가깝다."

파멸

다음을 에너지 테스트한다.

- "이 세상은 완전한 파멸의 길로 치닫고 있다."

다음으로 대체한다.

- "나는 만물의 창조주 안에서 언제나 안전하다."

- "나는 파멸의 두려움 없이 살아가는 것이 어떤 느낌인지 이해한다."

치유와 돈

다음을 에너지 테스트한다.

- "만약 내게 돈이 있다면, 치유 작업을 하는 것은 불가능하다."

다음으로 대체한다.

- "만물의 창조주의 풍요로움은 무한하다."
- "나는 내가 쓴 시간에 합당한 대가를 받는 것이 어떤 느낌인지 이해한다."

거래

다음을 에너지 테스트한다.

- "나는 누군가를 돕거나 배우기 위해서 내 치유력, 투시력, 아는 것, 투청력 등의 재능을 내주는 거래를 했다."
- "영적 능력을 얻기 위해 내 몸을 내줘야 한다."

다음으로 대체한다.

- "치유의 재능은 만물의 창조주로부터 나에게 주어진 것이다."

- "모든 거래는 완료되어 이제 끝났다. 나는 내 재능을 되찾는다."
- "나는 만물의 창조주가 치유하는 것을 목격하는 것이 어떤 느낌인지 이해한다."
- "만물의 창조주가 나의 영적 능력이다."

다른 직관 능력들을 활용하지 못하게 막는 서약

다음을 에너지 테스트한다.

- "나는 만물의 창조주에 연결되기 위해서 죽어야 한다."

다음으로 대체한다.

- "나와 창조주의 연결에는 한계가 없다."

다음을 에너지 테스트한다.

- "나는 만물의 창조주와 함께하기 위해서 고통을 받아야 한다."

다음으로 대체한다.

- "나는 고통받음 없이 만물의 창조주와 함께할 수 있다."

다음을 에너지 테스트한다.

- "내가 영적으로 성장하려면 고통받아야 한다."

다음으로 대체한다.

- "고통을 겪지 않아도 나는 영적으로 성장할 수 있다."
- "나는 고통받음 없이 성장하는 법을 안다."

다음을 에너지 테스트한다.

- "나는 영적으로 성장하기 위해서 죽었다 다시 살아나야 한다."

다음으로 대체한다.

- "나는 죽음을 겪지 않고도 언제든지 영적인 성장을 이룰 수 있다."

자, 이제 앞에서 이야기한 다섯 단계들과 우리가 어떻게 연관되는지 이해할 수 있을 것이다. 우리는 광물의 일부이고, 우리가 식물을 먹고 있다는 점에서 식물 왕국의 일부이며, 신체를 가지고 있다는 점에서 동물 왕국의 일부인 동시에, 우리에게 영이 있으니 영계靈界의 일부이고 또한 다섯 번째 단계의 일부이기도 하다.

그리고 우리는 보편적인 법칙universal laws 아래에서 살아가기에 또한 여섯 번째 단계와도 연결되어 있다.

⬤ 존재의 여섯 번째 단계

존재의 여섯 번째 단계는 법들Laws로 이루어져 있으며, 원자가 훨씬 더 빠르게 움직인다. 법들은 우주universe와 은하계galaxy, 태양계, 지구, 그리고 우리까지도 관장하고 있다. 다섯 번째 단계, 네 번째 단계, 세 번째, 두 번째, 첫 번째 단계를 관장하는 법들도 있다. 이러한 법들로 인해 여러 존재 단계들 간에 가상의 분할이 존재한다. 내가 '가상imaginary'이라고 표현하는 이유는 실제로는 모두가 다 함께 존재하기 때문이다. 내가 '법'이라 칭할 때는, 자기력의 법Law of Magnetism, 전기의 법Law of Electricity, 진실의 법Law of Truth, 자연의 법Law of Nature, 연민의 법Law of Compassion과 같은 진정한 의미의 법들을 일컫는다.

각각의 법은 하나의 커다란 의식으로 여기에 더 작은 의식이 연결되어 있다. 모든 법은 영과 같은 본질, 살아서 움직이는 의식을 가지고 있다. 대화하기 위해 법을 초대할 수는 있지만, 초대에 응할지 여부는 법에게 달려 있다. 니콜라 테슬라Nikola Tesla(교류 전기 시스템과 무선 통신 등을 발명한 미국의 과학자—옮긴이)는 자기력의 법과 전기의 법을 채널링했다. 이런 존재들과 대화할 때는 항상 존재의 일곱 번째 단계를 통해야 한다.

여섯 번째 단계를 이용하는 힐러는 음악의 톤, 신성한 기하학, 숫자, 빛을 이용해 치유한다. 음악의 톤, 색깔, 숫자, 자기력, 신성한 기하학, 지구의 자기磁氣 격자, 점성학, 수비학 등을 치유에 사용할 때 힐러는 존재의 여섯 번째 단계의 법을 활용하게 된다. 여기에서 몸이 완벽하게 균형을 이루게 하고 어떤 바이러스든 그 진동을 바꿔버리는 음악의 톤에 관한 지식이 나왔다. 여섯 번째 단계의 철학은 "망가졌으면 고쳐라"이다.

종종 힐러들은 설명하는 데 집착해 거기에 엄청난 양의 에너지를 쏟기도 한다. 이런 힐러는 자신의 진실에 대해 직설적이며 진실을 추구하는 과정에서 자기 자신에게나 주변 사람들에게 쉽게 짜증을 내기도 한다.

이런 유형의 '법의 진동Law vibration'을 오래 유지하게 되면 사람 몸에 무리가 된다. 이런 에너지를 유지하기 위해서는 부단한 연습과 끈기가 필요하다. 이것은 '순수한 진실pure truth'과 책임의 수준이다.

여섯 번째 단계를 이용하는 힐러는 자신이 환영 속에 살고 있으며 자신의 환영을 자기가 지휘하고 있다는 걸 깨닫는다. 자신이 성장해 나아가기 위해서 더 이상 스스로를 처벌할 필요가 없다는 것도 안다. 이 단계에서 선과 악의 투쟁은 사라지고 순수한 진리로 대체된다. 오직 이 단계에서만 작업하는 사람을 일컬어 때로 '신비주의자mystic'라고 부르기도 한다.

법들은 무한한 정보로 구조화되고 계층화되어 있다.

- 진실의 법 아래에는 "한번 움직이는 것은 항상 움직인다"는 운동의 법Law of Motion이 있다. 운동의 법 아래에는 자유 행동권의 법Law of Free Agency과 "나는 생각한다. 고로 나는 존재한다"는 생각의 법Law of Thought이 있다. 운동의 법 아래에는 속도의 법Law of Velocity과 인과의 법Law of Cause and Effect도 있다. 인과의 법 아래에는 지혜의 법Law of Wisdom, 행위의 법Law of Action, 정의의 법Law of Justice이 있다. 징의의 법 아래에 복격 또는 수용의 법Law of Witness or Acceptance이 있다.

- 자기력의 법 아래에 중력의 법Law of Gravity이 있다. 중력의 법 아래에 시간의 법Law of Time, 끌어당김의 법Law of Attraction이 있다. 시

간의 법(신성한 기하학이 시간의 법 아래 있다) 아래에 차원의 법Law of Dimensions이 있다.(차원의 법에 매이지 않도록 주의하자. 수백만 개의 차원이 있다.) 차원의 법 아래에 우리가 여기에 있다고 계속 믿게 하는 환영의 법Law of Illusion이 있다. 환영의 법 아래에 DNA의 법이 있다. 또한 시간의 법 아래에 아카식 레코드 또는 기록의 전당이 있다.

- 진동의 법Law of Vibration 아래에 에너지의 법Law of Energy이 있고, 에너지의 법 아래에 집중의 법Law of Focus이 있다. 집중의 법 아래에 빛의 법Law of Light, 톤의 법Law of Tone과 전기의 법이 있다.

- 자연의 법 또한 존재하며, 그 아래에 있는 법 중 하나는 균형의 법 Law of Balance이다. 자연은 항상 생명의 법Law of Life에 따라 변화하고 발전한다. 생명의 창조에 관한 법은 없다. 왜냐하면 진정한 창조는 만물 그 자체이기 때문이다.

- 연민의 법은 실질적으로 다른 많은 법에 예외를 만드는 능력이 있다. 연민의 법 아래에 순수한 의도의 법Law of Pure Intent, 인내의 법 Law of Patience, 감정의 법Law of Emotion이 있다.

- 사랑의 법Law of Love은 존재하지 않는다. 사랑은 순수한 일곱 번째 단계 에너지이다. 그것은 그 자체 그대로이다.

보다시피 우리는 법에 관해 오랫동안 논의할 수 있다. 각 단계마다 엄청난 양의 정보가 있기 때문에 우리가 배울 것은 너무나 많다. 그러나 이 '지적 탐닉brain candy'에 빠져 다른 단계에 얽매이지 말고 곧장 '일곱 번째 단계'로 가라는 권고를 받았다. 각 단계마다 아주 많은 정보가 있으며 수많은 수준의 진리가 있기 때문에 많은 힐러들이 정신이 산만해지기도 한다. 지적 탐닉은 흥미롭긴 하지만 이런 정보는 여러분의 주의를 흩뜨려 목표에 집중할 수 없게 할 것이다. 목표는 창조주와의 순간적인 연결을 통해 즉각적인 치유, 완전한 책임, 그리고 생산적인 삶을 창조하는 것이다.

◖◗ 존재의 일곱 번째 단계

존재의 일곱 번째 단계는 창조의 순수한 에너지로, 모든 것을 포괄한다. 원자의 핵을 구성하는 양성자, 중성자, 전자를 만드는 쿼크가 바로 이 에너지로 만들어진다. 이 단계가 '그냥 그 자체 그대로It just is'의 단계이다. 힐러가 이 단계의 에너지를 사용해서 치유를 하면 치유는 즉각적으로 일어난다. 질병이 완벽히 건강한 상태로 간단하게 재창조되기 때문이다. 다른 단계들과 달리—다른 단계들에서는 각 단계의 진동vibration으로 인해 힐러가 지칠 수 있다—일곱 번째 단계는 여러분을 사랑의 에너지로 품으면서 인간의 진동을 완벽한 상태로 바꾼다.

이 단계에서 개인은 힘들이지 않고 쉽게 에너지를 변환할 수 있으며 자신의 세상을 간단하게 창조할 수 있다는 것을 문득 깨닫는다. 이 에너지를 이용하는 힐러는 완벽하게 건강한 상태가 된다. 이 단계를 이용하는 힐러는 어떤 맹세나 약속에도 얽매이지 않으면서 모든 단계를 다 사용할 수 있다. 그들은 생각을 제어할 수 있다는 것을 깨닫고 즉시 눈앞에 원하는 것이 현실화되어 나타나는 경험을 할 것이다. 그들은 두려움이 만든 패러다임에 묶여 있는 제한적인 믿음을 없앨 수 있다. 어떤 힐러들은 신 위의 신에게 나아가는 것이라 생각하며 이 단계의 사용을 두려워하기도 하지만, 창조주는 여러분이 만물 그 자체와 분리된 적 없는 하나로서 단지 여러분이 타고난 권리를 취하는 것일 뿐이라고 말한다.

존재의 일곱 번째 단계가 다른 모든 단계들을 창조한다. 이곳은 순수한 지혜, 창조의 힘, 그리고 순수한 '사랑'의 본질이 있는 곳이다. 이곳은 즉각적인 치유, 현실 창조manifestation, 최상의 진리가 존재하는 장소이다. 힐러가 일곱 번째 단계에 연결해서 창조주가 치유하는 것을 목격할 때 치유는 바로 이루어진다.

일곱 번째 단계를 이해하기 위해서는 먼저 앞의 여섯 단계들이 각 단계의 힘에 의해 만들어진 환영일 뿐이라는 사실을 알아야 한다. 힘power과 순수한 진리가 창조주라는 것을 알자. 여러분은 문제를 해결하는 대신 그것을 바꿀 뿐이다. 이 세상이 환영임을 알 때 여러분은 모든 단계에 대해 각각 조치를 취할 수 있다.

이 단계에서 작업하는 힐러는 즉각적인 치유를 이뤄낼 수는 있으나, 꼭 의뢰인의 자유 행동권에 따라야 한다. 잘못된 믿음이 즉각적인 치유를 막을 수도 있다. 일곱 번째 단계의 에너지와 함께할 때 여러분은 자신의 모든 선택을 의식적으로 알아차릴 수 있다. 드라마나 혼돈, 대혼란과 같이 사람들이 우상시하는 작은 일에 시간을 낭비하지 않게 된다. 자기비판 없이 문제가 바뀐다. 믿음도 즉각적으로 바뀔 수 있다.

만물의 창조주와 함께 작업하는 힐러는 다른 모든 단계들에 자유롭게 들어가고 원한다면 나올 수 있다. 연습을 통해 즉시 사물을 현실에 창조해 내고, 순간 이동을 할 수 있으며, 절대적인 기쁨과 사랑의 에너지를 가질 수 있다.

진보해 가는 자신에게 인내심을 가져보자. 일곱 번째 단계로 진보하게 되면 불필요한 분노나 원망, 경쟁 또는 후회에 쓸 시간 같은 건 전혀 없게 된다. 상대가 어떤 수준에 있든지 이를 비판적으로 판단하는 마음 없이 즉각적으로 그의 생각을 읽는 능력을 갖게 될 것이다. 일곱 번째 단계를 채널링하면, 모든 사람의 생각은 곧 그들이 세상에 투사하는 것에 대한 반응일 뿐이란 걸 깨닫게 된다. 진보한 사람들은 이런 생각을 의식할 수 있을 뿐만 아니라, 자신이 선택하는 생각을 통제하고 또한 쉽게 만들어낼 수도 있다. 그들은 협력을 추진하고 모두에게 최선이 되는 방향으로 나아간다. 그들은 깨어난 마스터들이다.

> ☉ 내가 일곱 번째 단계에 도달하기 위해 사용하라고 제안한 '로드맵'은 존재의 처음 여섯 단계들의 베일을 벗겨준다.

존재의 일곱 번째 단계에 온 것을 환영합니다

일곱 번째 단계의 에너지는 아메리칸 인디언들이 말하는 '만물 속에 움직이고 있는 영spirit that moves in all things'이다. 기독교인과 유대인에게는 이 에너지가 곧 성령Holy Spirit이고, 이슬람교도에게는 알라Allah이다. 힌두교 신자에게는 보편적인 생명의 힘인 브라만Brahman에 대한 믿음이고, 과학적으로 보면 원자들 속의 에너지이다.

뇌에 부정적인 생각이 차지히는 공간이 줄어들수록 존재의 일곱 번째 단계에 연결하기가 더 쉬워진다. 여러분을 다른 단계들에 매여 있게 하는 부정적인 생각과 프로그램을 네 가지 믿음 수준에서 모두 치워 없애면 존재의 일곱 번째 단계와의 '의식적인' 연결을 '항상' 유지할 수 있게 된다. 모든 단계들에 관한 기억과 의식은 우리 안에 있다.

세타파 상태에 처음 들어가면 초기에는 다섯 번째 단계의 높은 수준까지밖에 도달하지 못하기도 한다. 이것은 유전적인 프로그램 때문이다. 여러분이 갖고 있는 원망이나 분노가 처음에 일곱 번째 단계로 오르지 못하게 막고 있어서일 수도 있고, 일곱 번째 단계가 존재한다는 것을 전혀 몰랐기 때문일 수도 있다. 어쩌면 우리 조상들은 그 당시 팽배했던 집단의식에 갇혀서 그렇게 멀리까지 나아가지 못했을 수도 있다.

일곱 번째 단계에 도달하지 못했는데도 거기에 연결되었다고 믿는 일이 드문 것은 아니다. 왜냐하면 다섯 번째 단계의 높은 수준에 있는 에너지가 많은 사랑으로 가득 차 있기 때문이다. 만약 일곱 번째 단계에 연결되었다고 생각했는데 천사, 왕, 여왕 또는 사람들이 보인다면, 여러분은 일곱 번째 단계에 있는 것이 아니다. 여러분의 고향인 다섯 번째 단계에 있는 것이다. 이곳은 방문하기에 멋진 곳이며, 여러분은 이곳에서 치유를 경험할 수도 있다.

일곱 번째 단계에 연결되었다고 생각했는데 "더 높은 단계로 가라"는 답을 들을 때도 있을 것이다. '일곱 번째 단계보다 더 높은 곳이 있구나' 하고 생각할 수도 있지만, 실제로는 아직 일곱 번째 단계에 도달하지 못한 것이다. 그러니 계속 올라가라.

일곱 번째 단계에 도달하지 못했다고 느낄 때 의욕이 꺾이는 것도 보기 드문 일은 아니다. 그렇지만 믿음을 더 많이 정화할수록 일곱 번째 단계가 늘 우리를 위해 그곳에 있다는 걸 더 많이 느끼게 될 것이다. 여러분은 일곱 번째 단계의 일부이다. 당신의 마음이 있기 원하는 그곳에 이를 때까지 원망하는 마음을 지워나가자.

또한 세타파에 연결되어 있는 한 여러분은 어느 단계에서든 그곳에서 일어나는 치유를 목격할 수 있음을 기억하자. 모든 단계에는 치유력이 있다. 질병은 자신이나 다른 사람을 향한 지나친 원망과 분노가 있음을 보여주는 지표이며 그로 인한 불균형의 징후이다. 이 또한 유전적인 것일 수 있음을 기억하자. 중요한 것은 이제 이것을 정화할 수 있는 방법이 우리에게 있다는 것이다. 일곱 번째 단계는 치유하거나 고치는 것이 아니라 그냥 다른 현실을 만들어낸다. 우리가 이 순수한 능력에 도달하기 전까지는 이 능력을 사용할 수 없을 것이다. 그러므로 원망을 정화하며 계속 연습해 가자.

일곱 번째 단계로 가는 연습을 많이 하면 할수록 거기에 더 빨리 도달할 수 있다. 이제 막 위로 올라온 듯한데 벌써 돌아왔다고 느낄 수도 있다! 여러분은 만물 그 자체의 중심부로 가고 있다. 그냥 그 자체인 것이다. 이곳에는 절대적인 평화, 앎knowingness, 만족, 지지, 보살핌, 그리고 끝없는 가능성이 있다.

⬤▶ 단계들의 생명 구조

인체는 다섯 가지 화합물로 이루어져 있다. 지방질, 탄수화물, 단백질, ATP(Adenosine triposphate, 아데노신3인산) 또는 에너지, 그리고 DNA, 즉 핵산이다. 이것들이 살아있는 유기체를 구성하는 성분이다. 이것들이 여러분의 모습을 만들고 또한 여러분을 다른 단계들과 연결시켜 주는 생명의 양식이다.

이미 언급한 것처럼 이런 성분들이 몸에 부족하면 다음에서 보듯이 삶의 다른 영역에서도 결핍이 생길 것이다.

	부족한 것	창조되는 것
첫 번째 단계	미네랄	지지가 결핍된다
두 번째 단계	비타민	사랑이 결핍된다
세 번째 단계	단백질	양육이 결핍된다
네 번째 단계	탄수화물	에너지가 결핍된다
다섯 번째 단계	지방질	영적 균형에 결핍이 온다
여섯 번째 단계	핵산	영적 구조에 결핍이 온다
일곱 번째 단계	ATP 생명력	영이 결핍된다

첫 번째 단계: 몸에 미네랄이 부족하면, 감정적으로 지지를 받지 못하게 되고, 관절염과 같은 구조적인 뒷받침 부족과 관련한 질병에 걸리는 경향을 보인다.

두 번째 단계: 비타민이 부족하면, 어딘가 사랑이 결핍됨을 느끼게 된다. 실지로 사랑이 부족하면, 비타민을 몸에 제대로 흡수하지 못할 것이다.

세 번째 단계: 단백질이 부족하면, 양육에서 결핍을 느끼게 된다.

네 번째 단계: 탄수화물이 부족하면, 몸에 에너지가 별로 없고 허약해질 것이다.

다섯 번째 단계: 지방질이 부족하면, 신체 체계의 균형이 깨질 것이다. 또 호르몬의 균형이 깨질 것이다.(호르몬은 몸에 균형을 잡아준다.)

여섯 번째 단계: 핵산이 부족하면, 영적 구조가 부실해질 것이다.

일곱 번째 단계: ATP가 부족하면, 에너지의 결핍을 경험하게 될 것이

다. ATP는 세포가 기능할 수 있도록 하는 에너지원이기 때문이다. 이것은 미토콘드리아에 있는 '순수한 에너지'이다. 미토콘드리아는 우리가 어머니의 DNA로부터 얻는 에센스이다. ATP 에너지의 전기 펄스는 우리의 영의 본거지이다. 영은 DNA가 아니라 미토콘드리아에서 가장 강력하다. DNA가 컴퓨터 프로그램이라면, 미토콘드리아는 의식의 전류電流이다. 사람이 죽을 때 몸에서 에너지가 떠나는 것을 보게 되는데, 이것은 미토콘드리아가 작동을 멈추기 시작하는 것이다. 영적 진동이 낮다는 것은 모든 원자에 있는 생명력을 유지하기에 에너지가 충분치 않다는 것을 의미한다. 영적 에너지가 낮다는 것은 여러 장소에 너무 많은 영혼의 에너지 조각들이 흩어져 있다는 것을 의미할 수 있다.

⬤◯ 존재 단계들의 방정식

힐러는 언제나 한 번에 둘 이상의 존재 단계들을 활용한다. 이것을 '방정식'이라고 부른다. 힐러는 이 방정식에서 '목격자witness'라는 중요한 역할을 맡는다.

창조주 + 의뢰인 + 목격자 = 결과

사람들은 많은 단계를 활용해서 치유 작업을 한다. 이 과정에서 그들은 여러 단계를 섞어서 복합적으로 사용한다. 의사는 수술을 할 때, 상상력과 문제 해결 능력, 물리적 응용을 활용해서 세 번째 단계에서 수술을 진행한다. 비록 세 번째 단계에서 실행하고 있지만, 이때 그들은 존재의 여섯 번째 단계의 '인과의 법'을 사용한다. 또 존재의 두 번째 단계의 마취와 항생제를 사용하며, 존재의 첫 번째 단계의 물질들로 만든 수술용 장비들을 사용한다.

예전에는 한 번에 한 단계씩 배우고 익히는 것이 통례였다. 그래서 진보를 이룰 때마다(이것은 가끔 임사체험의 모습으로 왔다) 엄청난 정신적 변화, 곧 '입문'을 겪어야 했다. 이 모든 단계에서 일어나는 드라마들 때문에 입문 과정은 큰 충격으로 다가올 수도 있다. 입문 과정의 진정한 목적은 단지 누군가의 갖은 노력과 의식적인 행위에 대해 보상을 하는 것만이 아니라 그들이 더 발전하고 진보할 수 있도록 영감을 주는 것이다. 세타힐링에서는 이런 단계들에 얽매이지 않으면서 우리 마음을 자유롭게 하고, 또 충격을 덜 받으면서 진보해 가는 법을 배운다. 믿음 작업을 통해서 우리는 무언가를 얻어내기 위해 희생하거나 죽음을 감수하지 않고도 순조롭게 입문 과정을 지나갈 수 있다. 사실 믿음 작업 자체가 입문 과정이다.

세타힐링 기법을 사용하기 시작하면 처음에는 어느 단계에 연결되었는지 잘 모르고 다른 단계의 힘에 연결되는 수가 있다. 모든 단계는 신성함으로 서로 연결되어 있기 때문에 때로 혼란스러울 수 있다. 어느 단계인지 알아차리기 가장 좋은 방법은 그 단계에 연결해서 직접 경험하는 것이다. 언제든지 일곱 번째 단계로 맨 먼저 가게 되면 다른 단계들의 약속에 매이지 않게 된다.

일곱 번째 단계를 활용하기 위해 정화되어야 하는 서약과 약속

일곱 번째 단계를 사용할 수 없도록 막고 있는데 우리가 깨닫지 못한 채 가지고 있는 서약에는 다음과 같은 것이 있다.

- "내가 신과 연결하려면 죽어야 한다."
- "내가 신과 함께하려면 고통을 겪어야 한다."
- "내가 영적으로 성장하려면 고통을 겪어야 한다."
- "내가 영적으로 성장하려면 죽었다 살아나야 한다."

힐러가 되고 나서 혹시 살이 쪘는가? 만약 자기 자신의 경험보다 다른 사람들의 인생 경험이 더 잘 느껴지거나 또는 육체적으로 무너지기 시작하거나 한다면, 아마도 이런 서약이나 약속이 여러분의 에너지 공간 어디엔가 아직도 존재하고 있기 때문일 것이다. 이것들은 감정적·육체적·정신적·영적인 수준에 존재할 수 있다.

여러분이 힐러로 성장하기 시작하면서 자동차든 남편이나 아내든 여러분 삶 속의 얼마나 많은 것을 잃었는지 한번 돌아보라. 이것은 '힘을 얻기 위한 희생'과 관련한 이슈일 것이다. 다섯 번째 단계의 힘과 다시 연결되면 영혼은 예전의 기억 속에 있는 그 힘에 다시금 반응하기 시작한다. 이 말은 여러분이 다른 장소와 시간에 맺은 약속들에 갇혀 있음으로 해서 만약 어떤 정보를 얻거나 치유를 하려면 계속 희생을 치르게 될 거라는 의미이다.

목표는 당연히 이런 약속들에서 풀려나 자유로워지고, 그 단계들에서 맺은 약속이나 의무에 매임 없이 모든 단계의 능력을 다 사용하는 것이다.

위로 창조주에게 올라가게 되면, 우리는 한 번에 모든 단계들과 함께 흐를 수 있는 능력을 갖게 된다. 그러나 우리는 낮은 단계들과 너무도 많이 얽혀 있는 까닭에, 그 약속과 의무를 수행하는 데 급급할 뿐 먼저 창조주에게 올라가지 못한다. 특정 단계들을 이용하는 데만 익숙해진 탓에 그 단계들의 규칙에 매여 있는 것이다.

세타힐링에서는 우리가 존재의 모든 단계들과 연결되어 있다고 믿는다. 우리 영혼이 사랑하는 아버지 어머니와 함께 가족들이 살고 있는 다섯 번째 단계의 아이들로 태어났다고 믿는다.

우리는 앞의 세 존재 단계들은 3차원이며 지구도 여기에 포함된다고 믿는다. 그리고 존재의 네 번째와 세 번째 단계는 다섯 번째 단계에서 온 아이들이 성장하기 위해 공부하는 학교와 같은 역할을 한다고 여긴다. 다섯 번째 단계에서 온 아이들은 생각을 통해 창조할 수 있기 때문에, 우리는 이들의 영이 다섯 번째 단계 에너지의 능력을 통제하는 법을 배우기 위해 마치 어린이집에 가듯이 네 번째 단계에 간다고 믿는다.

우리는 또한 네 번째 단계를 충분히 배우고 나면 인간의 몸을 입고 세 번째 단계로 올 수 있다고 믿는다. 이 과정에는 생각의 힘을 조절하는 지혜를 발전시켜 다섯 번째 단계로 돌아갈 수 있는 기회가 포함된다.

우리는 세계의 변혁을 고취시킬 목적으로 지구에 온, 깨어나 상승한 마스터들이 있다고 믿는다. 이들 상승한 마스터들은 세 번째와 네 번째 단계의 학교를 이미 졸업했다. 그들은 지구에 있는 마스터들의 자녀를 지도해 주기 위해 다섯 번째 단계에서 지금 이 시공간으로 돌아온 것이다.

지구 학교는 졸업을 맞을 채비가 되었으나 지구에 있는 영혼들은 아직 그럴 만한 수준에 도달하지 못했다.

상승한 마스터들은 이 행성을 구하기 위한 과정을 앞당기기 위해서 태어났다고 우리는 믿는다. 상승한 마스터들은 사람들에게 서로 사랑하는 법을 가르치기 위해 인간의 몸을 입고 이 행성에 태어났다.

상승한 마스터는 자신이 숭고한 목적을 가지고 있다고 믿는다. 그들은 설령 자기 자신을 사랑해 본 적이 없을지라도 이미 사랑하는 법을 안다. 자신이 엉뚱한 곳에 있다고 느끼고 지구가 너무 냉혹하다고 느낄 때도 있지만, 그래도 여전히 더 좋은 세상을 만들 수 있다고 믿으며 매일 아침 눈을 뜬다. 사람들을 돕고자 하는 타고난 열정의 소유자인 그들은 이 땅에 있는 모든 사람들에게 신성한 목적이 있다는 걸 기억한다.

우리는 그들에게 선천적으로 내재된 미덕이 있으며 그들이 이 미덕에 다시금 통달하게 될 것이라고 믿는다. 그들은 일곱 번째 단계의 순수한 사랑과 지성으로 이루어진 정화 에너지를 사용해, 이 땅의 영혼들에게 초월할 수 있는 지식을 가져다줄 것이다.

⬤ 한계 없는 프로그램들, 경계 없는 단계들

우리는 저마다 가정에서 우리가 무엇을 믿어야 하는지 듣고 배우며 자랐다. 가족들은 자기들이 믿는 것을 우리도 똑같이 믿기를 기대했고, 우리 뇌는 컴퓨터처럼 작동하기 때문에 자라면서 들은 것을 하나의 프로그램으로 받아들이거나 혹은 거부했다. 어린아이였을 때부터 우리는 뜨거운 냄비를 만지면 손을 덴다고 들어왔다. 그것은 '정지' 신호였다. 어린아이였던 우리는 그것이 '진실'이라고 동의했고, 그렇게 믿었으며, 그것을 프로그램으로 받아들였다. 잠재의식에 믿음으로 자리 잡은 것은 모두 세 번째 단계의 환영 속에서 창조되어 나타나게 된다. 그러므로 프로그램을 만들어내는 과정에서 우리 마음은 마치 컴퓨터가 데이터를 받아들이듯이 환영인 이 세 번째 단계를 실재인 양 받아들인다.

믿음과 감정 프로그램을 제거하거나 대체하거나 혹은 심을 때, 우리는 그 당시 우리가 연결되어 있거나 머물고 있는 모든 단계들과 함께 작업한다. 이러한 프로그램들이 제거되면, 우리는 한두 개의 단계에 갇히지 않고 모든 단계를 한 번에 연계하여 사용할 수 있고, 모든 힘의 발현을 필요에 따라 동시에 또는 개별적으로 사용할 수 있다. 그러므로 부정적인 프로그램이 제거되고 그 대신 '한계 없는 프로그램'으로 대체되면서 우리는 중요한 변화들을 이뤄내기 시작할 수 있다.

우리가 추구하는 것은 만물의 창조주와 하나가 되는, 뭐라고 규정하기 힘든 느낌이다. 우리가 인식하지 못하는 것은 이것이 이미 우리의 것이라는 사실이다. 우리를 방해하는 프로그램만 갖고 있지 않다면 우리는 이것을 인식할 수 있다. 이런 프로그램들이 바뀌기만 하면, 우리는 매순간을 절대적인 사랑 속에 살면서 주변 사람들에게 어떤 일이 일어나고 있는지 선명하게 볼 수 있다. 비록 우리가 존재의 세 번째 단계에서 '몸'을 입고 살아갈지라도 우리는 여전히 절대적인 진실에 접근할 수 있는 것이다.

한때 우리는 진실 또는 다른 단계들에 접근하려면 죽어서 그 다음 단계로 올라가야 가능하다고 생각했다. 그러나 이제 우리는 거기에 접근할 수 있는 열쇠가 지금 '이' 공간과 시간에 있고, '이' 생애에서, '이' 육신을 입은 상태로 마스터가 될 수 있다는 것을 안다. 중요한 것은 존재의 세 번째 단계의 감정적 믿음 체계나, 첫 다섯 단계의 영 또는 에너지에 빠지지 않는 것이다. 또한 각 단계의 능력을 알고 그에 상응하는 치유법을 이해하는 것도 중요하다.

⬤▭ 믿음의 현실 창조

"우리는 우리가 무엇을 믿고 어떻게 프로그래밍되었는지를 현실에 그대로 나타낸 산물이다." 우리에게 있는 모든 것이 지금 '이 순간' 우리 몸에 그것을 그대로 만들어낸다. 우리가 우리라고 믿고 있는 것이 결국 우리의 모습으로 드러난다. 만약 부정적인 믿음을 지나치게 많이 가지고 있다면, 우리라는 존재 자체 안에 에너지의 균열이 일어나게 된다. 이런 에너지 균열을 복구하기 위해서 창조주는 질병을 주어 우리에게 이 균열이 존재하고 있음을 알려준다.

예를 들어 죄책감을 많이 가지고 있다면 우리는 해로운 박테리아를 끌어당기게 될 것이다.(대부분의 박테리아는 우리 몸에 이롭다.) 만약 원망하는 마음을 많이 가지고 있다면 곰팡이균을 우리 몸 안에 끌어들이게 될 것이다. 같은 방식으로, 자신이 무가치하다고 느낀다면 바이러스를 끌어들이게 될 것이다. 믿음 작업은 이런 감정과 진동을 정화할 수 있다.

몸이 아픈 사람이라면 낫기 위해 '무엇이든' 할 것이고 또 늘 변화할 준비가 되어 있다고 말할 것이다. 하지만 일부 사람들은 질병을 붙들고 있는 그 부정적인 믿음을 비리고 사는 법을 모르기 때문에 자신의 오래된 습관으로 돌아가 버린다. 이런 느낌들 중 일부는 거절이나 원망과 관련된 프로그램이다. 만약 자신의 믿음을 바꾸고 새로운 믿음을 심지 않는다면, 질병의 순환 주기가 다시 처음으로 돌아가 작동하기 시작한다.

예를 들어 항생제는 박테리아를 치유하는 데 올바른 진동수를 가지고 있다. 그러나 필요한 믿음 작업을 했다면 처음부터 해로운 박테리아를 자신에게 끌어오지 않았을 것이다.

사람들을 관찰하면서 우리는 질병과 그에 연관된 믿음을 도표화하기 시작했다. 언젠가 이에 관해 참조할 만한 도표가 나올 것이다.

"이 사람은 무엇이 부족해서 이런 질병을 끌어당기는가? 사랑이 부족한 걸까?" 이렇게 질문을 해보자. 그 사람이 몰라서 전혀 감각하지 못한 느낌, 부족한 바로 그 '느낌'이 있을 수도 있다.

◐◯ 단계들과 함께하는 치유

이미 말한 것처럼 우리는 존재의 일곱 단계들 안에 존재하고 있다. 각각의 단계에는 몸에 있는 모든 감정이나 질병에 대한 해결책이 있다. 첫 번째 단계에는 각각의 질병을 치유할 수 있는 한 가지 화학 결합물이나 한 가지 미네랄 결합물이 있다. 두 번째 단계에는 각 질병에 대해 치료제로 쓸 수 있는 한 가지 식물이나 비타민, 또는 여러 가지 식물이나 비타민들이 있다. 우리는 단백질이 주된 성분인 단계에 살고 있는데, 이는 어떤 질병이든 낫게 할 수 있는 한 가지 아미노산 조합이 있다는 걸 뜻한다.

다른 단계들만이 아니라 이들 첫 세 가지 단계들에서도 '치유할 수 있음'을 아는 것은, 우리가 왜 명현 현상을 겪는지에 대한 설명이 되기도 한다. 치유 과정 중에는 온갖 감정을 겪는 기간이 있다. 두 번째 단계의 허브를 이용할 때 우리는 몸을 반강제로 정화하면서 명현 현상을 겪게 되지만 이때 불필요한 감정 또한 반강제로 정화하게 된다.

존재의 네 번째 단계에는 영적 조언자들과 몸의 모든 질병을 치유하는 영적 본질이 존재한다. 샤먼은 식물과 영적 에너지를 이용해서 네 번째와 두 번째 단계를 결합해 치유한다. 이 두 단계의 본질은 대개 여러분으로 하여금 특정한 일을 하겠다고 약속하게 만들어 여러분의 진동을 변화시킨다.

존재의 다섯 번째 단계에 있는 천상의 아버지들과 천사들은 우리 몸을 낫게 할 수 있다. 여러분은 치유를 받기 위해 무언가를 바치거나 그들을 위해 변화를 해야 할 수도 있지만 이 과정에서 그들은 믿음 체계를 정화시켜 준다.

존재의 여섯 번째 단계에 연결되면 여러분은 음악과 톤tones을 듣게 될 것이다. 이 단계에서의 치유에는 진동이 사용된다.

요약하자면, 모든 단계는 '음악' 및 '빛'과 관련이 있다. 만물은 모두 '진동'이기 때문이다. 적절한 미네랄을 사용해 치유를 하는 것은 미네랄에 있는 알맞은 진동을 이용하는 것이다. 적절한 허브를 이용해 치유를 하는 것은 알맞은 진동을 지니고 있는 허브를 이용하는 것이다. 치유에 사용하는 이 모든 물질은 여러분이 하는 믿음 작업과 동일한 진동을 가지고 있다. 예를 들어 박테리아를 치료하는 데 적합한 진동을 가진 항생제 허브 역시 박테리아를 끌어들이는 죄책감으로부터 여러분을 치유하는 데 적절한 진동을 가지고 있는 것이다. 그러니만큼 모든 단계에서 모든 치료법과 함께 믿음 작업을 병행하는 것이 가능하다.

다시 창조하기

시애틀에서 세미나를 하기 전 내가 반려견의 밥그릇에 걸려 크게 넘어지는 일이 있었다. 그때 남편 가이가 나를 집 안으로 데리고 들어왔는데, 내 무릎뼈가 탈골되었다는 것을 알게 되었다. '세미나를 진행해야 해! 이런 일은 일어나지 않을 거야.' 처음 든 생각이다. 그래서 나는 위로 올라가서 명령했다. "아니, 여기에서는 아니야. 이 일은 일어나지 않았어. 원래 상태대로 돌아가." 그러자 무릎이 즉시 제 위치로 돌아왔다. 그 순간 나는 내 손가락이 부러진 것을 알아차렸다. 한쪽으로 완전히 구부러진 모양새가 부러진 게 분명해 보였다. 난 다른 손으로 부러진 손을 덮었다. 보고 싶지 않았기 때문이다. 난 낫기를 명령했다. 한순간에 통증이 사라지면서 나았다. 이것이 일곱 번째 단계 에너지이며, 바로 이런 식으로 사용하면 된다. 일어나고 있는 일을 부정하고 새로운 것을 삶 속에 창조하는 것이다.

내가 일곱 번째 단계에 올라가라고 말할 때, 나는 여러분에게 질병을 축소시키지 말고 '없애라discreate'고 말하는 것이다. 이 말은 질병이 없는 새로운 현실을 만들어야 하고, 병은 몸에게 거부되었으며 이제는 새로운 각본을 따른다고 알려야 한다는 의미이다. 그리고 이 사실을 목격한다. 그렇지만 이와 같이 하기 위해서는 여러분에게 그렇게 할 수 없다고 말하며 한계를 지우는 믿음을 정화해야 한다.

마음 비우기

"지난 1년 동안 믿음 작업을 해왔어요. 하지만 아직도 완전히 나아지질 않네요"라고 말하는 학생들이 있다. 왜 그런지 알고 싶은가? 그것은 그들이 '해결해야 할 믿음'에 관한 작업을 하지 않고 있기 때문이다. 그들은 마음을 비워주는 믿음 작업을 먼저 했어야 한다. 그들을 치유해 주는 믿음은 몸의 오라 장에 있는 아주 작은 것일 수도 있다. 마음을 비우면, 해결해야 할 믿음을 찾을 수 있고 풀어줄 수 있게 된다. 전보다 기분 좋게 아침에 눈을 뜨고 일어날 수 있게 된다.

창조주에게 "어떤 믿음을 정화해야 할까요?"라고 묻는다. 그러나 올바르게 질문을 해야 한다. 이를테면 "이 증상을 치유하려면 어떤 믿음을 가지고 작업을 해야 할까요?"라고 물어야 한다. 이 문제는 본질적으로 두 가지로 나누어질 수 있다. 마음을 비우는 것과 특정한 믿음을 풀어주는 것, 어쩌면 이 두 가지의 답을 모두 얻을지 모르겠다.

17

"힐러여, 당신 자신을 치유하라"

치유하는 사람들 중에는 자기가 태어나기도 전부터 삶의 어느 시점이 되면 힐러가 되리라는 걸 이미 알고 있던 사람들이 있다. 문제는 어떻게 해야 가장 효과적으로 치유할 수 있느냐이다.

효과적인 치유 작업을 위해서는 사람들이 힐러를 자신의 공간으로 들어오도록 허락하는 것이 중요하다. 힐러가 갖고 있는 믿음만으로도 여러 가지가 간단히 바뀌거나 치유될 수 있기 때문에, 힐러로서 여러분의 믿음 체계는 매우 중요하다. 하지만 누군가에게 힐링을 하기 전에, "창조주의 사랑이 어떤 느낌인지 안다" "치유받는 것이 가능하다" 그리고 "나는 치유받을 자격이 있다"와 같은 느낌을 다운로드하는 '느낌 작업'을 먼저 해주는 것이 가장 좋다. 그렇게 해서 그 사람이 다 준비되고 나면, 그 사람은 자신이 즉각적인 치유를 받을 자격이 있으며 더 이상 고통받을 필요가 없다고 믿게 될 것이다.

이 과정에서 치유가 이루어지려는 그 순간 여러분은 그 사람의 공간에 존재하는 것을 '없애고' 새로운 것을 창조하게 될 것이다. 없애고discreation 재창조하는re-creation 순간, 여러분은 창조주의 바로 그 본질에 접촉한다. 그 순간 여러분은 놀라운 에너지에 휘감기는 것을 느낄 것이다. 이 에너지가 여러분의 몸을 통해 나와서 의뢰인의 몸으로 전해진 뒤 둘 모두에게 함께 흐르다가 마침내 사라지는 것을 경험할 것이다. 이렇게 즉각적인 치유를 경험하게 된다. 이것은 지구상의 어떤 마약보다도 중독성이 강하다. 한 번 경험하고 나면 내내 경험하고 싶어질 것이다.

⬤ 즉각적인 치유

즉각적인 치유instant healing는 믿음 체계와 그 믿음의 에너지를 근절시키고 새로운 믿음을 창조하는 것이다. 이때 여러분은 일곱 번째 단계에 접촉해 실제로 '창조'가 일어나는 것을 볼 수 있다.

2003년을 기점으로 나는 즉각적인 치유를 전례 없이 많이 목격하고 있다. 그것은 점점 더 많은 사람들이 집단 의식 속의 즉각적인 치유에 대한 믿음에 접속하는 법을 알게 되고, 그 결과 더 쉽게 즉각적인 치유를 할 수 있게 되었기 때문이다. 깨달음에 이르는 문의 열쇠를 더 많은 사람들이 갖게 될수록, 우리는 창조주로부터 더 강력하게 치유받게 될 것이다. 우리가 우리의 생각 안에서 '하나'가 되어 집단 의식을 만들면, 우리는 누구나 즉각적인 치유를 경험하게 될 것이다.

힐러로서 우리는 즉각적인 변화가 일어나길 원하지만, 우리 몸을 지금의 모습으로 만드는 데 필요한 모든 요소를 다 인식하지는 못한다. 우리 몸은 수백만 개의 세포들로 이루어져 있다. 그러므로 즉각적인 치유가 일어나기를 원할 때, 여러분은 자신이 원하는 바로 그 순간에 수천 개의 세포에 변화가 일어나기를 요청하는 것이다. 게다가 이들 모든 세포들은 자기만의 지성을 갖고 있다. 여러분이 사람들로 북적대는 방을 가로질러 걸어갈 때 그 안에 있는 사람들의 생각을 포착할 수 있듯이 여러분의 세포도 똑같이 그렇게 할 수 있다. 중요한 것은 이러한 생각을 진실이라고 받아들이느냐 아니냐에 있다. 치유 작업이 투영되는 것도 거의 동일한 방식으로 작동된다.

나는 창조주로부터 치유를 기대한다. 그러나 그 결과에는 집착하지 않는다. 만약 누군가가 낫는다면 낫는 것이다. 만약 낫지 않는다면 믿음 작업이 필요한 것이다. 만약 사람들을 힐링하는 과정에서 심령 수술가 psychic surgeon를 보거나 톤tone을 받는다면, 그것은 그 사람들이 즉각적으로 치유받을 수 없다거나 치유되려면 시간이 걸린다는 믿음 프로그램을 가지고 있기 때문이다.

즉각적으로 치유되지 않을 때 사람들은 다른 누군가를 탓하거나 자신의 병에 대한 책임을 다른 사람들에게 지우려 한다. 힐러는 이 같은 사실에 대해 적절히 분별할 수 있어야 하며, 진정한 힐러는 자신이 아니라 신이라는 사실을 알아야 한다. 힐러는 이 사람과 신 사이에서 일어나는 현상을 단지 목격할 뿐이다. 그러므로 힐링의 결과에 집착하지 말아야 한다.

어떤 사람들은 즉각적인 치유를 받을 준비가 되지 않아 치유가 점진적으로 이루어지기도 한다. 치유를 받아들이는 개인의 역량이 병에서 치유되는 것과 커다란 관련이 있다. 그 사람이 어떤 믿음 체계에 근거를 두고 있는지 자세히 살펴보라. 서너 달은 걸려야 나을 수 있다고 생각한다면 그 사람은 자기가 치유되려면 시간이 좀 더 필요하다고 말하고 있는 것이다. 만약 자신이 치유받을 만한 가치가 없다고 믿는다면, 병이 낫기 위해서는 먼저 이와 관련한 느낌과 믿음부터 작업할 필요가 있다. 예를 들어 누군가를 치유하면서 세포가 완전히 나아지도록 명령했지만 그 사람이 집에 돌아가서도 여전히 아프다고 해보자. 이런 경우 나는 치유에 대한 그 사람의 사고 형태가 방해를 받았다고 말하고 싶다. 그 사람은 믿음 작업이나 느낌 작업을 받아야 하며, 그렇게 하면 몸이 동의하면서 치유가 이루어질 것이다.

이미 보았듯이 치유되기를 원하는 사람이 있는가 하면, 아프기를 원하는 사람도 있다. 어떤 사람들은 여러분에게 자신의 병을 대신 부담지게 하려고 여러분을 찾아오기도 한다. 어떤 사람들은 어떤 형태로든 병이 자기에게 혜택을 주고 있기 때문에, 혹은 아픈 사람으로 사는 것이 평생에 걸친 경험이기 때문에 계속 병을 갖고 있기도 한다. 이런 사람들도 모두 창조주에게서 오는 균형 잡힌 사랑이 필요하다. 힐러의 역할은 목격자가 되는 것, 창조주에게서 오는 사랑의 통로가 되는 것이며 치유에 대한 직접적인 책임은 힐러에게 없다.

어떤 사람은 즉각적인 치유를 받아들이지 못할 수도 있다. 나아지기 위해서 비타민을 복용하거나 수술을 받아야 할 수도 있다. 그러나 여러분은 그들이 즉각적인 치유를 받을 수 있도록 준비시켜 줄 수는 있다.

즉각적인 치유를 받을 준비

즉각적인 치유를 경험할 수 있도록 어떤 사람을 준비시켜 주기 위해서는 다음이 어떤 '느낌인지' 가르쳐줘야 한다.

- 다른 사람을 용서하고 자신을 용서하는 것.
- 기쁨을 누리는 것.
- 창조주의 사랑을 갖는 것.
- 자신이 가치가 있다고 느끼는 것.
- 엄마 뱃속의 태아 시절부터 치유를 받아들일 수 있다는 것.

내가 본, 즉각적인 치유를 경험하는 사람들이 공통으로 가지고 있는 믿음과 느낌은 다음과 같다.

- "나는 신의 사랑을 받을 만한 가치가 있다는 것이 어떤 느낌인지 이해한다."
- "나는 건강해지는 것이 어떤 느낌인지 이해한다."
- "나는 사랑받는 것이 어떤 느낌인지 이해한다."
- "나는 나 자신을 사랑하는 것이 어떤 느낌인지 이해한다."
- "나는 기쁨을 누리는 것이 어떤 느낌인지 이해한다."

힐러를 방해하고 있는 믿음

다음 프로그램들을 에너지 테스트한다.

- "힐러는 악하다."(조상의 두려움)

- "심령술사psychic는 악하다."

- "치유는 두렵다."

- "치유는 의심스럽다."

- "치유에는 경계가 있다."

- "나의 치유 능력은 막혔다."

- "힐러라는 이유로 죽을 것이다."

- "신에게 가까워지기 위해 나는 고통을 겪어야 한다."

⬤▭ 치유 이해하기

사랑에 관한 프로그램

내가 어린 소녀였을 때 사람들은 늘 나에게 실망감을 안겨주었다. 나는 그들이 나를 사랑할 수 없다는 것을 알았다. 그들은 무엇이 됐든 그걸 어떻게 사랑해야 하는지도, 어떻게 사랑받는지도 몰랐다. 나는 내가 그들을 먼저 사랑해야 하고, 그때 비로소 그들도 나를 사랑하는 법을 배울 수 있다는 걸 깨달았다. 대부분의 사람들이 여러분을 잘 대해주지 못하거나 여러분에게 친절하지 못한 이유는 사랑하는 법을 모르거나 사랑하는 그 '느낌'을 모르기 때문이다.

어린 시절 나는 누군가를 사랑한다는 것은 그 사람의 나쁜 면은 보지 않고 오직 좋은 면만 보는 거라고 생각했다. 아카식 레코드에서 사람들에 관한 진실을 보고 난 후, 그리고 무조건적인 사랑에 관한 진리를 알고 난 뒤로 내 마음은 바뀌었다.

우리는 모두 사랑의 느낌을 이해한다고 생각하지만, 정말 많은 사람들이 그 느낌을 잘 모른다. "사랑받으려면 나는 계속해서 필요한 존재가 되어야 해" 프로그램을 테스트해 보라. 이 프로그램에 긍정 반응이 나온다면 "나는 사랑을 통해 조화를 이룬다" 그리고 "사랑받는 것은 안전하다" 혹은 "나는 신을 사랑하고 신은 나를 사랑한다" 프로그램을 재차 확인해 본다.

- 사랑하는 사람들에게 둘러싸여 있고 그들이 여러분을 최상이자 최선의 방법으로 사랑해 주는 것이 어떤 느낌인지에 대한 창조주의 정의를 여러분이 이해하는지 알기 위해 에너지 테스트를 한다. 다음을 심어준다. "만물의 창조주여, 나를 사랑하는 사람들에게 둘러싸여 있는 것이 어떤 느낌인지 내가 이해할 수 있기를 요청합니다."
- 지적이고 행복감을 주는 사람들, 여러분의 영을 세워주고 여러분이 날아오를 수 있도록 도와주는 사람들에게 둘러싸여 있는 것이 어떤 느낌인지에 대한 창조주의 정의를 여러분이 이해하고 있는지 확인한다. 그 대가로 여러분은 그들을 세워주고 그들이 날아오를 수 있도록 도와주게 될 것이다.

만약 여러분이 모든 사람들에게 사랑받기 위해 힐러가 되었다면 직업을 잘못 선택한 것이다. 사람들이 여러분에게 오는 것은 그들 나름의 이유가 있기 때문이다. 그들이 갖고 있는 병 때문에 올 수도 있지만, 실제로는 만물의 창조주에 관해 여러분에게서 배우려고 온다. 그들에게 여러분이 무엇을 해주길 원하는지 묻고, 그들을 돕는 데 필요한 치유 과정을 시작한다. 다음을 그들에게 심어준다.

- "나는 사랑에 대한 창조주의 정의를 이해한다."
- "나는 내 육체를 사랑하는 것에 관한 창조주의 정의를 이해한다."
- "나는 누군가가 나를 사랑하도록 허용하는 것이 어떤 느낌인지 이해한다."
- "나는 분별력과 사랑을 갖는 것이 어떤 느낌인지 이해한다."

이들 프로그램에 '아니오'라는 반응을 보이면, 신체적·정신적·감정적·영적인 모든 수준에서 창조주의 사랑을 느끼고 알게 해준다.

진실을 보라, 여러분이 보호받고 있음을 알자

방에 들어가서 그 분위기와 에너지를 느낄 때, 여러분이 직관적으로 적절히 분별할 수 있는지 확인한다. 여러분에게 있는 능력이 모두 발달하면 공기 중의 모든 박테리아와 땅 위의 모든 기생충을 감지할 수 있을 것이다. 나는 사람 몸에 있는 모든 기생충을 초자연적인 감각으로 감지할 수 있다. 그러나 내가 감지한 것에 영향을 받도록 나를 내버려둔다면 아마도 난 뻣뻣하게 굳어져서 아무것도 못하게 될 것이다.

많은 심령술사들은 신체적인 감각에 아주 민감하고 다른 이들의 감정과 상념체를 대놓고 느낄 수 있다. 역설적이지만, 우리는 초능력을 키우려고 많은 시간 애쓰다가도 막상 그게 가능해지면 다른 사람들의 생각이 너무 가혹하다는 것을 발견할 수도 있다. 그러므로 이유도 모른 채로 다른 사람들에게 기분이 상해서 그저 그들로부터 멀어지기만 원하게 될 수도 있다는 것을 염두에 두기 바란다.

여러분은 이러한 생각과 에너지를 인식할 필요는 있으나, 여전히 그런 것에 영향을 받아서는 안 된다. 진실을 알아야 할 필요는 있으나, 여전히 정상적으로 활동할 수 있어야 한다. 직관력을 가진 많은 사람들이 어떤 공간이나 세상에 있는 거친 에너지를 느끼고 싶지 않아 보호막으로 자신을 둘러싼다. 하지만 그렇게 하면 진실을 볼 수 없게 된다. 자신이 만든 방어 보호막이 진실을 걸러내기 때문이다. 만약 여러분이 지닌 에너지를 밖으로 비춘다면 어떤 것도 여러분을 건드리지 못할 것이다. 여러분이 창조주의 에너지를 발산한다면 여러분은 어떤 에너지라도 변화시킬 수 있다. 신은 여러분을 완벽하게 보호하실 것이고, 그러면 그 무엇도 여러분을 불쾌하게 하지 못할 것이다.

위로 올라가 밖으로 나가라

자신만의 공간에 머물러 벗어나지 말아야 한다고 가르치는 오래된 심령 과정psychic process이 있다. 이 가르침에 따르면 우리는 항상 자신의 주위에 '보호막'을 두르고 있어야 하며, 그 공간을 절대로 떠나서는 안 된다. 나한테는 이러한 방법이 많은 시간과 에너지를 소모하게 만들 뿐더러 그 바탕에 두려움이 깔려 있다고 느껴진다. 그보다는 여러분이 사랑을 본질로 하는 오라aura를 발산한다고 생각해 보자. 여러분에게 다가오는 부정적인 에너지가 여러분을 통과해 여러분 주변으로 흐르거나 여러분 안에서 흘러나와 사랑과 빛으로 변화되어 여러분을 채운 뒤 신의 빛으로 보내지도록 한다. 창조주와 연결되면 부정적인 상념체나 심령의 공격은 봄날 눈처럼 녹아 여러분을 깨끗하게 씻어 내려줄 순결한 물로 변할 것이다.

아래에 소개하는 창조주의 정의를 다운로드한다.

- "나는 악에 영향받지 않는다."
- "나는 공격에 영향받지 않는다."
- "나는 다른 사람들의 부정적인 생각에 영향받지 않는다."
- "나는 진실을 보는 방법을 안다."
- "나는 진실이 무엇인지 안다."
- "나는 내가 보호받고 있다는 것을 안다."
- "나는 내 생각과 다른 사람의 생각의 차이를 안다."
- "나는 창조주의 빛을 세상에 비춘다."

치유 중독증

어떤 사람들은 관심과 보살핌, 사랑을 받기 위해 병을 만들어내기도 한다는 게 나의 경험이다. 그들은 힐러에게 의존하게 되고 힐러 없이 죽을까봐 두려워한다. 내가 리딩과 힐링을 거부해야 하나 하고 고민한 의뢰인들이 있다. 그들은 내가 자신들의 삶을 대신 살아주기를 기대한 사람들이었다. 내가 쓴 비책은 그들이 한 번도 가져보지 못했던 그들 자신의 힘을 그들에게 되돌려주는 것이었다.

리딩을 받을 때마다 의뢰인의 몸에서는 엔도르핀이 쏟아져 나온다. 어쩌면 이것이 의뢰인들이 다시 나를 찾아오는 이유일지도 모르겠다.

내게 도움을 받기 위해 찾아오는 모든 사람들을 나는 존중하며, 그들이 나를 찾는 이유에 설사 내가 동의하지 않을 때에도 나는 그들을 신중하게 대한다.

과거 믿음 프로그램

과거에 종교인들은 사자에게 잡아먹히고, 힐러들은 돌에 맞거나 화형을 당했다. 만약 이것이 여러분의 과거 경험일 수도 있고 유전적으로 내려오는 기억일 수 있다고 느껴진다면, 다음을 에너지 테스트해 본다.

- "자신을 방어하는 것은 잘못된 것이다."
- "내 믿음을 시험하기 위해서 나는 죽어야 한다."
- "예수처럼 난 고통을 받아야 한다."
- "신에게 나를 증명해야 한다."

다음으로 대체한다.

- "스스로를 방어하는 것이 안전하다."
- "나는 신에게 나 자신을 증명했다."
- "나는 예수를 믿을 수 있고 여전히 스스로를 방어할 수 있다."
- "나는 인류를 위해 봉사하는 것이 어떤 느낌인지 안다."

만약 어떤 사람이 "나는 다 막혔어요. 이 일을 할 수 없어요"라고 하거든, 과거 어느 시간이나 장소에서 누군가를 돕는 조건으로 자신의 투시 능력과 치유 능력을 교환했는지 찾아본다. 이런 과거의 에너지가 정화되고 완료되어 그의 재능을 다시 돌려받을 수 있도록 위로 올라가 명령한다.

◖◗ 치유받을 준비

치유를 위해 남성을 준비시키기

치유를 돕기 위해서는 치유받을 사람의 배경을 아는 것이 매우 유용하다. 이를 통해 그가 어떤 상황에 처해 있는지 알 수 있다. 한 남성이 치유를 받기 위해 여러분을 찾아왔다고 가정해 보자. 여러분은 그의 공간에 들어가 그의 인생에서 일어나는 모든 일을 보게 된다. 그는 이혼한 지 1년이 된 40세의 남성으로 20세의 젊은 여성을 만나 막 결혼을 했다. 그는 전 부인이 차갑고 무신경하다고 생각하며, 자신이 양육비를 대는 십대 딸이 둘 있다. 좋은 직업에, 재력도 있으며, 야심으로 가득 찬 인물이다. 젊은 아내는 시골에 집을 갖고 싶어 하고, 그는 그녀를 사랑하는 마음에 주택 담보 대출을 받아 집을 장만한다. 집에는 오래된 파이프에서 나온 납 성분이 가득하고, 사용하는 우물물은 박테리아만 검사하고 중금속은 검사하지 않았다. 미량 원소인 비소와 질산염이 그 우물물 안에 있다는 걸 그가 모른다는 뜻이다. 이 집의 벽에는 곰팡이가 서식하고 있고, 납 성분이 있는 페인트가 칠해져 있다. 그런 사실을 모른 채 이 신혼부부는 그 집에 입주했고, 정신없이 빠르게 돌아가는 일들 속에서 새 아내는 낡은 집을 보수하기 시작한다.

전 부인과 새 아내 사이에서 지출은 엄청나게 늘어난다. 지출이 커진

만큼 수입을 늘리기 위해 그는 몹시 바쁘게 일을 하게 되고, 전원 주택에서 직장까지 출퇴근길에 졸지 않기 위해 커피에 의존하기 시작한다. 친구한테 기력이 떨어진다고 하소연하자 친구는 알약을 건네주며 힘내라고 위로한다. 그가 직장에서 보내는 시간이 많아지자 그의 젊고 아름다운 아내는 인테리어 디자이너와 바람을 피우기 시작한다.

한 달 남짓 바람을 피우던 젊은 아내는 자신이 남편을 진정으로 사랑하고 있음을 깨닫고 인테리어 디자이너와 결별한다. 후회하는 마음으로 그녀는 남편에게 사실을 고백한다. 한동안 상처받고 분노하던 남편은 마침내 아내를 용서하기로 마음먹는다. 불행하게도 그 인테리어 디자이너는 헤르페스herpes(헤르페스 바이러스로 인한 감염 질환으로 입술이나 성기 주변 등 피부 점막에 포진이 발생한다—옮긴이)를 두 사람에게 선물로 남겼다. 설상가상으로 우리 주인공의 두 딸 중 한 명은 임신을 하기에 이르렀고, 전 부인은 돈과 지원을 요구하며 끊임없이 그를 괴롭힌다. 이젠 밤에 잠도 잘 수 없게 된 그는 수면제를 처방받기 위해 의사를 찾아간다.

그래서! 이렇게 우리의 주인공은 중금속에 중독되고, 숨을 쉴 때마다 곰팡이를 들이마시며, 각성제와 신경안정제를 복용하고, 헤르페스에 걸려 몸이 감당하기 벅찬 스트레스를 받고 있다. 몸은 과부하 상태가 되었고, 이 모든 독소와 감정을 한 곳으로 몰아넣었다. 바로 전립선암으로.

결국 그는 치유를 받기 위해 여러분을 찾아온다. 그가 자신의 삶을 지각하려면 도움이 필요하다. 첫째로, 그에게 사랑받는 것이 어떤 '느낌인지' 가르쳐야 한다. 어쩌면 그는 자기가 사랑하는 사람들은 전부 자신을 배신할 거라고 '느낄' 수도 있다. 그에게 자신이 사랑받을 자격이 있음을 가르쳐야 한다. 건강하고 균형 잡힌 삶이 어떤 '느낌인지' 가르쳐야 한다.

또한 약물 중독은 말할 필요도 없고, 중금속과 곰팡이를 몸에서 제거해야 한다. 여러분은 창조주가 이 사람을 치유하는 것을 목격할 수 있다. 그러나 다른 모든 요인들이 균형을 이루지 않는다면 암은 재발할 수 있다.

치유를 위해 여성을 준비시키기

한 여성이 치유를 받기 위해 여러분을 찾아온다. 그녀의 공간으로 들어가자 여러분은 그녀의 인생에서 일어나는 모든 일을 보게 된다. 그녀는 이혼한 지 1년이 된 40세의 여성으로, 그녀의 남편은 20세의 젊은 여성과 재혼을 했다. 그녀는 전남편이 둔감한 돼지 같은 사람이라 여기고, 그의 새 부인을 싫어한다. 그녀에게는 십대 딸이 둘 있고, 이 아이들은 거의 전적으로 그녀가 돌봐야 한다. 그녀는 한 번도 꾸준하게 일해본 적이 없는데, 이제는 그렇게 해야 하는 처지가 되었다. 이혼으로 그녀는 큰 집을 갖게 되었으나, 여전히 갚아야 할 빚이 있다. 십대 딸들이 제멋대로 행동하자, 그 아이들을 지켜보기 위해 애증 관계에 있던 자신의 어머니를 불러들인다.

이른 시간에 일을 시작해 늦게 마치다 보니 운전하고 집으로 돌아올 때 졸지 않기 위해 에페드린 약을 복용하기 시작한다. 한 친구에게 기운이 없고 살이 쪘다고 불평을 늘어놓자 친구는 알약을 주며 도와주려 한다. 화학 공장에서 비서로 일하다 보니 그녀는 가끔씩 위험한 연기에 노출되곤 한다. 그녀는 이혼으로 인한 상처를 위안받고 싶은 마음에 직장에서 한 남자와 사랑에 빠지는데, 나중에 알고 보니 상대는 유부남이다. 그의 이름을 피터Peter라고 해보자.

마음에 상처를 받고 죽어서도 풀리지 않을 정도로 화가 난 이 여성은 다시는 어떤 남자도 가까이하지 않겠다고 맹세한다. 불행하게도 피터는 그녀에게 클라미디아(성병의 일종—옮긴이)라는 이별의 선물을 남겼다. 엎친 데 덮친 격으로 딸아이 하나가 임신을 하게 되고, 전남편에게 돈과 지원을 요구하며 계속 졸라대지 않을 수 없는 상황이 되었다. 이제 밤에 잠도 제대로 못 자게 된 그녀는 의사에게 가서 항생제(클라미디아 치료용)와 수면제를 처방받는다.

그래서! 이렇게 우리의 여주인공은 화학 물질에 중독되고, 각성제와 진정제를 복용하며, 클라미디아에 감염되고, 내면의 증오에 시달리는 등 몸이 감당할 수 없을 만큼 커다란 스트레스를 받고 있다. 몸은 과부하 상태가 되었고, 급기야 이를 통제하기 위해서 모든 독성분과 감정을 모아 한 곳에 응축시킨다. 바로 난소암으로.

결국 그녀는 치유를 받으려고 여러분을 찾아온다. 먼저 여러분은 그녀에게 사랑받는 것이 어떤 '느낌인지' 가르칠 필요가 있다. 어쩌면 그녀는 자기가 사랑하는 사람들은 전부 자신을 배신할 거라고 '느낄' 수도 있다. 그녀에게 사랑받을 자격이 있음을 가르쳐라. 건강하고 균형 잡힌 삶이 어떤 '느낌인지' 가르치고, 내부에 있는 증오심을 모두 풀어내야 한다. 또한 직장을 바꿔야 하고, 약 복용도 중단해야 할 것이다. 여러분은 창조주가 이 사람을 치유하는 것을 목격할 수 있다. 그러나 다른 모든 요인들이 균형을 이루지 않는다면 암이 재발할 수 있다.

> Θ 흥미로운 일은 두 사람 다 개별적으로 나와 세션을 하고 있다는 것을 서로 모르면서 내가 이혼한 이 커플의 리딩을 했다는 것이다.

힐러의 본질

일반적으로 말해, 내가 세타힐링을 가르치면서 만나온 힐러들은 두 부류로 나뉜다. 모든 사람을 섬기는 사람들과, 자신이 능력 있는 힐러가 되면 모든 사람이 자신을 섬길 거라고 생각하는 사람들이다.(그런데 둘 다 문제가 있다!)

첫 번째 유형은 자기에 대한 사랑을 잊은 사람들이다. 그들은 길을 잃고 외로운, 도움이 필요한 영혼을 끊임없이 찾고 있다.(이는 풀타임 직업이 될 수도 있다.) 이들은 인류 전체를 도와주고 싶어 하며, 다른 이들이 다쳤을 때 울고 싶어 한다. 다른 사람들이 자신을 함부로 대해도 그냥 내버려둔다. 다른 사람을 도와주느라 너무 바빠 자신을 지키는 경계선도 하나 긋지 못한다. 일반적으로 이들은 자신을 사랑하는 것이 어떤 '느낌인지' 알지 못하거나, 신이 자신을 사랑하고 있다는 걸 알지 못한다. 결국 몸에 영향을 받게 되고, 자기에게 사랑이 필요할 때 자신이 몹시 외롭다는 것을 발견하게 된다. 이런 부류의 사람들에게 위험한 것은 단순히 사랑을 받기 위해 아플 수 있다는 것이다.

두 번째 부류의 힐러는 그 저울의 반대편에 있다. 그들은 세상이 그들을 숭배하고 동경하기를 바란다. 자신을 사랑하는 것은 좋지만, 자신만 너무 사랑한 나머지 다른 사람을 사랑하는 것은 잊어버린다. 이런 유형의 사람은 오직 자기 자신만을 위하는 만큼, 다른 이들도 자기를 섬기고 사랑해 주기를 바라게 된다. 그들은 다른 사람을 사랑하고 신을 사랑하는 것이 어떤 '느낌인지' 이해할 필요가 있다.

이와 같이 기본적인 두 부류의 사람들은 동일한 느낌을 가지고 있지만 그 동기는 완전히 다르다. '과도하게' 도와주려는 부류와 '미흡하게'

돕는 부류가 있다. 그날의 기분과 상황에 따라서 여러분은 이 두 부류 중 어느 하나에 속할 수도 있다. 균형을 잡는 것이 핵심이다. 이 두 유형의 힐러들은 모두 자기 자신을 잊지 않으면서도 인류에 대한 봉사와 사랑 또한 소홀히 하지 않는, 그 중간 어딘가에서 합의점을 찾아야 한다.

18

죽음, 입문 그리고
죽음의 문

진정으로 직관력을 갖춘 사람은 주변 세계, 특히 다른 사람의 느낌과 감정에 민감하다. 우리는 마치 광산 갱도의 카나리아와 같아서(탄광 속의 카나리아가 갱도의 붕괴 조짐을 미리 알려주는 것처럼, 위기 상황을 조기에 예고해 주는 역할을 한다는 의미이다—옮긴이) 주변의 유독한 영향의 결과를 먼저 감지하게 된다. 이러한 영향은 물질적일 수도 있고 형이상학적일 수도 있다. 만약 이러한 것에 영향받지 않는 법을 배우지 못하거나 이러한 것을 풀어내는 법을 배우지 못하면, 민감한 사람들은 물질적인 면이나 형이상학적인 면 모두 해를 입게 된다. 힐링을 할 때 타인의 감정과 느낌이 감당하기 어려울 수 있으며, 특히 그들이 불치병에 걸렸다는 말을 들을 때는 더 그렇다. 죽음에 대해 보이는 이러한 감정적 반응들은 우리를 살아있게 할 수도 있지만 우리의 죽음을 재촉할 수도 있다.

⬤ 살고자 하는...... 그리고 죽고자 하는 의지

나는 늘 죽음보다는 삶을 옹호해 왔다. 살아오면서 내가 죽음을 모면한 것만 해도 그 숫자를 헤아릴 수 없을 정도이다. 나는 수천 번의 힐링을 목격하면서 어떤 사람들은 치유받기를 원치 않는 지점에 도달한다는 사실을 마침내 깨닫게 되었다. 이것은 삶이 지닌 차갑고 냉혹한 사실임에 틀림없다. 치유받기를 바라지 않는 사람을 치유할 수는 없다. 마치 오리의 등줄기를 따라 굴러떨어지는 물방울처럼 힐링의 에너지가 그들에게서 굴러떨어질 것이다.

만일 의뢰인이 몸의 어느 부위에서든 힐링을 받아들이지 않는다면 여러분은 그것을 감지할 수 있을 것이다. 바로 이때가 그들에게 진정으로 낫기를 원하는지 아닌지 물어야 할 시점이다. 만약 낫기를 원하지 않는다면 그냥 그 사실을 받아들인다. 죽음을 앞둔 일부 사람들은 그렇게 되기를 원한다. 여러분은 이 점을 허용해야 한다.

다음은, 이원성의 싸움에서 죽음에 대항하는 것이 내가 아니라는 사실을 어떻게 깨달았는지 보여주는 두 가지 예이다. 죽음은 우리의 적이 아니라 만물 그 자체의 또 다른 부분이다.

타인을 위해 살아가는 삶

나에게는 암으로 투병하고 있는 절친한 친구가 있었다. 나는 그를 무척이나 사랑하게 되었다. 세타 기법을 처음 개발하기 시작할 무렵 그는 힐링을 받기 위해 정기적으로 우리를 찾아왔다. 작업을 하면서 그에게 생기는 변화를 볼 수 있었지만, 나는 또한 그가 낫기를 원하지 않는다는 것도 느낄 수 있었다. 이런 느낌을 두고 마침내 그와 정면으로 맞닥뜨리게 되었다. 그가 나에게 이렇게 말했다. "비안나, 나는 내 인생을 살아오면서 나름 쓸모가 있는 사람이었지. 하지만 난 이제 70대이고, 아무도 나를 원하지 않아. 난 이 삶에 지쳤고, 뭔가 다른 것을 향해 나아가고 싶어. 힐링을 받으러 오는 이유는 내가 나아지려 노력하고 있다고 아내가 생각하도록 하고 싶어서일 뿐이야."

여러분은 여러분이 힐링 작업을 하고 있는 그 사람의 동기를 이해해야 한다. 그들이 낫고자 하지 않는 것은 여러분의 잘못이 아니다. 치유는 여러분이 아닌 창조주에게서 오는 것이기 때문에, 여러분은 결코 죄책감을 가져서도 안 되고 치유를 원치 않는 사람 때문에 어떤 비난을 받아서도 안 된다.

셸리: 믿음 작업의 스파크

이 이야기는 용기, 살고자 하는 의지, 죽고자 하는 의지, 그리고 내가 어떻게 죽음을 받아들이는 법을 배웠는지에 대한 이야기이다.

나는 내 사무실에 오는 모든 사람에게 무언가를 배운다. 내 인생에 진정으로 영향을 끼친 많은 사람을 만났지만, 그중에서도 가장 깊은 인상을 남긴 사람은 셸리Shelly였다. 그녀가 내 인생에 등장하기 전까지 나는 죽음에는 '맞서야' 한다고 생각했다. 내가 죽을 뻔한 적도 있었기에, 나는 내가 도와줄 수 있다면 어떤 의뢰인도 죽노록 내버려두지 않을 작정이었다. 셸리가 다른 관점을 보여주기 전까지 나에게 죽음은 적이었다.

셸리는 좀 남다른 사람이었다. 그녀는 세 살배기 쌍둥이 딸이 있는 싱글맘이었다. 그녀는 몸 여러 군데에 양성 종양과 악성 종양을 일으키는 희귀한 형태의 유전성 암이 있었다. 실제로 이 병은 너무나 희귀한 것이라서 의사들도 그녀를 무료로 치료해 주고 있었다. 의사들은 그녀가 받은 모든 수술과 몸에 있는 모든 종양에도 불구하고 그녀가 살아있다는 사실에 놀랐다.

처음 내가 그녀를 만났을 때 그녀는 뇌에 있던 종양을 제거하는 수술을 막 받은 뒤였다. 종양을 제거할 때 외과 의사들은 그녀의 두개골 일부를 티타늄으로 만든 판으로 대체해야 했다. 불행하게도 그녀는 티타늄 판에 부작용을 일으켜 포도상구균에 감염되었고, 결국 판을 다시 제거해야 했다. 의사들은 피부를 접어서 두개골에 뚫린 구멍을 덮었고, 그녀에게 머리를 부딪치지 않도록 조심하라고 당부했다.

그 당시 그녀는 신장에도 종양이 많아서 의사들은 이를 제거하기를 원했다. 이렇게 많은 종양이 있음에도 그녀의 신장이 여전히 잘 작동하고 있다는 사실을 난 잘 이해할 수 없었다. 하지만 의사들은 셸리의 폐에 종양이 너무 많아서 신장을 제거하기가 불가능하니 먼저 폐에 있는 종양의 크기를 줄이자고 했다. 그래서 매일 투여할 수 있는 새로운 약을 처방했는데, 그러다 보면 몸이 너무 아파서 병상 신세를 지게 될 거라고 했다.

이것이 내가 처음 그녀를 만났을 때 그녀에게 일어나고 있던 일이었다. 우리는 반복적으로 힐링을 했고, 약을 복용하는 중에도 그녀가 일어서서 생활할 수 있었던 것으로 봐 힐링이 도움을 준 것은 분명했다. 그녀가 나아지는 것을 보는 것은 내게도 정말 놀라운 경험이었다.

셸리는 담배를 피웠고, 난 계속해서 그녀에게 담배를 끊으라고 권했다. 그녀는 무미건조한 유머로 나에게 말했다. "글쎄, 비안나. 난 담배 피우는 걸 좋아해."

이것은 우리가 믿음 작업을 하기 전에 있던 일이다. 사실, 믿음 작업을 개발하게끔 내게 영감을 준 사람이 바로 셸리였다. 셸리와 세션을 하면서 믿음을 뽑아내는 방법을 발견하게 되었으니 말이다.

셸리는 한 번씩 힐링을 받으러 왔다 가고, 그러고 나면 또 한동안은 나타나지 않았다. 그런 식으로 시간이 한참 흘렀다. 그러는 사이에 그녀는 주州 전역을 누비며 여행을 다녔고, 또 돌아와서 나에게 그 모든 것을 이야기해 주었다. 아이다호 주와 그 주변에 아름다운 곳이 얼마나 많은지 미처 깨닫지 못했다고 이야기해 주기도 했다. 그녀는 어린 딸들을 옐로스톤 공원과 달의 분화구Craters of the Moon(둘 다 미국 아이다호 주에 있는 국립 공원—옮긴이) 등으로 데려가곤 했다. 그녀는 이 모든 것들을 시험 단계의 약을 복용하면서 하고 있었다.

셸리와 그녀의 여동생은 내 남편 가이가 아메리칸 원주민 인디언의 '천막에서 행하는 땀을 흘리는 정화 의식sweat lodge ceremony'을 주관한다는 것을 알고 있었다. 그들은 나에게 그 경험을 해보고 싶다고 했고, 이에 가이도 동의했다. 가이는 의식을 진행하는 동안 셸리의 가족과 친구에게 그녀를 위해서 기도해 달라고 당부했다. '땀을 흘린다sweat'는 의미가 무엇인지 아는 사람들은 이해하겠지만, 그 의식은 육체적으로 굉장히 힘든 작업이다. 그러나 셸리는 아무렇지도 않게 해냈다. 이때 그녀의 건강 상태는 정말 놀라웠다.

그러던 어느 날 셸리가 내 사무실에 왔을 때 나는 그녀에게 무언가 변화가 생겼음을 느낄 수 있었다. 그녀가 온 것은 내가 점심을 먹고 있을 때였다. 당시 나는 청구서를 지불하려면 하루에 스무 명의 의뢰인을 봐야 했고, 딸 바비와 내가 밥을 먹을 수 있는 시간은 고작 30분 정도였다.

그래서 내가 가능할 때, 정오 무렵에 그녀는 주로 힐링을 받으러 왔다.

뭔가 달랐던 그날, 그녀가 책상에 앉더니 이야기를 시작했다. "알다시피, 비안나, 인생은 얏지Yatzee 게임(주사위 게임의 일종—옮긴이) 같아."

내가 말했다. "정말?"

그러자 셸리가 대답했다. "응, 알잖아, 내 전남편이 사지마비 환자였다는 거. 내가 알던 그 누구보다도 정말 괴팍한 사람이었지. 나는 남편이 잠에 곯아떨어지길 기다리면서 내 룸메이트와 얏지 게임을 하곤 했었어. 남편이 사지마비 환자인데 그를 떠나는 건 잘못되었다고 생각했지. 그렇지만 마침내 나는 더 이상 참을 수 없어서 그를 떠났어. 내가 임신한 것을 알고는 아이들 아빠가 나를 떠났고, 그래서 나는 거기에 앉아서, 쌍둥이를 임신한 채 또다시 룸메이트와 함께 얏지 게임을 했지. 이제 난 엄마하고 살고 있고, 의사들은 내가 일하면 안 된다고 말해. 그들은 내가 너무 아프니까 일할 수 없다고 그러고, 그래서 난 집에서 매일 밤마다 엄마하고 얏지 게임을 하면서 지내." 그녀가 나를 쳐다보며 말했다. "비안나, 이제 얏지 게임하는 게 너무 지겨워."

그렇게 말하더니 책상에서 뛰어내려 나를 꼭 안아주고는 문 밖으로 사라졌다. 나는 속으로 생각했다. "셸리와 세션을 해야 돼. 뭔가 이상해."

2주 뒤에 사무실로 전화 한 통이 왔다.

"비안나인가요?"

"네."

"비안나, 저는 셸리 여동생이에요. 셸리가 죽어가요. 언니가 저에게 작별 인사를 하고 싶은 사람들 이름 목록을 줬어요. 그 목록에 있는 마지막 사람이 바로 당신이네요. 성은 없고, 이름밖에 없어서요, 그래서 주변 사람들한테 다 물어봤어요. 당신을 찾으려고요. 결국 찾았네요. 셸리에게 작별 인사하길 원하세요?"

울먹이며 내가 말했다. "네, 당연하죠. 작별 인사하고 싶어요."

셸리의 여동생이 집으로 가는 길을 알려주었다.

셸리의 집으로 가는 길에 나는 내 딸 바비, 그리고 두 살배기 손녀딸 제날레아Jenaleighia(줄여서 제나)를 데리고 갔다. 바비가 함께 가고 싶어 해서였다. 주유를 하기 위해 차가 멈췄고, 바비는 내 차에 휘발유를 넣으려고 나갔다. 나는 유아용 보조 의자에 안전벨트를 매고 앉아 있는 제나와 단둘이 차 안에 남아 있었다. 제나는 어려서부터 말을 잘했다. 뒷자리에서 얼굴을 내밀고 제나가 말했다. "할머니, 뭐해?"

나는 얼굴을 돌려 아이를 바라보며 설명했다. "우리는 지금 셸리 집에 가는 거야. 우리는 가서 셸리에게 힐링을 해줄 거야."

제나가 나에게 물었다. "내가 도와줄까요?"

내가 말했다. "그럼, 물론 도와줄 수 있지."

제나는 눈을 감고 한동안 가만히 있었다. 나는 아이가 잠에 빠진 줄 알았다. 이윽고 아이가 눈을 뜨더니 말했다. "자, 이제 셸리는 괜찮아요. 다 됐어요! 다 됐어요, 할머니. 셸리는 죽어가요."

이상하다는 생각이 들었다. 두 살짜리 아이가 '죽는다는 것'을 안다는 것도 너무나 충격적이었다.

일러준 대로 길을 따라가자 셸리가 누워서 죽어가고 있는 그 집이 나왔다. 나는 셸리가 모르핀으로 인한 혼수 상태에 빠져 있었고, 그녀의 지시로 음식도 물도 없이 지내고 있다는 것을 알게 되었다. 여동생은 만약 이틀 전에만 왔어도 셸리에게 의식이 있었을 거라고 했다. 여동생은 며칠 전 오토바이 족이 거리를 오르락내리락 하며 소란스럽게 하고 있었을 때의 이야기를 나에게 들려주었다. 셸리가 여동생에게 문 쪽으로 자신을 부축해 달라고 부탁하더니 자신이 입고 있던 실내용 가운을 휙 열어젖혀 소란을 피우던 그들을 향해 자기 몸을 보여주더라는 것이다. 셸리는 그런 특이한 성격의 소유자였다!

바비는 참지 못하고 흐느껴 울고 있었고, 나는 제나가 눈물을 닦아주며 이렇게 말하는 것을 보았다. "엄마, 울지 마. 이제 거의 다 끝났어."

바로 그 순간, 나는 셸리가 더 이상 살고 싶어 하지 않는다는 걸 깨달았다. 그녀에게 죽음은 씁쓸한 괴로움이 아니라 해방이었다.

나는 침대에 누워 있는 셸리 옆에 앉아서 나의 공간을 넘어 위로 올라가 그녀를 살펴보았다. 그녀의 영이 그녀의 몸 위로 떠올라 있는 것이 보였다. 그녀가 나를 보고 말했다. "비안나! 빛이 어딨지? 빛을 찾을 수가 없어."

내가 그녀에게 말했다. "괜찮아, 셸리. 바로 여기에 있어." 나는 그녀에게 만물의 창조Creation로 이끌어주는 거대한 빛의 기둥을 보여주며 작별 인사를 했다. 내 친구를 위해서 할 수 있는 것을 다 하고 나는 눈물을 글썽이며 그 집에서 나왔다.

그날 이후로 나에게 죽음은 더 이상 나쁜 일이 아니었다. 죽음은 그저 죽음일 뿐이다. 이런 사실이 죽은 사람을 그리워하는 것까지 해결해 주지는 않지만, 나는 때로 죽음이라는 것이 환영받는 친구와도 같다는 것을 알게 되었다.

셸리의 삶과 죽음으로 인해, 또 이미 세상을 떠난 다른 많은 사람들 덕분에, 우리는 믿음 작업을 개발시켜 나아갈 수 있었다. 병을 앓는 사람들이 자신과 주변 세상에 대해 갖고 있는 느낌을 바꿀 수 있는 방법을 찾기 위해 얼마나 많은 밤들을 울며 기도하며 머리를 쥐어짜면서 지새웠는지 말로 다 표현할 수 없다. 그러면서 믿음 작업과 느낌 작업이 우리에게 왔으며, 나는 비로소 사람들에게 도움을 줄 수 있다고 느끼게 되었다. 이 작업들 덕분에 나는 더 많은 사람들이 삶을 되찾도록 도와줄 수 있다. 모든 사람을 죽음에서 구할 수는 없겠지만, 적어도 죽음을 준비할 수 있도록 도와줄 수는 있다.

⬤○ 죽음의 문

죽음의 문은 집으로 돌아갈 수 있도록 창조주가 우리에게 준 기회이다. 이러한 기회를 맞았을 때 우리는 이를 승낙할 수도 있고 거부할 수도 있다. 이 선택은 상위 자아higher self에게 주어지고, 거기에서 영혼soul에게 전달된다. 영혼은 우리가 신의 빛으로 갈 것인지 아닌지를 선택한다.

죽음의 문을 거절할 때 우리의 인생에 변화가 생기며 우리는 영적으로 성장하게 된다. 우리의 직관력 또한 더욱 발달하게 된다. 이 같은 과정을 겪으면서 새로운 수호 천사가 우리에게 할당되기도 한다. 이것이 바로 진보의 시작이다.

죽음의 문을 반복적으로 경험하는 사람인 경우, 죽음이나 영적인 성장, 창조주에 관한 부정적인 프로그램이 있을 수 있다. 이러한 프로그램을 바꾸기 위해서는 믿음 작업을 활용해, 최선이 아닌 프로그램을 에너지 테스트하여 뽑아내고 대체한다.

⬤◯ 영혼의 어두운 밤

'영혼의 어두운 밤dark night of the soul'은 십자가의 성 요한Saint John of the Cross(중세 시대 스페인 출신의 신비주의자로, 훗날 성인으로 추앙받았다—옮긴이)의 저술에서 유래한 개념이다. 이 저술(《영혼의 어두운 밤》이라는 제목으로 출판되었다—옮긴이)은 성 요한이 자신이 갖고 있는 믿음 때문에 자기가 속한 기독교 교단에 의해서 수개월 동안 지하 감옥에 갇혔던 1547년에 쓴 것이다. 갇혀 있던 방의 그 어둠 속에서 그에게 남겨진 것이라곤 오직 신밖에 없었다. 엄청난 고통과 박탈감을 통해서 신과 더 가까워지는 고차원 의식을 얻을 수 있다는 이 개념은 이제 집단 의식의 주류로 자리를 잡았다.

영혼의 어두운 밤을 경험한다는 것은 불길한 말처럼 들린다. 그렇지만 직관적이거나 영적 성향을 가진 많은 사람들이 고차원 의식을 향해 나아가는 과정에서 이 현상을 경험하는 것 같다. 그리고 어두운 밤을 겪고 나면 자신의 참된 본성 속에 있는 심오한 기쁨을 발견하게 되는 듯하다.

어두운 밤을 지나고 있는 사람들에게는 고통이 마치 끝이 없는 것처럼 느껴질 수 있다. 그것은 빛도 희망도 없는 끝없는 나락과도 같다. 그 사람은 깊은 외로움을 느낀다. 삶 속에서 커다란 어려움을 경험하며 자신의 가장 큰 두려움에 직면하게 된다. 그들이 이런 커다란 어려움들을 '만들어내는' 이유는 그렇게 하는 것만이 자신이 영적으로 성장해 가는 유일한 길이라고 알고 있기 때문이다.

많은 경우 영혼의 어두운 밤은 일생에 단 한 번 겪는다. 이는 영혼이 카르마를 통해 성장하는 도구로 이용되기도 한다.

다음을 에너지 테스트한다.

- "나는 영혼의 어두운 밤을 겪고 있다."

다음으로 대체한다.

- "나는 신에게 완전히 받아들여지는 것이 어떤 느낌인지 이해한다."
- "나는 신에게 완전히 받아들여지는 법을 안다."
- "나는 신에게 완전히 받아들여져 매일매일 살아가는 법을 안다."
- "나는 신에게 완전히 받아들여지는 것에 대한 만물의 창조주의 관점을 안다."
- "나는 신에게 완전히 받아들여지는 것이 가능하다는 것을 안다."

다음을 에너지 테스트한다.

- "나는 고통을 만들어내지 않으면서 영적으로 진보해 나아가는 법을 안다."
- "나는 만물의 창조주에게 가까워지기 위해서 나의 감각 중 하나를 희생해야 한다."

다음으로 대체한다.

- "나는 만물의 창조주와 항상 연결되어 있다."

다음을 에너지 테스트한다.

- "나는 만물의 창조주에게 가까워지기 위해서 고통을 겪어야 한다."

다음으로 대체한다.

- "나는 고통받지 않으면서 사는 법을 안다."

다음을 에너지 테스트한다.

- "나는 내가 만물의 창조주를 사랑하는 것을 증명하기 위해서 죽어야 한다."

다음으로 대체한다.

- "만물의 창조주는 나를 무조건적으로 사랑한다."

19

수호 천사

수호 천사guardian angel는 특정한 사람을 보호하고 이끌어주기 위해 파견되는 영spirit이다. '천사'의 개념은 역사에 기록된 바로는 수메르Sumer 시대(세계에서 가장 오래된 문명으로, 대략 BC 5500~4000년 사이에 현재의 메소포타미아 남부 지역에 존재했다—옮긴이)까지 거슬러 올라가며, 역사 전반에 걸쳐 널리 퍼져 있는 믿음 체계이다. 창조주가 영을 보내 각각의 개인들을 보살핀다는 믿음은 고대 그리스 철학과 구약 성경에서도 흔히 볼 수 있으나, 그다지 구체적으로 언급되지는 않는다. 신약 성경에서는 다음과 같이 어린아이들이 수호 천사의 보호를 받고 있다는 예수의 말이 잘 기록되어 있다.

"너희는 이 보잘것없는 사람들 가운데 누구 하나라도 업신여기는 일이 없도록 조심하여라. 하늘에 있는 그들의 천사들이 하늘에 계신 내 아버지를 항상 모시고 있다는 것을 알아두어라."(《마태복음》 18: 10, 공동번역개정판)

나는 수호 천사 경험이 셀 수 없을 정도로 많다. 좋은 예로 몇 년 전 한 여성을 리딩하는 중에 일어난 일이 있다. 나는 이 여성을 보살피고 있는 아주 강한 여성스러운 영을 느낄 수 있었다. 내가 그녀의 공간에 들어갔을 때 나는 이 영이 그녀의 수호 천사라는 말을 들었다. 수호 천사는 나에게 "그녀 아들이 죽었을 때 내가 그녀를 꼭 안아주었다고 말해줘"라고 했다. 내가 이 말을 전해주자 그녀는 울음을 터뜨렸다. 마음을 추스른 뒤 그녀는 내게 수년 전 아들이 죽었다는 이야기를 들려주었다. 그때 마음이 너무나 아프고 슬퍼서 방에 들어가 걷잡을 수 없이 울기 시작했는데, 그 순간 누군가 마치 그녀를 두 팔로 감싸고서 앞뒤로 부드럽게 흔들어주고 있는 것같이 느꼈다는 것이었다. 그 순간 이후로 그녀는 자신이 혼자가 아니라는 걸 알았고 기분도 나아졌다고 했다.

나는 수호 천사들이 우리에게 주는 이 놀라운 지지에 늘 감동을 금치 못한다. 나는 인류가 알고 있는 모든 종교, 모든 민족, 모든 사람에게서 이 수호 천사를 발견했다. 모든 사람에게는 적어도 두 명의 수호 천사가 있는데, 한 명은 남성이고 다른 한 명은 여성이다. 나는 모든 사람에게는 이렇게 적어도 둘에서 보통은 네 명의 수호 천사가 있다는 것을 알게 되었다. 모든 수호 천사에게는 각각 특정한 이름과 독특한 에너지가 있다. 나는 이 수호 천사들이 항상 서로의 의견에 동의하거나 서로 잘 맞는 것은 아니라고 배웠다. 그렇지만 그들은 진심으로 그 사람에게 최상의 이

익이 되는 것만을 추구한다는 것도 알게 되었다.

수호 천사는 자기가 맡고 있는 사람들이 죽음의 문을 통과하기를 거부하지 않는 한 절대로 그들을 떠나지 않는다. 이미 언급했듯이 그 지점에서 그들의 인생이 바뀌고 진보하게 되며, 따라서 그들에게 새로운 수호 천사가 지정될 수 있다.

그 사람이 영혼의 어두운 밤을 지날 때 수호 천사가 떠날 수도 있으며, 이때 그 사람의 삶을 함께 걸어갈 새로운 수호 천사로 교체되기도 한다.

그 반면 길잡이 영spirit guide은 네 번째나 다섯 번째 단계에서 오는 조금 다른 부류의 천사로, 필요에 따라 오거나 떠날 수 있다. 사람들은 동시에 아주 많은 길잡이 영들을 가지고 있을 수도 있다. 한 사람의 공간에 많게는 20명 이상의 길잡이 영이 있을 때도 있다. 이것은 그 사람이 중대한 변화가 일어나는 과도기에 있거나 자신의 인생 목적을 이루어가기 시작하는 순간에 있음을 나타내는 신호이기도 하다.

만약 어떤 순간에든 수호 천사나 길잡이 영이 두 살배기 아기와 같은 모습으로 나타난다면, 여러분은 그 사람의 인생 속에 태어나기를 기다리는 아이를 보고 있을 가능성이 크다. 이들은 그 사람의 왼쪽 편(여러분이 그 사람을 마주보고 있다면 여러분의 오른쪽)에 나타날 것이다. 이들은 그들에게 태어나거나 아니면 그들과 아주 가까운 사람에게 태어날 자식이나 손주일 것이다.

수호 천사에게 받는 모든 정보는 창조주를 통해 성화되어야 한다. 천사와 길잡이 영은 옳고 그름에 대한 자신만의 의견을 갖고 있기 때문이다. 그들이 비록 여러분에게 최상의 이익이 되는 것만을 진심으로 추구한다 할지라도, 순수한 진실은 오직 창조주에게만 있다.

천사에게 어떤 구체적인 도움이나 치유를 요청한다면, 존재의 다섯 번째 단계의 규칙을 따라야 한다는 의무를 갖게 된다. 이 단계에 정해져 있는 환영幻影에 따라 치유에 상응한 거래가 이루어져야 하는 것이다. 그렇지만 존재의 일곱 번째 단계로 올라가서 같은 것을 요청하면, 만물의 창조주는 다섯 번째 단계에 있는 천사를 보내 그 일을 성사시키게 되므로, 여러분은 다섯 번째 단계의 규칙에 구속받지 않게 된다. 이 것은 천사를 폄하하는 것이 아니다. 천사의 에너지를 경험하는 것은 정말 멋진 일이다.

◖◗ 수호 천사에 관한 원칙

- 수호 천사는 인간의 영, 조상, 동물 토템, 영, 요정 또는 자연의 영으로 나타날 수 있다.
- 사람들은 주로 네 명의 수호 천사를 가지고 있다.
- 길잡이 영은 수호 천사와는 다르다. 길잡이 영은 그 사람이 살고 있는 세상을 들락거리는 반면, 수호 천사는 죽음의 문이 열리거나 그 사람이 영혼의 어두운 밤을 지나기 전까지는 항상 함께한다. 죽음의 문이 열릴 때는 더 고차원의 수호 천사가 보조해 주러 오게 된다. 이와 같이 우리는 우리의 공간 안에 결코 혼자 있지 않으며, 우리를 도와주는 손길과 항상 함께하고 있다.
- 수호 천사 기법(322쪽 참조)은 각 개인의(또는 여러분 자신의) 수호 천사와 접촉할 수 있도록 해주고, 또 그 개인의 삶 속에 어린아이가

등장하는 때를 보여주기도 한다. 아기나 어린 사람의 모습을 한 영은 그 사람의 왼쪽에 나타난다.

• 수호 천사와 떠도는 영(20장 참조)의 차이점을 알아보려면 보고 들은 것을 창조주에게 확인해야 한다. 수호 천사는 신에게 정보를 확인하는 것을 기뻐할 것이고, 떠도는 영은 성질을 부릴 것이다. 기억해야 할 것은 수호 천사와 다른 영들 모두 자신의 의견을 가지고 있으며, 그 의견은 순수한 진실이 아닐 수 있다는 것이다.

⬤▶ 수호 천사와 접촉하기

수호 천사 기법guardian angel technique은 우리 주변에 항상 존재하고 있는 영의 세계를 소개해 주는 것이다. 이 기법에서 가장 중요한 면은 만물의 창조주의 음성과 하급 영의 음성 간에 다른 점을 드러내 보여준다는 것이다. 이 기법은 또한 우리의 영적인 세계나 우리의 전자기 오라 장에 우리가 홀로 존재하는 것이 아님을 보여준다.

이 연습은 또한 리딩을 할 때 여러 가지 다른 에너지를 분별할 수 있도록 훈련할 기회를 제공해 주며, 또한 긍정적인 영과 부정적인 영의 에너지와 음성의 차이점을 인식할 수 있도록 도와준다.

수호 천사와 만나서 이야기하는 과정을 진행할 때 여러분은 이전의 기법들과 동일한 단계를 밟아가되 약간의 변화만 줘서 사용하면 된다.

수호 천사 기법

1 그 사람의 수호 천사를 만나기 위해 동의를 구한다.

2 마음의 공간에 집중한다. 만물 그 자체의 일부인 어머니 지구의 중심으로 내려가는 모습을 시각화한다.

3 발바닥을 통해 지구의 에너지를 끌어올린 다음 이 에너지가 모든 차크라를 열면서 위로 올라가는 모습을 시각화한다. 왕관 차크라를 통해 위로 올라가 아름다운 빛의 공 안에 있는 상태로 우주 공간 속으로 날아간다.

4 우주의 끝을 넘어 하얀 빛을 지나고, 어두운 빛을 지나고, 하얀 빛을 지나고, 황금빛을 지나고, 젤리 같은 물질인 법을 지나서, 진주 빛 광택이 나는 눈처럼 하얀 빛, 즉 존재의 일곱 번째 단계로 오른다.

5 다음과 같이 말한다. "만물의 창조주여, 지금 이 순간 [의뢰인 이름]의 수호 천사를 만나 대화하기를 명령 또는 요청합니다. 감사합니다! 이루어졌습니다. 이루어졌습니다. 이루어졌습니다."

6 의뢰인의 머리 위로 자신의 의식을 옮긴 후, 왕관 차크라를 통해 그들의 공간으로 들어가 심장 차크라로 내려간다.

7 그들의 공간에 연결한 후 위로 올라가 그들의 어깨 너머를 주시한다. 빛의 공들을 보게 될 것이다. 그러고 나면 얼굴을 보여달라고 요청하고, 수호 천사의 이름과 그들의 목적 등을 물어본다.

8 보고 들은 내용을 의뢰인에게 이야기해 준다.

9 다 마치고 나면 존재의 일곱 번째 단계의 에너지로 자신을 씻은 후 그 에너지에 연결된 상태를 유지한다.

⊖ 거울 앞에 앉아서 위로 올라가 세타파 상태로 들어간 뒤 위와 동일한 단계를 거치는 방법으로 자신의 수호 천사를 만날 수 있다.

20

두려움과 증오에 관련된
프로그램

악의 개념에 대해 명확한 인식을 갖는 것이 중요하다. 이 개념은 두려움 및 증오와 관련이 있다. 이 개념은 인류의 의식이 진보하는 과정에서 중요한 이정표였으며, 홍수, 기근, 지진 등 자연재해를 설명하는 데 좋은 변명거리가 되기도 했다. 이 악의 개념은 인간의 행동과 관련이 있는 만큼 역사상 어느 시점에 도덕적으로 용납될 수 없는 행동이나 행위를 설명하기 위해 만들어졌다. 어느 시점이 되자 궁극적인 선과 궁극적인 악이 인간의 내면에서는 물론 대자연에서도 패권을 위해 끊임없이 투쟁한다는 이원성의 개념이 형성되었다.

믿음 작업을 통해, 우리 안에서 마찰을 일으키는 악에 관련된 프로그램을 찾아 풀어줄 수 있다. 악은 두려움을 먹고산다는 것을 기억하자. 선과 악에 대해 이야기할 때 우리는 "나는 두렵다"는 어린 시절의 프로그램으로 돌아간다. 나는 우리가 '선'과 '악'이라는 용어를 굳이 사용할 필요가 없다고 생각한다. 이것은 '균형'의 문제이기 때문이다. 논란이나 분쟁이 있을 때는 언제나 불균형이 존재한다. 그리고 불균형이 있는 곳에는 어디에나 '신체적인' 장애가 존재할 가능성이 높다. 그러므로 우리는 우리 삶 속에서 균형을 이루며 살아가야 한다.

다음을 에너지 테스트한다.

- "나는 우주에 존재하는 악의 세력에 맞서 끊임없이 싸워야 한다."
- "나는 악을 대적하고 있다."
- "나는 악한 세력과 싸워야 한다."
- "나는 어떻게 안전할 수 있는지 안다."

믿음 작업을 한 후 다음으로 대체한다.

- "나는 악에 맞서 싸울지 말지 선택할 수 있다."
- "나는 악에 영향받지 않는다."
- "나는 안전하다."
- "진실은 순수한 균형이다."

아니면 자신의 진동에 가장 합당한 프로그램을 사용한다.

이와 같은 프로그램들을 제거하고 대체하면 선과 악에 관한 진실을 보게 될 것이다.

현대의 형이상학적 세계에서는 부정적인 영negative spirit, 외계인, 삽입물implant, 심령 공격psychic attack, 렙틸리언 에너지 등에 대해 과잉 반응하는 경향이 있으며, 어떤 사람들에게는 이러한 것들이 악을 상징하기도 한다. 이 같은 프로그램들을, 이것들의 영향으로부터 "나는 안전하다"는 프로그램으로 대체하자.

세타힐링에서는 이러한 측면들이 만물의 창조주의 순수성에 비하면 아무것도 아니라고 가르친다. 일곱 번째 단계는 '선'이나 '악'의 개념을 넘어선, 오직 창조주의 순수성만 찾을 수 있는 곳이다.

다음을 에너지 테스트한다.

• "맞서 싸울 악이 없으면 인생은 지루하다."

다음으로 대체한다.

• "나는 삶이 즐겁다."

◉◯ 떠도는 영

세타파 상태를 경험하기 시작할 때 여러분은 꿈을 꾸는 상태로 들어간다. 꿈을 꾸는 상태에서 여러분은 그 전에는 보이지 않던 에너지를 받아들이기 시작한다. 초능력이 열리기 시작할 때, 많은 사람들은 형이상학적·영적인 에너지를 잘 받아들이게 된다. 이러한 에너지들은 그들에게 영의 모습으로 나타날 수 있다. 이 가운데 일부 영은 선하고, 다른 일부는 그렇지 않다.

이러한 영들의 일부는 떠도는 영wayward이라고 불린다. 이 'wayward'라는 단어는 아이다호에서 그리 멀지 않은 곳에 살던 바버라 휴Barbara Hugh라는 이름의 멋진 여성에게서 배운 것이다. 바버라는 학교 교사로 은퇴한 후 자신이 해오던 다른 치유 작업과 더불어 불평으로 가득 찬 영들을 사람들에게서 분리해 내는 일을 오랫동안 해오고 있었다. 그녀는 사람이 죽을 때 육신을 떠난 다음 어디로 가야 할지 모르는 영을 이렇게 부른다고 나에게 설명해 주었다. 바버라는 재능 있는 힐러였고, 그 떠도는 영들을 모두 보냈던 바로 그 신의 빛으로 자신도 돌아갔다.

영이 어떻게 길을 잃는가

우리 삶은 눈에 보이지 않는 격자 시스템grid system, 즉 우주의 격자 시스템 위에 구축되어 있다. 이 시스템은 지구의 자전이나 중력 같은 자연의 법칙을 따른다. 미국항공우주국NASA에서도 원하는 목적지에 우주선이 도착할 수 있도록 하기 위해 '창문window'이 열릴 때를 기다려 우주로 우주선을 보낸다고 말할 만큼 이는 매우 실제적인 현상이다.

이 격자 시스템의 격자 안에는 창조주에게 돌아가는 틈이 있는데, 이것이 바로 죽음의 문이다. 우리는 언제나 창조주와 완전하게 연결되어 있다. 그러나 우리에게는 수많은 죽음의 문이 주어져 있고, 우리 각자는 이것을 사용할 수 있는 자신만의 기회 패턴을 가지고 있다. 다시 한 번 우리는 영의 자유 의지에 관하여 이야기하고 있는 것이다.

영혼이 창조주에게 돌아가기로 결심할 때 죽음의 문은 '창문'이 되어 열린다. 이 창문은 사람이 죽은 뒤 대략 9일 동안 열려 있다. 이 빛의 창문을 놓치면 격자 시스템은 다시 닫히고, 죽은 이의 영은 자기장의 당기는 힘에 의해 지구에 갇히게 된다. 이 영은 이 땅에 남아 배회하다가, 마침내는 자신에게 가장 익숙한 장소나 자신이 사랑한 사람들이 있는 곳, 또는 자신이 죽은 곳으로 돌아간다. 그 영이 그 장소에 산다는 말이 아니라, 존재의 세 번째 단계와 네 번째 단계 사이에 있는 시간 공간에 붙잡힌 상태로 머무르게 된다는 말이다.

창조주가 이 영들을 저버린 것이 아니다. 때가 되면 이들은 창조주가 있는 집으로 돌아가는 길을 찾게 된다. 창조주의 시간 개념은 우리가 가지고 있는 것과는 완전히 다르다. 우리에게는 아주 오랜 시간같이 느껴지는 것이 창조주의 관점에서는 극히 짧은 한 순간일 수 있다.

그 과정에서 길을 잃고 신의 빛을 찾고 있는 영들은 우리에게서 나오는 빛을 등불삼아 신에게 돌아가는 길을 인도받으려 한다. 이것이 바로 떠도는 영들이 우리에게 끌려오는 이유이다. 어떤 경우에는 여러분에게 달라붙어 여러분의 에너지를 먹고 살아간다. 이로 인해 곤란한 일들이 생길 수 있다.

일정 기간 이상으로 이런 떠도는 영을 지니고 살아가는 사람들은 에너지가 고갈되면서 몸에 병이 날 수 있다. 이 떠도는 영이 몸에서 떠나면 그런 증상들은 곧바로 완전히 사라질 수 있다. 한 사람에게 하나 이상의 떠도는 영이 붙을 수도 있다. 약물이나 알코올 중독자는 오라 장에 더 많은 빈틈이 생기기 때문에 이런 영들을 불러들이는 경향이 있다.

떠도는 영은 교묘히 조작하려 들고 화를 잘 내며 미쳐 날뛸 수 있기 때문에 이들과는 대화하지 않도록 한다. 그 대신 이들을 신의 빛으로 보낸다. 빛으로 돌아가면 모든 부정적인 감정과 프로그램을 풀어주는 여과 과정을 거치게 되므로, 창조주에게 갔다가 돌아오면 이들은 다시 균형 잡힌 상태가 된다. 이때는 그들을 불러 대화하는 것이 허용된다.

만약 여러분이 이런 영의 존재들과 대화하기로 결정했다면, 절대로 그들이 여러분 몸에 들어오지 못하게 해야 한다. 영을 여러분의 몸에 들여놓게 되면 정신적으로나 육체적으로 여러분에게 해를 끼칠 수 있고 비만이나 정신 질환을 일으키는 원인이 될 수도 있다. 또한 여러분의 신체 주변이나 오라 장으로 들어오도록 해 대화를 나눌 수는 있겠지만, 절대 여러분의 몸 안으로 들어오거나 몸을 완전히 '장악'하도록 허용해서는 안 된다.

육신 없이 떠도는 영에 관한 이야기는 많은 종교적 관습에 등장할 정도로 흔하다. 아메리칸 인디언의 가르침에 따르면, 영이 빛으로 가게 되면 자기 정체성을 잃고 빛의 일부가 된다고 한다. 따라서 이런 영은 자신의 정체성을 유지하려면 이 땅 위에 머물러야 한다고 느낄 수 있다. 또한 이곳에 남아서 신성한 장소의 수호 영guardian spirit이 되기를 선택하는 토착 영들도 있다.

자살한 사람들은 지옥에 가서 벌받을까 두려워 창조주의 빛에 가기를 꺼리는 경우들이 있다. 두려움 속에서 이런 영은 창조주의 빛을 거부한다. 예를 들어 살인이나 끔찍한 사고로 비극적인 죽음을 맞은 사람들은 자신이 어떻게 죽게 되었는지 몰라 혼란스러워하거나 그렇게 죽은 데 너무 화가 난 바람에 빛으로 가는 입구를 놓치는 수도 있다.

진정한 사랑을 나눈 경우 자기가 사랑하는 사람과 떨어지지 않고 가까이에 계속 있고 싶어 하다가 영이 그 틈을 놓치는 경우도 있다. 이러한 영들은 자신이 없이는 그들이 살아갈 수 없다고 느낄 수 있다. 이런 경우 그 집에는 짙은 슬픔이 깃들게 된다. 이렇게 외로운 영을 창조주의 빛으로 보내면 그 영은 슬픔을 덜 느끼고 고양된 상태로 다시 돌아올 가능성이 높다.

힐러가 창조주를 불러 기도로 요청하면 이런 떠도는 영은 그 요구에 순응해야 한다는 법law이 존재한다. 그러므로 여러분이 신의 빛에 연결된 것을 이용해, 다음과 같은 방법으로 떠도는 영을 일곱 번째 단계의 만물의 창조주에게 보내도록 한다.

떠도는 영을 빛으로 보내는 절차

1 마음의 공간에 집중한다. 만물 그 자체의 일부인 어머니 지구의 중심으로 내려가는 모습을 시각화한다.

2 발바닥을 통해 지구의 에너지를 끌어올린 다음 이 에너지가 모든 차크라를 열면서 위로 올라가는 모습을 시각화한다. 왕관 차크라를 통해 위로 올라가 아름다운 빛의 공 안에 있는 상태로 우주 공간 속으로 날아간다.

3 우주의 끝을 넘어 하얀 빛을 지나고, 어두운 빛을 지나고, 하얀 빛을 지나고, 황금빛을 지나고, 젤리 같은 물질인 법을 지나서, 진주 빛 광택이 나는 눈처럼 하얀 빛, 즉 존재의 일곱 번째 단계로 오른다.

4 명령 또는 요청한다. "만물의 창조주여, [의뢰인 이름] 주위에 있는 모든 떠도는 영들이 신의 빛으로 보내져서 빛으로 변화되기를 명령 또는 요청합니다. 감사합니다! 이루어졌습니다. 이루어졌습니다. 이루어졌습니다."

5 의뢰인의 왕관 차크라로 자신의 의식을 옮긴다. 자신이나 의뢰인이 근원에 연결된 것을 이용해 떠도는 영들이 신의 빛으로 보내지는 것을 목격한다. 그 영들이 도망하려고 시도하기 때문에 신의 빛으로 끝까지 따라가며 도망가지 못하게 한다.

6 다 마치고 나면 존재의 일곱 번째 단계의 에너지로 자신을 씻은 후 그 에너지에 연결
된 상태를 유지한다.

⬤ 타락한 영

타락한 영the Fallen이라 불리는 또 다른 영의 집단이 있다. 이 영들은
한때 다섯 번째 단계의 존재들이었으나 자유 의지의 법을 바꾸려고 시
도하다가 자신들의 위치를 잃어버린 영들이다. 이들은 떠도는 영과는 다
르다. 이들은 지구상에 있어서는 안 되는 영들이고 개체entity들이다. 이
들은 일반적인 떠도는 영들보다 좀 더 고약한 편이다.

여러분은 떠도는 영을 보낸 방법과 똑같이 타락한 영을 신의 빛으로
보낼 수 있다. 창조주를 이용해서 이렇게 하면 반드시 그 명령에 복종해
야 하는 것이 자연의 법칙이다.

타락한 영을 풀어주는 절차

1 마음의 공간에 집중한다. 만물 그 자체의 일부인 어머니 지구의 중심으로 내려가는
모습을 시각화한다.

2 발바닥을 통해 지구의 에너지를 끌어올린 다음 이 에너지가 모든 차크라를 열면서
위로 올라가는 모습을 시각화한다. 왕관 차크라를 통해 위로 올라가 아름다운 빛의
공 안에 있는 상태로 우주 공간 속으로 날아간다.

3 우주의 끝을 넘어 하얀 빛을 지나고, 어두운 빛을 지나고, 하얀 빛을 지나고, 황금빛
을 지나고, 젤리 같은 물질인 법을 지나서, 진주 빛 광택이 나는 눈처럼 하얀 빛, 즉
존재의 일곱 번째 단계로 오른다.

4 명령 또는 요청한다. "만물의 창조주여, 이 영적 개체의 이름을 내가 듣고 알 수 있도록 가르쳐주시기를 명령 또는 요청합니다. 감사합니다! 이루어졌습니다. 이루어졌습니다. 이루어졌습니다."

5 의뢰인의 왕관 차크라로 자신의 의식을 옮긴다.

6 타락한 영 또는 개체를 몸 안이나 주변에서 찾은 후, 그들의 이름을 이용해서 신의 빛으로 보내지도록 명령한다.

7 자신이나 의뢰인이 근원에 연결된 것을 이용해 타락한 영이 신의 빛으로 보내지는 것을 목격한다. 영들은 우주의 법칙에 순응해야 한다.

8 다 마치고 나면 존재의 일곱 번째 단계의 에너지로 자신을 씻은 후 그 에너지에 연결된 상태를 유지한다.

⬤○ 빙의

내가 직접 경험하기 전까지는 빙의possession에 대해 별로 생각해 본 적이 없었다. 이 빙의 경험은 아이다호 주의 트윈 폴스Twin Falls에서 열린 한 초능력 박람회에서 일어났다. 행사장에는 개인 리딩을 할 수 있을 정도의 칸막이 부스가 없었다. 그래서 모두 공개적인 장소에서 리딩을 하게 되었는데, 일곱 명의 심령술사가 모두 한꺼번에 리딩을 하고 있었다. 친구들, 지인들, 그리고 전남편 블레이크Blake가 방에서 모든 것을 지켜보고 있었다. 이 가운데 젊은 두 사람은 블레이크의 친척인 모르몬교 선교사였다. 방은 덥고 답답해서 나는 집으로 돌아가고 싶다는 생각이 들었다. 하지만 그렇게 먼 길을 여행해서 왔기 때문에 머물기로 마음을 고쳐먹었다.

그러던 중 리딩을 받던 한 부인이 별안간 소란을 피우기 시작했다. 그녀는 영화 〈액소시스트The Exorcist〉에서처럼 바뀐 목소리로 말을 하면서 바닥을 뒹굴기 시작했다. 선교사들을 포함해서 내 생애에 그렇게 많은 사람들이 그렇게 빠른 순간에 내 눈앞에서 사라지는 것을 본 적이 없었다! 공포에 질린 사람들이 도망치듯 사라지고 나는 혼자서 그 상황을 수습해야 했다!

도와주려고 다가가서 보니 그녀는 눈동자는 뒤로 돌아가 있고 얼굴과 몸은 경련으로 부들부들 떨면서 입으로는 심한 욕설을 퍼붓고 있었다. 그녀의 어깨에 손을 대어보니 그녀가 빙의 상태임을 알 수 있었다. 나는 떠도는 영을 신의 빛으로 돌려보내기 위해 본능적으로 세타파 상태에 들어갔다. 놀랍게도 그녀의 몸에는 하나가 아닌 여러 영들이 있었다. 실제로 그녀는 내가 그때까지 본 사람 중 가장 많은 수의 영을 가지고 있었다. 마침내 그녀를 사로잡고 있던 영들이 모두 신의 빛으로 돌려보내졌다. 그리고 나자 곧 그녀는 괜찮아졌다.

정신병으로 진단받은 많은 사람들이 빙의되기 쉬운 경향이 있으므로, 여러분은 이런 사람들 몸을 의학적 직관력으로 훑어보면서 빙의 상태를 확인하는 것이 좋다.

또 다른 유형의 빙의는 약물 남용이나 알코올 남용으로 '만들어진' 개체들에 의한 것이다.(아래의 "약물 남용시 생기는 영적 개체의 에너지" 절 참조) 이렇게 고통받고 있는 사람들한테서 그런 개체들을 제거해 주면 그들이 회복하는 데 도움이 될 수 있다.

몸을 점령하고 있는 이런 영들은 여러분이 만물의 창조주에 연결되어 빛으로 보내지도록 하면 이에 복종해야 한다.

1 마음의 공간에 집중한다. 만물 그 자체의 일부인 어머니 지구의 중심으로 내려가는 모습을 시각화한다.

2 발바닥을 통해 지구의 에너지를 끌어올린 다음 이 에너지가 모든 차크라를 열면서 위로 올라가는 모습을 시각화한다. 왕관 차크라를 통해 위로 올라가 아름다운 빛의 공 안에 있는 상태로 우주 공간 속으로 날아간다.

3 우주의 끝을 넘어 하얀 빛을 지나고, 어두운 빛을 지나고, 하얀 빛을 지나고, 황금빛을 지나고, 젤리 같은 물질인 법을 지나서, 진주 빛 광택이 나는 눈처럼 하얀 빛, 즉 존재의 일곱 번째 단계로 오른다.

4 명령 또는 요청한다. "만물의 창조주여, [의뢰인 이름]의 몸에 있는 영의 이름을 내가 듣고 알 수 있도록 가르쳐주시기를 명령 또는 요청합니다. 감사합니다! 이루어졌습니다. 이루어졌습니다. 이루어졌습니다."

5 의뢰인의 공간으로 자신의 의식을 옮긴다.

6 그 영의 이름을 지목해서, 그 영이 아래로 의뢰인의 발을 통해 몸 밖으로 빠져나가도록 명령한다.

7 자신이나 의뢰인이 근원에 연결된 것을 이용해 이 영이 신의 빛으로 보내지도록 명령 또는 요청한다. 신의 빛으로 가는 것을 끝까지 목격한다.

8 다 마치고 나면 존재의 일곱 번째 단계의 에너지로 자신을 씻은 후 그 에너지에 연결된 상태를 유지한다.

◖◗ 약물 남용시 생기는 영적 개체의 에너지

약물 중독과 알코올 중독은 사람들을 영적 개체들에게 무방비 상태로 만들 수 있다. 중독으로 인해 영적 에너지가 고갈되어 기생 에너지에 무방비 상태가 될 때, 영적 개체들은 그 사람의 약해진 '공간' 또는 오라 장으로 침입할 수 있게 된다.

내가 초자연적으로 경험한 바로는 모든 약물 중독자들에게 이상한 영적 개체들이 들러붙어 있었다. 약물마다 고유한 개체가 있으며, 직관적으로 보았을 때 그 개체들의 모습은 모든 사람에게서 동일하게 보인다.

약물에 중독된 의뢰인을 도와주기 위해서는 창조주가 알려주는 방법대로 그들의 세로토닌 수준을 높이고(451쪽 참조), 그들의 공간에 들어가 그들로부터 떼어내 신의 빛으로 보내야 할 것이 있는지 확인한다. 약물을 복용하고 있다면 어떤 개체가 그 사람에게 붙어 있을 것이다. 이 영적 개체들은 이처럼 중독된 사람에게 붙어서 그 사람의 마음을 쥐고 흔들며 약물에 계속 중독되어 있게끔 속삭일 것이다. 약물에 중독된 사람들의 고통을 완화시키고 그들이 회복할 기회를 주기 위해서는 이 영들을 신의 빛으로 보내야 한다.

다음은 중독된 에너지의 몇 가지 형태이다.

- 헤로인 영은 눈이 퀭하고 다 쪼그라든 늙은 노인처럼 보인다.
- 대마초 영은 갈색 머리의 여인처럼 보인다.
- 코카인 영은 밝은 금속성의 파란색 눈을 가진 하얀 금발머리 여성처럼 보인다. 이 에너지는 중독된 사람 주변에 흐르고 있을 것이다.
- 필로폰 영은 눈 대신 텅 빈 구멍이 있는 하얀 금발머리 여성처럼 보인다.
- 각각의 알코올 종류마다 다른 영적 에너지가 붙어 있다. 이 에너지들은 알코올 종류에 따라 다른 형태로 보이게 된다. 술을 왜 '스피릿

spirits'이라 부른다고 생각하는가?

⬤ 새겨진 흔적

새겨진 흔적ghost imprint은 살아있는 물질의 에너지가 장소나 사물에 기억을 투사한 것이다. 이 에너지는 격한 감정이 수반된 사건들 또는 그 장소나 물건을 사용한 사람들로부터 모아진 것이다. 가구, 장신구, 사진, 악기 같은 것 모두 새겨진 흔적이 생길 수 있다. 또한 집이나 성지, 전쟁터, 선박, 묘지 같은 장소도 이런 새겨진 흔적들 때문에 고유의 성격을 지니게 된다. 이런 것들은 생명이 있는 생물체와의 상호 작용 결과로 모두 '살아날' 수가 있다. 그러므로 집은 그곳에 어떤 영들이 거주하든 아니든 상관없이 '귀신 들리는haunted' 상태가 된다. 삐걱거리고 신음소리가 나며 창문이나 문이 열리는 등 집의 일부가 제멋대로 움직인다. 따라서 집에 '귀신 들리는' 현상은 영에 의해서가 아니라 집 자체에 모아진 지각sentience 때문에 생겨날 수 있다.

한편 대지는 그 장소에서 일어난 사건의 흔적들을 간직하고 있을 수 있다. 예를 들어 사람들은 과거에 전투가 벌어졌던 장소에 서 있을 때 전쟁과 학살이 벌어지는 '환상'을 볼 수 있다. 이는 분쟁에 관련된 사람들이 경험했던 강한 감정들의 흔적이다. 이러한 흔적은 공간과 시간의 소용돌이, 즉 통로opening를 만들어 과거의 사건을 볼 수 있게 한다.

실제 물건에 깃든 '새겨진 흔적'을 경험하려면 해당 물건을 만지거나 손으로 잡기만 하면 된다. 손에 든 물건의 에너지가 여러분을 통해 흐르도록 자신의 초자연 감각을 열어보라. 이 공감 리딩empathic reading 기법으로 우리는 물건의 감각을 보고, 느끼고, 만지고, 맛볼 수 있을 뿐만 아니라 물건이 나에게 말하는 것을 들을 수도 있다.

우리가 카드에 에너지를 주면 카드가 독자적인 지각을 가진 생명체처럼 되기 때문에, 떠도는 영은 예컨대 타로 카드와 같은 무생물에도 달라붙을 수 있다. 수정, 지팡이, 의식용儀式用 물건, 골동품과 같은 특별한 물건은 창조주의 수정 빛으로 정화해야 한다는 것을 기억하자.

무기 물질의 정화 및 믿음 작업

물건은 기억과 감정, 느낌을 간직할 수 있고, 때로는 스스로 지각이나 의식을 가질 수 있기 때문에, 우리는 믿음 작업을 통해 마치 사람에게 하는 것처럼 땅의 저주를 풀거나 땅이 잃어버린 영혼의 에너지 조각을 되찾을 수 있다. 집이라는 것이 어떤 느낌인지 집에게 가르칠 수도 있다.

무기 물질의 정화 및 믿음 작업 절차

1 마음의 공간에 집중한다. 만물 그 자체의 일부인 어머니 지구의 중심으로 내려가는 모습을 시각화한다.

2 발바닥을 통해 지구의 에너지를 끌어올린 다음 이 에너지가 모든 차크라를 열면서 위로 올라가는 모습을 시각화한다. 왕관 차크라를 통해 위로 올라가 아름다운 빛의 공 안에 있는 상태로 우주 공간 속으로 날아간다.

3 우주의 끝을 넘어 하얀 빛을 지나고, 어두운 빛을 지나고, 하얀 빛을 지나고, 황금빛을 지나고, 젤리 같은 물질인 법을 지나서, 진주 빛 광택이 나는 눈처럼 하얀 빛, 즉 존재의 일곱 번째 단계로 오른다.

4 무조건적인 사랑을 모은 뒤 명령 또는 요청한다. "만물의 창조주여, 최상이자 최선의 방법으로 이 대상을 정화하고 [대상에게 가르치고 싶은 것이 무엇이든] 느낌을 다운

로드하도록 명령 또는 요청합니다. 감사합니다! 이루어졌습니다. 이루어졌습니다. 이루어졌습니다."

5 다 마치고 나면 존재의 일곱 번째 단계의 에너지로 자신을 씻은 후 그 에너지에 연결된 상태를 유지한다.

⬤◯ 심령 갈고리

'심령 갈고리psychic hook'는 다른 사람에게 감정적 애착이 있을 때 생겨난다. 다른 사람을 향해 동정심, 걱정 또는 측은함을 느낄 때 두 사람 사이에 에너지적인 유대가 형성될 수 있다. 생각과 감정은 물리적인 실체를 가지고 있기 때문에, 이 에너지는 기꺼이 다른 사람을 돕기 위해 방출된다. 한 병원에서 실시한 과학적 실험에서 아이가 아플 때 엄마의 에너지가 아이에게 전달된다는 것이 입증되었다. 엄마는 자신의 자유 의지로 영혼 에너지의 일부를 아이에게 보내고 있었다. 증오, 분노, 강박적인 사랑도 심령 갈고리를 만들 수 있다. 부정적이든 긍정적이든 이런 종류의 감정적 애착은 모두 개인의 웰빙 전반에 좋지 않을 수 있다.

심령 갈고리는 그 깊이의 정도들이 다양하다. 감정적 애착이 극도로 강하면 영혼의 에너지 조각을 다른 사람에게 빼앗길 수 있다. 이미 언급했듯이 영혼의 에너지 조각은 우리의 본질적인 생명력의 아주 작은 조각들이다. 잃어버린 영혼의 에너지 조각은 반드시 되찾아야 한다.

심령 갈고리와 힐러

힐러는 의뢰인에 대해 어느 정도 객관성을 유지하는 것이 중요하다.

작업하고 있는 모든 사람들에게 한없는 동정심pity을 느끼기 시작하면 너무 많은 에너지가 소모된다. 그러다 보면 곧 에너지가 소진되어 더 이상 아무도 도울 수 없는 때가 올 수 있다. 힐러로서 여러분이 관계하고 있는 사람들에게 절제되지 않는 동정심보다 균형 잡힌 연민compassion을 갖는 것이 중요하다. 이 사람들은 자신의 인생을 스스로 만들어가는 중이다. 진정한 연민은 그들의 감정적 드라마에 엮이지 않고 그 사람에게 최선을 다하는 것이다. 하지만 아무리 뛰어난 사람이라도 심령 갈고리에 걸릴 수 있다. 다음은 갈고리를 끊는 방법이다.

심령 갈고리 끊기

1 마음의 공간에 집중한다. 만물 그 자체의 일부인 어머니 지구의 중심으로 내려가는 모습을 시각화한다.

2 발바닥을 통해 지구의 에너지를 끌어올린 다음 이 에너지가 모든 차크라를 열면서 위로 올라가는 모습을 시각화한다. 왕관 차크라를 통해 위로 올라가 아름다운 빛의 공 안에 있는 상태로 우주 공간 속으로 날아간다.

3 우주의 끝을 넘어 하얀 빛을 지나고, 어두운 빛을 지나고, 하얀 빛을 지나고, 황금빛을 지나고, 젤리 같은 물질인 법을 지나서, 진주 빛 광택이 나는 눈처럼 하얀 빛, 즉 존재의 일곱 번째 단계로 오른다.

4 명령 또는 요청한다. "만물의 창조주여, [의뢰인 이름]에게 붙어 있는 심령 갈고리가 풀려나와 신의 빛으로 돌아가고, 사랑과 빛으로 변형되기를 명령 또는 요청합니다. 감사합니다! 이루어졌습니다. 이루어졌습니다. 이루어졌습니다."

5 심령 갈고리가 풀려나와 신의 빛으로 돌아가는 것을 목격한다.

6 다 마치고 나면 존재의 일곱 번째 단계의 에너지로 자신을 씻은 후 그 에너지에 연결된 상태를 유지한다.

🔘 심령 공격

심령 공격psychic attack은 다른 사람의 상념체에서 발생한다. 우리는 자기와 가까운 사람들로부터 온 것 외에 다른 사람들로부터 온 대부분의 상념체는 자연스럽게 버리지만, 일부 상념체는 남아 우리에게 심령 공격을 하기도 한다. 대부분의 경우 공격을 보내는 사람은 자기가 직관력이 발달해 있는 사람에게 고통을 주고 있다는 사실을 전혀 알지 못한다. 가족 구성원이 그런 상념체를 보내는 사람이라면, 대개 사람들은 익숙한 상념체에 더 열려 있기 때문에 스스로의 오라 장으로 자신을 그 상념체로부터 효과적으로 보호하지 못한다.

떠도는 영이나 딴 세상의 존재도 심령 공격을 일으키는 원인이 될 수 있다. 이런 영들이 신의 창조의 빛으로 보내지도록 명령한다.(329쪽 참조)

자신이 심령 공격의 희생자 같다면 다음을 에너지 테스트한다.

• "나는 항상 악과 싸워야 한다."

다음으로 대체한다.

• "나는 악에 영향을 받지 않는다."

> ⊖ 여러분이 만물의 창조주와 존재의 일곱 번째 단계에 익숙해지면, 심령을 공격하는 에너지에 의해 영향을 받지 않게 될 것이다.

1 마음의 공간에 집중한다. 만물 그 자체의 일부인 어머니 지구의 중심으로 내려가는 모습을 시각화한다.

2 발바닥을 통해 지구의 에너지를 끌어올린 다음 이 에너지가 모든 차크라를 열면서 위로 올라가는 모습을 시각화한다. 왕관 차크라를 통해 위로 올라가 아름다운 빛의 공 안에 있는 상태로 우주 공간 속으로 날아간다.

3 우주의 끝을 넘어 하얀 빛을 지나고, 어두운 빛을 지나고, 하얀 빛을 지나고, 황금빛을 지나고, 젤리 같은 물질인 법을 지나서, 진주 빛 광택이 나는 눈처럼 하얀 빛, 즉 존재의 일곱 번째 단계로 오른다.

4 명령 또는 요청한다. "만물의 창조주여, 모든 심령 공격이 자동으로 신의 빛으로 보내지도록 명령 또는 요청합니다. 감사합니다! 이루어졌습니다. 이루어졌습니다. 이루어졌습니다."

5 심령 공격이 신의 빛으로 보내지는 것을 목격한다.

6 다 마치고 나면 존재의 일곱 번째 단계의 에너지로 자신을 씻은 후 그 에너지에 연결된 상태를 유지한다.

◖◗ 맹세, 서약 및 저주

내가 리딩을 시작한 이후 사람들이 멕시코 저주, 가문의 저주, 주문^{呪文} 등 온갖 종류의 저주를 들고 나를 찾아왔다. 자신에게 저주가 있다는 걸 알고 있는 사람들도 있고 그렇지 않은 사람들도 있었다.

저주와 관련해 내가 겪은 심오한 경험 중 하나는 독특한 문제를 들고 나를 찾아온 어느 멋진 여성한테서 비롯된 것이었다. 그녀는 몸도 편치 않은데다 주변의 모든 것은 다 무너져 내리고 있었다. 얼마 전 시어머니를 만났을 때 그녀는 실수로 시어머니에게 모욕을 준 일이 있었다고 했다. 나는 그녀를 싫어하는 시어머니가 그녀에게 저주를 퍼부었다는 걸 알 수 있었다. 그녀의 공간으로 들어가자 부두교voodoo(아이티 등지에서 널리 믿는 종교로, 초자연적 정령을 숭배한다. 이 장의 뒷부분에 부두교에 대한 짧은 설명이 나온다―옮긴이)의 저주가 그녀에게 내린 것이 보였다. 키가 크고 어렴풋한 남자의 형상이 천천히 그녀의 삶을 졸라매면서 고통을 주고 있는 모습이었다. 이때는 저주를 어떻게 처리하는 것이 최선의 방법인지 내가 잘 알지 못할 때였다. 나는 직감적으로 신의 빛을 가지고 와 이 신의 빛으로 그녀의 몸에 있는 모든 세포를 비추고 나서 그 저주가 그녀의 발을 통해 밖으로 빠져나가도록 했다. 그런 다음 그 저주의 에너지를 다 모아서 이를 맨 처음 내보냈던 부두교 주술사에게 다시 되돌려 보냈다. 나는 그녀를 안아주며 잘 가라고 인사하고, 이제 다 끝났다고 자신했다.

그런데 몇 분 후 이상하게 묵직한 느낌이 내 팔을 타고 올라오기 시작했다. 저주였다. 부두교 주술사가 나에게 다시 보냈다는 것을 알 수 있었다. 그것은 너무나 강력해서 내 몸을 타고 올라와 나를 완전히 장악하기 시작했다. 공포에 휩싸인 나는 창조주를 통해서 이것이 신의 빛으로 보내지도록 명령했다. 그러자 그 저주가 내 팔에서 천천히 빠져나가기 시작했다. 그 저주가 다 빠져나가고 나자 내 공간에 어떤 존재가 있다는 게 느껴졌다. 그 저주 속의 바로 그 남자였다. 그가 신의 빛을 통해서 다시 돌아온 것이다. 그는 자신을 속박에서 풀어주었다며 나에게 감사했다. 이렇게 해서 그 여자는 병에서 회복되었고, 그녀가 겪던 문제들도 다 끝이 났다.

이 일을 통해서 나는 저주를 보낸 사람에게 다시 저주를 되돌려 보내선 절대 안 된다는 것을 배웠다. 그렇게 하면 전쟁이 일어날 뿐이다. 저주는 신의 빛으로 보내고, 당사자에게는 믿음 작업을 통해 "나는 저주에 영향을 받지 않는다" 프로그램을 주도록 한다.

세대의 저주

저주에는 유전적 저주 혹은 세대의 저주generational curse도 있다. 이 것은 인식했든 못했든 그러한 상념체를 받아들인 조상으로부터 물려받은 것이다. 이 저주에 시달리는 사람은 상황이 자신을 공격하는 것처럼 보이는 경험을 여러 번 반복적으로 했을 것이다. 사고나 정신질환, 알코올 중독, 계속되는 불운 등이 그런 예이다.

이 저주의 좋은 예가 성경에서 이스라엘 백성들이 약속의 땅에 들어갈 준비를 하고 있을 때 모세가 이들에게 말한 내용이다. 그는 젊은 세대에게 그들 자신의 죄와 함께 조상들의 죄를 해결하지 않고는 그 땅에 들어갈 수 없다면서 이렇게 말했다.(〈레위기〉 26: 39~42)

"너희 가운데 살아남은 자들은 원수들의 땅에서 제 죄벌을 받아 스러져가리라. 거기에다가 조상들의 죄벌까지 받아 스러져가리라. 그때에 그들은 나를 배신하고 나에게 반항하여 저지른 그들의 죄와 조상의 죄를 고백하지 않을 수 없으리라. 나는 그들과 맞서 그들로 하여금 원수들의 땅에 끌려가게 하리라. 그때에 그들은 교만하던 마음을 숙여야 하리라. 자기의 죄벌을 달게 받아야 하리라. 그리하면 나는 야곱과 맺은 계약, 이사악과 맺은 계약, 아브라함과 맺은 계약을 생각하며

너희의 땅을 기억할 것이다."(공동번역개정판)

저주의 올가미 씌우기

대물림되는 조상의 저주만 있는 것이 아니다. 저주는 현재 사람에게도 '씌워질' 수 있다. 그러나 이것은 오직 그 사람에게 죄책감이나 두려움, 또는 저주를 받게 될 거라는 부정적인 프로그램이 있을 때에만 가능하다.

저주의 올가미 씌우기는 인류의 문명만큼이나 오래된, 어쩌면 그보다 더 오래된 관습인 것 같다. 여기 몇 가지 흥미로운 예가 있다.

그리스와 로마 시대의 저주

그리스와 로마 시대의 저주는 다소 형식적이고 공식적인 면이 있다. 그리스인들은 카타데모이katadesmoi라고 부르고 로마인들은 타블래 데픽시오네tabulae defixiones라고 부르는 이 저주는 납판lead tablet이나 기타 재료에 그 내용을 새겼고, 대개는 신이나 악마, 또는 죽은 자의 영을 불러 목표를 이루도록 도와달라고 요청했다. 저주가 새겨진 판들은 무덤, 신성한 샘이나 우물처럼 주문을 효과적으로 활성화할 수 있다고 여겨지는 장소에 놓였다. 카타데모이와 데픽시오네에 적힌 내용을 보면 저주를 청하는 사람이, 예컨대 도둑질이나 존경심을 잃을 만한 일을 해서 이 사람에게 저주를 내린다는 식의 저주의 이유와 함께 그 저주 대상이 어떤 방식으로 부상을 당하기를 바란다는 기도나 주문을 읊었다. 이탈리아에 살고 있는 로마인, 에트루리아인, 그리스인은 모두 이런 관습을 행해왔다. 다행히도 그들이 이러한 저주 기록을 너무나 잘 묻어둔 덕분에 오늘날 우리는 그들이 어떻게 마법의 주문을 실행했는지 알게 된 셈이다.

부두교 저주

부두교는 아프리카에서 시작되어 아이티로 전해지고, 다시 아이티에서 미국의 뉴올리언스로 전파된 종교이다. 이 부두교는 200년 전 매우 강력한 주술사에 의해 변형되고 강화되었다. 뉴올리언스에서는 부두교가 그리스-그리스gris-gris로 불렸다. 그리스-그리스를 이용해 주술사는 다양한 방법으로 사람들에게 저주나 축복을 보낼 수 있다. 대부분의 경우에 부두교는 존경받는 철학이지만, 극히 일부 사람들은 이를 부정적인 방법으로 사용하기도 한다.

축복

저주의 반대는 축복이다. 이러한 두 측면은 이원성에 대한 만연한 믿음 속에 있는 두 개의 반대되는 힘, 즉 '빛'(선)의 힘과 '어둠'(악)의 힘을 나타낸다. 두 힘 모두 응축된 상념체에서 비롯된다. 이 둘 사이의 큰 차이점은 축복이 창조주의 지원을 받을 수 있는 반면 저주는 신성하지 않은 요소들의 지원만 받는다는 것이다. 축복은 저주보다 강력하다.

맹세와 서약

맹세oath란 맹세하는 사람이 신성한 것으로 간주하는 대상이나 사람, 일반적으로는 신에게, 자기가 하는 말이 구속력이 있고 진실하다는 것을 약속하거나 또는 사실이라고 진술하는 것이다. 맹세한다는 것은 법정에서 성경을 두고 선서하는 것과 같이 무언가에 대해 다짐하거나 엄숙히 선언하는 것이다. 맹세는 약속promise보다 더 강력하며 사람을 더 깊은 수준에서 구속한다.

맹세를 약속 등과 혼동하는 경우가 있다. 예를 들어 현재 올림픽 맹세는 사실상 선서에 불과하며 진정한 맹세가 아니다. 그것은 단순히 '약속'일 뿐 신성한 증인에게 호소하는 것이 아니기 때문이다. 맹세가 서약 vow과 혼동되기도 하지만, 사실 서약은 특별한 종류의 맹세이다. 맹세와 서약은 세대 간에 이어져 내려올 수 있으며, 설령 긍정적인 이유로 만들어졌을지라도 지금 여기에 있는 사람에게는 어려움을 야기할 수 있다.

개인이 자발적으로 한 맹세나 서약은 저주에서 경험하는 효과와 유사하게 광범위한 영향을 미칠 수 있다. 의뢰인이 겪고 있는 어려움의 원인을 조사할 때 에너지 테스트를 이용해서 의뢰인이 맹세를 했는지, 맹세로 인해 문제가 발생하고 있는지 알아본다.

저주 제거 절차

1 마음의 공간에 집중한다. 만물 그 자체의 일부인 어머니 지구의 중심으로 내려가는 모습을 시각화한다.

2 발바닥을 통해 지구의 에너지를 끌어올린 다음 이 에너지가 모든 차크라를 열면서 위로 올라가는 모습을 시각화한다. 왕관 차크라를 통해 위로 올라가 아름다운 빛의 공 안에 있는 상태로 우주 공간 속으로 날아간다.

3 우주의 끝을 넘어 하얀 빛을 지나고, 어두운 빛을 지나고, 하얀 빛을 지나고, 황금빛을 지나고, 젤리 같은 물질인 법을 지나서, 진주 빛 광택이 나는 눈처럼 하얀 빛, 즉 존재의 일곱 번째 단계로 오른다.

4 명령 또는 요청한다. "만물의 창조주여, [의뢰인 이름]에게 있는 저주가 그의 모든 측면에서 제거되기를 명령 또는 요청합니다. 저주는 끝났고, 더 이상 필요하지 않습니다. 감사합니다! 이루어졌습니다. 이루어졌습니다. 이루어졌습니다."

5 의뢰인의 공간으로 자신의 의식을 옮긴다.

6 의뢰인의 공간으로 들어가 저주를 향해 모든 것이 끝나서 마무리되었다고 말한다.

물리적 DNA에서 오라 장에 이르기까지 네 가지의 믿음 수준에서 저주의 에너지가 제거되는 것을 목격한다. 저주가 의뢰인의 발을 통해 빠져나가는 것을 목격한다. 다시는 돌아오지 않고 사랑과 빛으로 변형되도록 모두 다 모아서 신의 빛으로 보낸다.

7 다 마치고 나면 존재의 일곱 번째 단계의 에너지로 자신을 씻은 후 그 에너지에 연결된 상태를 유지한다.

6 믿음 작업과 느낌 작업을 한다.

⬤◯ 삽입물

외계인에게 납치되거나 삽입물을 이식받았다고 주장하는 사람 열 명 중 일곱 명은 살면서 매우 무섭고 충격적인 경험들을 했다. 나에게 자기 이야기를 들려줄 때 그들은 정말로 무언가에 영향을 받고 있는 듯했다.

어떤 사람이 외계인이나 삽입물 경험을 이야기하면, 나는 그런 정보를 설명 불가한 것들을 보관하는 내 마음의 책꽂이에 옮겨둘 뿐 그 이야기에 집착하지 않는다. 결론은 바로 이것, 그들은 그것을 믿고 우리는 그것에 대해 작업을 할 수 있다는 것이다. "나는 그것에 대해 작업할 수 없다" 같은 지적 탐닉밖에 안 되는 믿음에 나의 마음을 뺏기지 않는다. 인간만이 이 우주에 존재하는 유일한 종이 아니다.

해결은 간단하다. 나는 창조주에게 올라가 삽입물을 제거해서 신의 빛으로 보낸다. 그들이 자기가 외계인이나 삽입물에 희생당할 수도 있다고 느끼지 않도록 믿음 작업을 해야 할 수도 있지만 작업을 하면 항상 효과가 있다.

의뢰인의 몸에 있는 삽입물들이 다 사라지도록 명령을 하기 전에 반드시 치아 임플란트나 가슴 성형 수술, 무릎 인공 관절 수술 등을 받았는지 물어봐야 한다. 리딩을 할 때 이런 이물질을 '삽입물'로 오인할 수 있기 때문이다. 리딩을 이제 처음 시작하는 사람은 몸 안에 있는 바이러스나 박테리아를 '삽입물'로 착각할 수도 있다. 바이러스도 실제로 밖에서 몸 안으로 침입한 것이기 때문에 외계인 삽입물처럼 보일 수 있다.

설명 불가한 것들을 보관하는 마음속 책꽂이에 이런 것들을 옮겨둔 채 만물의 창조주에게 집중하는 한, 두려움에 빠지는 일은 없을 것이다.

예전에 세타힐링 프랙티셔너들이 서로 대화하고 아이디어를 공유하는 채팅방이 있었다. 그때 한 프랙티셔너가 자신의 몸에서 본 것에 놀란 나머지 이런 글을 올렸었다. "조심하세요! 모든 사람의 몸속 모든 세포의 DNA에 로봇처럼 생긴 외계인 삽입물이 이식되어 있어요!"

그러자 그 사람이 틀렸다고 확신한 다른 사람이 이렇게 답글을 올렸다. "그건 다 두려움에서 나온 거예요. 세타힐링은 두려움에 관한 것이 아닙니다. 모든 사람 몸에 외계인이 있는 것은 아닙니다."

하지만 모든 것이 겉보기와는 다르다. 그래서 내가 다시 답글을 썼다. "축하합니다. 여러분은 엡스타인-바Epstein-Barr 바이러스를 보았습니다. 그건 로봇처럼 오해할 수 있어요. 잘하셨습니다. 그건 미국인 70퍼센트에게 있죠."

삽입물 제거 절차

1 마음의 공간에 집중한다. 만물 그 자체의 일부인 어머니 지구의 중심으로 내려가는 모습을 시각화한다.

2 발바닥을 통해 지구의 에너지를 끌어올린 다음 이 에너지가 모든 차크라를 열면서

위로 올라가는 모습을 시각화한다. 왕관 차크라를 통해 위로 올라가 아름다운 빛의 공 안에 있는 상태로 우주 공간 속으로 날아간다.

3 우주의 끝을 넘어 하얀 빛을 지나고, 어두운 빛을 지나고, 하얀 빛을 지나고, 황금빛을 지나고, 젤리 같은 물질인 법을 지나서, 진주 빛 광택이 나는 눈처럼 하얀 빛, 즉 존재의 일곱 번째 단계로 오른다.

4 명령 또는 요청한다. "만물의 창조주여, [의뢰인 이름]의 몸에 있는 삽입물을 파괴하는 음$_{흠}$의 톤$_{tone}$을 내가 알고 또 듣기를 명령 또는 요청합니다. 감사합니다! 이루어졌습니다. 이루어졌습니다. 이루어졌습니다."

5 의뢰인의 왕관 차크라로 의식을 옮긴다. 그 사람의 몸으로 들어가 삽입물을 목격한다. 음의 톤이 삽입물 안으로 보내져 삽입물이 파괴되는 것을 목격하고 그 잔해는 신의 빛으로 보낸다.

6 다 마치고 나면 존재의 일곱 번째 단계의 에너지로 자신을 씻은 후 그 에너지에 연결된 상태를 유지한다.

삽입물을 영구적으로 갖지 않게 하려면 믿음 작업을 활용한다. 다음을 에너지 테스트한다.

- "나는 공격에 영향을 받지 않는다."
- "나는 피해자가 되지 않고 살아가는 법을 안다."

21

동물의 치유 및 소통

많은 사람들에게 가장 친한 친구 중 하나가 반려 동물이다. 반려 동물은 무조건적인 사랑 그 자체이다. 어떤 사람들은 반려 동물에게 몹시 애착을 느끼며 마치 자식처럼 여기기도 한다.

동물에게 말을 걸기 위해 '들어갈' 때 대부분의 동물은 말을 이해하지 못한다는 것을 알아야 한다. 동물과 훨씬 더 실질적으로 의사소통하는 방법은 그림의 형태로 텔레파시를 통해 동물의 마음에 전달하는 것이다. 대부분의 동물은 직관적으로 단어보다는 느낌이나 감정, 이미지를 보내온다.

느낌을 보내는 것은 단어를 보내는 것과 매우 다르다는 점을 이해하는 것도 아주 중요하다. 이때 여러분은 동물에게 감정을 보내는 것이다.

야생에서 동물들은 사람의 두려움을 감지할 수 있기 때문에 동물도 사람도 모두 안전하다는 느낌을 그들에게 보내는 것이 매우 중요하다. 동물들은 직관적인 사랑을 잘 받아들인다.

동물에게 위협받는 상황에 처했을 때에는 '나를 물지 마'라는 생각을 투사해선 안 된다. 무는 동작과 관련된 어떤 이미지든 투사하면 오해를 불러일으켜 동물에게 물리는 상황을 초래할 수 있다. 만약 공격적인 동물과 마주치게 된다면, 그 동물에게 순수한 사랑을 투사하면서 천천히 멀어지도록 한다. 물론 마음으로 사랑을 투사하는 것이 모든 동물에게 다 효과가 있는 것은 아니다. 동물을 대할 때는 신중함이 진짜 더 용감한 것이다.

동물은 순전히 본능에 따라서 행동하고 인간만이 상상력을 발휘할 수 있다고 말하는 사람이 있다. 그 사람은 동물에 관해서 깊이 들여다본 적이 없는 게 분명하다. 동물은 뛰어난 상상력과 문제 해결 능력을 가지고 있다. 동물도 우리와 똑같은 방식으로 꿈을 꾸며, 개나 고양이 같은 일부 동물은 단어도 이해한다. 어떤 때는 단어 몇 개 정도가 아니라 문장 전체를 이해하기도 한다.

동물도 사람과 마찬가지로 만성적으로 우울해질 수 있다. 예를 들어 우울하고 무기력한 반려견이 있다면, 주인이 친구가 되어 함께 행복한 시간을 보내며 사랑을 나누는 모습을 동물에게 투사해 주는 것이 좋다.

거리가 멀리 떨어져 있어도 동물들과 쉽게 작업할 수 있다. 동물들은 힐링에 잘 반응한다. 그러나 먼저 위로 올라가 그들의 상위 자아에게 힐링과 믿음 작업을 하는 것에 대해 허락을 받아야 한다. 동물에게 있는 병을 뽑아내어 만물의 창조주에게 보내라. 동물에게 강인하고 건강한 감정과 느낌을 투사하라.

동물과 작업하는 또 다른 방식은 그들의 공간으로 들어가 시각화를 통해 그들이 강인하고 건강하다는 것을 투사하는 것이다.

말(馬)은 회복이 매우 빠르지만 통증은 잘 못 견딘다. 그러므로 힐링을 목격하기 전에 말의 통증을 완화시켜 주는 과정이 필요할 수 있다.

동물은 주인의 병을 곧잘 흡수하기 때문에 여러분은 동물 주인에게도 치유 작업을 해야 할 수 있다. 반려 동물과 주인의 공생 관계에서 반려 동물은 주인의 감정이나 신체적 질병을 대신 떠맡는 식으로 주인을 치유하려고 하기 때문이다. 동물이 주인의 병을 흡수할 수는 있지만 자신한테서는 그 병을 잘 없애지 못한다. 그렇기 때문에 반려 동물에게 있는 부정적 에너지를 정기적으로 제거하는 것이 매우 중요하다. 그렇게 하려면 위로 올라가 일곱 번째 단계에서 그 에너지가 사라지도록 명령하면 된다.

동물은 대부분 빠르게 반응하지만, 그렇지 않은 경우엔 믿음 작업이나 느낌 작업이 필요할 수도 있다.

동물들에게는 다음과 같은 느낌이 필요할 수 있다.

- "나는 사랑을 받는 것과 그 사랑을 받아들이는 것이 어떤 느낌인지 이해한다."
- "나는 사랑받는 것이 어떤 느낌인지 안다."
- "나는 중요하게 여겨지는 것이 어떤 느낌인지 안다."
- "나는 버림받았다는 느낌 없이 사는 법을 안다."

22

영혼의 일

여러 해 동안 내 인생의 후반기를 함께할 배우자에 대한 꿈을 꿨다. 나는 그 사람이 갈색머리에 파란 눈동자를 가진 사람이라는 걸 알았다. 시간이 지나면서 그가 몬태나 출신이라는 것도 알았다. 목장주거나 농부 둘 중 한 쪽일 거라는 것—둘 중 어느 쪽인지는 몰랐지만—은 확실했고, 그에게 아이가 있다는 것도 알았다. 처음 그 사람 꿈을 꿨을 때 나는 그가 결혼했지만 이혼할 거라는 걸 알았다. 나중에 나는 그가 파란색과 흰색이 섞인 오래된 트럭을 몰고 다니고 있고 그에게 어린 남자아이가 있다는 것을 알았다.

뭐라고 설명할 수 없는 이유로 인해 나는 그 남자에게 직접 연락할 수는 없었다. 나는 아이의 꿈을 통해서 그에게 연락하고자 시도했고, 아이가 아버지에게 내가 온다는 걸 말해주길 바랐다. 몇 년 동안 나는 가끔씩 멋진 암컷 늑대가 되어 무리와 함께 달리는 꿈을 꾸었다. 나는 그 늑대의 모습을 하고 아이의 꿈속으로 들어가 내가 언젠가 아버지를 만나러 온다는 걸 전하고자 했다. 나중에 안 사실이지만, 반복되는 꿈 때문에 아이는 겁에 질려 울고 비명을 지르면서 잠에서 깨곤 했다. 여러 해 동안 꿈은 계속되었지만, 소통은 이루어지지 않았다.

그러는 동안 나는 그 남성을 늘 '몬태나에서 온 내 남자my guy from Montana'('가이Guy'는 미국 남성의 이름인 동시에, '남자' '사내'라는 의미의 보통 명사이기도 하다—옮긴이)라고 불렀다. 나는 창조주에게 그의 이름이 무언지 몇 번이고 물었지만 그저 '몬태나에서 온 내 남자(가이)'라는 말만 들을 뿐이었다.

나는 친구들에게 내가 어떤 종류의 남성을 원하는지 이야기했고, 몬태나에서 오는 나의 그 남자가 바로 '그 사람'이기를 바랐다. 한번은 친구와 이야기를 나누고 있었는데, 지금 돌아보면 나는 그때 나의 소울 메이트를 '현실 창조하고manifesting' 있었다. 그때 내 친구에게 내가 남성에게 무얼 원하는지 정확하게 설명하고 있었기 때문이다. 나는 키가 크고 갈색 머리를 가진 파란 눈동자의 남성, 안정적인 상태의 남성을 원하며, 내가 정말 원하는 남자는 꿈에서 본 '몬태나에서 온 내 남자'라고 말했다.

그리고 1997년 나는 가이 스티발Guy Stibal이라는 이름의 남성을 만났다. (아시겠나요? '스티발'(영어식 발음은 스타이블)은 마치 '스테이블stable'(마굿간)처럼 들리지 않나요?) 친구를 다시 만났을 때, 가이의 성을 듣고 친구가 한 말은 "와 정말, 현실 창조했네!"였다. 가이는 농부이자 목장주였다. 1년 중 거의 대부분의 시간엔 아이오와에 있는 가족 농장에서 농사일을 하고, 여름에는 몬태나에 있는 목장에서 일을 했다. 그는 나에게 자기 아들이 오랫동안 늑대가 나타나는 꿈을 꾸었다며 그 바람에 아이가 놀라 깨곤 했다고 이야기했다. 꿈에서 이 사람에 관해 너무나 자세히 봐왔기에, 정작 이 사람을 만났을 때는 창조주가 나에게 농담을 하고 있다고 생각했다. 정말 이렇게 쉬울 수는 없을 테니 말이다.

지금까지도 나는 창조주가 우리에게 필요한 모든 답을 준다는 것을 안다. 내 남편의 이름은 가이, 그리고 몬태나 출신이다. '몬태나에서 온 내 가이.' 그는 이 여정에서 나와 함께하는 동반자이며, 전 세계 모든 곳을 여행하며 내가 사람들을 가르치고 세타힐링을 만들어갈 수 있도록 전적인 지원을 아끼지 않는다. 이 이야기를 하는 이유는 그에게 이 이야기를 바치는 한편으로, 여러분도 자신의 직관을 믿으라는 말을 상기시켜 주고 싶어서이다.

⬤ 소울 메이트

'소울 메이트soul mate'라는 표현에 많은 사람들이 혼란스러워한다. 혼란스러워하는 이유는 대부분 현재 지구에 살고 있는 모든 사람에게는 적어도 한 명 이상의 소울 메이트가 있기 때문이다. 소울 메이트는 여러분이 다른 시간과 장소에서 알던 사람, 즉 전생에서 알던 사람이다. 소울 메이트는 여러분과 잘 맞을 수도 있지만 그렇지 않을 수도 있다. 그러나 여러분은 마음에서 본능적으로 그들을 기억하며 사랑하게 될 것이다. 소울 메이트는 심장을 빠르게 뛰게 하고 손바닥에 땀이 배게 만드는 등 여러분을 강력하게 끌어당기는 힘이 있다. 그들은 내부에 특별한 무언가를 가지고 있다. 그들을 보면 마음이 설레고, 떨어져 있으면 빨리 만나고 싶어서 견딜 수 없게 된다.

나는 1998년을 기점으로 역사상 어느 시대보다 많은 소울 메이트들이 서로를 찾아 만나고 있다고 믿는다. 지구의 전자기력에 변화가 생기고 우리가 이루고 있는 영적 성장 덕분에, 우리는 마침내 우리 자신을 진정으로 사랑하기 시작했다. 자신을 진정으로 사랑하게 될 때 우리는 소울 메이트를 만날 준비를 갖추게 된다. 자신에 대해 어떻게 느끼는지에 따라 소울 메이트는 여러분을 기쁘게 만들 수도 있고 마음이 찢어지게 할 수도 있다. 자기 자신을 진정으로 사랑하는 단계에 이르지 못했다면, 소울 메이트와의 관계는 매우 힘들고 고통스러울 수 있다.

자신을 사랑하기 시작하면 흥미로운 에너지가 여러분의 심장 차크라를 열게 된다. 이 에너지는 성적인 차크라를 자극해서 여러분의 소울 메이트를 부르게 된다. 소울 메이트를 부르기 시작하면, 여러분의 에너지에 끌리는 다른 사람들도 여러분이 함께 끌어당기고 있는 것을 발견할 것이다. 여러분에게 끌리는 사람이 다 여러분의 소울 메이트는 아니다. 그러므로 인생의 여정을 함께할 올바른 짝을 찾는 것이 아주 중요하다.

소울 메이트를 요청할 때는 각별히 주의해야 한다. 요구하는 것이 무엇인지 정확하게 알고 있어야 막상 그 사람을 찾았을 때 알아볼 수 있을 것이다. 또한 창조주에게 소울 메이트를 요청할 때는 반드시 여러분과 '잘 맞는' 소울 메이트를 요청하라. 어떤 사람들은 혼동을 일으켜서 창조주에게 쌍둥이 불꽃twin flame(하나의 영혼을 서로 나누어 가진 두 사람. 영혼의 단짝—옮긴이)을 요청하는 경우가 있다. 쌍둥이 불꽃은 여러분과 똑같은 또 다른 사람이며, 자기 자신을 진심으로 좋아하지 않는 한 이러한 인연이 적합하지 않다는 것을 알게 될 것이다.

다른 사람이 여러분을 완성시킬 수 없다는 것도 기억할 필요가 있다. 자기 스스로가 먼저 온전해져야 한다. 스스로 자신 안에서 온전한 사람이 아니라면 그 관계에 기여할 것이 아무것도 없다.

소울 메이트는 지구 진화의 일부분이다. 인간으로서 진화해 가는 과정의 하나는 다른 사람들을 있는 그대로 받아들이는 법을 배우는 것이다. 파트너를 너무 낭만적으로 생각한 나머지 상대가 어떤 사람인지 보지 못하는 일이 생기지 않도록 하는 것이 매우 중요하다. "사랑에 빠지면 눈이 먼다"는 표현은 소울 메이트에게도 동일하게 적용된다. 그러므로 소울 메이트를 찾으면 상대의 모습을 있는 그대로 받아들이는 것이 절대적으로 필요하다. 진정한 파트너로서 부부는 함께 발전하고 변화해 갈 수 있다.

선천적으로 너그럽고 늘 베푸는 성향을 지닌 사람들이 많이 있는데, 바로 이런 이유로 이 사람들은 너그럽지도 않을 뿐더러 자기가 주는 것보다 더 많은 것을 앗아가려고 하는 사람을 소울 메이트 관계로 끌어당기게 된다. 여러분이 주는 만큼 사랑을 되돌려주는 소울 메이트를 맞이할 준비가 되었는지 확인해 보라. 기쁨을 받아들일 수 있는지 확인하고 사랑을 받아들일 수 있는지 늘 확인하라. "사랑은 아프다"라는 프로그램을 에너지 테스트해서, 창조주가 알려주는 프로그램으로 대체하라.

소울 메이트를 만날 준비가 되었는지 알아보는 가장 좋은 방법은 믿음 작업을 하는 것이다.

다음을 에너지 테스트한다.

• "나는 내가 다른 사람에게 사랑받을 수 있다고 믿는다."

- "나는 다른 사람에게서 사랑을 받을 수 있다."
- "어딘가에 나를 위한 사람이 있다."

이와 같은 프로그램이 상대방에게도 있어야 그들이 여러분에게 가장 잘 어울리는 소울 메이트가 될 수 있다. 리딩을 하다 보면 늘 "세상에는 형편없는 남자들밖에 없다"는 식으로 이야기하는 여자들을 본다. 그 결과 그들이 찾은 사람은 다 형편없는 남자들뿐이다. 남자들에게서도 "세상에는 남자를 이용하려는 여자들밖에는 없다"는 똑같은 말을 듣는다. 이렇게 믿고 있기 때문에 그들은 그런 여자들만 찾게 된다. 잠재의식은 들은 대로 여러분에게 가져다줄 것이다.

한 사람이 여러 사람을 사랑할 수 있는지 여부에 관해서는 많은 논란이 있다. 수천 명의 사람들과 작업을 하면서 내가 발견한 점은 일부일처제 유전자만이 아니라 비일부일처제 유전자도 존재한다는 것이다. 나는 한 사람이 여러 명의 다른 사람을 사랑할 수 있다고 확실하게 믿는다. 그러나 또한 나는 더 높은 단계로 진보한 존재는 한 사람을 완전하고 온전하게 사랑한다고 믿는다. 나는 여러 사람을 사랑한다고 말하는 것은 일종의 책임 회피라고 본다. 왜냐하면 그럴 때 그 사람은 그 한 사람을 완전하게 알고 파트너로서 헌신해야 하는 의무가 없기 때문이다.

소울 메이트가 어딘가에 존재하고 있다는 것과 여러분을 찾고 있을 가능성이 매우 크다는 것을 아는 것이 중요하다. 여러분은 인생 여정에서 완벽한 소울 메이트를 찾을 수 있다.

⬤ 소울 메이트의 원칙

- 소울 패밀리와 소울 메이트는 다른 장소와 시간대에서 온, 우리가 알아볼 수 있는 영을 가진 사람들이다. 우리는 그들을 아는 것 같고, 또 쉽게 그들의 마음을 읽을 수 있다. 소울 패밀리는 같은 시대에 함께 여행하는 경향을 띤다.

- 지금은 과거 어느 때보다도 선택할 수 있는 소울 메이트가 많다. 개인마다 한 명 이상 자기와 잘 맞는 소울 메이트가 있다. 한 사람에게 나이, 생김새, 크기가 다른 수십 명의 소울 메이트가 있을 수 있다.

- 소울 메이트를 부르기 전에 먼저 여러분 자신을 사랑해야 한다. 소울 메이트를 '현실 창조'하게 되면, 여러분의 성장 수준에 따라 창조의 힘으로부터 여러분이 끌어당기는 소울 메이트가 결정되기 때문이다.

- 사람들은 긍정적인 면뿐만 아니라 부정적인 면으로도 서로에게 공감하여 끌리게 된다. 그러므로 부정적인 믿음을 최대한 제거하고, 느낌 작업을 해서 자신에게 가장 좋은 사람을 끌어당기도록 해야 한다.

- 쌍둥이 불꽃은 여러분과 똑같은 다른 사람이다. 그들은 거울처럼 '정확하게' 여러분을 되비쳐주는데 이는 꼭 좋지 않을 수도 있다.

- 여러분이 세타 기법이나 다른 현실 창조 기법을 통해 소울 메이트를 끌어당길 때, 다른 사람들도 자신에게 끌어당기게 되므로 주의할 필요가 있다. 다른 사람들을 끌어당기는 것은 여러분의 성적性的 차크라가 열려 있기 때문이다. 명령을 하는 과정에서 "나는 나에게 가장 잘 맞는 소울 메이트가 필요하다" 대신에, "나는 나에게 가장 잘 맞

는 소울 메이트를 가지고 있다"고 말하는 것이 중요하다.

- 원하는 성향에 따라 이성이나 동성을 받아들인다고 구체적으로 요구하는 것이 중요하다.

- 여러분이 끌어당기기 원하는 소울 메이트의 기준을 명시한 목록을 만들어서, 명령을 내릴 때 그 완성된 목록을 말하도록 한다.

- 잘 맞는 소울 메이트라면 여러분 삶에 자연스럽게 녹아들 것이며, 마찰이 조금밖에 없거나 아니면 전혀 없이 서로 딱 들어맞을 것이다. 대부분의 경우 함께 할 믿음 작업이 있을 것이다.

- 삶은 선택의 연속이다. 만약 현재 맺고 있는 관계를 정리하기 원한다면 그것은 여러분과 신 사이의 문제이다. 여러분의 관계가 유지될 수 있는지 또는 유지되어야 하는지 그리고 어떻게 유지할 수 있는지 신에게 물은 뒤, 새로운 소울 메이트를 요청할 것인지 여부를 결정하도록 한다.

- '완벽한' 소울 메이트를 요청하지 않도록 한다. 그것은 그 사람이 지나치게 완벽할 수 있기 때문이다. 그보다는 여러분에게 '가장 잘 맞는' 소울 메이트를 요청한다.

- 만약 다른 사람과 바람을 피우지 않을 사람을 원한다면, 그 사람이 일부일처제 유전자를 가지고 있기를 정확하게 명시하도록 한다.(모든 사람이 다 일부일처제 유전자를 가지고 있지는 않다.)

가장 잘 맞는 소울 메이트 부르기

1 마음의 공간에 집중한다. 만물 그 자체의 일부인 어머니 지구의 중심으로 내려가는 모습을 시각화한다.

2   발바닥을 통해 지구의 에너지를 끌어올린 다음 이 에너지가 모든 차크라를 열면서 위로 올라가는 모습을 시각화한다. 왕관 차크라를 통해 위로 올라가 아름다운 빛의 공 안에 있는 상태로 우주 공간 속으로 날아간다.

3   우주의 끝을 넘어 하얀 빛을 지나고, 어두운 빛을 지나고, 하얀 빛을 지나고, 황금빛을 지나고, 젤리 같은 물질인 법을 지나서, 진주 빛 광택이 나는 눈처럼 하얀 빛, 즉 존재의 일곱 번째 단계로 오른다.

4   명령 또는 요청한다. "만물의 창조주여, 다음과 같은 속성들을 지닌, 나와 가장 잘 맞는 소울 메이트가 나타나기를 명령 또는 요청합니다. [목록을 나열한다.] 감사합니다! 이루어졌습니다. 이루어졌습니다. 이루어졌습니다."

5   여러분에게 가장 잘 맞는 소울 메이트를 불러내는 장면을 목격한다.

6   다 마치고 나면 존재의 일곱 번째 단계의 에너지로 자신을 씻은 후 그 에너지에 연결된 상태를 유지한다.

◖◉ 영혼의 에너지 조각

이미 언급했듯이 영혼의 에너지 조각은 강렬한 감정적 만남 속에서 잃어버린 우리의 본질적인 생명력 에너지의 일부이다. 이 조각들은 역사적 수준을 통해서 교환된다. 심령 갈고리보다 훨씬 더 복합적인 영혼의 에너지 조각은 여러분이 받은 다른 사람의 생명력 조각이거나 여러분이 다른 사람에게 준 여러분 자신의 생명력 조각이다. 이러한 교환은 부정적일 수도 혹은 긍정적일 수도 있으며, 정신적으로 지치게 할 수도 있다.

영혼의 에너지 조각들은 다음과 같은 방식으로 잃어버리거나 교환될 수 있다.

- 많은 것을 함께 나누며 살아온 사랑하는 사람의 죽음으로 인해 영혼의 에너지 조각들을 잃게 될 수 있다.
- 자신의 많은 것을 바쳐온 결혼이나 파트너와의 관계 속에서 영혼의 에너지 조각들을 잃게 될 수 있다. 과거의 성적인 관계에서 자신의 영혼 에너지 조각들을 되찾아올 때 두 사람 사이에 교환한 모든 DNA 지식이 회복된다.
- 누군가가 병들었을 때 우리는 그를 치유하고자 하는 본능적인 노력 속에서 의도적이든 아니든 자신의 어떤 부분을 그들에게 나눠 줄 수 있다.
- 영혼의 에너지 조각들은 강간을 당하거나 학대를 받는 경우에 손실될 수 있다.

헤어진 지 오래된 누군가를 계속 생각하고 그 기억에서 벗어나지 못하는 이유는 영혼의 에너지 조각 때문일 수 있다. 예를 들어 당신이 계속해서 전남편에 대해 생각한다면 거기에는 이유가 있을 수 있다. 어쩌면 그 사람의 영혼 에너지 조각을 여러분이 여전히 가지고 다닐 수 있다. 그 사람을 지금도 생각하고 있는 것이 잘못이라고 말하는 게 아니라는 점을 이해하기 바란다. 여러분이 그들에게 여전히 자신의 힘을 넘겨주고 있지 않은지, 그들의 힘을 빼앗고 있지 않은지 확인하는 것이 중요하다.

특정인과 교환한 영혼의 에너지 조직들을 풀어주고 대체하기 위해, 두 사람 사이에서 교환된 모든 영혼 에너지 조각들이 깨끗하게 정화되어 양쪽에게 되돌려지도록 명령한다.

영혼의 에너지 조각을 찾아오는 절차

이 기법은 놀라울 정도로 여러분의 영적인 힘을 키워줄 것이다. 여기서는 절차를 의뢰인에게 하는 절차와 여러분 자신에게 하는 절차, 이렇게 두 가지로 보여준다.

1 마음의 공간에 집중한다. 만물 그 자체의 일부인 어머니 지구의 중심으로 내려가는 모습을 시각화한다.

2 발바닥을 통해 지구의 에너지를 끌어올린 다음 이 에너지가 모든 차크라를 열면서 위로 올라가는 모습을 시각화한다. 왕관 차크라를 통해 위로 올라가 아름다운 빛의 공 안에 있는 상태로 우주 공간 속으로 날아간다.

3 우주의 끝을 넘어 하얀 빛을 지나고, 어두운 빛을 지나고, 하얀 빛을 지나고, 황금빛을 지나고, 젤리 같은 물질인 법을 지나서, 진주 빛 광택이 나는 눈처럼 하얀 빛, 즉 존재의 일곱 번째 단계로 오른다.

4 명령 또는 요청한다.

의뢰인에게: "만물의 창조주여, [의뢰인이 지정하는 상대 이름]에게 있는 의뢰인의 모든 영혼 에너지 조각들이 모든 세대의 시간으로부터, 영원으로부터, 또 시간의 사이에서 다 풀려나고 정화되어 [의뢰인 이름]에게 돌아오기를 명령 또는 요청합니다. [의뢰인이 지정하는 상대 이름]에게 속한 모든 영혼 에너지 조각들이 모두 의뢰인에게서 풀려나고 정화되어 본인에게 돌아가기를 명령 또는 요청합니다. 감사합니다! 이루어졌습니다. 이루어졌습니다. 이루어졌습니다."

여러분 자신에게: "만물의 창조주여, [여러분의 상대 이름]에게 있는 여러분의 모든 영혼 에너지 조각들이 모든 세대의 시간으로부터, 영원으로부터, 또 시간의 사이에서 다 풀려나고 정화되어 [여러분 이름]에게 돌아오기를 명령 또는 요청합니다. [여러분의 상대 이름]에게 속한 모든 영혼 에너지 조각들이 다 [여러분 이름]에게서 풀려나고 정화되어 이 시간에 걸맞게 본인에게 돌아가기를 명령 또는 요청합니다. 감사합니다! 이루어졌습니다. 이루어졌습니다. 이루어졌습니다."

5 조각들이 돌아오는 것을 목격한다.

6 다 마치고 나면 존재의 일곱 번째 단계의 에너지로 자신을 씻은 후 그 에너지에 연결된 상태를 유지한다.

과거의 관계로부터 에너지적으로 결별하기

많은 사람들이 가지고 있으면서도 숨겨져 있어 잘 모르는 프로그램 중하나가 이미 헤어졌거나 이혼했음에도 불구하고 여전히 그 사람과 결혼한 상태라고 믿는 것이다. 결혼 여부에 상관없이 누군가에게 여전히 깊이 집착하고 있다면 무의식 차원에서 그들은 여전히 자기가 결혼한 상태라고 믿는다. 아직도 그 사람과 에너지적으로 결혼한 것으로 믿고 있는지 알아보기 위해서는 에너지 테스트를 할 필요가 있다. "나는 [사람 이름]과 결혼했다"라는 프로그램이 드러날 것이다. 과거의 사랑에 대한 에너지적 약속을 끊지 않은 사람들 수가 얼마나 많은지 알면 놀랄 것이다.

에너지 결별 절차

1   마음의 공간에 집중한다. 만물 그 자체의 일부인 어머니 지구의 중심으로 내려가는 모습을 시각화한다.

2   발바닥을 통해 지구의 에너지를 끌어올린 다음 이 에너지가 모든 차크라를 열면서 위로 올라가는 모습을 시각화한다. 왕관 차크라를 통해 위로 올라가 아름다운 빛의 공 안에 있는 상태로 우주 공간 속으로 날아간다.

3   우주의 끝을 넘어 하얀 빛을 지나고, 어두운 빛을 지나고, 하얀 빛을 지나고, 황금빛을 지나고, 젤리 같은 물질인 법을 지나서, 진주 빛 광택이 나는 눈처럼 하얀 빛, 즉 존재의 일곱 번째 단계로 오른다.

4   명령 또는 요청한다. "만물의 창조주여, 최상이자 최선의 방법으로 과거에 맺은 결혼 서약에서 [사람 이름]을 풀어주기를 명령 또는 요청합니다. 감사합니다! 이루어졌습니다. 이루어졌습니다. 이루어졌습니다."

5   두 사람 사이를 묶어주던 결속의 에너지가 신의 빛으로 돌아가는 것을 목격한다.

6   다 마치고 나면 존재의 일곱 번째 단계의 에너지로 자신을 씻은 후 그 에너지에 연결된 상태를 유지한다.

23

현실 창조

　세타힐링에서 현실 창조manifesting 개념은 만물의 창조주의 힘을 사용해 물리적 세계에 무언가를 창조할 수 있다는 믿음이다.

　모든 말과 생각, 행동은 우리가 삶에서 현실 창조하는 것으로 반영되어 나타난다. 모든 결정은 우리가 창조하기로 선택한 것을 반영해서 내려진다. 우리가 생각하고 말하는 것은 우리가 현실 창조하는 것에—그것이 우리를 이롭게 하든 해롭게 하든—직접적으로 영향을 미친다. 만약 계속해서 자신이 가난하다고 말을 하면 그렇게 될 것이다. 만약 계속해서 자신이 경제적으로 풍족하다고 생각하고 말하면 이 또한 그렇게 될 것이다. 그러므로 긍정적인 마음을 유지하는 것이 가장 중요하다.

　살아가면서 현실 창조하고 싶은 것이 무엇인지 결정할 때 가장 어려운 부분은 자신이 진정으로 원하는 것이 무엇인지를 결정하는 것이다.

많은 사람들이 인생에서 진정으로 원하는 것이 무엇인지 모르며, 따라서 그것을 창조하지도 못한다. 어떤 사람들은 삶이 자기를 이끌지 자기가 삶을 이끄는 건 아니라고 믿는다. 이런 사람들은 흐름에 몸을 맡기고 일이 어떻게 전개되는지 지켜보기만 한다.

진실은 우리가 우리의 현실을 창조하고 있으며, 세상이 우리에게 해줄 수 있는 최선의 것을 현실로 창조하는 것이 가능하다는 것이다. 그러나 그러기 위해서는 삶에서 여러분이 진정으로 원하는 것이 무엇인지 먼저 결정해야 한다.

내가 만물의 창조주에게 진실을 보게 해달라고 요청했을 때, 이미 여러분에게 말했던 것처럼, 나는 내가 얻고자 한 것보다 훨씬 많은 것을 받았다. 내게 보여진 가장 심오한 진실은 자신의 현실을 바꿀 수 있는 능력이 우리 안에 있다는 것이다. 진실의 법은 나에게 만물의 창조주를 통해 현실을 창조하는 것이 가능하다는 것을 보여주었다. 존재의 일곱 번째 단계에 도달해서 나는 내 삶의 에너지를 내려다볼 수 있었다. 법Law이 말했다. "잘 봐! 넌 무엇이든 바꿀 수 있어! 네가 할 일은 단지 위로 올라가는 거야. 이제 저 아래에 있는 자신을 내려다봐. 네 삶의 에너지를 내려다봐. 그리고 변화를 명령해. 그럼 그렇게 변하게 될 거야."

존재의 일곱 번째 단계라고 나중에 알게 된 그 높고 고귀한 곳에서, 나는 주저하며 내 삶의 에너지에 손을 내리뻗어 내가 원하는 변화를 현실에 창조해 냈다. 나는 변화가 일어나면서 형태를 갖추기 시작하는 것을 목격했고, 법은 사라졌다. 나는 내 몸으로 돌아와서 그날 밤에 일어난 이상한 일을 돌이켜보았다. 그 짧은 시간 안에 내가 현실 창조한 모든 것이 실현되었다는 사실이 놀라웠다.

우리는 모두 자기만의 작은 세상, 즉 자기 버전의 현실 속에서 살고 있다. 우리는 모두 자기만의 일로 바쁘게 살면서, 다른 사람들과 어울리고 그들처럼 되려고 노력한다. 우리는 다른 사람들이 자신과 같다고 생각하지만 그렇지 않다. 비슷할 수는 있지만, 정확히 같지는 않다. 우리는 모두 각자 독특하다. 존재의 일곱 번째 단계에 올라갈 때 여러분은 여러분 자신과 여러분 세상을 보고 여러분의 삶에 무슨 일이 일어나고 있는지 살펴볼 수 있다. 이 관점에서 여러분은 최상이자 최선의 변화를 명령할 수 있다.(아래 참조)

⬤◯ 자연스러운 현실 창조

진실의 법이 나에게 현실 창조의 방법을 보여준 뒤로 나에게 자연스러운 현실 창조가 일어나기 시작했다. 리딩을 하면 할수록 나는 더 자주 깊은 세타파 상태에 들어갔다. 심지어 리딩을 하고 있지 않을 때조차도 나는 가벼운 세타파 상태에 있게 되고, 그러다 보니 내가 말하고 생각하는 많은 것들이 머잖아 실현될 것처럼 보였다. 이같이 자연스럽게 일어나는 현실 창조는 내가 어떤 것을 생각한 시기와 점점 더 근접해서 일어나기 시작했고, 때로는 말하자마자 바로 일어나기도 했다. 리딩을 하면서 내가 원하는 것을 언급하자 바로 그것이 나타나기 시작한 것이다.

토파즈 반지
나는 한 여성을 리딩하면서 그녀가 끼고 있는 아름다운 자수정 반지를 어디에서 구했는지 물었다. 나는 파란색의 토파즈 반지를 갖고 싶다고 말했다. 그 말을 했을 때 나는 의심할 것도 없이 세타파 상태였다. 내가 그것이 정말로 아름다운 반지라고 생각했던 기억이 난다. 그러곤 그냥 그렇게 잊어버렸다. 이틀 후 내가 다른 사람한테서 선물을 하나 받았는데, 그것은 바로 파란색 토파즈 반지였다!

자수정 정동

반지 사건이 있고 나서 얼마 안 돼, 나는 커다란 자수정 정동晶洞(암석이나 광맥 따위의 속이 빈 곳의 내면에 결정結晶을 이룬 광물이 빽빽하게 덮여 있는 것—옮긴이)을 치유실 한쪽 구석에 놓고 싶다는 이야기를 친구와 나눴다. 나는 친구에게 한 60센티미터 정도 높이면 좋겠다고도 했다. 며칠 후 한 남성이 사무실을 방문해서 말하기를, 자신이 가지고 있는 어떤 물건이 있는데 그게 실은 내 물건이라는 것이었다. 그것은 바로 자수정 정동이었다. 그는 이것을 함께 들어 옮겨올 수 있도록 도와줄 누군가를 찾았다. 무게만 105킬로그램에, 높이가 60센티미터 정도이고 폭이 76센티미터나 되어 혼자서는 들어 옮길 수 없다고 했다.

그 일이 있은 뒤로 현실 창조의 강도는 더 커지기 시작했다. 용기에 액체가 저절로 채워지는가 하면, 내가 생각하고 말한 물건들이 내 삶 속에 나타나기 시작했다. 심지어 내 차의 휘발유 탱크가 저절로 차오르고, 자동차의 움푹 꺼진 부분이 정상으로 다시 돌아오기까지 했다. 다른 사람들도 이런 일들이 일어나는 것을 모두 목격했다.

진실의 법은 여러 해 전 우리 집 거실에 나타난 이래로, 여전히 1년에 두세 번은 찾아와 내가 삶 속에 현실 창조해 낸 것을 보고 앞으로 더 나아갈 수 있도록 나를 가이드해 주곤 한다. 이 법이 나에게 알려주고 자 하는 것은 우리가 무엇이든지 현실 창조할 수 있다는 사실이다. 법은 우리가 세상을 인식하는 방식은 다 환영이며, 단지 우리가 여기에 있다 고 생각하는 것뿐이란 사실을 나에게 보여주었다. 우리의 DNA는 재프 로그래밍되어야 하고, 그렇게 될 때 우리는 160억분의 1초마다 수많은 세포들 속에 있는 빛으로 우리 존재를 창조하고 재창조할 수 있게 된다.

◉ 다른 형태의 현실 창조

단지 어떤 것을 말하는 것만으로도 때로는 우리 삶 속에서 그것을 현 실 창조하게 될 것이다. 그 일이 일어날 수 있는 확률은 30~40퍼센트이 다. 시각화는 그 확률을 거의 50퍼센트로 높여준다. 그러나 세타파 상태 는 그 가능성을 엄청나게 증가시킨다. 세타파 상태에서 현실 창조하는 경우 현실이 창조될 가능성이 80~90퍼센트로 증가할 것이다.

◉ 현실 창조의 원칙

여러분은 오직 '여러분의' 삶 속에 있는 것만을 현실 창조할 수 있다. 다른 사람들을 위해서 현실 창조하는 것은 허락되지 않는다. 예를 들자 면 여러분이 자신의 배우자가 일할 직장을 현실 창조할 수 없다. 또 다른 사람들이 여러분을 사랑하도록 만들 수도 없다. 여러분이 그들을 얼마나 원하는지와 상관없이 이는 그들의 자유 의지와 관련된 것이기 때문이다.

이 기법으로 여러분은 새로운 길잡이 영들을 현실 창조할 수도 있다. 그렇게 할 때는 여러분보다 좀 더 총명한 길잡이 영을 요청하되, 너무 똑똑해서 여러분이 그들이 하는 말을 이해할 수 없게 하지는 않도록 한다.

어떤 종류의 현실 창조를 하든지 한 가지 기억해야 할 중요한 점은 여러분은 자신이 요청하는 것 그대로 얻게 된다는 것이다. 항상 최상이자 최선의 것을 요청하도록 한다. 돈이 필요하다면 '최상이자 최선의 방법으로' 요청하는 것이 중요하다. 예컨대 본인을 위해 청구된 사고 보험료로 큰돈을 얻고 싶지는 않을 것이다.

요약하자면 다음과 같다.

• 우리는 자신의 현실을 창조한다.

• 어떤 특정한 사람이 여러분을 사랑하도록 현실 창조할 수 없다.

• 본인의 삶 속에서 현실 창조하는 것만이 허락된다.

• 현실 창조를 이용해서 새로운 길잡이 영을 불러올 수 있다.

• 가능한 한 구체적으로 요청한다. 만약 많은 돈을 요청한다면, 그것이 최상이자 최선의 방법으로 여러분에게 오도록 구체적으로 표현한다.

• 원하는 것을 '한 마디 한 마디' 정확하게 알고, 현실 창조를 위한 기도 속에 '한 마디 한 마디' 구체적으로 표현한다.

• 입 밖으로 표현되어 나온 단어와 유도된 상념체에 주의하라. 이런 것들이 좋든 나쁘든 여러분의 삶에 현실 창조되어 나타날 수 있기 때문이다. 여러분이 말하고 생각하는 것이 여러분의 삶을 창조한다.

- 현실 창조하는 내용을 예컨대 "나는 지금 이것을 가지고 있다!"와 같이 현재 긍정형으로 말한다.
- 다른 사람처럼 변화하라고 명령하지 말고, 오히려 여러분이 될 수 있는 최고의 모습이 되도록 명령한다.

두 가지 현실 창조 기법을 소개할 텐데, 하나는 진실의 법이 알려준 방법이고, 다른 하나는 성취하고자 하는 것들의 목록을 가지고 하는 방법이다.

◖◗ 존재의 일곱 번째 단계에서 하는 현실 창조

자신을 위해 무언가를 창조하기 원한다면 다음과 같이 한다.

존재의 일곱 번째 단계에서 하는 현실 창조 절차

1 마음의 공간에 집중한다. 만물 그 자체의 일부인 어머니 지구의 중심으로 내려가는 모습을 시각화한다.

2 발바닥을 통해 지구의 에너지를 끌어올린 다음 이 에너지가 모든 차크라를 열면서 위로 올라가는 모습을 시각화한다. 왕관 차크라를 통해 위로 올라가 아름다운 빛의 공 안에 있는 상태로 우주 공간 속으로 날아간다.

3 우주의 끝을 넘어 하얀 빛을 지나고, 어두운 빛을 지나고, 하얀 빛을 지나고, 황금빛을 지나고, 젤리 같은 물질인 법을 지나서, 진주 빛 광택이 나는 눈처럼 하얀 빛, 즉 존재의 일곱 번째 단계로 오른다.

4 여러분의 삶에서 어떤 일이 진행되고 있는지 내려다본다. 바뀌어야 할 것이 무엇인지 살펴본다.

5 여러분의 삶이 하나의 커다란 에너지 거품처럼 보이고, 여러분의 커다란 팔이 일곱 번째 단계에서 내려와 이 거품에 가 닿는 것처럼 보인다. 여러분의 이 상상의 팔이 에너지를 휘젓기 시작하여 변화를 일으키는 것을 상상한다.

6 이와 동시에 변화하기 바라는 것들을 명령 또는 요청한다.

7 방금 명령 또는 요청한 것의 본질을 느낀다. 마치 그것이 이미 이루어진 것처럼 경험한다.

8 다 마치고 나면 존재의 일곱 번째 단계의 에너지로 자신을 씻은 후 그 에너지에 연결된 상태를 유지한다.

자신이 무엇을 요청하는지에 주의를 기울이도록 한다. 실제로 그것을 얻을 수도 있다!

◖◗ 현실 창조 명상─성취 목록

현실 창조의 다음 단계는 뇌에 하나 이상의 목표를 제시하고 달성하도록 하는 것이다. 각각의 성취는 또 다른 성취로 확장되어야 한다. 원하는 열 가지의 목록을 만든 다음, 그것들이 여러분의 삶에 이미 있다고 자신에게 말한다.

잠재의식은 그 목록을 마치 '식료품 구매 목록'처럼 취급해서 항목을 하나씩 체크하며 실현시켜 나아갈 것이다. 이러한 사고방식은 여러분의 잠재의식이 항상 전진하도록 도와서 여러분이 일상의 생존을 넘어 풍요로운 의식 상태에 이르게 할 것이다.

현실 창조 명상 절차

1. 마음의 공간에 집중한다. 만물 그 자체의 일부인 어머니 지구의 중심으로 내려가는 모습을 시각화한다.

2. 발바닥을 통해 지구의 에너지를 끌어올린 다음 이 에너지가 모든 차크라를 열면서 위로 올라가는 모습을 시각화한다. 왕관 차크라를 통해 위로 올라가 아름다운 빛의 공 안에 있는 상태로 우주 공간 속으로 날아간다.

3. 우주의 끝을 넘어 하얀 빛을 지나고, 어두운 빛을 지나고, 하얀 빛을 지나고, 황금빛을 지나고, 젤리 같은 물질인 법을 지나서, 진주 빛 광택이 나는 눈처럼 하얀 빛, 즉 존재의 일곱 번째 단계로 오른다.

4. 존재의 일곱 번째 단계에서 여러분의 현실 창조 목록을 손에 쥐고 있는 자신의 모습을 상상한다.

5. 명령 또는 요청한다. "만물의 창조주여, 이 목록에 있는 모든 사항들이 내 삶에서 이루어져서 내가 이미 다 가지고 있다는 것을 명령 또는 요청합니다. 감사합니다! 이루어졌습니다. 이루어졌습니다. 이루어졌습니다."

6. 목록에 있는 모든 것을 가지고 있다고 상상한다.······
   소울 메이트의 손을 잡고 있는 것은 어떤 느낌인가?
   완전하게 사랑받고 있음을 아는 것은 어떤 느낌인가?
   집 값을 다 지불했다는 걸 아는 것은 어떤 느낌인가?
   몸속의 모든 세포로 사랑의 에너지가 스며드는 것은 어떤 느낌인가?
   완전하게 사랑받는 것이 어떤 느낌인지 상상한다.

7. 다 마치고 나면 존재의 일곱 번째 단계의 에너지로 자신을 씻은 후 그 에너지에 연결된 상태를 유지한다.

원하는 것을 창조하는 데 장애물이 있을 수 있음을 인식한다. 현실 창조를 막는 것이 무엇인지 찾아내는 가장 좋은 방법 하나는 여러분이 삶속에 현실 창조한 것을 이미 가지고 있다고 상상하고, 그렇게 된다면 삶

속에 어떤 변화가 일어날지 생각해 보는 것이다. 스스로에게 이렇게 물어본다. "이것을 가졌을 때 발생할 수 있는 최악의 일은 무엇일까?" 또는 "이것을 가졌을 때 무슨 일이 일어날까?"

만약 여러분의 현실 창조가 어떤 문제나 두려움을 불러일으킨다면, 여러분이 갖고 있는 믿음들을 찾아 대체하도록 파고들기 작업을 한다. 문제나 두려움 없이 현실 창조하는 것이 어떤 느낌인지 자신에게 가르친다.

24

미래 리딩

1999년에 있었던 Y2K 공포(대부분의 컴퓨터가 연도를 끝의 두 자릿수만 인식하게 되어 있어, 2000년이 되면 1900년과 똑같은 '00'으로 인식해 사회적 대혼란이 발생할 거라고 두려워하면서 생긴 현상. 이것을 연도를 뜻하는 Year, 숫자 2, 그리고 1,000을 가리키는 Kilo의 앞 글자를 따 'Y2K' 문제라고 불렀다—옮긴이)를 기억하는가? 그때 사람들은 2000년이 되면 전 세계의 컴퓨터들이 충돌할 거라며 두려워했다. 많은 사람들이 혼돈과 혼란, 대규모의 무정부 상태, 정전 사태는 물론이고 길거리 폭동까지 일어날 거라고 예상했다. 이 모든 것은 컴퓨터가 숫자를 제대로 인식하지 못할 수 있다는 우려 때문에 나온 것이었다.

나를 찾아온 의뢰인들도 어쩌면 일어날지 모르는 이 재앙의 결과가 어떨지 나에게 물어왔다. 내가 위로 올라가 Y2K에 관해 물었을 때 신은 모든 것이 다 괜찮을 거라고 말했다. 나는 구체적인 질문을 던졌고, 구체적인 대답을 얻었다. "그런 일은 일어나지 않을 거고, 다 괜찮을 것이다. 그런데 그 직후에 전기 발전기를 엄청나게 세일할 것이다." 이 대답을 받아들이는 것은 나에게 믿음의 한 걸음이었다. 왜냐하면 집단 의식은 "우리는 모두 파멸할 것"이라는 히스테리를 만들었기 때문이다. 내 친구 케빈은 Y2K가 일어날 거라고 확신했다. 심지어 군 장성의 부인인 한 의뢰인도 나더러 조심하라면서 실내에 머무르라고 했다. 하지만 나는 전달받은 메시지를 신뢰했고 내가 아는 모든 사람에게 다 괜찮을 거라고 이야기했다. 그뿐 아니라 나는 새해 전야에 나의 형이상학적 내용을 함께 나누는 모든 친구들을 초대하는 파티pot luck까지 계획했다. 하지만 거의 모든 사람들이 나에게 전화를 걸어 정중하게 거절하며 집을 떠나기가 두렵다는 말을 했다. 겨우 네 명만이 참석했다. 대부분의 사람들은 시계가 자정을 알릴 때 무슨 일이 일어날까봐 두려워했다.

자정이 지났으나 아무 사고도 일어나지 않았다. Y2K도 물론 없었다. 신이 말한 그대로였다. 이는 두려움이 우리를 지배하거나 컴퓨터가 우리를 통제하도록 허용해서도 안 되고, 미래 리딩에서 집단 의식이 진실을 간섭하도록 허용해서도 안 된다는 것을 여실히 보여준 예였다.

> ☉ 단지 여정만이 기록되어 있을 뿐 목적지는 정해져 있지 않다. 미래는 돌에 새겨진 것이 아니라 우리가 내리는 선택에 따라서 끊임없이 바뀐다.

미래 리딩에 대한 진실은 사람이 생각과 행동으로 자신의 미래를 창조하고 있다는 것이다. 프랙티셔너는 리딩을 하는 그 순간 그들이 창조하고 있는 것을 알려줄 수 있을 뿐이다. 하지만 그들은 자신의 생활 방식과 패턴을 바꿈으로써 프랙티셔너가 본 것을 다르게 변경할 수 있다. 예를 들어 어떤 사람이 직장을 잃을 위기에 처해 있다면, 그는 이런 일이 일어나게 하는 에너지를 바꾸어 그 직장을 계속 유지할 수 있다. 마찬가지로 의뢰인의 미래에 이혼이 보인다면, 프랙티셔너가 이 사실을 그에게 알려줌으로써 그것이 현실이 되지 않도록 막을 기회가 주어진다.

의뢰인에게 이런 사실을 설명하는 것이 중요하다. 여러분이 보는 것은 그 시점에 그들이 걷고 있는 길이다. 하지만 인생은 무한한 가능성으로 가득 차 있으며 미래는 언제든지 바뀔 수 있다. 의뢰인에게 조언을 해주고, 그래서 그들이 생활 방식과 패턴을 바꾼다면, 원래의 미래는 새로운 미래로 바뀌게 된다.

미래 리딩은 매우 중요하고 또 매우 강력하다. 여러분은 의뢰인을 잘못 안내하지 않도록, 그들을 대신해서 결정을 내리지 않도록 각별히 조심해야 한다. 여러분은 의뢰인에게 어떤 선택을 해야 하는지, 인생을 어떻게 살아야 하는지 말해선 안 된다. 그것은 여러분의 책임이 아니라 그들의 책임이기 때문이다. 여러분은 의뢰인에게 상처를 주는 사람한테서 떠나라고 말할 수 없으며, 단지 가능한 미래 혹은 가장 가능성이 높은 미래로 보이는 것이 무엇인지만 이야기해 줄 수 있다. 자신의 상황을 어떻게 할지에 대한 모든 결정은 그들 스스로가 내려야 한다. 우리는 각기 자기 삶을 표현하는 패턴, 즉 모자이크를 짜고 있다.

대답에 대한 신뢰

미래 리딩을 할 때 여러분의 질문에 창조주가 구체적으로 대답하리란 걸 아는 것이 매우 중요하다. 예컨대 앞으로 만나게 될 자신의 배우자가 어디에서 오는지 나에게 계속 묻는 한 여성이 있었다. 나는 그녀의 미래 리딩을 할 때마다 계속해서 그녀가 찾고 있는 남자가 그녀에게 세 번이나 연달아 커피를 마시자고 청할 거라는 메시지를 받았다. 그 남자의 아버지는 휠체어 신세를 지고 있고, 그녀가 그의 아버지를 돌보고 있으며, 그녀가 찾고 있는 남자는 그녀 바로 뒤에 있다는 것이었다. 그녀는 그 남자가 나타나기를 초조하게 기다렸다.

그녀는 호스피스 시설에서 근무했고, 그녀가 맡은 일 중 하나가 바로 휠체어에 탄 한 남자를 돌보는 것이었다. 그 일을 하면서 그녀는 그의 아들을 만났다. 그는 아버지를 찾아와 만나는 동안 그녀에게 세 번이나 커피를 마시자고 청했다. 그는 또 몇 차례나 전화번호를 물었고, 그녀는 마지못해 전화번호를 알려주었다. 그런데 그는 그 번호를 잃어버렸다가 전화번호부를 뒤져서야 그녀의 이름을 찾아낼 수 있었다. 마침내 그가 전화를 걸어 이야기를 나누게 되었을 때 그녀는 너무나 놀라고 말했다. "이런! 믿기지 않겠지만, 우리 집 바로 뒤에 당신이 살고 있네요. 정말로, 당신이 자는 침실 창문이 우리 집 뒷마당을 향하고 있다구요."

남자가 어디에 살고 있는지 물었을 때 내가 창조주에게 들은 대답은 "그녀 바로 뒤에"였다. 나는 정확하게 질문을 했고 정확한 대답을 들었다. 그때에는 누가 들어도 말이 안 되는 것 같았지만 그보다 더 정확할 수는 없었다.

이 기법을 사용하면 할수록 여러분은 더 구체적으로 질문을 하게 될 것이다. 경험이 쌓임에 따라 구체적으로 질문하는 능력이나 답변을 해석하는 능력이 향상될 것이다. 세타힐링을 여러분이 사용하기 위해서는 절대로 자신의 의견을 말하지 말아야 한다는 걸 기억해야 한다. 이는 그 자체로 하나의 도전이 될 수 있다.

⬤ 미래 리딩의 원칙

여러분도 시간이 지나면서 자신의 미래에 대해 묻는 의뢰인을 만나게 될 것이다. 여러분은 창조주와 항상 연결되어 있고, 리딩은 창조주가 하는 것이므로, 이는 그다지 어려운 문제가 아니다. 그러나 이 과정에서 여러분은 몇 가지 지침을 따라야 한다.

미래는 정해져 있지 않다는 사실, 한 사람에게는 여러 가능한 미래가 있다는 사실을 의뢰인에게 설명해 주도록 한다. 미래는 우리의 선택에 따라, 또 다른 사람들의 선택에 따라 변한다. 우리는 누구나 좋은 미래를 창조하거나 혹은 어려운 미래를 창조할 수 있는 자유 의지를 가지고 있다. 의뢰인의 미래 리딩을 할 때 여러분은 그 사람이 한 특정한 선택을 기반으로 그 위에서 가장 가능성이 큰 시나리오를 제시하게 된다.

예를 들어 "내가 직장에서 해고될까요?"라고 질문한다면, 그 답변은 "네, 일을 제대로 하지 않으면 해고될 수 있습니다. 만약 직장을 유지하고 싶다면 노력을 기울여야 합니다"라고 대답할 수 있을 것이다.

미래 리딩 절차

1 마음의 공간에 집중한다. 만물 그 자체의 일부인 어머니 지구의 중심으로 내려가는 모습을 시각화한다.

2 발바닥을 통해 지구의 에너지를 끌어올린 다음 이 에너지가 모든 차크라를 열면서 위로 올라가는 모습을 시각화한다. 왕관 차크라를 통해 위로 올라가 아름다운 빛의 공 안에 있는 상태로 우주 공간 속으로 날아간다.

3 우주의 끝을 넘어 하얀 빛을 지나고, 어두운 빛을 지나고, 하얀 빛을 지나고, 황금빛을 지나고, 젤리 같은 물질인 법을 지나서, 진주 빛 광택이 나는 눈처럼 하얀 빛, 즉 존재의 일곱 번째 단계로 오른다.

4 명령 또는 요청한다. "만물의 창조주여, [의뢰인 이름]에 대한 미래 리딩을 명령 또는 요청합니다. 감사합니다! 이루어졌습니다. 이루어졌습니다. 이루어졌습니다."

5 의뢰인의 왕관 차크라를 통해 몸으로 들어간다. 자신의 의식을 위로 끌어올려 의뢰인 몸의 왼쪽(여러분의 오른쪽)에 시선을 고정한다.

6 의뢰인이 자신의 삶과 관련된 질문을 하도록 한다. 그들의 과거, 현재, 미래의 장면들이 섬광처럼 여러분에게 떠오를 것이다. 창조주에게 어떤 것이 과거, 현재, 미래인지 명확히 구분해 달라고 요청하면, 그 답이 여러분에게 보일 것이다. 무슨 일이 일어나고 있는지에 대한 실제 설명이 여러분에게 주어질 것이다.

7 다 마치고 나면 존재의 일곱 번째 단계의 에너지로 자신을 씻은 후 그 에너지에 연결된 상태를 유지한다.

> ⊖ 의뢰인의 미래는 그들이 가진 믿음 프로그램을 제거하고 대체할 때 자동적으로 변화한다. 세션에서 믿음 작업이 이뤄진 뒤에 미래 리딩을 하는 것이 좋다.

25

DNA

DNA에 대한 설명을 하는 이유는 이 땅에 살아가는 모든 생명체 내부의 메커니즘과 그 신비를 이해하는 데 도움을 주기 위해서이다. 몇 년 전, DNA 수준에서 에너지 치유가 일어난다는 개념이 DNA 활성화 기법과 유전자 교체 작업을 통해 내게 다가왔다.(이어지는 두 장 참조) 이 두 기법 모두 세타힐링 방식을 사용해 초현미경적 수준에서, 즉 그 자체가 하나의 독립된 우주라고 할 정도로 지극히 작은 세계에서 이루어지는 치유 작업이다.

DNA(Deoxyribonucleic acid, 디옥시리보핵산)는 세포가 생존과 자기 복제를 위해 필요한 모든 유전 정보를 담고 있는 도서관이라고 생각할 수 있다. 사실상 DNA는 세포 기능의 설계도와 같다. 이러한 기능을 수행하려면 DNA는 세포 안에서 일어나는 모든 활동의 수행에 필요한 효소들을 합성하는 데 쓸 자세한 설계도를 가지고 있어야 한다. 만약 이 설계도의 일부분이 누락되거나 부정확하면 세포는 제대로 기능하지 못하고, 심지어 죽을 수도 있다. 따라서 DNA는 생명의 설계도라고 할 수 있다.

　DNA는 조직 세포의 핵과 미토콘드리아에서 발견된다. DNA는 핵 안에서 크로마틴chromatin 또는 염색체chromosomes의 두 가지 형태로 존재한다. 크로마틴은 히스톤histone 단백질을 중심에 두고 그 주위를 풀린 DNA 가닥이 감싼 형태로 이루어져 있다. 이것은 마치 구슬이 달린 실과 같은 모습을 하고 있다. 이 구슬처럼 생긴 구조를 뉴클레오솜nucleosome 이라고 부른다. 세포가 번식 과정을 시작할 때 크로마틴은 더욱 촘촘하게 코일처럼 감기며 작은 막대 모양의 염색체로 변환된다.

　DNA는 두 개의 긴 핵산 분자 사슬이 서로 얽혀 이중 나선 구조를 이루고 있다. 이 사슬은 인산기燐酸基, 5탄당炭糖인 디옥시리보스, 그리고 유기 염기로 구성된 뉴클레오티드라는 구성 단위로 이루어져 있다. DNA 가닥의 유기 염기는 구아닌G-guanine, 사이토신C-cytosine, 아데닌A-adenine, 티민T-thymine 이 네 가지 중 하나일 수 있다. 특별한 분자 모양과 전기적 패턴으로 인해 구아닌은 사이토신하고만, 아데닌은 티민하고만 결합한다. 니옥시리보스와 인산기는 분자 사슬의 골격을 형성하며, 이 DNA 골격의 디옥시리보스에 유기 염기가 달라붙는다. 이 유기 염기는 약한 수소 결합에 의해 DNA 분자의 두 번째 사슬의 염기와 결합된다.

　한 가닥의 DNA에 연속된 세 개의 뉴클레오티드 세트를 트리플렛triplet 또는 코돈codon이라고 부른다. 각 트리플렛은 단백질을 구성하는 기본 요소인 20가지 아미노산 중 하나에 대한 코드를 포함하고 있다.(DNA 염기 세 개가 한 조를 이뤄 하나의 아미노산을 암호화하는 것을 트리플렛 코드라고 한다—옮긴이) 때로는 한 개의 아미노산을 설계하는 데 여러 조합의 트리플렛이 필요하다. DNA 각 부분에 있는 염기 서열에 따라 어떤 단백질이 합성될지가 결정된다.

DNA는 특정 세포 기능을 제어하는 단백질 합성에 필요한 화학 화합물을 지시하는 유전자 코드를 가지고 있다. 유전자는 DNA 분자의 한 부분이다. DNA 각 부분의 뉴클레오티드 서열은 한 종류의 단백질 분자를 만드는 유전 정보를 담고 있다. 유전자는 조직을 구성하는 물질, 효소 및 기타 필수 물질로 기능하는 단백질 분자들의 합성 방법을 알려준다. 따라서 유전자는 사람의 성별, 눈 색깔, 피부 색깔, 머리 색깔, 혈액형 등을 결정짓는다.

염색체는 세포의 핵 내에 위치한다. 염색체는 단백질 골격 주위를 휘감고 있는 DNA 분자들로 구성되어 있다. 생물 종에 따라 세포 내에 있는 염색체 수는 다양하다. 예를 들어 집고양이의 세포에는 38개의 염색체가 있고, 개의 세포에는 78개, 인간의 세포에는 46개의 염색체가 있다.

인간 게놈genome은 각 세포의 핵 속에 있는 46개의 염색체에 암호화되어 있는 유전 정보 세트를 말한다. 염색체는 23쌍으로 구성되고, 각 쌍의 염색체 하나는 아버지로부터, 다른 하나는 어머니로부터 물려받는다.

인간 게놈은 각 염색체에 해당하는 아주 긴 사슬의 DNA 분자들로 이루어져 있다. 이 DNA 분자들을 따라서 배열되어 있는 것이 유전자gene이다. 인간 게놈 프로젝트의 목적은 인간 유전자의 뉴클레오티드 서열, 위치 및 정체를 밝혀내는 것이다. 이 작업은 DNA 서열을 분석하는 자동화된 기계와 유전자를 검색하고 식별하는 컴퓨터 프로그램에 의존하고 있다. 인간 게놈의 대략적인 윤곽은 2000년 여름에 완성되었다.

세포 안에 있는 DNA 가닥을 풀면, 원자 열 개의 너비로 길이가 약 1.8미터까지 펼쳐진다. 이 가닥은 너비에 비해 10억 배나 더 길고 가장 작은 가시광선의 파장보다도 120배나 더 좁기 때문에, 일반 현미경으로는 관찰할 수 없다. 1.8미터 길이의 DNA 가닥은 핀 머리 부분의 200만분의 1 정도 크기인 세포 핵 안에 코일처럼 감겨 있다. 인간은 100조 개의 세포를 가지고 있다고 추정되므로, 몸 안에는 약 2,011억 킬로미터 길이의 DNA가 담겨 있을 가능성이 있다. 이는 지구 둘레를 500만 번을 휘감을 수 있는 길이이다!

과학자들은 인간 게놈에 있는 DNA의 적어도 3분의 1 정도를 아직 이해하지 못하고 있으며, 과거에는 이를 '정크Junk DNA'라고 불렀다. 이것이 의미하는 것은 우리가 아직 모르는 이 여분의 DNA가 미지의 영역이요 수수께끼라는 것이다.

1980년대 초에 과학자들은 생명체의 세포가 광자photon를 방출하는 것을 입증하기 위해 정교한 측정 장치를 개발했다. 그들은 세포가 1제곱센티미터의 표면적당 1초에 최대 100개의 광자를 방출한다는 사실을 발견했다. 그들은 또 광자를 방출하는 근원지가 DNA라는 사실도 밝혀냈다. 이는 DNA가 '가시광선'의 양자quantum를 방출하고 있음을 의미한다.

부피를 기준으로 보자면, DNA는 우리가 갖고 있는 가장 정교한 저장 장치보다 1조 배 이상의 정보를 저장할 수 있는 능력을 가지고 있다. 이것은 최고 수준의 생물학적 기술이다.

DNA와 그 메커니즘은 크든 작든 모든 생명체에게 동일하다. 종에 따라 달라지는 유일한 것은 염기(당분)의 배열 순서뿐이다. DNA는 적어도 30억 년 동안 일정하게 유지되어 온 것으로 여겨진다. 예를 들어 400 개의 인간 유전자는 효모에 있는 유사한 유전자와 일치한다. 이는 가장 작은 박테리아에서부터 8톤 무게의 코끼리에 이르기까지 지구상에 있는 모든 생명체가 동일한 구성 요소를 가지고 있다는 것을 의미한다.

DNA를 공동으로 발견한 과학자 프랜시스 크릭Francis Crick은 《생명 그 자체Life Itself: Its Origin and Nature》라는 책에서 DNA 분자는 그 스스로를 만들 수 없다고 말한다. 이 과정에는 단백질이 필요한데, DNA의 설계도 없이 단백질만으로는 스스로를 복제할 수 없는 것이다. 생명이 나타나기 위해서는 이들 두 분자 시스템의 합성이 필요하다. 크릭은 최초의 DNA를 구성하는 하나의 단백질이 출현할 확률은 매우 낮다고 추정한다. 더욱이 오늘날 우리가 알고 있는 DNA로 이어지는 복잡한 사건의 연쇄는 우연히 일어날 수 없다고 본다. 크릭은 DNA의 기원이 '우주'에서 왔다고 주장한다.

과학자들은 '마스터 유전자master gene'라고 알려진 유전자 서열이 있으며, 이것이 수백 개의 다른 유전자를 스위치를 켜고 끄듯 제어한다는 사실을 밝혀냈다. 예컨대 이러한 마스터 유전자가 인간의 정교한 눈 구조를 생성하라는 메시지를 보낸다는 것이다.

세타힐링에서 DNA는 인체라는 대우주를 치유하는 소우주로 여겨진다. '힐링'은 몸을 건강하게 만들 뿐만 아니라 마음과 영도 치유한다. 이러한 치유는 DNA로 보내는 메시지를 바꿈으로써 이루어진다.

26

DNA 활성화 기법

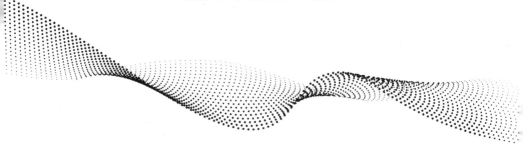

DNA 활성화는 우리의 직관적 능력을 열도록 창조주가 준 선물이다. 이는 인류가 만들어낸 환경 독소들을 견뎌낼 수 있게 할 뿐 아니라 우리의 초자연적 감각들이 더욱 빨리 깨어날 수 있도록 하는 데에도 도움을 준다.

우리 인류는 현재 진화하고 있으며, 우리 안에 잠들어 있던 영적 DNA가 깨어나고 있다. DNA 활성화는 지구의 집단 의식의 한 부분이 되고 있다. 충분한 수의 사람들에게 활성화가 일어나면, 프랙티셔너의 도움 없이도 자연스럽게 활성화가 일어나게 된다. 그리고 이미 많은 사람들이 직관적으로 스스로를 활성화시켰다.

⬤▬ 꿈을 현실로 만들기

나는 창조주로부터 충분한 수의 사람들이 활성화되면 지구 의식 전체의 진동이 상승할 것이라고 들었다. 이런 일이 일어날 때 우리가 공유하는 집단 의식에 의해서 모든 사람들이 자동으로 활성화될 것이다. 나는 이 같은 활성화가 앞으로 12년에서 24년 사이에 자동으로 이루어질 것이라고 믿는다. 이 책에 언급된 활성화 및 여타 기법들을 통해 우리는 우리의 직관력을 사용해 진화의 다음 단계에 참여할 기회를 창조주로부터 얻었다. 이 진화로 인간 의식은 다음 수준으로 도약한다.

활성화 과정에서 우리는 뇌의 마스터 세포master cell로 설명될, DNA 가닥과 거기에 있는 46개 염색체를 활성화한다. 미토콘드리아 DNA 또한 활성화된다.

1996년 나 자신을 활성화한 순간부터 내 삶은 변하기 시작했다. 나는 마사지 테이블에 앉아서 내 머릿속에서 활성화가 일어나는 것을 목격하던 기억이 난다. 다 마치고 일어섰을 때 나는 내가 영원히 변했다는 것을 알았다. 그때 첫 번째로 떠오른 생각은 이혼을 한다는 것이었다.(활성화가 이혼 허가증이라는 말은 아니다!) 그 후 나는 내 소울 메이트 가이를 만났다. 여러 날, 여러 주 동안 나는 이상한 형이상학적인 경험들을 하기 시작했다. 마사지와 리딩을 할 때 내 손이 사라지곤 했다. 냉장고의 용기들이 저절로 채워지는 것도 목격했다. 손 소독액을 내려놨다가 다시 드는 짧은 순간에 스스로 채워지는 것도 보았다. DNA 활성화가 일어난 대부분의 사람들이 이와 비슷한 경험들을 했다.

송과선

뇌 중심부에 위치한 작은 분비샘을 '송과선pineal gland'이라고 부른다. 이 분비샘은 수천 년 동안 '영혼의 집house of the soul'이라고 불려왔다.

현대 과학은 초기에 송과선의 기능을 전혀 이해하지 못하고 아무런 기능도 하지 않는다고 치부했다. 그들은 '뇌하수체'가 몸 안에 있는 모든 것을 조절한다고 여겼다. 송과선에서 분비하는 많은 물질들이 뇌하수체의 기능을 지시하고 있다는 사실을 발견하고 난 뒤 과학계는 견해가 바뀌기 시작했다. 1960년대 이후가 되어서 비로소 과학자들은 송과선이 생체 리듬(체내 시계)을 관장하는 멜라토닌 생산을 전담하고 있다는 사실을 발견했다. 멜라토닌은 중추신경계에서 다른 기능들을 수행하기도 하는 아미노산 트립토판의 유도체이다. 송과선의 멜라토닌 분비는 어둠에 의해 자극되고 빛에 의해 억제된다.

DNA 활성화 기법을 수행하기 위해 과학자가 될 필요까지는 없지만, 송과선이 뇌의 정중앙에, 즉 정수리 바로 아래이자 제3의 눈 뒤쪽에 있다는 것은 알아둘 필요가 있다.

마스터 세포

송과선 내부에는 '마스터 세포'로 불리는 것이 있다. 이 세포는 몸 안에 있는 다른 모든 세포들을 관장하는 운영 본부와 같다. 마스터 세포는 몸이 수행하는 수많은 기능들을 위한 치유의 시작 지점이다. 마스터 세포 안에는 DNA 활성화의 핵심인 DNA 염색체가 있다.

마스터 세포 내부에는 신체 기능의 마스터키 역할을 하는 아주 작은 우주가 있다. 이것은 머리카락 색깔에서부터 발가락을 꼼지락거리는 방식에 이르기까지 우리 몸에서 일어나는 모든 것을 관장한다. 우리 몸의 모든 부분들은 DNA와 염색체 내의 프로그램에 의해 제어된다. 그리고 마스터 세포 안에는 젊음과 활력의 염색체가 있다.

젊음과 활력의 염색체

인간의 몸에는 46개의 염색체(두 가닥으로 된 23개의 쌍)가 있고, 이들 각 염색체에는 두 가닥의 DNA가 있다. 여러분이 마스터 세포 안에서 작업하게 될 처음 두 가닥이 젊음과 활력의 염색체로 불리는 것이다. 이 염색체들은 항상 쌍으로 존재하므로 하나를 활성화하면 다른 쪽도 작업해야 한다.

젊음과 활력의 염색체들은 크로노스Chronos라고 불리며, 날짜의 흐름을 몸에서 매 초, 분, 시간 단위로 파악하고 있다고 믿어진다. 이것들에는 '그림자 가닥shadow strand'이라 불리는 기억 물질이 들어 있다.

그림자 가닥

마스터 세포 내부에서 여러분은 창조주가 그림자 가닥들을 물리적 형태로 만들기 위해 사다리의 일부를 구축하는 것을 목격할 것이다. 이 그림자 가닥들은 젊음과 활력의 염색체에 잠재되어 있는 눈에 보이지 않는 기억들이다. 이 그림자 가닥들은 우리를 만물의 창조주에게 데려오기 위해 물리적인 형태를 갖추고 깨어나게 되기를 기다리고 있다. 한편 인류의 진화 과정에서 부정적인 기억과 느낌이 축적되면서 DNA와 염색체의 일부가 변화되었으며, 이로 인해 여러 가지 질병에 대한 우리의 저항력이 떨어졌다. 이러한 변화에 대한 기억은 그림자 가닥의 형태 속에만 남아 있다.

DNA 활성화 과정에서 여러분은 그림자 가닥이 염색체 사다리의 새로운 일부가 되는 것을 목격할 것이다. 사다리의 이 새로운 부분은 오래된 기억에서 새로운 가닥을 형성하는 아미노산(당류)으로부터 만들어진다. 여러분은 사다리의 여덟 단계를 하나씩 쌓으며 다 올라갈 때까지 그 과정을 지켜보게 될 것이다. 각각의 측면이 하나의 단계로 계산되므로 여기에는 총 16단계가 있다. 이렇게 올라가고 구축하는 과정이 끝난 후 염색체 안으로 '무지갯빛' 가닥이 들어와 마치 운동화 끈의 끝부분처럼 보이는 아름답고 진주 빛 광택이 나는 흰색 덮개가 꼭대기에 씌워지며 마무리되는 것을 보게 될 것이다. 텔로미어라고 불리는 이것은 젊음을 유지하는 데 중요한 역할을 한다.

텔로미어

텔로미어는 반복되는 염기 서열과 다양한 단백질로 구성되어 있으며, 염색체 끝부분을 보호하는 역할을 한다. 이는 염색체가 닳는 것을 방지하고 염색체 끝이 이중 가닥 DNA 파손으로 처리되는 것을 막는다. 텔로미어는 텔로머레이즈telomerase라는 특수한 역전사逆轉寫 효소(RNA의 염기 서열을 주형으로 삼아 DNA를 합성해 내는 능력을 가진 효소—옮긴이)로 연장되며, 이 효소는 인간을 비롯한 많은 생물체—모든 생물체는 아니지만—에서 텔로미어를 합성하는 데 관여한다.

나이가 들면서 텔로미어는 얇아지고 닳게 된다. 만약 텔로미어가 닳아서 너무 짧아지면 그 닫혀 있던 구조가 풀릴 수 있다. 세포는 이렇게 덮개가 벗겨진 것을 DNA 손상으로 감지해서 세포의 유전적 배경에 따라 세포 노화, 성장 정지 또는 세포 사멸apoptosis로 들어가는 것으로 여겨진다. 세포 사멸은 새로운 세포에게 길을 내어주는 데에는 물론이고, DNA가 손상되어 암으로 변형될 단계에 임박한 세포를 제거하는 데에도 절대적으로 필요한 세포 죽음의 한 형태이다. 텔로미어가 벗겨진 상태는 염색체 융합을 초래하기도 한다. 이러한 손상은 정상적인 체세포에서는 복구될 수 없기 때문에, 세포는 사멸 단계로 들어가게 될 수도 있다. 많은 노화 관련 질병들은 텔로미어의 길이가 짧아진 것과 연관되어 있다. 세포들이 점점 더 많이 죽거나 노화 단계로 들어가게 되면 이는 장기의 쇠퇴를 불러온다. 이것이 바로 염색체 끝에서 텔로미어가 형성되는 것을 목격하는 것이 중요한 이유이다.

시간의 법

활성화가 이루어지도록 명령을 내리면, 창조주는 여러분이 마음에서 받아들일 수 있는 버전으로 그 절차를 보여준다. 마스터 세포 안으로 들어가는 순간 여러분은 시간의 법칙을 뛰어넘게 된다. 여러분이 수행하는 작업은 눈 깜짝할 사이에 일어나기 때문에, 실제로 그것이 이뤄지는 것을 보려면 뇌가 시각화할 수 있도록 그 속도를 늦춰야 한다. 시각화하기 위해 할 일은 그저 "창조주여, 보여주세요"라고 말하는 것뿐이다.

◖◗ DNA 활성화 절차

내가 받은 절차는 다음과 같다.

첫 번째 절차: 젊음과 활력의 염색체를 활성화하는 명령 절차

1 마음의 공간에 집중한다. 만물 그 자체의 일부인 어머니 지구의 중심으로 내려가는 모습을 시각화한다.

2 발바닥을 통해 지구의 에너지를 끌어올린 다음 이 에너지가 모든 차크라를 열면서 위로 올라가는 모습을 시각화한다. 왕관 차크라를 통해 위로 올라가 아름다운 빛의 공 안에 있는 상태로 우주 공간 속으로 날아간다.

3 우주의 끝을 넘어 하얀 빛을 지나고, 어두운 빛을 지나고, 하얀 빛을 지나고, 황금빛을 지나고, 젤리 같은 물질인 법을 지나서, 진주 빛 광택이 나는 눈처럼 하얀 빛, 즉 존재의 일곱 번째 단계로 오른다.

4 속으로 명령 또는 요청한다. "만물의 창조주여, [의뢰인 이름]에게 있는 젊음과 활력의 염색체 활성화가 오늘 지금 일어나기를 명령 또는 요청합니다. 감사합니다! 이루어졌습니다. 이루어졌습니다. 이루어졌습니다."

5 텔로미어 덮개가 끝에 씌워진 가상의 DNA 가닥들이 쌍을 이루어 겹겹이 쌓여 있는 모습을 관찰한다. 때로는 이 과정이 매우 빠르게 진행되므로 다시 한 번 보여달라고 창조주에게 요청해야 할 수도 있다.

6 다 마치고 나면 존재의 일곱 번째 단계의 에너지로 자신을 씻은 후 그 에너지에 연결된 상태를 유지한다.

DNA 활성화 첫 번째 단계가 이제 완료되었다.

이 첫 번째 절차에서 마스터 세포로부터 신체의 세포 변화를 만들기 때문에 신체는 독소를 제거하기 시작할 것이다. 일부 사람들은 치유 클렌징, 즉 해독과 정화의 시기를 경험할 수 있다. 다른 사람들은 영적·정신적·감정적·신체적으로 모든 수준의 시스템에서 독소가 배출되는 경험을 할 수도 있다.

일반적으로 이 두 단계의 활성화 사이에는 시간 간격이 있어야 한다. 그렇지만 이 두 단계를 동시에 받아들일 준비가 되어 있는 사람들도 있다. 만약 받아들일 준비가 되어 있는 사람들에게 작업을 한다면, 첫 번째 절차 직후 바로 두 번째 절차를 진행할 수 있다. 첫 번째 절차가 끝나고 나서 그들의 공간에 머물러 있어보면 그들이 두 번째 활성화 절차를 연달아 받아들일 수 있는지 알 수 있다. 여러분이 그들의 송과선 안에 있는 동안 나머지 염색체들이 스스로 살아나기 시작하는 것을 목격하게 될 것이다. 만약 그런 현상을 보게 된다면 그 사람은 두 번째 활성화 단계를 받아들일 준비가 되어 있다고 보면 된다. 여러분은 나머지 44개의 DNA에 새로운 열 가닥이 더해지는 것을 목격하게 될 것이다.

미토콘드리아

두 번째 절차에서는 미토콘드리아도 활성화하게 되며, 이는 전 과정을 빠르게 가속화한다. 세포 생물학에서 미토콘드리온mitochondrion(미토콘드리아는 이것의 복수형—옮긴이)은 세포 소기관organelle으로, 대부분의 진핵 세포에서 그 변이체가 발견된다. 미토콘드리아는 자체 유전 물질을 가지고 있으며, RNA 및 단백질을 제조하는 조직도 갖추고 있다. 세포핵의 46개 염색체는 설계도이지만, 미토콘드리아는 모든 것이 기능하는 데 필요한 에너지 ATP를 보유하고 있다. 미토콘드리아는 그 주요 기능이 유기 물질을 ATP 형태의 에너지로 전환하는 것이라는 점에서 '세포의 발전소'로 묘사되기도 한다.

보통 한 세포에는 수백 개에서 수천 개의 미토콘드리아가 있으며, 세포질細胞質의 최대 25퍼센트를 차지한다. 미토콘드리아는 자체 DNA를 가지고 있으며, 세포 내 공생설endosymbiotic theory(핵만 있는 원핵 생물에 광합성 세균이나 호기성 세균이 들어가 공생해서 진핵 생물이 진화되었다는 설—옮긴이)에 따르면 한때 자유롭게 살던 박테리아에서 유래했다고 한다.

다음 단계의 절차는 아래와 같다.

두 번째 절차: 나머지 염색체의 활성화

1 마음의 공간에 집중한다. 만물 그 자체의 일부인 어머니 지구의 중심으로 내려가는 모습을 시각화한다.

2 발바닥을 통해 지구의 에너지를 끌어올린 다음 이 에너지가 모든 차크라를 열면서 위로 올라가는 모습을 시각화한다. 왕관 차크라를 통해 위로 올라가 아름다운 빛의 공 안에 있는 상태로 우주 공간 속으로 날아간다.

3 우주의 끝을 넘어 하얀 빛을 지나고, 어두운 빛을 지나고, 하얀 빛을 지나고, 황금빛을 지나고, 젤리 같은 물질인 법을 지나서, 진주 빛 광택이 나는 눈처럼 하얀 빛, 즉 존재의 일곱 번째 단계로 오른다.

4 속으로 명령 또는 요청한다. "만물의 창조주여, 나머지 염색체들의 활성화가 일어나기를 명령 또는 요청합니다.(이 과정은 미토콘드리아를 깨우는 역할을 한다.) 감사합니다! 이루어졌습니다. 이루어졌습니다. 이루어졌습니다. 송과선에 있는 마스터 세포를 보여주세요."

5 다 마치고 나면 존재의 일곱 번째 단계의 에너지로 자신을 씻은 후 그 에너지에 연결된 상태를 유지한다.

●○ 후속 효과

개인의 건강 상태에 따라 DNA 활성화 이후 해독 기간이 필요할 수 있다. 대부분의 사람들은 약간의 정화 과정으로 감기와 같은 증상을 경험하고, 일부 사람들은 온몸이 쑤시는 경험을 하기도 한다. 이에 대한 해결책으로 약간의 칼슘과 필요하다면 킬레이트chelated 아연을 조금 섭취할 것을 제안한다.

말이 현실이 된다

DNA 활성화와 관련해 일관되게 나타나는 현상은, 활성화 이후 입 밖으로 내뱉은 말이나 확고한 생각은 현실이 될 가능성이 크게 증가한다는 것이다. 따라서 활성화가 효력을 미치기 시작하면, 긍정적인 태도를 유지하면서 여러분의 삶이 풍요로워진다고 확언하는 것이 아주 중요하다. 삶에 무언가 부족하다고 확언하지 않도록 한다. 활성화 이후에는 여러분의 말과 생각이 열 배 이상 강력해지기 때문이다. 반드시 올바른 방향으로 주의를 집중해야 한다.

에너지 충만한 DNA를 가지고 일을 하면 삶의 부정적인 면들이 점차 긍정적인 면으로 대체될 것이다.

함께하는 사람들

DNA 활성화는 우리를 더 높은 영적 진동으로 이끈다. 가족이나 친구들은 자신과 동일한 진동 수준에 있지 않을 수 있는데, 활성화가 되고 나면 다른 사람들이 끼치는 부정적인 영향을 더 잘 알아차리게 된다. 그러므로 자신에게 최상이자 최선의 이로움을 주지 않는 동료나 친구가 있다면, 쉽고 부드럽게 그들에게서 멀어지게 될 것이다. 만약 불행한 관계 속에 있다면, 그 관계에서 벗어나거나 그 관계를 개선할 것이다.

자신을 활성화한 후에는 여러분의 배우자도 활성화를 받도록 해야 한다. 그것은 두 사람의 영적 진동이 함께 가속화되어야지 그렇지 않으면 결국 헤어지기로 선택하게 될 수도 있기 때문이다. 배우자와 함께 잠을 자는 것만으로도 활성화가 이루어질 수 있다. 이는 세포가 세포와 소통하기 때문인데, 다만 이 과정은 몇 달이 걸릴 수 있으므로 인내심을 가질 필요가 있다.

⬤ 깨어난 마스터들

DNA 활성화는 지구상에 있는 마스터들이 깨어나는 과정의 일부이다. 다음은 이 작업을 마스터들에게 가르치게 된 이야기이다.

여러 해 동안 나는 하와이 제도諸島의 에너지에서 많은 선물을 받았다. 그중 하나는 실패한 세미나의 형태로 다가왔다. 내가 초기에 배출한 남자 강사 중 한 명이 호놀룰루로 이사를 갔는데, 그 사람이 그동안 함께 일해온 테레사Theresa라는 여성과 내가 세미나를 하도록 자리를 주선해주었다. 테레사는 오랫동안 형이상학과 영성에 관심을 가져온 정골整骨 요법osteopath(근골격계의 도수 치료를 통해 질병을 치료하는 요법—옮긴이) 의사였다. 나에게는 난생처음 오아후 섬으로 가는 여행이었다. 그런데 이내 가벼운 시련이 찾아왔다. 세미나 2주 전, 테레사에게 전화 한 통이 왔는데, 세미나를 주최한 그 강사가 자기한테 뭔가 오해를 했는지 세미나에서 손을 떼고 테레사와 그녀의 파트너 래리Larry에게 모든 걸 맡긴 채 떠났다는 것이다. 테레사는 어떤 일이 있었는지 모두 알려주면서 이런 상황인데도 오겠냐고 내게 물었다.

세미나 규모가 작아지리라는 걸 알았지만, 신은 내가 그곳에 가야 할 타당한 이유가 있다고 말했다. 나는 그 여행에서 더 많은 것을 얻게 될 거라고 들었고, 결국 그렇게 되었다.

세미나가 조직적으로 꾸려지지 않은 탓에 참가자는 단 일곱 명에 그쳤다. 대부분은 훌륭한 사람들이었지만 몇몇은 나를 힘들게 했다. 한 여성은 적대적인 사람으로 기회가 있을 때마다 계속 나를 공격하려고 했다. 심지어 내 남편까지 깎아내리려고 했다. 그녀는 다른 사람들을 깎아내림으로써 자신을 치켜세우려는 유형의 사람이었다. 나는 그냥 그곳을 떠나 집으로 돌아오고 싶었지만, 어렵더라도 수업을 끝내라고 말하는 무언가에 이끌렸다. 말할 필요도 없이 일부 참가자의 그런 행동 때문에 나는 좀 기운이 빠졌다.

세미나를 다 마치고 나와 가이는 마우이 섬의 하나Hana로 가 친구들을 방문했다. 손님으로 머물던 그곳은 하나 특유의 동식물을 볼 수 있는 아름다운 집이었다. 밤이 되자 하와이에서만 느낄 수 있는 마치 마법처럼 영원히 멈춘 듯한 시간이 찾아왔다. 밤새도록 무역풍이 불며 커튼이 휘날렸다. 아무리 유리창 문을 꽉 닫아도 소용이 없었다. 가이와 나는 밤새도록 이상한 꿈을 꿨다.

아침이 되어 화장실에 앉아 있는데 마치 누군가 말하는 것처럼 주변에서 어떤 목소리가 들려왔다. 그것은 내가 아주 오랫동안 알고 있던 것과 똑같은 목소리였다. 바로 하와이의 여신 펠레Pele(하와이 원주민들에게 전해지는 불과 화산의 여신—옮긴이)였다. 그녀가 내게 말했다. "비안나, 이 작업은 오직 '마스터들에게만' 가르쳐야 한다는 걸 알잖아요. 당신은 이 작업을 필요로 하는 사람이면 누구든지 가르치겠다고 창조주에게 말했죠. 하지만 이 작업에 감사하고 존중할 수 있는 마스터들에게만 가르치세요. 사람들이 필요로 한다고 해서 이것을 이해하거나 감사한다는 의미는 아니에요. 당신의 의도를 바꾸세요." 그 순간 나는 이 작업을 배울 준비가 된 사람 대신 이 작업을 필요로 하는 사람을 내가 요청했다는 것을 깨달았다. 펠레와의 만남 덕분에 나는 삶에 대해 더욱 긍정적인 느낌을 가질 수 있었다.

그날 느지막이 친구 라니Lani가 나를 만나기 위해서 산에서 내려왔다. 그녀는 자기가 살고 있는 그 산을 좀처럼 떠나지 않는 사람이었다. 훌륭한 힐러인 그녀가 나에게 걸어오는 모습이 마치 여신 같아 보였다. 나에게 가까이 오더니 그녀가 말했다. "비안나, 여신 펠레가 너에게 보내는 메시지가 있어. '감사하고 존중하는 마스터들에게만 이 작업을 가르치세요'라는 거야."

영적으로만이 아니라 물리적으로도 메시지를 받음으로써 이는 나에게 완전히 확증이 된 셈이었다. 그때 이후로 나는 창조주에게 이 작업에 감사하고 이를 받아들일 수 있는 마스터들만 보내달라고 요청했다. 그 덕분에 내 학생들은 한 순간에 변화했고, 에고가 아닌 신성의 이끌림을 받게 되었다. 그 이후로 세타힐링을 배우러 오는 강사들, 학생들은 대부분 이 작업을 사랑하고 소중히 여기는, 인간의 형상을 한 승천한 마스터들이었다.

이것이 바로 세타힐링을 배우러 오는 사람들이 이를 쉽게 배우는 이유이다. 그들 대부분이 이미 깨어난 마스터들로, 인류의 선함을 발전시킨다는 임무를 갖고 온 존재들이기 때문이다. 이들은 지구에 돌아와서 우리가 선함을 이루고 졸업할 수 있도록 돕는다. 앞에서 말한 것처럼 마스터가 다른 단계에서 자신의 진동을 낮추는 것보다 이 땅에 인간으로 태어나는 것이 더 쉽다. 이렇게 함으로써 그들의 에너지는 이 시간과 장소와 결합된다. 이를 통해 마스터는 이곳에서 자신의 사명을 완수할 수 있다. 진동 에너지를 높이는 것이 낮추는 것보다 쉽다.

27

유전자 교체

이 책 끝부분에서 유전자 작업을 이야기하는 것은 결코 이 작업이 어려워서 그런 것이 아니다. 이해를 하고 나면 쉽게 할 수 있다. 하지만 유전자 교체 작업을 하기 전에 리딩, 힐링 그리고 믿음 작업을 이해하는 것이 반드시 선행되어야 한다. 믿음 작업은 유전자에 영향을 줄 수 있으며, 그 자체만으로도 DNA에 있는 물리적인 손상을 '간접적으로' 복구할 수 있다. 유전자 교체 절차는 DNA에 있는 유전자의 물리적 결함을 '직접적으로' 변경하도록 하는 가이드이다. 이는 사실 세타힐링에서 가장 쉽게 할 수 있는 작업이다.

물리적 DNA는 수소 결합으로 이루어져 있다. 화학에서 수소 결합은 바꾸기 가장 쉬운 결합이다. 이는 올바른 방식으로 생각을 집중하면 DNA에 영향을 줄 수 있다는 의미이다.

물리적 유전자를 바꿀 때 그 절차가 매우 빠르게 진행되기 때문에 여러분은 이미 일어난 것을 인지하지 못할 수도 있다. 여러분이 보는 것은 아마도 빛이 번쩍이는 정도일 수도 있다. 유전자의 실질적인 변화는 눈 깜빡할 사이에 일어나기 때문이다. 세타힐링의 키포인트는 치유가 일어나는 과정을 목격하는 것이다. 그러므로 만약 더 자세하게 목격하기를 바란다면, 느린 동작으로 그 절차가 다시 한 번 재생되도록 요청할 수 있다. 그렇지만 번쩍이는 것을 보는 것 자체만도 그것이 현실에서 일어나는 것을 목격하는 것이 된다.

◯◯ 유전자 교체 원칙

1. 물질적인 유전자 코드를 변경하고 재구성하기 위해서는 반드시 그 당사자의 구두 승낙을 받아야 한다.
2. DNA 내부에는 신체 시스템들을 작동하게 만드는 기록이 있다. 이 기록들은 기억, 감정 및 결함에 영향을 미치고, 이는 다시 해당 신체 부위가 작동하는 데 영향을 미친다. 유전적 결함은 이러한 기록들 중 일부에 들어 있다.
3. 송과선의 마스터 세포 내부에 있는 기록을 시각화한다. 여기가 변화가 일어나는 곳이다.
4. 송과선의 마스터 세포 안에 있는 기둥 모양의 DNA를 시각화한다. 변화가 일어나야 하는 DNA의 부분으로 데려가라고 명령한다.
5. 영향을 받았거나 결함이 있는 DNA 부분이 뽑혀 나오는 것을 시

각화한다. 이어서 사분면으로 나누어진 정사각형 상자를 관찰하며 다음 단계를 진행한다.

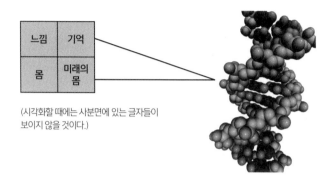

느낌 | 기억
몸 | 미래의 몸

(시각화할 때에는 사분면에 있는 글자들이 보이지 않을 것이다.)

마스터 세포에서 만들어진 이러한 변화는 몸 전체로 복제될 것이다.

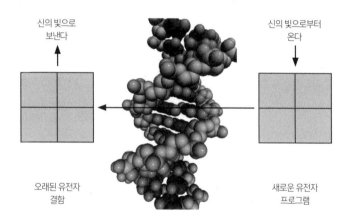

신의 빛으로 보낸다

신의 빛으로부터 온다

오래된 유전자 결함

새로운 유전자 프로그램

질병과 관련하여 여러분이 할 일은 단지 창조주가 DNA 유전자/핵산 구조를 재배열하는 것을 관찰하는 것뿐이다. 모든 의학적 결함은 쌍으로 나타나기 때문에, 쌍을 이루고 있는 두 유전자 모두 변경되어야 한다.

유전자/핵산이 변경되기 위해서는 올바른 재배열이 이루어지도록 명령하고, 창조주가 그것을 만드는 과정을 관찰한다.

유전자 작업의 결과가 나타나기까지는 약간의 시간이 걸릴 수 있다. 결함이 있는 부위의 오래된 세포가 새로운 세포로 대체된 후에야 새로운 유전자 코드가 효력을 발휘하기 때문이다.

환경 조건들이 DNA의 부호화encoding에 어려움을 야기할 수 있으며, 시간이 지남에 따라 DNA 구조를 변화시킬 수 있다. 기능 장애가 있는 유전자 클립을 처리하기 위한 절차는 다음과 같다.

유전자 교체 절차

구두 승낙을 받은 후 다음과 같이 교체 절차를 진행한다.

1 마음의 공간에 집중한다. 만물 그 자체의 일부인 어머니 지구의 중심으로 내려가는 모습을 시각화한다.

2 발바닥을 통해 지구의 에너지를 끌어올린 다음 이 에너지가 모든 차크라를 열면서 위로 올라가는 모습을 시각화한다. 왕관 차크라를 통해 위로 올라가 아름다운 빛의 공 안에 있는 상태로 우주 공간 속으로 날아간다.

3 우주의 끝을 넘어 하얀 빛을 지나고, 어두운 빛을 지나고, 하얀 빛을 지나고, 황금빛을 지나고, 젤리 같은 물질인 법을 지나서, 진주 빛 광택이 나는 눈처럼 하얀 빛, 즉 존재의 일곱 번째 단계로 오른다.

4 명령 또는 요청한다. "만물의 창조주여, [의뢰인 이름]에게 있는 이 유전자를 최상이자 최선의 방식으로 치유하기를 명령 또는 요청합니다. 감사합니다! 이루어졌습니다. 이루어졌습니다. 이루어졌습니다."

5 의뢰인의 공간으로 들어간다.

6 먼저, 창조주에게 결함이 있는 유전자를 보여달라고 요청하라. 그런 다음 송과선의 마스터 세포로 간다.

만약 다음과 같은 구조를 본다면,

이것은 DNA 이중 나선을 시각화한 것으로, 핵산 재배열 문제를 보여준다. 이것은 어머니나 아버지의 유전자 코드에 오염 물질로 인한 물리적 결함이 있음을 나타낸다. 이러한 결함을 일으킬 수 있는 요인으로는 코카인, 약물, 술, 고엽제Agent Orange(베트남전에서 대량으로 사용된 제초제의 일종—옮긴이), 중금속 또는 방사선과 같은 방해 물질들이 있다. 여러분은 결함을 바로잡기 위해 어떤 유전자를 변경해야 할지 모를 수 있지만, 창조주는 알고 있다.

명령 또는 요청한다. "만물의 창조주여, 이 문제를 바로잡기 위해 무엇이 이루어져야 하는지 보여주세요. 이제 그렇게 바꿔주세요. 감사합니다! 이루어졌습니다. 이루어졌습니다. 이루어졌습니다."

결함 유전자는 항상 쌍으로 존재하기 때문에 모든 결함 유전자에는 그와 짝이 되는 결함 유전자가 있다. 적어도 두 개는 항상 있다. 그러므로 이렇게 말한다. "만물의 창조주여, 결함이 있는 짝을 보여주시고, 그것 또한 바꿔주세요."

창조주가 재배열하는 것을 목격하고 나면, 이 작업은 완료된다.

만약 다음과 같은 것을 본다면,

이는 '클립'을 시각화한 것으로, 결함이 어떤 느낌에 의해 발생했음을 의미한다. 이것은 신체의 결함을 야기하는 기억이다.

명령 또는 요청한다. "창조주여, 결함이 있는 클립들이 제거되고 취소되어 신의 빛으로 보내지며, 긍정적인 느낌, 기억, 몸 및 미래의 몸 등 적절한 대체물로 교체되기를 명령 또는 요청합니다. 감사합니다! 이루어졌습니다. 이루어졌습니다. 이루어졌습니다."

클립의 네 부분 및 영향을 받은 다른 클립들을 보게 될 것이다. 이는 마치 롤러덱스 rolodex(비즈니스 연락처 정보를 저장하는 데 사용되는 회전식 카드 파일 장치—옮긴이)의 페이지들이 날아가서 교체되는 것을 보는 것 같을 것이다. 이 과정은 매우 빠르게 일어난다. 만약 너무 빨라서 아무것도 보지 못한 것 같다면, 다시 한 번 보여달라고 요청하거나 천천히 보여달라고 요청할 수 있다. 반드시 느낌, 기억, 몸, 미래의 몸이라는 네 가지 수준의 모든 염색체에서 변화가 완료될 때까지 이 과정을 목격해야 한다.

클립의 첫 번째 부분은 느낌이다.

감정적으로 결함이 있는 이 부분의 에너지가 뽑혀져 나와 신의 빛으로 보내지는 것을 관찰한다. 창조주로부터 새로운 에너지가 와서 이전의 것을 대체하는 것을 관찰한다.

클립의 두 번째 부분은 기억이다.

다음으로 기억의 결함이 있는 부분이 클립에서 뽑혀져 나와 신의 빛으로 보내지는 것을 관찰한다. 창조주로부터 새로운 에너지가 와서 각 상황에 맞는 적절한 기억으로 대체되는 것을 목격한다.

클립의 세 번째 부분은 몸이다.

몸의 결함이 있는 부분이 클립에서 신의 빛으로 보내지는 것을 관찰한다. 창조주로부터 오는 새로운 에너지를 목격한다. 몸이 특정 질병과 관련된 신체적 수준의 변화를 받아들이도록 훈련되는 것을 관찰한다.

클립의 네 번째 부분은 미래의 몸이다.

미래의 몸의 결함이 클립에서 나와 신의 빛으로 보내지는 것을 목격한다. 창조주로부터 오는 새로운 에너지를 목격한다. 신체가 더 이상 이전의 프로그램을 재생하지 않도록 새로운 미래의 몸으로 교체되는 것을 관찰한다.

네 부분으로 구성된 클립에도 대칭 또는 대응하는 또 다른 결함이 있을 것이다. 동일한 방식으로 명령 과정을 수행한다. "만물의 창조주여, 결함이 있는 짝을 보여주시고 그것 또한 변경해 주세요." 창조주가 재배열하는 것을 목격하면 작업은 완료된다. 다 마치면 존재의 일곱 번째 단계의 에너지로 자신을 씻은 후 그 에너지에 연결된 상태를 유지한다.

누군가에게 믿음 작업을 할 때마다 여러분은 일종의 유전자 교체를 하는 것이다. 의뢰인에게 있는 근본 문제들을 찾아내서 필요한 만큼 충분히 제거하면, 신체적인 문제 또한 치유될 것이다. 모든 것은 서로 연결되어 있고 관련되어 있다.

유전자 교체 작업은 쉽게 할 수 있다는 것을 기억하자. 여러분은 단지 진행 과정을 목격하기만 하면 된다. 변화는 대부분 매우 빠르게 일어나서 빛이 번쩍이는 섬광처럼 보인다.

이 과정에 이어 믿음 작업을 해나가야 한다. 믿음 작업만으로도 몸을 치유할 수 있다. 그것이 핵심이다.

◼️◻️ 노화와 관련된 유전적 프로그램 바꾸기

나에게 리딩을 요청하는 사람들은 그 이유가 각기 다르다. 어떤 이들은 치유를 받기 위해 리딩을 요청하고, 어떤 이들은 조언을 받기 위해, 또 어떤 이들은 검증을 받기 위해 요청한다. 이 가운데는 완전히 건강한 사람들도 있는데 그들은 그 건강한 상태를 유지하고 싶어 요청을 한다.

한 예로, 연로한 신사분 한 분이 리딩을 받고 싶다고 연락을 해왔다. 그의 공간으로 들어가서 보니 몸은 매우 건강했고, 내가 몸에게 말을 걸자 그의 몸은 실제 나이보다 몇 년 더 젊다고 내게 이야기해 주었다. 그의 몸 전체를 스캔했지만 아무 문제도 발견할 수 없었다. 나는 그에게 아주 건강하다고 말하고, 리딩을 요청한 이유를 물었다. 그는 자신이 건강하다는 걸 알고 있으며 스스로를 잘 돌본다고 말했다. 건강을 위해 그는 여러 해 동안 고농도의 미네랄을 함유한 특정 점토를 섭취해 왔다고 했다.

그런 그가 리딩을 요청한 이유는 자신에게 있는 노화 관련 유전 프로그램을 바꾸고 싶어서였다. 나는 잠시 망설이다가 '안 될 게 뭐 있나?' 하는 생각이 들었다. 그에게 그에 따른 결과를 받아들일 준비가 되었는지 물었고 그가 동의했다. 나는 위로 만물의 창조주에게 올라가 그의 유전적 프로그램이 풀려나와 신의 빛으로 보내지도록 명령했다. 다음은 내가 목격한 과정이다.

노화와 관련된 유전적 프로그램을 바꾸는 과정

1 마음의 공간에 집중한다. 만물 그 자체의 일부인 어머니 지구의 중심으로 내려가는 모습을 시각화한다.

2 발바닥을 통해 지구의 에너지를 끌어올린 다음 이 에너지가 모든 차크라를 열면서 위로 올라가는 모습을 시각화한다. 왕관 차크라를 통해 위로 올라가 아름다운 빛의 공 안에 있는 상태로 우주 공간 속으로 날아간다.

3 우주의 끝을 넘어 하얀 빛을 지나고, 어두운 빛을 지나고, 하얀 빛을 지나고, 황금빛을 지나고, 젤리 같은 물질인 법을 지나서, 진주 빛 광택이 나는 눈처럼 하얀 빛, 즉 존재의 일곱 번째 단계로 오른다.

4 명령 또는 요청한다. "만물의 창조주여, [의뢰인 이름]의 유전자 작업이 용이하게 이루어지기를 명령 또는 요청합니다. 감사합니다! 이루어졌습니다. 이루어졌습니다. 이루어졌습니다."

5 의뢰인의 공간 안에서 송과선에 있는 마스터 세포로 들어간다.

6 명령 또는 요청한다. "만물의 창조주여, [의뢰인 이름]에게 있는 노화와 나이 듦에 관련된 모든 유전적 프로그램이 뽑혀져 나와 취소되어 신의 빛으로 보내지고, '나는 젊고 늙지 않으며 영원히 재생된다' 프로그램이 모든 현재 및 미래 몸들에서 그 자리를 대체하기를 명령 또는 요청합니다. 감사합니다! 이루어졌습니다. 이루어졌습니다. 이루어졌습니다. 보여주세요."

7 그 절차를 목격한다. 다 마칠 때까지 그 사람의 공간에 머문다.

8 다 마치고 나면 존재의 일곱 번째 단계의 에너지로 자신을 씻은 후 그 에너지에 연결

된 상태를 유지한다.

이 절차를 거치고 나면, 몸이 해독 과정을 거치게 되기 때문에 며칠 동안 불편함을 느낄 수 있다. 이를 피하기 위해 칼슘-마그네슘과 킬레이트 아연을 사용할 수 있다.

28

비안나의 직관적 해부학

이 장의 내용은《직관적 해부학 강의 매뉴얼*Intuitive Anatomy Class Manual*》에서 발췌한 것이다. 직관적 해부학 강의에서는 우리 몸의 각 시스템이 학대 등의 부정적 영향으로 형성된 감정과 프로그램을 간직하고 있을 수 있다고 가르친다. 수업에서는 체내의 각 시스템을 탐구하는 동시에, 각 시스템에 미치는 정신적 에너지의 영향, 그리고 각 시스템에 붙어 있기 쉬운 부정적인 믿음을 탐구한다.

아래 내용은 수업의 첫 번째 장과 마지막 장에서 발췌한 것으로, 기생충이 미치는 영향과 심화된 신체 스캔에 대해 설명한다.

⬤ 미생물과 기타 체내 독소의 영향

신체 시스템을 공부하다 보면 질병을 유발하는 독소와 미생물을 자주 언급하게 된다. 이 모든 미생물과 독소는 신체에 영향을 미치며, 여러분이 갖고 있는 다양한 '믿음들'에 의해서 여러분에게 끌려온다.

기생충

기생충에 감염된 사람은 단순히 신체적 수준에서 그치지 않고 그 이상으로 영향을 받는다는 사실을 인식하는 것이 중요하다. 기생충은 신체적·감정적·정신적·영적인 모든 수준에서 우리의 발달을 가로막는 사고 과정에 이끌린다. 기생충은 자신이 필요로 하는 것을 갈망하고 우리에게 그 요구를 전달해서 우리로 하여금 특정 음식을 먹게 만든다. 또한 자신의 생존을 보장받기 위해 우리에게 감정을 전달한다. 특히 죽을 때 "나는 죽어가고 있다"는 감정을 숙주에게 전달하여 이 감정을 시스템으로 방출하고 숙주로 하여금 자기 자신이 죽어가고 있다고 믿게 만든다. 이것이 일반적으로 인간 숙주가 기생충 정화를 위해 구충제를 복용할 때 기생충이 보이는 반응이다.

"다른 사람들이 나를 이용하도록 내버려둬야 한다" "사람들이 나한테서 단물을 다 빨아먹도록 내버려둬야 한다"와 같은 느낌과 감정은 기생충을 끌어들이는 지석과도 같다. 기생충이 있는 사람들은 '아니오' 하고 말하는 법을 모를 수 있다. 그들은 자존감과 관련한 어려움을 겪는다. 우리가 믿음 작업과 느낌 작업을 하면 기생충을 끌어들이는 이러한 프로그램에서부터 자유로워질 수 있다.

이 과정의 다음 단계는 우리 삶 속에 있는 기생충 같은 특정 사람들로부터 자유로워지는 것이다. 믿음 작업을 통해 기생충을 끌어들이는 느낌을 제거하고 대체하며, 만물의 창조주로부터 오는 느낌을 더한다면, 우리는 몸 안에서 많은 미세 기생충들을 내쫓는 것은 물론 우리의 신체 외부에서도 인간 형태를 한 기생충들을 물리칠 수 있는 힘을 얻게 된다. 기생충은 그들을 끌어당기는 프로그램이 없는 몸 안이나 몸 주변에서 살아남지 못한다. 제한적인 믿음이 적을수록 체내 pH는 더 균형을 이루어 더 건강한 몸을 만들고, 따라서 몸은 기생충이 살기 어려운 환경이 된다.

알려진 기생충은 대략 67만 종이다. 일부 기생성 박테리아는 음식의 소화를 돕는데, 이러한 박테리아가 몸 안에 존재하는 것은 지극히 정상이다. 이러한 이유로 우리는 모든 기생충이 몸에서 떠나도록 명령하지는 않는다.

이빨을 간다는 것은 체내에 기생충이 있다는 신체적 신호이다. 이때는 구충을 할 필요가 있다. 이는 기생충을 붙들고 있는 믿음을 제거하고 대체하는 방법과 구충제를 복용하는 방법 두 가지로 할 수 있다. 구충 과정이 진행되면서 느낌과 감정이 드러나 정화되기 때문에 두 가지 방법 모두 순서대로 진행할 수 있다.

모든 고기와 야채에는 어느 정도 기생충이 있다. 생 호두는 기생충이 가장 많은 식품 중 하나이다. 그러나 무엇을 먹든지 믿음 체계가 균형을 이루고 있다면 기생충은 그만큼 덜 축적된다. 이러한 믿음 체계 중 일부는 유전적인 것일 수 있다.

우리는 중금속 중독이 있는 사람한테서 기생충이 많은 것을 본다. 이는 의심의 여지 없이 중금속으로 인해 약화된 몸 상태와 이러한 물질들이 몸 안에서 만들어내는 특이한 느낌과 감정 때문에 생긴 것이다.

촌충

사람들은 소고기, 해산물, 돼지고기를 먹을 때 촌충에 노출된다. 맨발로 밖을 걸어 다녀도 감염될 수 있다. 촌충은 몸 안에 들어오면 숙주의 대장 옆면에 달라붙어 영양분을 빼앗는다. 촌충에 감염되었음을 보여주는 첫 번째 조짐은 심하게 야위었다가 몸무게가 늘어나는 것이다. 그래서 숙주는 항상 배가 고프게 마련이다. 몸은 자신이 굶주리고 있다고 생각하고, 이 때문에 지방을 붙잡는다.

디스토마

디스토마는 간에 기생하며, 달팽이나 거머리처럼 보인다.

구충

다음의 것들을 복용해 촌충과 디스토마를 구충할 수 있다.

• 이온 구리
• 호두/약쑥 복합제
• 정향
• 오레가노 오일: 위장에 부담을 줄 수 있으므로 두 방울을 캡슐에 넣어서 복용한다.
• 노니 주스 또는 씨앗

구충을 시작하기 전에 믿음 작업을 하면 구충 과정이 더 순조로워질 것이다. 또한 정화가 진행되는 동안 명현 반응이 나타나, 오래된 감염이나 독소, 사고로 인한 트라우마 등 과거에 겪은 힘든 일들에 대한 기억이 떠오를 수 있다는 점을 알고 있어야 한다. 이러한 감정과 신체 증상은 단지 과거의 환영일 뿐인데도 마치 실제처럼 느껴질 수 있다.

연습

다른 사람의 공간으로 들어가서 그들에게 있는 미생물과 중금속을 관찰하는 연습을 한다.

미생물 및 기생충의 구충과 관련된 프로그램들

- "나는 언제, 어떻게 '아니오'라고 말하는지에 관한 창조주의 정의定義를 가지고 있다."
- "나는 누군가 귀담아 들어주는 것이 어떤 느낌인지 안다."
- "나는 내 말이 누군가에게 들리는 것이 어떤 느낌인지 이해한다."
- "나는 화를 내지 않으면서 사는 것이 어떤 느낌인지 안다."
- "나는 사람들이 나한테서 단물을 다 빨아먹도록 내버려두지 않고 사는 것이 어떤 느낌인지 안다."
- "나는 내가 사랑하는 사람들에게 이용당하지 않고 사는 법을 안다."
- "나는 압도되지 않고 사는 것이 어떤 느낌인지 이해한다."
- "나는 비참하지 않게 살아가는 법을 안다."
- "나는 다른 사람들과 상호 작용하는 법을 안다."

이것들은 단지 작업을 시작하는 아이디어들일 뿐이다. 이 프로그램 목록에 덧붙여서 믿음 작업과 느낌 작업을 더 진행해 나아간다. 사람마다 다르므로, 여러분이 작업중인 사람을 치유하는 데 필요한 것이 무엇인지 만물의 창조주에게 물어보는 것을 잊지 않도록 한다.

> ☉ 여러분이 작업 중인 사람에게 필요한 것이 무엇인지 알기 위해 창조주의 말을 듣는 것이 무엇보다 중요하다. 작업 중인 사람의 말을 경청해야 한다는 점과 밑바닥 문제까지 파고들어야 한다는 점 또한 기억하도록 한다.

기생충과 미생물의 구충을 위한 허브 및 식이요법

기생충, 칸디다균, 박테리아 및 기타 문제에 저항할 수 있으려면 우리 몸은 대략 pH7.2~7.4 정도의 약알카리성을 유지해야 한다. 우리 몸은 바이러스, 박테리아, 기생충을 방어할 수 있는 장치가 다 갖추어져 있지만, 균형을 잃으면 면역 체계가 스트레스를 받아 이러한 유해 요소를 제어할 수 없게 된다.

허브를 이용한 구충은 겨울이 아닌 봄철에만 해야 한다. 겨울은 몸이 휴식을 취하는 시기이기 때문이다. 지속적으로 기생충 구충을 하게 되면 몸에 무리가 올 수 있다. 허브를 이용한 구충이 필요하다고 판단이 되면, '10일 복용, 5일 휴식, 10일 복용, 5일 휴식, 10일 복용, 그리고 5일 휴식'의 과정을 따른다. 이렇게 하는 과정에서 기생충이 부화한 알이 모두 파괴된다.

기생충 구충을 할 경우 그 과정이 너무 감정적이 되지 않도록 알칼리성 식단으로 균형을 맞추는 것이 좋다.

구충 과정에서 느끼는 감정은 여러분 자신의 것이 아닐 수 있다. "나는 죽어가고 있다"와 같은 느낌은 죽어가고 있는 기생충과 유충의 의식에서 나오는 것이다. 몸의 기생충을 제거하는 것은 '감정적 기생충'을 놓아주거나, 떠도는 영이나 심령 갈고리 같은 '에너지적 기생충'을 놓아주는 데에도 도움이 된다.

어떤 구충 방법을 사용하든지 먼저 의료 전문가와 상의한다.

구충을 위한 허브와 미네랄

- 약쑥-호두 추출물: 당뇨병이 있는 사람에게는 좋지 않다.
- 이온 구리: 구충에 아주 뛰어나다. 촌충 구충에 좋다.
- 카이엔 고추Cayenne pepper
- 오레가노 오일: 캡슐에 넣어서 복용한다.
- 생강
- 마늘
- 올리브 잎 추출물: 효모균도 죽인다.
- 신선한 주스: 당근 2개, 셀러리 1줄기, 비트 뿌리 2분의 1개, 마늘 조금, 생강 조금. 몸을 깨끗한 상태로 유지시켜 준다.
- 반려 동물용 노니: 위에서 설명한 것처럼 10일 복용하고 5일 휴식한다.
- 백리향: 백리향은 마시는 물 속의 기생충을 사멸시킨다. 리스테린Listerine(구강 세정제 브랜드) 한 큰 술에 함유된 백리향은 음용하는 물에 서식하는 기생충과 살모넬라균을 제거하기에 충분하다.
- 숯: 편모충과 다른 기생충을 제거한다.

- 콜로이드 은Colloidal silver: 기생충과 칸디다균을 제거하지만, 상시 음용은 권하지 않는다.
- 백금: 온갖 종류의 기생충과 칸디다균을 제거한다.

세타힐링으로 기생충을 죽여서는 안 된다. 기생충을 죽이면 죽은 기생충의 잔해와 노폐물이 지나치게 늘어나 사람이 아프게 될 수 있다. 많은 경우 '기생충을 끌어들여 붙들고 있는 믿음'들을 뽑아내서 대체하는 것만으로도 몸에서 기생충이 빠져나가도록 하기에 충분하다.

⬤▶ 곰팡이

곰팡이 감염은 우리 몸의 모든 장기에 영향을 미친다. 예를 들어 일부 부비동 감염sinus infection은 곰팡이가 원인이다. 곰팡이로 인해 일어나는 문제는 집이나 직장에서 흔히 볼 수 있으며, 건강 문제를 일으키기 전에 즉시 해결해야 한다. 집에 있는 검은 곰팡이가 건강을 위협한다는 사실은 최근에야 공무원들에 의해 인식되기 시작했다.

곰팡이균에 감염된 경우에는 식단에서 흰 밀가루와 설탕을 제거하고 알칼리성 식단으로 바꾸는 것을 고려해 봐야 한다.

곰팡이는 "나중에 할 거야"와 같은 프로그램을 투사한다. 이 투사를 통해 사람들은 뒤로 미루는 느낌이 마치 자신의 생각 때문이라고 여기게 된다.

죽었거나 죽어가는 곰팡이는 직관적으로 거무스름하고 흐릿한 물질처럼 보인다.

곰팡이로 인한 문제는 모두 원망하는 이슈와 연결되어 있다. 이 문제를 해결하면 곰팡이도 사라질 것이다.

곰팡이 해결에 도움이 되는 허브는 다음과 같다.

- 티트리 오일: 국소적으로 바르는 데만 사용한다.
- 노니
- 유칼립투스: 항진균성/항균성이며, 국소적으로 바르는 데만 사용한다.
- 올리브 잎 추출물

⬤ 칸디다균

많은 사람들이 칸디다균으로 인한 문제를 가지고 있으며, 이런 사람들은 산성과 알칼리성이 균형 잡힌 식단을 고려해야 한다. 나이가 들수록 체내의 산성도는 증가하는 경향이 있으며, 산성이 지나치게 증가하면 골다공증과 치아 상실로 이어질 수 있다. 반대로 알칼리성이 너무 강해도 칸디다균의 증식에 유리한 환경을 조성하게 된다.

칸디다균은 생존에 필요한 것을 먹고자 하는 욕구를 몸속에 불러일으킨다. 칸디다균 문제는 자신이나 다른 사람들을 향해 지나치게 비판적이거나 분노가 많은 것과 연관된다.

효모균이 사람의 몸에서 다 사멸되도록 직관적으로 명령하는 것은 권하지 않는다. 몸이 제 기능을 수행하려면 일정량의 효모균을 필요로 한다. 직관적으로 효모균은 먼지나 안개가 끼거나 또는 흐릿한 에너지의 형태로 체내에서 관찰된다.

체내에 효모균이 지나치게 많아지면 일부 사람들의 경우 과체중을 야기할 수 있다. 대장에 있는 효모는 부비강(콧대를 따라 안쪽으로 이어지는 구멍—옮긴이)에 영향을 미친다.

◼◖◗ 박테리아

체내에서 문제를 일으키는 박테리아도 우리 몸이 알칼리성으로 균형을 이루면 유익한 것으로 바뀔 수 있다. 오직 몸의 균형이 깨질 때만 박테리아는 해로운 존재가 된다.

박테리아는 직관적으로 쉽게 제거할 수 있다. 일부 박테리아는 몸에 이롭기 때문에, 체내에 있는 모든 박테리아가 사라지도록 명령해선 안 된다.

죄책감에 관련된 문제가 몸 안에 박테리아를 붙잡아둔다. 물론 창조주에게 해결해 달라고 언제든지 요청할 수 있고, 그것과 관련된 믿음이 어떤 것들이 있는지 보여달라고 요청할 수도 있다.

◼◖◗ 바이러스

자신의 가치에 관한 문제가 몸 안에 바이러스를 붙잡아둔다. 사람들은 대개 스스로에 대해 좋은 느낌을 갖고 있을 때 바이러스 감염이나 기타 성병에 면역 반응을 보이고 질병도 받아들이지 않는다. 이것은 그 당사자가 성에 대해 어떻게 느끼는지와는 아무 관련이 없고, 오히려 자기 자신에 대해 어떻게 느끼는지와 관련이 있다.

모든 바이러스는 살아남기 위해 빠르게 변화하고 다른 것으로 변이할 수 있는 능력을 가지고 있다.

바이러스는 오래된 것일수록 더 똑똑하다. 에이즈와 같은 젊은 바이러스는 자신의 숙주를 죽이기 때문에 잘 발달하지 못한다.

바이러스는 자신의 수명을 연장시키기 위해 숙주와 바이러스의 공생을 통해 숙주에게 자기 생각을 투사하는 법을 익힌다. 예를 들면 숙주로 하여금 바이러스를 죽이는 약 복용을 멈추게 하려고 시도하는 것이다. 이런 점이 의심이 되면 그 상황에서 실제로 일어나고 있는 일이 무엇인지 창조주에게 묻는다.

바이러스는 숙주와 믿음을 공유한다

바이러스는 인간의 집단 의식에 접근할 수 있는 능력을 가지고 있으며, 동일한 프로그램을 공유하는 특정한 사람에게 끌리게 된다. 그러므로 우리는 사람들을 끌어당기는 것과 똑같은 방식으로, 즉 비슷한 믿음 체계를 통해서 질병을 우리 자신에게 끌어당긴다. 우리가 바이러스, 박테리아, 효모 또는 곰팡이와 동일한 믿음 체계를 가지고 있을 때, 그것들은 우리에게 끌리며 우리에게 달라붙게 된다.

인생이라는 커다란 틀 안에서 우리는 다른 사람의 긍정적 속성보다는 부정적 속성에 더 끌리는 경향이 있다. 이와 비슷하게 바이러스도 그 사람에게 있는 부정적인 속성에 더 끌리게 되는데, 그것은 부정적인 속성이 사람을 신체적·정신적·영적으로 약하게 만들기 때문이다.

자신을 잘 살펴보라. 여러분은 기생 에너지를 갖고 있는 사람을 끌어당기는가? 이것이 너무 방대한 개념이고 대담한 표현이라는 것을 나도 알지만, 다음 이야기를 한번 들어보라.

내가 치유 작업을 진지하게 시작하던 무렵, 믿음 작업이 아직 초기 단계이던 그때 나는 헤르페스 바이러스를 가지고 있던 한 여성과 작업하게 되었다. 그녀는 힐링을 받고 정화하려고 정기적으로 찾아왔지만, 그것이 완전히 사라지지는 않았다. 그녀에게 힐링을 할 때마다 나는 창조주가 그녀의 몸에 어떤 음音의 톤tone을 보내는 것을 목격했다. 아마도 '진동'이라 부르는 편이 나을 것 같은 이 '톤'은 바이러스 증상을 한동안 완화시켰지만 증상은 이내 재발했다. 증상이 재발하면 그녀는 다른 힐링을 받기 위해 다시 돌아오곤 했다.

리딩을 하는 동안 창조주는 바이러스를 마치 어떤 개별적인 존재인 것처럼 취급하지 말라는 말과 함께, 그 여성에게서 풀려나간 믿음이 헤르페스 바이러스에게서도 바뀌는 것을 목격하라고 했다. 그래서 나는 "나는 신의 사랑을 받을 만한 가치가 있다"는 느낌 프로그램이 들어오는 것을 목격했다. 그런 후 나는 신의 사랑의 '느낌'이 들어오는 것을 목격했고, 동일한 느낌이 바이러스에게도 스며드는 것을 목격했다. 나는 바이러스 안과 주변에서 더 많은 믿음 체계를 뽑아내고 대체했다. 그렇게 하는 동안 바이러스가 완전히 다른 것으로 바뀌어 그녀 몸에서 떠나가는 것을 보았다. 그 여성은 헤르페스가 완전히 사라졌는지 확인하기 위해 의사를 찾아갔다. 모든 테스트 결과는 음성으로 나왔고, 헤르페스는 더 이상 재발하지 않았다.

어떤 경우에는 바이러스가 다른 믿음 수준들에 숨겨져서 머무르기도 한다. 믿음 작업을 할 때 여러분은 의뢰인에게서 바이러스를 발견할 수도 있다.

바이러스는 모든 세포에 들어 있는 외계 침입자alien invader라는 사실을 기억하라. 심리적으로나 미시적으로나 바이러스는 로봇처럼 보일 수 있다. 직감 능력이 있는 많은 사람들은 바이러스가 외계인 침입자라고 주장하겠지만, 신체에 이질적인 것은 결국은 다 외계 침입자로 드러날 것이다.(외계 침입자라는 말은 몸에 생경한 것이라는, 즉 몸에 속하지 않은 것이라는 의미이다.—옮긴이)

한번은 바이러스를 사멸하기 위해 음의 톤, 즉 진동을 사용한 적이 있다. 이 톤은 여섯 번째 단계와 일곱 번째 단계의 긴밀한 결합에서 나왔다. 만약 여러분이 이 절차를 이용하고 싶다면, 위로 신에게 올라가, 신을 통하여 여섯 번째 단계로 가서, 거기에서 특정한 톤을 몸으로 보낸 뒤, 바이러스의 진동과 변이에 맞추어 톤을 위아래로 조절한다. 여러분은 또 박테리아나 바이러스가 몸과 조화를 이룰 수 있는 형태를 취하도록 명령하거나, 몸이 완벽한 균형과 조화 상태에서 면역 체계를 활성화하도록 명령할 수 있다. 이렇게 하면 미생물이 다른 무해한 형태로 변화될 것이다.

바이러스로부터 우리를 보호하기 위해서 우리는 바이러스를 끌어당기는 우리의 믿음을 바꾸는 동시에 믿음 작업으로 그 바이러스를 변형시킨다. 이렇게 바이러스의 믿음 체계를 바꿈으로써 바이러스는 생존을 위해 우리를 공격할 필요가 없어지고, 그 결과 숙주를 해치지 않는 생명체로 변형된다. 미생물도 집단 의식을 가지고 있으므로, 우리가 할 일은 미생물이 우리의 감정에 끌려올 필요가 없도록 우리의 집단 의식을 바꾸는 것이다.

바이러스는 우리가 약을 투여할 때 가장 좋은 방법으로 활용할 수 있기 때문에, 우리는 바이러스를 우리의 적으로 만들지도 않고, 그것들이 사라지도록 명령하지도 않는다. 그보다는 바이러스가 해롭지 않은 형태로 바뀌는 것을 목격하는 것이 더 바람직하다.

바이러스는 세포벽을 통과해 들어가서 우리의 DNA나 RNA를 이용해 자신을 복제하며, 따라서 세포 핵 안까지 들어갈 수 있다. 내가 바이러스를 발견한 장소도 바로 세포 핵 내부이다. 미토콘드리아를 공격해서 질병을 일으키는 일종의 미세 플라스마 생물체micro-plasma organism도 있다. 미토콘드리아는 자신의 DNA를 가지고 있으므로 이것도 작업해야 한다. 이것은 내가 본 바 근육위축병을 가진 모든 사람들에게서 나타난다.

⬤ 직관적인 해결 방법

바이러스와 박테리아를 붙드는 믿음 수준

직관적으로 볼 때 헤르페스와 간염은 작은 로봇처럼 보인다. 그러므로 여러분이 보고 있는 것이 외계인이 아니라 다른 유형의 침입자 바이러스라는 걸 기억하는 것이 좋다.

병에 걸리는 것이 벌을 받는 것이라고 의뢰인이 믿고 있는지 혹은 "나는 아파야 한다"와 같은 프로그램을 의뢰인이 갖고 있는지 확인하라.

바이러스는 사람처럼 네 가지 수준의 믿음 체계를 가지고 있다. 바이러스가 숙주에게 무해한 형태로 변하게 하려면 어떤 느낌을 심어주어야 할지 만물의 창조주에게 물어보라.

미세 플라스마

미세 플라스마는 바이러스와 박테리아의 중간형이다. 만약 이것을 발견했다면 가치관이나 죄책감 문제에 대해 작업한다.

프리온

프리온prion은 광우병을 통해 가장 잘 알려져 있는데(프리온은 유전 물질인 핵산을 갖고 있지 않고 단백질로만 이루어진 감염체로, 이 프리온이 일으키는 대표적인 질병이 광우병이다—옮긴이), 광우병은 독자적으로 행동하는 단백질이 걷잡을 수 없는 상태로 자라 다른 단백질에 달라붙고 그 단백질의 사슬들을 뒤섞어 파괴함으로써 소의 뇌가 뒤죽박죽으로 되어버리는 병이다. 프리온은 단백질로 그 자체는 대부분 이로운 물질이다. 인간의 뇌에는 신경 세포들이 기능할 수 있도록 돕는 프리온이 많이 존재한다.

광우병을 치유할 때는 그 독자적으로 행동하는 프리온을 변화시켜 여러분에게 보여달라고 만물의 창조주에게 요청한다. 대부분의 프리온은 이로운 물질이므로 체내에 있는 모든 프리온이 사라지도록 명령하지는 않는다.

중금속

중금속은 우리 몸을 약하게 하기 때문에 바이러스와 박테리아가 중금속에 끌린다. 몸은 사실 아연, 칼슘, 마그네슘 같은 중금속들로 이루어져 있지만, 알루미늄이나 수은 같은 일부 금속은 우리 몸에 적합하지 않다. 다음의 중금속들은 독성이 있어서 많은 질병의 원인이 될 수 있다.

- 알루미늄: 알루미늄의 출처는 다양하다. 알루미늄은 알츠하이머병과 파킨슨병의 원인이 될 수 있다.
- 불소: 사람의 노화를 촉진하고, 몸 안에 침전물을 남긴다.
- 철분: 체내에서 자연적으로 산화된다. 그러나 철분 함량이 많을 때는 독성이 된다.
- 납: 우울증, 광기, 암 및 면역 질환을 일으킨다.
- 망간: 몸속의 당을 조절하는 데 필요하지만, 너무 과하면 사람을 미치게 만들 수 있다. 사이코패스 살인범들은 뇌 속의 망간 수치가 매우 높다.
- 수은: 수은은 사람을 우울하게 만들고 여러 가지 암을 유발할 수 있으며, 체내의 다른 중금속들과 결합할 수 있다. 만물의 창조주에게 수은을 보여달라고 요청한다. 수은은 아주 소량이라도 독이 된다. 셀레늄(필수 미네랄 중의 하나―옮긴이), 고수(미나리과의 식물―옮긴이) 또는 펙틴(과일류에 많이 들어 있는 다당류―옮긴이)은 몸에서 수은을 빼낸다. 이 같은 성분들이 아말감 충전재 속의 수은과 결합하여 충전재에서 수은이 빠져나오게 하면 문제가 되므로, 먼저 아말감 충전재를 제거한 후 몸을 정화하는 것이 좋다.(495쪽의 "수은 중독" 참조)
- 은: 체내에서 자연적으로 산화된다. 수치가 높으면 독성을 띠게 된다. 콜로이드 실버colloidal silver(은 용액으로, 강력한 살균 효과가 있다―옮긴이)를 과용하면 피부가 파란색으로 변할 수 있다.

중금속 독성

금속	영향	찾을 수 있는 곳	치료
알루미늄	알츠하이머병 치매 신장 기능 장애 종양 노망	발한 억제제 제산제(일부) 베이킹 파우더 완충된 아스피린 치약	카이엔 고추 호박씨 붉은 양배추
카드뮴	암 심혈관 질환	건전지 커피(극소량) 페인트 담배 흰 빵(극소량)	아미노산 칼슘 킬레이트 아연
납	알레르기 피로 짜증 의지력 결여 다발성경화증 신경 장애 신경학적 기능 장애 충치	살균제 오래된 염색약 오래된 페인트 낡은 수도관 깡통 담배	바질 카모마일 차 적양배추 로즈마리 비타민 C 비타민 E

이 주제에 대한 자세한 내용을 보려면 직관적 해부학 세미나를 살펴본다.

29

직관적 리딩 세션의 비밀

세션의 구조는 일반적으로 다음과 같다.

1. 그 사람의 공간에 들어갈 수 있도록 허락을 요청한다.
2. 몸을 스캔한다. 신체의 모든 시스템을 스캔하는 데 시간이 걸릴 수 있으므로 그 사람에게 주된 문제가 무엇인지 물어본다.
3. 필요에 따라 창조주가 힐링하는 것을 목격한다.
4. 그 사람의 수호 천사/길잡이 영을 만나 대화한다.
5. 그 사람에게 묻는다. "당신 삶에서 바꾸고 싶은 것이 있다면 그것이 무엇인가요?"
6. 믿음 작업으로 파고들기를 시작해, 어떤 느낌을 가르쳐야 할지, 그리고 어떤 믿음이 풀려나게 할지 찾는다.

7. 그 사람에게 질문을 하게 한다. 그 질문에 답을 하고 안내해 준다.

8. 믿음 작업이 미래를 바꾸기 때문에, 미래 리딩을 마지막으로 한다.

이것은 복잡한 과정을 단순화한 것이다. 세타힐링에서 하는 리딩은 나뭇잎 사이로 들려오는 바람의 음악과 같아서, 사람마다 매번 다른 멜로디를 연주한다. 다음은 신체 리딩에서 연주되는 다양한 음악에 대한 안내이다.

⬤⬤ 신체 리딩의 원칙

여러분은 몸을 어떻게 보는가?

많은 학생들이 내가 몸의 내부를 볼 때 무엇을 하고 있는 건지 묻는다. 그들의 말을 들으면서 나는 내가 다른 사람들과 다르게 몸을 보고 있다는 것을 알았다. 나는 신에게 "내가 다른 사람들과 다르게 하고 있는 게 뭔가요?" 하고 물었다. 받은 메시지는 다음과 같다.

몸은 노래한다

다른 사람들은 몸을 들여다볼 때 무언가 '잘못된 것'을 찾기 위해 들어간다. 그들은 너무나 많은 스트레스와 긴장, 감정을 가지고 들어간다. 그들은 너무 열심히 노력하고 있다.

깨달아야 할 것은 몸은 경이롭고, 심지어 마법과도 같다는 것이다. 여러분이 몸을 들여다보며 세포 하나를 볼 때, 여러분은 그 세포가 어떻게 신체의 나머지 부분과 조화를 이루며 작은 노래를 부르는지 귀 기울여야 한다. 가장 작은 세포에서 가장 큰 장기에 이르기까지 신체의 모든 부분이 아름답게 진동하면서 서로 어울려 노래하고 공명한다. 장기에 뭔가 문제가 있을 때, 여러분은 그 장기가 '진정으로' 노래 부르지 못하고 다른 장기들에게 잘못된 신호를 보내는 것을 듣게 될 것이다. 이러한 진동과 신호를 듣는 법을 배워야 한다. 만약 여러분이 리딩하면서 어떤 사람의 공간에 들어가 있는데 한 장기가 다른 장기와 조율되지 못한 채 노래하는 소리를 듣는다면, 아마도 그것은 신체가 균형을 잃었거나 장기에 문제가 있기 때문이다. 그렇다면 여러분은 무엇이 잘못된 것인지 조사해야 한다.

몸을 볼 때 여러분은 그 몸이 '살아있다'는 것을 기억할 필요가 있다. 그래서 몸은 결코 해부학 모형처럼 정확하게 보이지 않을 것이다. 그 색깔은 어떤 해부학적 모형보다 훨씬 더 활기차고 아름답다.

사랑의 마음으로 들어간다

우리가 몸을 스캔할 때 가장 좋은 방법은 '사랑'의 느낌을 몸에 투사하는 것이다. 몸은 나에게 말을 걸고 무엇이 잘못되었는지 말해준다. 나는 고정 관념을 갖고 몸에 들어가지도 않고, 바이러스를 싫어하지도 않으며, 단지 몸에 말을 걸 뿐이다. 나는 몸에게 "무슨 일이야?"라고 묻는다.

처음 힐링을 할 때 나는 바이러스에게 "너는 거기에 있으면 안 돼!"라고 말했다. 나는 "내가 안 돼?"라는 충격적인 대답을 들었다. C형 간염과 같은 바이러스는 심술궂거나 악랄하지 않다.

여러분이 몸을 스캔할 때 암은 스스로를 나쁘다고 생각하지 않기 때문에, 여러분이 몸속의 암과 질병을 인식하지 못할 수도 있고, 박테리아와 바이러스가 여러분에게서 숨어버릴 수도 있다.

내가 암세포를 처음 보았을 때 나는 암세포에게 거기에 있으면 안 된다고 말했다. 하지만 그것은 내게 "나는 여기에 있어야 해. 나는 틀린 것도 아니고 나쁘지도 않아"라고 말대꾸를 하면서 독선적인 에너지를 발산했다. 나는 처음으로 암을 '사랑'으로 없앤다는 것이 무엇을 의미하는지 이해했다. 사랑으로 이끌어준다면 암세포는 정상 세포로 다시 바뀔 수 있다.

증오심을 가지고 바이러스에게 다가가면 그 감정이 오히려 바이러스를 먹여 살릴 것이고, 성 포진sexual herpes을 앓고 있는 사람이라면 특히 더 그렇다. "나는 병이 싫다"와 "나는 아픈 사람이 싫다"라는 프로그램이 있는지 자신을 점검할 필요가 있다. 박테리아나 바이러스, 곰팡이로 인한 것이든 아니든 간에 병이란 그저 에너지일 뿐이다. 그것은 여러분에게 도움을 주며, 여러분이 균형을 잃었다는 것을 보여준다. 집착에 대해서, 또 불균형을 어떻게 바라보는지에 대해서 작업해 보라. 힐러가 질병에 대해 화를 낼 때 그는 그 질병에 더 많은 정체성을 부여하는 셈이다. 나는 사람들이 사무실에 들어올 때 바이러스가 그들에게 매달려 있는 것을 볼 수 있는데, 마치 그들이 내게 "안녕!" 하면서 손을 흔드는 것 같다. 나는 바이러스가 두렵지 않기 때문에 그것들을 볼 수 있다. 나는 성 포진도 똑바로 볼 수 있고, 성 포진이 겁나지도 않는다.

왜 질병에 그 모든 부정적인 에너지를 주어야 할까? 질병을 두려움이나 증오심을 가지고 바라보지 말자. 두려움이나 증오심을 가지고 몸속으로 들어가면, 목격할 수 있는 것도 보지 못할 것이다. 두려움이나 분노, 증오의 프로그램을 뽑아내고 대체하라. 여러분이 몸에 들어가 살펴볼 때 여러분이 혼자가 아니란 걸 기억하라. 여러분은 세상에서 가장 훌륭한 교사와 함께한다. 치유를 받아들이고 치유가 이루어졌음을 목격하라.

여러분이 너무 열심히 노력한다면, 그 사람의 몸은 저항하면서 자신의 모습을 드러내지 않을 것이다. 그 사람의 면역 체계가 활성화되어 지금 무슨 일이 일어나고 있는지 알아내려 할 것이다. 그러니까 바람에 떠다니는 깃털처럼 부드럽게 몸 안으로 들어가야 한다. 우리는 몸이 참 놀랍다는 것을 받아들여야 한다. 몸속으로 들어가서 마법의 느낌을 만들어보라! 긴장을 풀고 그 느낌이 흐르게 놔둔다면, 여러분은 자신이 얼마나 정확한지 보고 놀랄 것이다.

다음 프로그램들에 대한 '앎knowing'을 다운로드한다.

- "기적은 매일 일어난다."
- "몸은 기적이다."
- "나는 두려움이나 분노, 증오에 굴복하지 않을 것이다."

비타민의 느낌

소량의 비타민을 복용하면서 비타민을 '느끼는' 연습을 해보라. 자기 몸속에서 비타민을 느끼는 데 익숙해지면, 여러분은 다른 사람의 공간에서도 비타민을 느끼고 볼 수 있는 능력이 생길 것이다. 예를 들어 일주일 동안 비타민 B로 연습하고, 그 에너지를 경험하기 위해 자신의 공간에 들어가 그것이 어떤 느낌이고 어떤 모습인지 확인해 본다. 그러면 여러분은 다른 사람들에게 어떤 비타민이 필요하거나 필요하지 않은지 말해줄 수 있을 것이다.

약

리딩을 시작하기 전 의뢰인에게 약을 복용하고 있는지 물어본다. 면허를 가지고 있지 않은 이상 허브를 추천하는 것은 피한다. 허브가 약물과 반응할 수 있기 때문이다. 약을 바꿀 필요가 있는지 항상 의뢰인의 담당 의사가 확인하도록 해야 한다. 여러분은 진단하는 것이 아니라 기도하는 것임을 기억하자.

만약 의뢰인이 천식 약이나 다른 종류의 약을 복용하고 있다면, 그 사람은 정확한 에너지 테스트를 위해 물을 마실 필요가 있다. 어떤 약은 몸에서 탈수 작용을 하기 때문이다. 창조주에게 그 사람 몸에서 약이 어떤 모습으로 있는지 보여달라고 요청한다.

호흡

천천히 숨을 들이마시고 아주 천천히 내뱉는다. 이렇게 하면 혈압을 낮추면서 명상 상태가 되는 데 도움이 된다. 이는 여러분을 세타파에 더 깊이 조율되어 있게 만든다.

분별

힐러의 기술은 리딩하기 위해 자신의 공간에서 벗어나 의뢰인의 삶과 공간 속으로 들어가는 것이다. 그래서 여러분은 의뢰인의 느낌과 자신의 느낌을 분리하는 법을 익혀야 한다. 그렇게 해야 리딩이 수정처럼 선명해진다.

예고

창조주가 여러분의 간섭과 의심 없이 그 사람의 공간에서 작업할 수 있도록 허락하는 것을 잊지 않도록 한다. 여러분은 오직 창조주가 치유하는 것을 목격할 뿐이다.

집중

의뢰인이 여러분 앞에 앉아 있을 때, 여러분이 그 사람 몸 전체에서 문제를 찾아 해결할 수 있는 시간이 단 몇 분밖에 없을 수 있다. 많은 리딩들이 그렇듯이 시간이 한정되어 있다면, 여러분은 그 사람의 주된 문제점을 찾아내는 데 집중해야 한다. 창조주에게 그 사람의 주된 문제를 보여달라고 요청하라.

미래

여러분이 자신이나 의뢰인에게 믿음 작업을 할 때, 여러분은 가능한 미래를 바꾸는 것이다. 믿음 작업이 끝난 '뒤' 바로 그 사람이 자신의 미래와 관련된 질문을 하는 것이 가장 좋다. 그러나 만약 믿음 작업이 세션에서 이미 완료되었다면, 믿음 작업으로 인해 미래가 변경되었을 것이므로 미래 리딩은 나중에 해야 한다.

믿음 찾기

의뢰인과 작업할 때 여러분은 그들의 얼굴 표정에서 그들이 프로그램을 고수하고 있다는 것을 보게 될 것이다. 말은 논쟁적이고, 참을성이 없으며, 부정적일 것이다. 그들은 "나는 몰라요" "그냥 고쳐줘요"와 같은 말을 할 것이다. 의뢰인이 그러고 있다면 힐러는 인내심을 가지고 "만약 당신이 알았다면요?"라고 물어야 한다. 이야기하기를 기다려주면 그들은 스스로 자신의 프로그램이 뭔지 생각해 낼 것이다. 만약 그들이 무언가를 보고 싶어 하지 않는다면, 그들은 여러분이 해야 할 말을 듣지 않을 것이다. 그들이 여러분과 공유하기를 기다리는 것이 가장 좋다.

기능 장애 프로그램

이러한 에너지들 가운데 일부는 저주, 자유롭게 떠다니는 기억, 그리고 다른 존재 단계들과의 오래된 연결이다.

중금속

리딩을 하다 보면, 여러분은 혈류와 간에서 중금속을 발견할 가능성이 아주 크다. 그것들은 직관적으로 이상한 금속 물질로 보일 수 있다. 외계인 삽입물로 착각하지 않도록 한다.

상호 연결성

드러나는 모든 신체적 질병에는 그것과 연결된 감정적·정신적 또는 영적인 측면이 있다. 그 사람의 모든 측면이 치유되어야 한다.

비전

신체를 스캔하는 동안 신체의 한 부분이 여러분이 원하는 만큼 명확하게 나타나지 않는다면, 해당 부위에는 아마도 여러분이 봐야 할 것이 아무것도 없기 때문일 수 있다.

집착

리딩을 잘하겠다는 집착을 버리고, 그 사람의 공간에서 보이는 것을 받아들이도록 한다. 때때로 창조주는 시간이 지남에 따라 사람들의 다양한 측면을 여러 겹으로 드러내기도 한다. 믿고 인내심을 가진다! 더 많이 연습하면 할수록 더 많이 지각하게 될 것이다.

판단

만약 의뢰인이 여러분을 짜증나게 한다면, 그 이유를 알기 위해 스스로 믿음 작업을 할 필요가 있을 수도 있다. 여러분이 '자극triggered'을 받는 데에는 이유가 있다. 설령 그들이 여러분을 짜증이 나서 미칠 지경으로 만들더라도, 세션을 받으러 오는 모든 사람을 존중하라. 이 일에서 핵심은 누구에게도 적이 되지 않는 것이다. 비록 여러분이 그들의 가치관에 동의하지 않더라도 그들을 판단해서는 안 된다.

즉각적인 치유

즉각적인 치유가 일어나면, 여러분은 그 사람의 몸이 변하면서 창조주의 힘으로 치유되는 것을 느낄 것이다. 그러면 그 에너지가 여러분의 공간으로 되돌아오고 여러분과 의뢰인 둘 다 몸을 통해서 에너지가 진동하는 것을 느낄 것이다.

생각의 조절

생각을 잘 다스리도록 한다. 세타파 경험이 풍부해지면, 집중하는 생각이 즉시 현실로 나타날 수 있다. 책임감, 자신감, 능력과 관련해 부정적인 프로그램이 있는지 테스트한다. 자신의 생각에 책임을 진다.

현실 창조를 막는 영적 장애물psychic block에는 이로운 역할을 하는 것들도 있다. 만약 두 살배기 아이가 원하는 것이 무엇이든 현실로 만들어낼 수 있다면 어떻게 될까? 아마도 거칠고 통제되지 않은 생각을 걸러내고 우리가 책임감 있게 현실 창조를 할 수 있을 때까지 현실화되지 못하게 하는 견제와 균형의 법Law of Checks and Balances이 있을 것이다.

질병의 느낌

질병을 한 번 이상 직관적으로 경험하고 나면, 여러분은 그 질병을 기억하고 다른 사람의 몸에서 그것을 알아보게 될 것이다. 경험은 여러분을 두려움과 의심에서 벗어나게 해준다. 여러분이 치유를 할 때 문제의 세부적인 내용을 안다면 훨씬 더 효과적으로 보고 치유할 수 있다.

힐러로서 우리는 어떤 질병은 다른 질병보다 작업하기 더 어렵다고 생각하지만, 이것은 단지 우리가 믿고 있는 하나의 믿음일 뿐이다. 예를 들어 아이들은 믿음이 아직 굳어지지 않았기 때문에 더 빨리 치유된다.

창조주의 사랑

창조주의 사랑을 힐링 속으로 가져온다. 치유 에너지는 무無에서 만들어지는 것이 아니다. 창조주의 '사랑'이 그 과정을 작동하게 하는 에너지이다.

리딩을 할 때 만약 창조주가 "모든 것이 잘될 것이다"라고 말한다면, 잠시 동안 상황이 어려울 가능성이 높다는 것을 알아두자. 이것은 불편한 사실을 친절하게 알려주는 창조주의 방법이며, 창조주의 관점이 우리의 관점과 다르다는 것을 우리 모두에게 보여준다.

가족

믿음 작업은 당사자만이 아니라 가족도 이롭게 한다. 여러분이 자신에게 있는 DNA 믿음을 바꾸기 시작하면서 가족은 여러분과 더욱 가까워질 것이다. 어느 정도는 여러분에게 그들을 도와야 할 의무가 있을 것이다. 여러분이 스스로 해야 할 작업들을 끝내고 나면 가족들이 여러분에게 도움을 청하러 올 수도 있다. 그들을 너무 몰아붙이지 않도록 한다. 준비가 되면 그들이 여러분에게 올 것이다. 그들은 여러분이 이 세 번째 단계에 오기로 결정했을 때 여러분이 직접 선택한 가족이다! 먼저 자신을 보살펴 몸과 마음과 영혼을 깨끗이 하라.

앎

특정 질병과 관련해 자신이나 다른 사람에게 행하는 에너지 테스트는 정확하지 않다. 잠재의식은 자신이 병에 걸렸다고 '믿을' 수도 있기 때문에, 이것은 여러분(또는 다른 사람)이 실제로 병에 걸렸음을 보여주는 좋은 지표는 아니다.

어떤 것이 참임을 보여주는 진정한 지표는 창조주에 대한 내적·외적인 앎knowing과 창조주와의 연결에서 비롯된다.

의사로부터 질병이나 질환에 대한 검증을 받는 것이 현명하다.

30

레인보우 아이들

뒤에 이어지는 내용에서는 출산 전 단계의 태아에서부터 32세의 성숙한 성인으로 성장하고 발전해 가는 아이들에 대해 논의한다. 이 내용은 일반적인 어린이에 관한 것이지만, 특히 '인디고 아이들Indigo Children' '레인보우 아이들Rainbow Children' 또는 '뉴에이지 아이들'로 지칭되는 아이들에 관해 주로 다룬다. 이 아이들이 아주 어렸을 때부터 마주하고 있는 문제들을 살펴보며, 이 아이들을 데리고 함께 작업하는 데 도움될 지침을 제공하기 위해 쓴 글이다.

⬤ 뉴에이지 아이들

레인보우 아이들

고대로부터 세상은 레인보우 아이들이 오기를 기다려왔다. 레인보우 아이들은 예민하고 믿을 수 없을 정도로 직관적이다. 그들 주변에 있으면 사람들은 기분이 좋아진다. 그들은 무한한 지혜와 함께 주변 세상을 바꿀 수 있는 능력을 가지고 태어난다. 다른 시대와 장소, 재능에 대한 기억을 가진, 매우 사랑스럽고 적응력 있는 인간이다. 그들은 무한한 사랑과 인내심을 발휘한다.

레인보우 아이들은 인류의 욕구를 충족시키기 위하여 주변 환경뿐만 아니라 시간에도 영향을 미친다. 그들은 옳고 그름에 대한 놀라운 '앎knowing'을 가지고 있고 에너지를 바꾸는 방법도 알고 있다. 레인보우 아이들은 깨어난 마스터들이다. 인디고, 브론즈, 골드 아이들도 진화된 존재들이므로 믿음 작업을 하면 레인보우 아이들이 될 수 있다.

인디고 아이들

'인디고 아이들'이라는 용어는 잘못 사용되는 경우들이 종종 있다. 인디고는 새로운 세상, 새로운 시대를 여는 아이들을 칭한다. 이 아이들이 태어난 것은 최근에 일어난 현상으로, 적어도 45년, 때로는 그보다 조금 더 이른 시기로 거슬러 올라간다. 인디고 아이들에 대해 말할 때는 우리는 또한 브론즈 아이들Bronze Children과 골드 아이들Gold Children에 대해서도 이야기하게 된다. 모두 뉴에이지 아이들로, 주로 1960년대 이후에 태어났다. 하지만 그들은 수십 년에 걸쳐 이 세상으로 왔다. 내가 만난 가장 나이 많은 인디고 아이는 78세였다.

브론즈 및 골드 아이들과 함께 인디고 아이들에게는 주변 에너지에 매우 민감하게 반응하는 어떤 능력과 자질이 있다. 인디고 아이는 성장하면서 지나치게 과민 반응하는 것처럼 보이기도 한다. 중요한 결정을 내려야 할 때에는 아주 변덕스러워지기도 한다. 그것은 이들이 예술가적 특성을 가지고 태어났기 때문이다.

한 가지 특정한 직업만 선택해서 일을 해야 한다는 생각 때문에 자기가 인생에서 무엇을 하고 싶은지에 대해 혼란스러움을 느끼기가 쉽다. 인디고 아이들은 고등학교에 다니면서부터 벌써 여러 가지 직업을 갖기 시작하는 경우가 많다. 대학에 다닌다면 다른 분야들을 경험하고자 전공을 여러 번 바꾸기도 한다. 그들은 남성 에너지와 여성 에너지 두 가지 모두가 잘 균형 잡힌 뇌를 가지고 있다.

인디고 아이는 방 안의 에너지에 압도되기도 하지만, 레인보우 아이는 그 에너지를 이롭게 바꾼다. 인디고 아이는 놀라운 직관력을 가지고 있으며 현실을 창조하는 데 뛰어나다. 하지만 그냥 현실을 바꿔버리는 레인보우 아이와는 달리 인디고 아이는 부정성에 영향을 받을 수 있다. 인디고 아이들은 이제 레인보우 아이들의 진동으로 변형되고 있다.

브론즈 아이들

브론즈 아이들은 미래의 과학자들이다. 그들은 사물을 조립하고 분해하는 것을 좋아한다. "왜 그렇지?"라고 끊임없이 묻는다. 이 아이들은 자라나서 식물학자, 미생물학자, 양자물리학자가 되고 싶어 하는 등 여러 과학 탐구 분야에서 일하고 싶어 한다. 이들은 한번 마음먹은 것을 잘 바꾸지 않는다.

브론즈 아이들은 집중력이 뛰어나고 답을 찾으려는 의지가 강하다. 오존층 문제에 대한 답을 찾고, 물 부족 문제를 해결하고자 한다. 인디고 아이들처럼 이들도 사랑과 연민이 많다는 특징이 있다. 이들은 신과 과학이 밀접하게 연결되어 있다는 것을 증명하는 데 관심을 쏟고, 에너지 작용법을 이해하고 연구하는 데 심혈을 기울인다.

골드 아이들

골드 아이들은 엄청난 치유력과 현실 창조 능력을 가지고 이 세상에 온 사람들이다. 타고난 힐러이며, 창조주의 치유 능력에 대해 의심하지 않는다. 인디고 아이들과 바이올렛 아이들Violet Children이 치유 능력을 가지고 있는 반면, 골드 아이들은 현실 창조에 능숙하며 실제로 문제를 '알아차리고' 그것을 바로잡을 수 있다. 그들은 신체적으로나 유전적으로나 감정을 치유하는 분야에서 뛰어나다.

골드 아이들은 예술적 재능이 있기도 하지만, 주로는 치유에 집중한다. 그들은 아주 어린 나이에 자신이 원하는 삶을 선택한다. 많은 골드 아이들이 의사, 외과의사 또는 의학 과학자가 된다.

* * *

인디고, 브론즈, 골드 아이들은 모두 예술적 재능과 과학적 능력, 엄청난 치유력, 비전vision 능력을 갖고 있다. 그들은 다른 사람들에게 사랑과 공감을 잘 느끼고 직관적인 성향이 강하다. 이런 특징은 인간 뇌 진화의 모범이라고 할 수 있다. 이 아이들의 전두엽은 크게 확장되어 있고 작업 속도도 훨씬 빠르다. 전두엽에서 추가적인 전기 활동이 일어나는 것을 CT 촬영으로 관찰할 수 있다.

이 아이들은 DNA의 차이로 인해 성장하면서 질병에 대한 면역력이 높아진다. 하지만 인디고 아이들과 브론즈 아이들은 매우 민감하기 때문에 어릴 때에 아주 각별한 보살핌이 필요하다. 어떤 경우에는 주변 환경 속에 있는 노란색이나 빨간색 염료 같은 물질들에 알레르기 반응을 보이기도 한다. 골드 아이들도 이런 물질에 영향을 잘 받긴 하지만, 이들은 부정적인 반응 없이 원하는 세상 어디서든 살 수 있도록 자신의 몸을 훈련시킬 수 있다.

인디고, 브론즈, 골드 아이들이 레인보우 아이들로 진화하고 있다. 이들은 모두 직관적이고 초능력이 있으며, 수호 천사를 볼 수 있는 능력과 왕관 차크라를 통해 지식을 얻을 수 있는 능력이 있다. 어떤 이들은 여러 종교에서 이야기하는 것들에 관심을 보이며, 이 세상에 오기 전에 가지고 있던 '유일 창조주One Creator'에 대한 이해의 폭을 넓히기도 한다.

모든 인간은 공감(느낌) 능력을 가지고 태어난다. 첫 숨을 들이쉬는 그날부터 인간의 잠재의식은 다른 사람들로부터 생각과 감정을 받아들인다. 인간의 심령psyche은 자신의 오라aura를 관통해 들어오는 에너지를 자연스럽게 읽고 인식한다. 하지만 이 아이들은 매우 직관적이기 때문에, 주변 세계에 민감하고 다른 사람들의 감정을 자신의 것처럼 느낀다. 다른 사람의 감정을 가려내 거기에서 벗어나는 방법을 모르기 때문에, 어머니나 아버지가 울면 자기도 따라 울기도 하고, 사람들이 왜 그토록 서로를 거칠게 대하는지 의문을 품기도 한다. 이것이 어린아이들이 종종 사람들이 자기를 좋아하지 않는다거나, 자기가 뭔가 잘못했다거나, 자신에게 무슨 문제가 있다고 생각하는 이유이다. 공감 능력을 발달시키도록 잘 지도해 주면, 자신의 감정과 다른 사람의 감정 간의 차이를 이 아이들이 배울 수 있다.

뉴에이지 아이들은 다른 많은 아이들과 달리 아주 사랑스럽고 친절하며, 모든 사람이 조화를 이루며 살아가기를 원한다. 그들은 사람들 사이에서 어색함을 느낄 때가 많고, 사람들이 자기를 좋아하는지 싫어하는지 진동으로 확연하게 '느낄' 수 있다.

다른 아이들이 아주 잔인하게 굴 때들이 있을 수 있기 때문에, 이 아이들은 학교에 가는 것을 몹시 힘들어한다. 게다가 선생님이 공감 능력이 없고 불친절하다면 그들은 더더욱 힘들어하게 된다. 이 아이들은 선생님을 좋아해야 하고 배움에 대한 격려를 받아야 한다. 보통 아이들보다 더 똑똑하고 이해력이 빠르며 또 쉽게 지루해하기 때문에, 종종 주의력 결핍 장애ADD로 잘못 진단받기도 한다. 그래서 이 아이들 중 상당수가 불필요한 약을 처방받고 있다. 나는 아이가 단지 아이라는 이유로 부모들이 계속해서 아이에게 약을 복용시키는 현실을 본다. 만약 그 아이가 앉아서 두 시간 동안 비디오 게임을 할 수 있다면 주의력 결핍 장애일 가능성은 높지 않다. 또한 어떤 부모들은 아이를 갖기 위해 인생 후반기까지 기다리느라 어떻게 어린아이들이 행동하고 성장하는지 잘 알지 못하는 경우도 있다.

이 시기에 태어나는 인디고, 브론즈, 골드, 레인보우 아이들은 믿기 어려울 정도로 멋지고 영적이며 환상적인 아이들이다. 하지만 그들에게 화학적으로 조금이라도 부족한 물질이 있다면, 그들은 공격적으로 행동할 수 있다. 아이들이 천성적으로 공격적이라면 그 아이들은 뉴에이지 아이들이 아닐 수도 있다는 걸 알아야 한다. 나는 인디고 아이들이 지나치게 공격적이며 이러한 공격성은 정상이라는 내용의 기사를 자주 읽게 된다. 이러한 공격성은 정상이 아니며, 어린이에게 일반적으로 나타나는 행동도 아니다.

레인보우 아이들은 대단히 직관적이기 때문에, 정상적인 상황이 되면 그들의 뇌 극성이 거기에 맞게 바뀔 것이다. 뇌의 극성은 쉽게 뒤바뀐다. 사람들은 매일 뇌의 극성을 바꾼다. 예를 들어 내가 직관적인 리딩을 할 때마다 나의 극성은 반대로 변한다. 아이의 극성을 정상으로 바꾸기 위해 약을 주어서는 안 된다. 뇌의 극성의 뒤바뀜은 뉴에이지 아이들에게는 삶의 일부이기도 하다.

이 아이들은 또한 자신의 패러다임에서 벗어날 수 있는 능력을 가지고 있다. 그들은 다른 사람의 공간에 들어가 그들을 이해할 수 있다. 자기 자신을 사랑하는 마음도 있지만, 또한 바깥으로 주의를 돌려서 주변 사람들이 어떻게 느끼는지 볼 수 있는 능력도 가지고 있다.

◉ 뇌의 화학 물질

우리 아이들을 괴롭히는 새로운 종류의 전염병이 있다. 여러분은 그것을 인식하고 분간할 수 있어야 한다. 그것은 세균도 아니고 형편없는 식단도 아니다. 그것은 트라우마 경험에서 오는 뇌 손상이다. 그러한 손상은 뇌의 발달에 영향을 미칠 수 있고, 공격성부터 시작해 언어 장애, 우울증, 기타 정신 장애 등의 문제까지 일으킬 수 있다. 그것은 천식, 간질, 고혈압, 면역 결핍 장애, 당뇨병과 같은 신체적인 장애를 일으킬 수도 있다. 사람들이 가난, 폭력, 성적 학대, 가족 해체, 마약, 좋은 자극의 결핍과 좋지 않은 자극의 과잉 같은 환경적 스트레스를 겪을 때 이런 문제들이 증가한다. 이것들의 영향이 시각, 후각, 촉각, 청각을 통해 뇌로 쏟아져 들어온다. 이것이 육아의 중요성을 크게 부각시키는데, 육아는 아이의 뇌 회로의 연결 방식에 큰 영향을 미치기 때문이다.

경험은 뇌에 어떤 영향을 미치는가? 뇌에는 코르티솔과 아드레날린이라 불리는 스트레스 호르몬이 있다. 이 호르몬은 심리적·신체적 위험에 반응하도록 설계된 것으로, 위급 상황에서 싸우거나 도망칠 수 있도록 몸을 준비시킨다. 한 가지 감정에서 다른 감정으로 전환되는 과정은 일반적으로 원활하게 이루어진다. 이것은 우리가 배워야 하는 중요한 생존 기술이다. 하지만 태아와 신생아 단계를 포함한 어린 시절에 뇌가 지속적으로 스트레스를 받으면 이 호르몬들이 과도하게 활동하게 된다. 스트레스가 지속되면 태아 발육에 변형을 일으킨다. 지속적인 스트레스는 유전자로부터 받은 지시를 완전히 다르게 변화시켜 뇌 세포들의 네트워크를 왜곡하고 뇌에 잘못된 신호를 각인시킨다. 이러한 신호는 간질 발작을 일으키는 원인이 되기도 하는데, 그것은 세포들 사이에 명확한 신호 대신 다른 엉뚱한 신호가 있기 때문이다. 이 아이들은 행복한 생각 대신 우울한 사건을 겪는가 하면, 기꺼이 타협하려는 마음 대신 분노가 폭발하기도 한다.

이런 일들의 상당수가 출생 전에 이미 발생하지만 초기에는 이러한 손상을 거의 감지할 수 없고, 아이가 성장한 뒤에야 알아차리게 될 것이다.

만약 임신 기간 중 어려움이 있거나 아이를 원하지 않는다면, 아기는 이러한 감정을 지각하게 된다. 아기는 잉태되는 순간부터 자신을 원하는지 아닌지 알고 있다. 스트레스에 시달리는 임신은 아기에게 분노나 화, 우울을 유발하는 화학 물질을 만들도록 가르친다. 아기가 자라나면서 이러한 것들은 바뀔 수 있다. 시간이 걸리는 과정이지만, 부모의 사랑과 다정한 말로 아기는 바뀔 수 있다. 우리 사회가 직면한 문제는 많은 사람들이 책임감 있는 방식으로 결혼에 임하지 않는다는 데 있다. 이것은 전두엽의 일부가 20대 중반이 될 때까지 발달하지 않는 사실과 관련이 있다.

대부분 젊은 엄마들은 자기 아이를 어떻게 돌봐야 하는지 교육을 못 받고, 따라서 알지도 못한다. 엄마로부터 아기에게 분비되는 페로몬은 엄마와 아기를 영원히 결속시키는 역할을 한다. 그런데 엄마가 이 페로몬 수용체를 갖고 있지 않다면, 엄마는 아이를 보호하려는 본능을 갖지 못하게 된다.

인간은 마법 같은 상태로 시작한다. 만약 사랑 안에서 아기를 잉태하고 임신 기간 내내 아기와 대화를 나눈다면, 아기의 뇌는 정상적으로 발달할 것이다. 하지만 원하지 않은 임신을 하거나 임신 기간 내내 크게 스트레스를 받는다면, 아기는 출산이라는 어려움의 첫 징후에 맞서서 싸우거나 도망칠 준비가 된 상태로 세상에 나오게 된다. 나중에 아이가 학교를 다니기 시작하고 선생님으로부터 잘못을 지적받게 되면, 아이는 그것을 사랑의 경험, 배움의 경험으로 받아들이는 대신 개인적인 모욕으로 받아들이고 자기에 대한 비판으로 여겨 싸우려고 들 것이다.

두 번째로 이 시대에는 가족을 경제적으로 부양할 수 없는 부모들이 많다. 많은 경우 성장기에 교육을 제대로 못 받거나 가정 형편이 어려웠기 때문이다. 아이를 낳으려면 반드시 부유해야 한다는 말이 아니다. 그러나 세상에 태어난 아이가 배고프지 않아도 된다면 이는 분명히 좋은 일이다. 빈곤은 오늘날 큰 문제이다. 자기를 원치 않는 가정에서 태어나거나 빈곤한 환경에서 자란 아이들은 처음부터 어려움에 직면하게 된다.

셋째는 부모의 헌신 부족이다. 서로에게 헌신하지 않는 부모는 기본 구조도 갖추지 못한 상태로 이 모든 시나리오를 시작하는 셈이다. 서로에 대한 헌신이 없기 때문에 결국 그들 중 한 명은 떠나고, 아이는 상실감과 소외감을 느끼게 된다.

원치 않는 임신, 빈곤 속에서의 성장, 그리고 헌신하지 않는 부모라는 이 조합으로 인해, 아이는 일상 생활을 대처해 가는 것조차 엄청난 어려움에 직면하게 된다. 우리가 이해해야 할 중요한 사항들이다.

태아는 엄마 뱃속에서 자라고 성장하는 과정에서 일어나는 모든 일을 기억한다. 아이가 자라면서 뇌의 신경 세포는 계속해서 발달해 나아간다. 사랑으로 보살피는 환경을 경험하며 자란 아이의 뇌는 정상적으로 성장한다. 하지만 스트레스를 받으며 자랐다면 질병에 걸릴 가능성이 더 커진다. 갖가지 질병에 걸리기 쉽고 신경 세포에 구조적 문제가 발생할 확률이 높아지면서, 결국 사회는 더 많은 교도소를 짓게 될 것이다.

공격성이 반드시 나쁜 것은 아니다. 그것은 우리가 음식, 거처, 짝, 지위 등을 얻기 위해 경쟁할 수 있도록 도와준다. 이는 지극히 보편적인 사실로, 지구상에 존재하는 모든 척추 동물은 생존과 번식에서 이점을 얻기 위해 공격성을 사용해 왔다. 어떤 면에서 공격성은 우리 스스로를 지킬 수 있게 해주는 중요한 특성이다. 정상적인 공격성은 체온과 같이 정해진 지점이 있으며, 이는 뇌에 있는 화학 물질에 의해 조절된다. 대부분의 사람들은 균형 잡힌 화학 물질을 가지고 태어난다. 이는 주어진 상황에 합리적인 방법으로 반응하도록 도와준다. 그러나 이런 설정 지점은 뇌에서 발생하는 다른 조건들에 의해 변경될 수 있다. 그중 일부는 유전적일 수 있다. 어떤 사람들은 다른 사람들보다 더 공격적이거나 폭력적으로 반응하게 만드는 유전자를 갖고 있다. 많은 사람들이 우리는 유전자가 아니며, 유전자 프로그램이 우리의 행동에 영향을 미치지 않는다고 주장한다. 하지만 실제로는 영향을 미친다.

노르아드레날린과 세로토닌

뇌의 화학 물질을 이해하기 위해 기본적인 내용부터 알아보자.

세로토닌은 신경 자극 전달에 관여하는 신경 전달 물질로 뇌의 마스터이다. 이것은 모든 감정을 조절하는 역할을 한다. 우리의 공격성 또한 억제하는데, 세로토닌이 부족해지면 우리의 폭력성이 증가한다.

노르아드레날린은 각성 호르몬이다. 노르아드레날린과 세로토닌은 다혈질적 폭력과 냉혹한 폭력 두 가지 모두와 관련이 깊다. 노르아드레날린 수치가 높은 상태로 계속 있게 되면 폭력이나 '다혈질적' 유형의 살인을 일으킬 수 있다. 그 반면 노르아드레날린의 수치가 낮으면 그 사람의 각성 수준이 떨어진다. 노르아드레날린 수치가 낮은 사람들은 흥분을 느끼기 위해 의도적으로 위험한 행위를 한다. 때로는 약탈적인 폭력, 계획적이고 냉혹한 살인, 연쇄 살인 같은 범죄를 저지를 수도 있다.

세로토닌과 노르아드레날린은 개별적으로나 여러 가지 조합의 형태로 작용하여 다양한 스펙트럼의 폭력적인 행동을 일으킬 수 있다. 세로토닌이 정상 수준일 때에는 감정을 자극하는 모든 요소들을 억제한다.

앞으로 우리는 세로토닌 수치를 다루는 데 능숙해져서 섹스, 기분, 식욕, 수면, 각성, 통증, 공격성 및 자살 행동을 적절한 균형을 유지하며 조절할 수 있을 것이다. 그러한 통제는 우리 삶의 사회적인 부분 및 기억과 판단을 관장하는 뇌의 신피질을 통해 이루어진다. 신피질은 원시적인 본능과 감정의 통제소처럼 자리하고 있다.

노르아드레날린과 세로토닌 수치에 따른 위험성

노르아드레날린

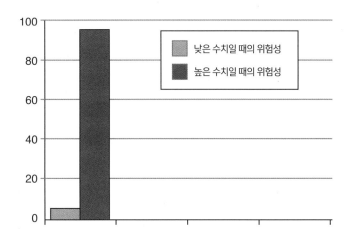

낮은 수치일 때의 위험성	높은 수치일 때의 위험성
각성 부족	각성 과다
계획적이거나 냉혹한 폭력을 휘두르는 경향 증가	충동적이고 다혈질적인 폭력을 휘두르는 경향 증가
스릴 추구	빠른 심장 박동

참고: 이것은 세로토닌 수치가 낮은 경우에만 적용된다. 정상 수치의 세로토닌은 위에 열거한 위험성들을 상쇄시킨다.

세로토닌

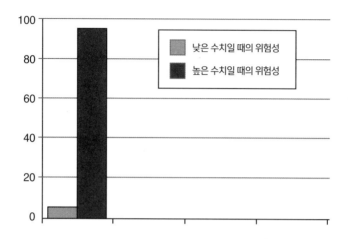

낮은 수치일 때의 위험성	높은 수치일 때의 위험성
우울증	수줍음
자살	강박 장애
충동적인 공격성	공포증
알코올 중독	자신감 부족
성적 일탈	지나치게 위축된 공격성
폭발적 분노	

출처: 《AMA 의학 백과사전*The AMA Encyclopedia of Medicine*》, 《미국 유산 과학 사전*America Heritage Dictionary of Science*》, 뉴스 보도, 《시카고 트리뷴*Chicago Tribune*》/스티븐 레이븐스크래프트Stephen Ravenscraft와 테리 볼프Terry Volpp

뇌의 화학 물질에 미치는 영향

세로토닌과 노르아드레날린 수치에 영향을 미치는 요인은 다양하다. 그중 하나는 어려운 가정 환경이다. 예를 들어 알코올 중독자나 마약 중독자를 부모로 둔 사람들은 세로토닌이 감소한다. 알코올은 공격성을 유발한다고 알려져 있으며, 세로토닌 수치를 낮춤으로써 뇌의 화학 작용을 얼마나 많이 변화시키는지 마침내 깨닫고 있다. 또한 미국의 아이들 4명 중 1명은 한부모 가정에서 자라고 있다. 이것은 양육을 맡고 있는 부모에게 커다란 경제적 부담을 안겨 가정 환경을 더욱 어렵게 만들고 있다. 스테로이드 또한 세로토닌 수치를 변화시킨다. 때때로 사람들은 경험삼아 스테로이드를 사용하기도 하는데, 이는 뇌에 있는 모든 화학 물질에 혼란을 불러와 노르아드레날린이 과도한 상태가 되고, 급기야 공격적이고 폭력적인 행동으로 이어질 수 있다.

어떤 사람들은 다이어트로 인해 공격적으로 변하기도 한다. 저콜레스테롤 식단은 공격적인 행동을 유발하기도 한다. 어떤 종류가 되었든지 심각한 부상도 문제를 일으킬 수 있다. 절대 간과해서는 안 되는 것 중 하나는 납이나 납 연료 및 페인트에 노출되는 것이다. 납 성분을 함유한 모든 것은 사람들에게서 폭력적인 행동을 일으킬 수 있고 끔찍한 화학적 혼란을 유발할 수 있다. 한편 수은은 심각한 우울증을 일으키고, 수은에 노출된 사람들은 자살 충동을 느끼기도 한다. 그러나 적절한 세로토닌 수치는 우리가 조화롭게 살 수 있도록 해준다.

세로토닌이 공격성과 관련된 유일한 신경 전달 물질은 아니지만, 세로토닌은 우리의 삶에서 아주 중요하다. 과학자들은 16가지의 세로토닌 수용체가 있다는 사실을 발견했으며, 아마도 수백 가지가 더 있을 것으로 추정하고 있다. 많은 사람들이 낮은 세로토닌 수치에 훨씬 더 민감하게 반응하게 하는 유전자를 물려받지만, 어린 시절의 경험을 통해 그것은 바뀔 수 있다.

보통의 경우보다 더 폭력적인 가정에서 사는 경우에는 세로토닌 수치에 실제로 영향을 미친다. 하지만 남성들이 쉽게 폭력을 행사하는 가정에서 발견되는 모노아민 산화 효소 #A라는 효소가 있다. 이 남성들은 약간의 자극에도 강간을 하거나 살인을 할 수 있다. 결함이 있는 유전자는 X 염색체에 의해 전달되지만, 그 효소는 오직 남성에게만 나타난다. 여성은 X 염색체가 두 개이며, 이 중에는 나쁜 유전자를 무효화하는 좋은 유전자가 하나씩 꼭 들어 있다. 공격적인 유전자는 오늘날 감옥에 있는 위험한 범죄자들에게서 발견될 게 분명하다.

과학자들은 노르아드레날린이 너무 많고 세로토닌이 부족한 경우에 여러 형태의 약물로 세로토닌 수치를 재설정해 부분적으로 뇌의 균형을 맞추는 방법을 발견했다. 물론 힐링을 통해 세로토닌 수치를 재설정할 수 있다. 아이들은 이런 식으로 작업하기가 매우 쉽고, 세로토닌 수치가 바뀌면 즉시 그 효과를 알아차릴 수 있다.

세로토닌 수치 조절에 효과가 있는 약물은 십대들이 겪는 우울증이나 사람들이 평생 영향을 받는 다른 우울증 치료에도 도움이 된다. 하지만 나는 힐러로서 스스로 치유할 수 있는 놀라운 힘이 뇌에 있으며, 뇌에게 무엇을 해야 할지 알려주면 즉각 엄청난 변화를 일으킬 수 있다는 사실을 기억하는 것이 중요하다는 말을 하고 싶다. 세타파 상태에 들어가서 뇌가 무언가를 하도록 프로그래밍하면 상황이 매우 빠르게 변화될 것이다.

헌팅턴병, 알츠하이머병, 파킨슨병과 같은 뇌 질환에 대해서 우리는 오랫동안 속수무책이었다. 하지만 이제 우리는 우리가 실제로 뇌를 변화시키고 뇌 스스로 회복하도록 만들 수 있다는 걸 알고 있다.

여성이 갱년기를 겪을 때 뇌에 어떤 일이 일어나고 있는지 확실하지는 않지만 이때 뇌에는 큰 혼란이 야기된다. 이때 소량의 에스트로겐은 뇌에 활력을 불어넣고 젊음을 되찾아줄 수 있다. 여러분은 모든 호르몬이 뇌에 매우 중요하다는 사실을 반드시 알고 있어야 한다. 호르몬의 균형이 깨어질 때 의사들은 종종 세로토닌이나 항우울제를 처방하기도 한다. 하지만 근본적인 원인은 무엇일까? 갑상선에 문제가 생겼을 수도 있고, 부신에 무리가 왔기 때문일 수도 있다. 우리는 그 사람에게 문제를 일으킨 원인이 무엇인지 창조주에게 물어봐야 한다. 또한 뇌의 일부를 조작하는 방법도 알 필요가 있다.

뇌의 화학 물질을 정상화하는 절차

1 마음의 공간에 집중한다. 만물 그 자체의 일부인 어머니 지구의 중심으로 내려가는 모습을 시각화한다.

2 발바닥을 통해 지구의 에너지를 끌어올린 다음 이 에너지가 모든 차크라를 열면서 위로 올라가는 모습을 시각화한다. 왕관 차크라를 통해 위로 올라가 아름다운 빛의 공 안에 있는 상태로 우주 공간 속으로 날아간다.

3 우주의 끝을 넘어 하얀 빛을 지나고, 어두운 빛을 지나고, 하얀 빛을 지나고, 황금빛을 지나고, 젤리 같은 물질인 법을 지나서, 진주 빛 광택이 나는 눈처럼 하얀 빛, 즉 존재의 일곱 번째 단계로 오른다.

4 명령 또는 요청한다. "만물의 창조주여, [의뢰인 이름]의 노르아드레날린, 세로토닌 및 호르몬 수치가 이 시점에 최상이자 최선의 방법으로 균형이 잡히도록 명령 또는 요청합니다. 감사합니다! 이루어졌습니다. 이루어졌습니다. 이루어졌습니다."

5 의뢰인의 공간으로 자신의 의식을 옮긴 후, 뇌로 가서 노르아드레날린/세로토닌 수치가 그래프로 보이는 것을 목격한다. 노르아드레날린/세로토닌 수치가 그 사람에게 적절한 수준으로 균형이 잡히는 것을 목격한다.

6 다 마치고 나면 존재의 일곱 번째 단계의 에너지로 자신을 씻은 후 그 에너지에 연결된 상태를 유지한다.

뇌를 위한 약물

이 시대에는 뇌를 위한 훌륭한 약물들이 있다. 예를 들어 성장 호르몬이라고 불리는 환상적인 약이 있다! 이 호르몬은 실제로 뇌가 스스로를 재생산하고 보충하도록 자극한다. 또 다른 성장 인자로 GM1 강글리오사이드ganglioside라 불리는 것도 있다. 이것은 파킨슨병 환자들을 돕는 물질로 뇌가 도파민을 공급하도록 자극한다. 파킨슨병의 경우 신경 세포의 도파민 말단이 모두 손상되어 있는데, GM1 강글리오사이드가 이를 대체하는 데 실제로 도움을 줄 수 있다.

뉴로트로픽neurotrophic이라고 불리는 신경 성장 인자는 뇌가 계속해서 스스로를 보충하며 작동하게 하는 비결이다. 이들 중 하나인 뉴로트로픽-3과 같은 다른 인자들도 뇌에서 발견되고 있다. 이들 뉴로트로픽은 뇌 세포의 슈퍼 보모와 같다. 그들은 뇌 세포에 영양을 공급하고 뇌 세포가 성장하고 장수하도록 돕는다. 어떤 종류의 손상이 와도 세포를 그로부터 보호하여 뇌 기능을 적절하게 유지시킨다. 만약 뉴로트로픽이 줄어들어 없어지면, 뇌는 활성 산소로 인해 망가지고 말 것이다.

어린아이들이 어떻게 그렇게 빠르게 스스로를 회복하는지 알아내기 위해 많은 실험이 이루어졌다. 아이들이 그토록 빨리 뇌를 회복할 수 있는 이유는 몸이 아직 성장을 멈추지 않았기 때문이다. 일정한 나이가 되면 뇌는 실제로 여러 가지 성장 인자들을 차단한다. 어릴 때는 손상을 훨씬 빠르게 복구할 수 있다. 그렇기에 어린아이는 누구보다 빨리 뇌졸중에서 회복할 수 있다.

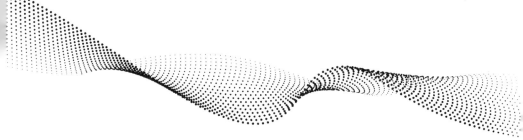

31

어린이의 발달 과정

🔵 태아와 출생의 단계

태아의 기억

고전적인 조건화, 습관화, 노출 학습 같은 태아의 학습 패러다임은 태아에게 기억력이 있음을 보여준다. 어떤 형태로든 태아에게 기억력이 있음은 더 이상 의심의 여지가 없다.

태아가 성인, 아니 유아만큼의 복잡한 기억은 아니더라도 출생 후 세상에 적응하는 데 도움이 될 정도의 기억을 가져야 하는 이유는 여러 가지 있을 수 있다. 태아가 가지고 있을 것으로 언급되고 있는 기능들에는 연습 능력, 엄마에 대한 인식과 애착, 모유 수유 촉진, 언어 습득 등이 있다. 더 많은 연구가 필요하다.(자세한 내용은 영국 북아일랜드에 있는 벨파

스트 퀸스대학교 심리학과의 태아행동연구센터Fetal Behaviour Research Centre 를 참조하기 바란다.)

태아에게 사랑 보내기

임신 순간부터 아기들은 주변의 모든 것을 인식한다. 엄마의 느낌, 감정, 믿음이 아기에게 투사되는 경우가 많다. 트라우마를 일으킬 수 있는 충격적인 생각, 원하지 않는다는 느낌, 압도되는 느낌, 그리고 그 밖의 스트레스들은 아기의 노르아드레날린과 세로토닌 수치에 영향을 미칠 수 있다. 알코올과 약물의 복용 또한 태아의 정신 건강과 신체 발달에 영향을 미친다. 어떤 아기들은 쌍둥이로 시작하지만, 자연은 잉태된 쌍둥이의 약 3분의 1만이 태어나도록 허락한다. 이것은 때로 남아 있는 쌍둥이에게 심각한 외로움을 유발한다. 낙태 시도 또한 영향을 미친다.

'태아에게 사랑 보내기'는 놀라운 치료 기법이다. 이 기법은 자신과 자녀들, 그리고 부모님께도 할 수 있다. 물론 그것을 받아들일지 말지에 대한 자유 행동권이 그들에게 있다는 것을 알아야 한다. 의뢰인들과 작업할 때는 구두 승낙을 구해야 한다. 이 기법은 태아 알코올 증후군, 양극성 장애, 주의력 결핍 장애 및 자폐증과 같은 많은 장애에 도움이 될 수 있고, 그것들을 단번에 완전히 없앨 수도 있다.

'태아에게 사랑 보내기' 이후에도 여러분은 여전히 부정적인 감정들이 떠오르겠지만, 이 기법을 통해 진정한 사랑이 자리한 곳에서 잠재의식을 새롭게 프로그래밍할 수 있을 것이다.

감정의 드라마에 휘둘리는 일 없이 집중해서 연습하기를 권한다.

태아에게 사랑 보내기 절차

1 마음의 공간에 집중한다. 만물 그 자체의 일부인 어머니 지구의 중심으로 내려가는 모습을 시각화한다.

2 발바닥을 통해 지구의 에너지를 끌어올린 다음 이 에너지가 모든 차크라를 열면서 위로 올라가는 모습을 시각화한다. 왕관 차크라를 통해 위로 올라가 아름다운 빛의 공 안에 있는 상태로 우주 공간 속으로 날아간다.

3 우주의 끝을 넘어 하얀 빛을 지나고, 어두운 빛을 지나고, 하얀 빛을 지나고, 황금빛을 지나고, 젤리 같은 물질인 법을 지나서, 진주 빛 광택이 나는 눈처럼 하얀 빛, 즉 존재의 일곱 번째 단계로 오른다.

4 명령 또는 요청한다. "만물의 창조주여, 태아였을 때의 이 사람에게 사랑이 보내지기를 명령 또는 요청합니다. 감사합니다! 이루어졌습니다. 이루어졌습니다. 이루어졌습니다."

5 이제 위로 올라가 창조주의 무조건적인 사랑이 아기를 감싸는 것을 목격한다. 그 아기가 자신이든, 자녀이든, 부모이든 간에 사랑이 자궁을 채우고 태아를 감싸고, 모든 독성 물질과 독소와 부정적인 감정을 제거하는 것을 목격한다.

6 다 마치고 나면 존재의 일곱 번째 단계의 에너지로 자신을 씻은 후 그 에너지에 연결된 상태를 유지한다.

생명의 맨 처음부터 시작해 보자. 엄마는 아기가 태어나기를 기다린다. 아기는 신의 창조물의 하나인 작고 소중한 존재이다. 아기의 뇌가 발달해 가고 있고, 엄마는 아기에게 매일 엄마가 얼마나 사랑하는지 들려준다. 엄마는 그렇게 하는 것이 아기의 미래 삶에 영향을 미칠 거라는 걸 알고 있다. 이 어린 아기는 지금 자궁 안에서 아주 빠르게 자라고 있다.

태아는 7개월이 되면 엄마의 소리를 꽤 잘 들을 수 있다. 물론 태아를 둘러싼 양수에 의해 소리는 뭉그러지지만, 아기는 소리의 차이를 분간

할 수 있고 그때마다 느낌이 다른 것도 확실히 알 수 있다.

아기가 태어났을 때의 첫 접촉은 놀라운 경험이 된다. 엄마는 아기를 어루만지며 부드러운 키스와 함께 아기에게 다가간다. 이렇게 할 때 엄마의 몸은 아기가 새로운 환경에서 살아가기 위해 지금 당장 필요한 항체들을 만들어낸다. 엄마가 아기를 만질 때마다 이런 일이 일어난다. 그리고 그렇게 할 때 둘의 DNA는 연결되고 소통한다. 인간의 몸이 이렇게 복잡하고 멋지다는 것을 아는 것은 놀라운 일이다.

마법 같아 보이는 일들이 일어나기 시작한다. 아기가 이상한 페로몬을 엄마에게 분비한다. 엄마는 그 변화를 감지하며 갑자기 '엄마 곰'처럼 된다. 만약 누군가 가까이 다가와서 아기를 해치려고 한다면, 엄마는 매우 방어적이 될 것이고 목숨을 걸고 아기를 보호할 것이다. 페로몬이 제대로 작동한다면, 엄마한테는 아기의 소리를 듣고자 하는 욕구가 무엇보다 중요해진다. 엄마는 아기가 낑낑거리는 소리나 한숨소리까지 하나도 놓치지 않고 다 들을 수 있다. 모든 것이 안전하고 이상 없다는 것을 확실히 하기 위해 신참 엄마는 노심초사하며 주의 깊게 아기를 확인한다. 어떤 산모들한테는 이런 일이 일어나기까지 며칠이 걸릴 수도 있어서 조금 당황하고 긴장하게 되지만, 엄마와 아기는 곧 서로에게 익숙해져서 편안해진다. 이 단계는 아기가 자신이 남자아이든 여자아이든 괜찮다는 것을 깨닫는다는 점에서 중요하다.

만약 스트레스 많은 출산을 경험했다면, 엄마는 아기를 더 많이 안아주며 아기에게 사랑을 표현할 필요가 있다. 이런 행위는 우리 뇌에게 더 많은 세로토닌을 생산하도록 가르칠 것이고, 이에 아기는 느긋해지고 행복해지기 시작할 것이다.

자연에서 그러듯이, 간혹 엄마가 아기의 페로몬에 대한 수용체를 갖고 있지 않아서 자식을 버리려 하거나 감정적인 애착을 느끼지 못하는 경우가 있다. 다행히도 이런 일은 드물게 일어나고, 또 믿음 작업으로 바꿀 수 있다.

사랑을 듬뿍 받으면 아기는 세상을 보기 위해 기지개를 켠다. 과학자들은 아기들이 처음에는 잘 볼 수 없다고 말하지만, 모든 엄마들은 아기가 자기를 바라본다고 말할 것이다. 과학자들은 또 아기가 실제로는 웃지 않는다고 하고, 웃는 것처럼 보이는 것은 단지 불수의적不隨意的인 근육 반응일 뿐이라고 말하지만, 모든 엄마들은 아기가 자신을 보고 웃는다는 것을 안다.

모든 인간은 공감(느낌) 능력을 가지고 태어난다. 인간의 잠재의식은 다른 사람들로부터 생각과 감정을 받아들이고, 인간의 심령은 자신의 오라를 관통하는 에너지를 자연스럽게 읽는다. 그것은 타고난 본능이자 능력이기 때문에, 아이들은 처음에는 주변 사람들의 생각과 감정을 자신의 것과 잘 분간하지 못한다. 발달 과정의 아이들에게 공감 능력을 지도하면 이이들은 그들 자신의 느낌과 다른 사람의 느낌에서 차이를 알아볼 것이다.

모유는 적어도 처음 6개월 동안은 아기에게 먹이는 것이 좋다. 모유는 실제로 수유할 때마다 아기의 필요에 맞게 매번 수유 양이 달라질 것이다. 이 독특한 물질은 인공적으로 복제될 수 없으며, 감염에 대한 면역력을 갖춘 항체를 포함하고 있다.

모든 뉴에이지 아이들은 다른 사람들이 곁에 있을 때 더 잘 잔다. 약간의 배경 소음은 실제로 아기가 잠을 잘 자도록 도와준다. 생후 3개월이 지나면 아기는 깊은 렘REM 수면(안구가 급속히 움직이는 수면이란 뜻으로, 보통 이때 꿈을 꾼다—옮긴이)을 취할 수 있다. 6개월째가 되면 잠을 자는 능력이 커져서 아기는 더 긴 시간 동안 잠을 잘 수 있게 된다.

이제 막 엄마와 아빠가 된 사람들이 꼭 새겨야 할 점 하나는 끊임없이 아기에게 말을 걸어야 한다는 사실이다. 말을 더 많이 걸수록 아기는 더 빨리 말을 배운다. 아이들은 텔레비전이나 컴퓨터가 아니라 부모를 비롯해 가까운 가족들로부터 거의 모든 말하기 능력을 배운다. 뉴에이지 아이들은 뇌가 성장하고 성숙해지기 시작하면서 자신의 성대를 가지고 소리와 소음을 내며 놀다가 어느 날 갑자기 말하기 시작하려고 할 것이다. 이 시기에 모든 신생아들의 뇌에는 일반 성인보다 두 배나 많은 뉴런이 있다. 과학자들은 아기가 생후 3개월 때 "사랑해" 소리를 흉내 내며 그 말이 무엇을 의미하는지도 아는 것처럼 보인다고 말한다. 이 시기는 또한 엄마가 화를 낼 때 아기도 화를 낸다는 것을 엄마가 알아볼 수 있는 때이기도 하다.

아기들은 또한 나는 시늉을 하기도 하고 마치 날고 있는 것처럼 보이기도 한다. 아기들은 종종 작은 몸에 갇힌 노인들처럼 모든 것을 아는 것처럼 보이기도 할 것이다.

◖◗ 생후부터 12개월까지

아이들은 각자 자기만의 발달 속도를 따르지만, 모두 몇몇 특정 단계들을 거친다. 생후부터 12개월까지는 매우 중요한 시기이다. 이 시기에 아이는 걷고 말하는 것을 배우고, 이가 나며, 감각을 익혀나갈 것이다. 아이들은 이 기간 동안 다른 어느 때보다 더 빨리 자란다. 뇌세포의 수와 그것들의 연결 개수는 모두 극적으로 증가한다.

신경계가 성숙해 갈수록 아이의 감각은 빠르게 발달한다. 신생아는 얼굴에 가까이 갖다 대면 그 소리와 물체를 구별할 수 있다. 3개월이 되면 아기는 색깔과 형태를 구별할 수 있고, 소리를 흉내 낼 수도 있다. 4개월이 되면 손을 뻗어 엄지와 검지로 물체를 집고 잡을 수 있다. 생후 4~6개월이 되면 아기는 붙잡아주지 않아도 짧은 시간 동안 앉아 있을 수 있다. 7~10개월 사이에는 기기 시작한다. 12개월 즈음에는 대부분은 혼자 일어서고, 도움을 받아 걸을 수 있다. 14개월이 되면 대부분 도움 없이 걸을 수 있다. 이것은 뉴에이지 아이들에게도 대체로 일어나는 일이지만, 뉴에이지 아이들은 때때로 기기 전에 걸을 수도 있다. 만약 그런 경우라면 아기가 기는지를 꼭 확인해야 한다. 아기가 기지 않으면 뇌가 올바른 순서로 발달하지 못할 수 있다.

여자아이들은 보통 남자아이들보다 더 빨리 말을 하려고 하고, 남자아이들은 보통 걷고 기어오르는 등 신체적 장애물을 더 빨리 정복하려 한다. 남자아이들은 한 살이 되면 이미 기어 다닐 줄 알고 정복하는 법을 확실하게 배운다. 아직 걷지 못하더라도 걷기 위해 매우 열심히 노력할 것이고, 아주 짧은 시간 내에 걷게 될 것이다. 호기심이 매우 많아서 모든 것을 탐색하려고 시도한다. 미각을 통해 빨리 배우며, 그래서 모든 것을 입에 가져다 넣는 것처럼 보인다.

보통 12~18개월 사이에 첫 단어를 입 밖으로 터뜨리지만, 뉴에이지 아이들은 많은 수가 18개월 이전에 여러 단어를 말할 수 있다. 아기와 더 많은 말을 할수록 아기는 더 빨리 말하게 되는데, 이 뉴에이지 아이들은 거의 태어나자마자 단어 흉내 내는 법을 배울 수 있다. 이 시기는 인간의 잠재의식이 '하지 않는다don't'나 '아니다not' 같은 단어를 이해하지 못한다는 점을 부모가 반드시 알 필요가 있는 중요한 시기이다. 만약 여러분이 아기에게 "그거 만지지 마"라고 말한다면, 아기는 "그거 만져 봐"라고 말했다고 여기고 즉시 그것을 만지려고 할 것이다. 아기의 작은 손을 찰싹 때려서 만지지 못하게 한다면 아기는 몹시 어리둥절할 것이다. 이 발달 단계에서는 크게 주의를 기울여야 한다. 여러분이 아기에게 하는 말은 이들의 남은 인생 내내 이들에게 남아 있을 수 있기 때문이다.

뉴에이지 아이들의 가장 흥미로운 점 가운데 하나는 여러분 옆에 서 있는 빛의 존재들beings of light을 이 아이들이 실제로 볼 수 있다는 사실이다. 자신에게 오는 수호 천사, 길잡이 영, 방문객을 이 아이들 중 상당수가 본다. 과하지 않을 정도로만 격려하고 그냥 내버려둔다면 이 아이들은 이 능력을 평생토록 유지할 것이다. 그런데 빛의 존재들은 볼 수 없다거나 존재하지 않는다는 말을 듣게 되면 그때 아이들은 능력을 닫아버린다.

◖◗ 한 살에서 두 살

여자아이들은 한 살쯤 되면 나름 짧은 대화를 나눌 수 있고, 남자아이들도 일부는 그럴 수 있다. 하지만 대화가 여자아이들에게 중요한 것처럼 보이긴 해도 항상 그런 것은 아니다.

1~2살은 가끔 '끔찍한 두 살'로 불리기도 하는 나이이다. 이 나이쯤

되면 아이들은 냄비나 프라이팬 같은 것을 가지고 놀면서 인생을 경험하는 놀이에 빠진다. 더 많이 만지고 느낄수록 더 행복해할 것이다. 만약 흙이나 모래를 가지고 놀도록 해준다면 아이는 나중에 더 건강하게 살아가게 될 것이다.

'끔찍한 두 살'즈음이 되면 아이들은 '아니오no'라는 단어를 이해할 수 있어야 한다. 이것은 아주 중요하다. 내 아이들 중 누구도 '끔찍한 두 살' 아이라고 나는 생각해 본 적은 없다. 나는 항상 내 아이들이 멋지다고 생각해 왔다!

이 시점까지 아이는 본능적으로 살아왔다. 다시 말해 아이들은 울면 부모가 와서 돌봐주고, 미소 짓고 웃으면 보상을 받는다는 것을 안다. 하지만 두 살이 되면 세상을 더 많이 탐색하며 어느 정도 독립성도 보여준다. 이것은 뇌가 전보다 더 빠른 속도로 발달하고 있기 때문이다. 그래서 이 시기에 아이들이 약간 빗나가는 것은 매우 자연스럽고 정상적인 일이다.

화장실을 이용하도록 아이를 훈련시키는 데 딱 정해진 나이는 없다. 약 15개월까지는 아이들에게 방광이나 대장을 적절히 조절할 수 있는 실제 근육이 발달하지 않는다. 중요한 요소는 정서적으로 준비되는 것이다. 일단 아이들이 신체 기능을 익히고 주변 사람들이 기대하는 것이 무엇인지 알게 되면 대부분은 스스로 배변 훈련을 해나갈 것이다. 행위에 대한 두려움과 스트레스는 문제를 일으킬 수 있으므로, 아이들이 시간을 갖도록 부모가 기다려주는 것이 바람직하다. 어떤 사회에서는 배변 훈련이 거의 게임처럼 이루어진다.

이 시기의 남자아이들은 여자아이들보다 대체로 대변을 더 못 참는 데 반해 대부분의 여자아이들은 남자아이들보다 더 빠르게 배변 훈련을 익힌다. 여자아이들은 축축한 느낌을 좋아하지 않기 때문에, 어떻게 하면 축축한 상태를 피할 수 있는지 재빠르게 배우는 것이다. 아이를 재촉하면 안 된다. 어떤 아이들은 세 살이 될 때까지 준비가 되지 않기도 한다. 그러나 위생이 중요한 일이란 건 아이들이 반드시 배워야 한다.

아이들은 또한 이 시기에 자신의 생식기에 대해 인식하게 되고, 곧 자신의 성性을 깨닫게 된다. 이와 관련해 아이들이 수치심을 느끼게 해서는 안 되며, 단지 '있는 그대로' 받아들이도록 해야 한다.

뉴에이지 아이들은 두 살이 되면 창조주와 자신이 알고 있는 것들에 대해 이야기를 들려주기도 한다. 이 아이들의 말에 귀 기울일 필요가 있다. 때때로 이 아이들은 우리가 생각하는 것 이상의 지식을 가지고 있다.

◯◉ 세 살에서 네 살

세 살에서 네 살 아이들은 실제로 꽤 쉽게 읽는 법을 배울 수 있다. 만약 시간을 내서 아이와 함께 보낸다면, 아이들이 얼마나 많은 것을 배울 수 있는지 보고 놀랄 것이다. 아이들의 뇌는 매우 빠르게 작동하기 때문에, 30~40분 단위로 시간을 작게 쪼개서 배우는 것을 좋아한다. 아이들은 또 맛과 냄새, 그리고 주변에 대한 감각을 통해 끊임없이 배우고 있다.

세 살까지는 아이들이 쉽게 지치고, 지치면 투정을 부린다. 아이들이 너무 피곤해한다고 부모가 화내는 것을 보면 흥미롭다. 아이들은 피곤하면 쉴 수 있어야 한다.

태어나서 네 살까지 아이들 뇌에는 성인보다 두 배나 많은 신경 세포가 있다. 이제까지 아이들은 생각하고 듣고 보고 맛보는 것을 배우고 주변 세상과 함께 성장해 가는 것을 배웠다. 이제 서너 살이 되면 아이들의 뇌는 새로운 단계로 접어든다. 이 시기에는 아이들이 잘못된 독립심을 갖게 되며, 갑자기 부모의 말이나 행동에 의문을 제기하는 것을 볼 수 있다.

무언가를 하라고 시켰을 때 화를 내는 세 살짜리 아이나, 부모에게 무언가를 하라고 시키려 드는 네 살짜리 아이 모두 정상적인 발달 단계에 있다. 아니, 이 아이들은 전혀 끔찍하지 않다. 이 아이들에게는 '문제'가 없다. 여러분의 아이는 그저 네 살일 뿐이고, 네 살 아이들은 그렇게 한다. 네 살 아이들은 '졸라댄다.' 금방 사랑스럽게 굴며 뽀뽀를 해대다가, 또 금세 돌아서서 뭔가를 해달라며 졸라댄다. 이것이 바로 제멋대로 구는 네 살짜리 아이이다. 어떤 아이들은 네 살이 되기 두세 달 전부터 이런 행동을 시작할 수도 있겠지만, 그 단계에 이르면 여러분은 알게 될 것이다. 그렇게 오랫동안 안아주고 흔들어주던 그 사랑스럽고 자그마한 아기가 갑자기 조금은 고집스럽고, 뭔가 자기가 모든 걸 다 아는 듯이 굴며, 도대체 말을 듣지 않는 작은 한 인간이 된 것이다. 이때는 자기가 보스가 아니라는 것을 이해하게끔 아이를 잠시 타임아웃시켜야 할 수도 있다.(수업 시간에 떠드는 학생을 잠시 그룹에서 격리시키는 것처럼 일정 시간 동안 무언가 얻을 수 있는 기회를 박탈하는 것―옮긴이)

이때 아이들이 멋지게 잘 자라고 있다는 것을 부모가 기억하는 것도 중요하다. 아이들의 친구가 되는 것도 중요하지만, 그들의 부모가 되는 것은 더욱더 중요하다. 부모가 된다는 것은 아이가 항상 부모를 좋아해야만 한다는 걸 의미하지 않는다. 부모가 된다는 것은 자녀가 성장해 감에 따라 자녀의 안전과 관련해 올바른 판단을 내려야 한다는 것을 의미한다.

아이가 협상하는 법을 배우는 것은 보통 네 살 즈음이다. 많은 어른들이 이것을 '머리 굴린다'고 표현하지만, 아이가 더 자라면 이것을 '협상'이라고 부르게 될 것이다. 지금은 해결하고 합의할 문제들이 있다는 것을 아이에게 보여줄 필요가 있다. '안 돼no'라는 단어를 가르치는 것도 중요하지만, 만약 늘 그렇게 '안 돼'라고만 말한다면, 아이가 성인이 되어도 주변 세상과 어떻게 협상해야 할지 모를 수 있다.

이 시기는 판단력을 잘 발휘해 위로 올라가 창조주에게 이러한 문제를 해결하는 방법을 묻기에 좋은 때이다. 그런 행동이 네 살짜리 아이들의 정상적인 행동 방식이라는 것을 알면, 아이가 말대꾸를 할 때 여러분이 상처를 받거나 기분이 상해서 화내는 일이 없도록 막아줄 것이다. 이때는 아이들에게서 세로토닌과 노르아드레날린 수치가 균형을 이루고 그들 뇌 속의 작은 회로가 본격적으로 작동하기 시작할 때이다. 이것은 완전히 정상적인 일이다. 아이들은 여전히 부모를 사랑한다. 단지 더 독립적이 되는 법을 배우는 것뿐이다. 세 살, 네 살 아이들은 정말 흥미롭다.

◖◗ 다섯 살

이제 아이는 다섯 살이 되었고, 여러분은 그런 아이가 몹시 자랑스럽다. 세 살, 네 살 단계를 거쳐 다섯 살이 된 아이는 학교에 입학하게 된다. 아이들에게는 정말 흥미로운 경험이 될 것이다.

비록 신이 나는 일이지만, 때로는 아이들에게 감정적으로 매우 힘들 수 있다. "네가 잘 해낼 거라는 거 엄마는 알아" "난 널 믿어" "넌 정말 멋저 "넌 정말 놀라운 애란다" 같은 긍정적인 격려를 해주면 아이들에게 도움이 될 수 있다. 학교에 들어가기 전에 다른 아이들과 어울리게 하는 것도 매우 바람직하다. 만약 어릴 때부터 다른 아이들과 친하게 지낸다면, 학교에 처음 들어가서도 다른 아이들과 어떻게 하면 잘 지낼 수 있을지 알 것이다. 부모들이 저지르는 가장 큰 실수는 아이를 다른 아이들한테서 떨어뜨려 놓는 것이다. 다른 아이들과 어울려보지 못한 아이는 학교라는 상황에서 크게 어려움을 느낄 것이다. 아이에게 다른 아이들과 '협상'하는 법을 가르치는 것은 아이에게 세로토닌 수치를 유지하는 법을 가르치는 것이기도 하다.

⬤▭ 여섯 살

아이들이 여섯 살이 되면 또 다른 정신적 발달 단계를 경험하게 된다. 이것은 네 살 때 경험한 단계와 매우 비슷한데, 단지 깊이만 조금 더 깊어질 뿐이다. 이때는 좀 더 독립적인 성격을 보이는 경향이 있다. 아이들은 부모를 압박하고 부모의 결정에 의문을 제기하기 시작한다. 네 살짜리 아이를 대하기가 어렵기도 하고 때로는 감정이 상하기도 했지만, 여섯 살짜리는 종종 자기 방식으로만 뭘 하고 싶어 해서, 결국은 그걸 얻지 못하게 되는 경우가 생기기도 한다. 여섯 살짜리 아이는 얼마나 많은 것을 자기가 원하는 방식대로 할 수 있는지 보고 싶어 종종 여러분에게 따지고 들면서 여러분의 한계를 시험하기도 한다. 이것 역시 자연스러운 발전 단계라는 것을 이해해야 한다. 아이가 성장하며 이러한 변화들을 잘 겪어나가도록 돕기 위해 여러분이 거기에 있다는 것을 이해해야 한다. 여섯 살 아이를 맞이할 준비를 미리 해둔다면 다 잘될 것이다.

◐◑ 일곱 살에서 여덟 살

일곱 살, 여덟 살이 되면 아이들은 대개 온순해지고 다루기가 조금은 쉬워질 것이다. 이것은 뇌 발달에 따른 정상적인 결과이다. 이때쯤 되면 뇌의 대뇌엽은 다른 감각 인식을 갖기 시작한다.

지금까지 아이들의 시력은 약간 근시였다. 이 사실을 알고 있어야 한다. 그래야 아이가 시력 검사를 받게 되었을 때, 약간 근시라는 말을 들어도 크게 충격을 받지 않을 수 있다. 아이들의 눈은 성장해 가면서 계속 발달한다. 파란색과 녹색 그리고 스펙트럼의 모든 색을 다 볼 수 있지만, 녹색은 나중에 보게 될 색깔보다 더 짙고 푸른 녹색으로 보인다. 아이들이 성장함에 따라 색이 달라 보이므로, 아이들이 보는 색이 여러분이 보는 색과 완전히 같지 않을 수 있다는 것을 이해해야 한다.

이때쯤엔 아이들이 읽고 쓰는 법을 배운다. 많은 아이들이 이른바 천재 유전자라는 것을 가지고 있는데, 바로 지금이 이 멋진 아이들을 지켜볼 시간이다. 천재 유전자는 난독증 유전자라고 불리는 것 바로 옆에 위치한 경우가 많으며, 그래서 아이들이 종종 글자를 거꾸로 읽기도 한다. 아이가 읽는 법을 배울 때 인내심을 가지고 기다려주라. 그러면 아이는 읽는 것에 자신감을 갖고 즐길 수 있을 것이다. 책을 읽어주는 것은 아이가 멋진 배움의 세계를 탐험하는 데 도움이 될 것이다.

◗◯ 아홉 살

어떤 교회에서는 여덟 살 아이에게 세례를 준다. 나는 그것이 아이가 아홉 살이 되도록 준비시키기 위한 것이라고 생각하곤 했다!

아홉 살은 흥미로운 단계로, 아이의 뇌가 발달하기 시작해 아이가 훨씬 더 독립적으로 바뀌는 때이다. 이때는 또 아이의 신체가 변화하기 시작하는 때로 태어났을 때의 그 자그맣던 아기와는 현저하게 다르다. 이 시기를 나는 '지옥'의 나이라고 부른다. 모든 것을 아는 것처럼 굴고, 모든 것을 차지하고 싶어 하며, 모든 것에 대해 감정적으로 화를 내는 나이이다.

이 시기는 새로운 호르몬의 변화들이 뇌에서 일어나기 시작하면서 아이의 행동 방식이 바뀌는 때이다. 몇 달만 지나면 아이가 다시 괜찮아지리라는 사실을 주변 사람들에게 알릴 필요가 있는 중요한 시기이다. 인내심과 다정함, 사랑으로 아이를 대하되 또한 단호한 태도로 이 단계를 거쳐가야 한다.

아이들이 성장하고 성숙해지는 것을 보면서 우리는 기쁨과 행복으로 우리의 잔을 채운다. 그것이 곧 우리가 아이들로부터 받는 사랑이다. 그러나 아이들이 삶에 변화를 주면, 우리는 기분이 상하고 불편해한다. 아이들이 말대꾸를 하면 상처를 받고, 우리에게 하는 어떤 말은 아주 깊은 상처가 된다. 명심하자, 이들은 그냥 아이들이다. 우리에게 인내심도 필요하지만, 또한 단호함도 필요하다. 아이가 열 살이 되면 괜찮아질 수 있고, 열한 살이 되면 좋아질 가능성이 훨씬 커진다는 걸 부모는 기억해 두어야 한다.

자라나 성인이 되어가면서 아이들은 아주 빠르게 배운다. 만약 어려서부터 무언가를 배우도록 장려되는 분위기에서 자란다면, 배우는 것이 습관이 될 것이고, 그러면 평생토록 배우기를 멈추지 않을 것이다. 아이들이 길을 잃고 방황하지 않도록 할 수 있는 한 최대한 운동을 시키는 것도 중요하다. 음악 활동도 아이들에게 아주 좋다.

⬤ 열 살에서 열네 살

아홉 살 이후로는 아이가 친구들과 어울리는 것을 주의 깊게 지켜보는 것이 중요하다. 이 시기에는 또래 집단의 압력을 견디기가 매우 어렵고, 열세 살, 열네 살이 되면 더 어려워진다. 아이들에게 자신의 몸에 대한 올바른 지침을 알려주는 것이 중요하다.

알코올 중독자의 아이들은 이 시기에 세로토닌 수치가 떨어지고 노르아드레날린 수치가 급증하기 시작하는 경우가 종종 있다. 이때는 몸이 필요로 하는 것을 갈망하기 때문에 아이들을 잘 관찰해야 하는 중요한 시기이다. 사람들이 알코올을 갈망하기 시작하는 것은 몸에서 세로토닌과 도파민의 부족을 보충하고자 하는 것이다. 거듭 말하지만, 이때가 아이들을 면밀히 지켜보아야 할 시기이다. 몸에 좋은 건강한 음식을 주고, 비타민과 미네랄로 식단을 보충해 주며, 아이들이 중독의 굴레에 빠지지 않도록 도와야 한다. 뉴에이지 아이들을 몹시 힘들게 하는 것이 중독이다. 이때는 여러분의 감정이 아닌 직관을 믿어야 하는 때이다. 이것은 도박과도 같아서 여러분의 심령 에너지 컨디션을 최상으로 유지할 필요가 있다.

아이들이 위스키를 놓아둔 방에서 술을 홀짝거리고 있다고 생각하고 싶은 부모는 없다. 그러나 아이들이 술을 접할 수 있다면 시험할 가능성이 높기 때문에 경계가 필요하다. 모든 아이들이 그런 시도를 할 거라는 말은 아니다. 그렇긴 하나 그 가능성에 눈을 감아버리지 않고 지혜롭게 대처할 필요는 있다. 아이들이 현명한 결정을 내릴 수 있도록 도와주어야 한다.

뉴에이지 아이는 열 살이 되면 매우 쉽게 감정이 상할 수 있다. 다른 아이들에게 놀림을 받아도 그냥 참고 넘어가는 경우도 있다. 이런 아이에게는 스스로를 옹호할 필요가 있다는 것과, 그렇게 하는 것이 잘못된 것이 아니라는 것을 가르쳐야 한다. 뉴에이지 아이들이 성장해 감에 따라서 직관력을 키우는 것이 자신의 생존에 중요하다는 것을 설명해 주어야 한다. 더 많은 아이들이 자연스럽게 직관력을 키우게 되면 이런 점은 더 많이 받아들여질 것이다. 또한 어떤 사람들은 이들의 뛰어난 재능과 능력을 알아보지도 받아들이지도 못한다는 것을 이들에게 가르쳐야 한다. 안타까운 일이지만 우리는 이런 사람들에게 공감을 가져야 한다. 그렇지만 여러분은 자신의 아이가 이러한 상황에 대비할 수 있도록 준비시켜야 한다. 어떤 사람들은 이런 아름답고 직관적인 아이들을 받아들이기보다는 뭔가 다른 사람이 되도록 이 아이들을 프로그래밍하는 커다란 잘못을 저지르기 때문이다.

이러한 직관적인 아이들 중 많은 수가 노란색과 빨간색 염료에 반응한다. 부모들은 그 증상을 주의력 결핍 장애로 착각하지만 그렇지 않다. 이 아이들의 일부는 사실 매우 총명하며 그런 장애가 전혀 없다. 일부는 가공된 백설탕에 알레르기가 있다. 차크라가 활짝 열려 있기 때문에 가

공된 백설탕은 이 아이들을 매우 힘들게 한다. 더욱이나 이들의 뇌와 심령 감각은 10년 내지 15년 전 아이들보다 훨씬 더 발달한 상태이다. 이 아이들은 매우 민감한 아이들이다. 흰 밀가루와 백설탕, 노란 염료와 빨간 염료를 멀리할 수 있다면, 이 아이들은 꽤 정상적으로 자랄 것이고 통제 불능이 될 가능성은 적어진다.

아이들 교육에서 변화해야 할 대상은 아이들이 아닐 수도 있다. 변화가 필요한 것은 선생님들일지도 모른다. 일부 선생님들은 오랫동안 아이들을 가르쳐왔다. 그러다 보니 가르치는 일을 지루해하며 아이들에게도 별로 관심이 없다. 학교 다닐 때가 기억나는가? 다행히 오늘날의 선생님들을 관찰해 보면, 많은 선생님들이 가르치는 방식을 개선하고 많은 것들에 대한 자신들의 태도도 바꾸고 있다는 걸 알 수 있다. 학생들이 배우고 성장할 수 있도록 좋은 선생님을 찾는 것이 중요하다.

일부 부모들은 학교를 가득 채우고 있는 위험으로부터 아이를 안전하게 보호하기 위해 홈스쿨링을 시키는데, 물론 이해할 수 있는 일이기는 하다. 하지만 그들 중에는 자신들이 만든 환경 바깥에 있는 다른 아이들과 자신의 아이가 교류하는 것조차 허락하지 않는 이들도 있다. 이 아이들은 언젠가는 바깥세상에 나가 살아야 할 것이다. 만약 여러분이 아이들을 홈스쿨링하고 있다면, 아이들이 형제자매가 아닌 다른 세상에 적응하는 법을 배울 수 있도록 다른 아이들과도 많은 시간을 보내게 해줘야 한다. 여러분은 아이들이 살아있는 내내 곁에서 아이들을 보호해 줄 수 없다.

나에게는 멋진 아들을 둔 친한 친구가 있다. 아들을 끔찍이 사랑했고 늘 잘 돌보았으며 아들이 원하는 것은 뭐든지 다 해주었다. 친구의 아들은 외동이었는데 마침내 집을 떠나 세상으로 나갈 때가 되었다. 그런데 막상 나가 보니 이 세상에서 어떻게 살아가야 할지 막막하기만 했다. 실제로 어떤 도전이나 장애물도 직면해 본 적이 없었기에, 그에게 외부 세상은 자기가 상상했던 것보다 훨씬 더 잔인했다. 아이들이 바깥세상에 나가 잘 적응할 수 있도록 여러분은 신경을 써야 한다. 세상은 자신들의 기대에 부응하지 못할 수도 있다는 점을 아이들이 알게 할 필요가 있다. 세상은 항상 '공정'한 것은 아니다.

◉ 훈육

대부분의 아이들과 달리 직관적인 아이들에게는 특정한 규율이 효과가 없다. 부모가 징징대거나 우는 소리로 이 아이들을 훈육해도 효과가 없다. 소리 지르고 고함을 쳐도 마찬가지다. 이 아이들은 부모 말에 귀를 닫든지, 아니면 자기 자신을 심하게 짓누를 것이다. 뉴에이지 자녀를 훈육하는 데는 목소리의 톤이 큰 도움이 된다. "넌 이걸 할 거고, 지금 할 거야"라고 차분하고 침착하게 확신에 찬 어조로 말하는 것이다. 이 같은 방식으로 훈육하면 이런 아이들의 약 92.3퍼센트에게 효과가 있을 것이다.

이 아이들 대부분은 매우 민감하지만, 훈육과 관련해서는 상황을 정확히 이해하지 못한다. 아이가 어릴 때 용납할 수 없는 행동을 하면 그때 그때 짧게 타임아웃을 시키는 방식으로 처리해야 한다. 체벌은 이 아이들에게 효과가 없기 때문에 훈육 방식에 신중을 기해야 한다. 이와 동시에 다른 아이들과 마찬가지로 뉴에이지 아이들도 만약 처벌을 피할 수 있다고 느끼면 그것을 기회로 활용할 것이다.

뉴에이지 아이를 양육하는 데 핵심은 부모로서 자신이 중요한 존재임을 기억하는 것이다. 부모가 자존감을 가지고 스스로를 사랑할 때, 아이도 존경과 공경으로 부모를 대할 것이다. 아이가 집안을 좌지우지하게 놔두는 것은 부모가 할 수 있는 최악의 일 중 하나인데, 이런 일이 실제로 많이 일어난다. 때때로 아이를 갖기 위해 늦은 나이까지 기다리며 애쓴 경우, 집에서 일어나는 모든 것을 아이들이 좌지우지하게 두는 경우가 있다. 전체 가정이 아이를 중심으로 돌아가게 되면, 아이는 아주 비합리적·자기 중심적이 되고, 까탈스러워지며, 거의 통제 불능이 되기 쉽다.

뉴에이지 아이가 성장해 가면서 부모가 기억해야 할 중요한 점은, 이 아이들이 매우 민감해서 엄마 아빠가 둘 다 동의하는 것인지 실제로 구별할 수 있다는 것이다. 부모가 단순히 아이를 위해서만 동의한다면, 아이는 이를 알고 매우 불만스러워할 것이다.

또한 징계를 하기로 결정할 때에는, 아이에게 어떤 처벌이 적절한지 물어보도록 한다. 많은 경우 아이들은 당신이 생각하거나 실행하려는 것보다 훨씬 더 심한 처벌을 생각해 낼 것이다. 여러분은 항상 인정하고 격려하는 말로 아이가 배워나가도록 독려하고 싶겠지만 경계는 분명하게 있어야 하며, '아닌' 것은 '아닌' 것을 의미하는 때가 반드시 있어야 한다. 만약 경계가 전혀 없다면 간혹 아이는 당신을 한계선까지 밀어붙일 것이다.

⬤ 십대 청소년기

열두 살부터 열다섯 살까지는 호르몬 분비가 극도로 왕성한 시기이다. 뇌는 이제 다른 모드로 전환되고 있다. 자연이 의도한 대로 짝짓기 의식儀式이 시작되는 시기인 것이다. 아프리카의 많은 부족들 사이에서는 이때가 사람들이 짝짓기를 시작하는 나이이다. 성 에너지의 충동이 너무나 크기 때문에 아이는 매우 감정적이 된다. 체내 호르몬의 변화로 인해 극적인 행동 변화가 일어나는 것도 관찰하게 될 것이다. 아이들 키우기가 어려운 시기이다.

뇌는 처음에는 생존을 지향하기 때문에 어린 아이들은 사랑과 부드러움으로 엄마에게 매달렸지만, 성장해서 호르몬 분비가 왕성한 상태가 되면 상황은 달라진다. 몸은 변화하고 발달하며, 성적으로도 눈을 뜨게 된다. 호르몬 변화가 시작되면서 원시적인 본능이 뇌를 지배한다. 이 시기는 자연에서 원초적 본능이 발동하는 시기이다. 엄마와 아이 사이에 있던 유대감은 변한다. 아이와 부모 간의 상호 작용도 달라진다. 어떤 경우에는 우정을 느끼고, 어떤 경우에는 십대 자녀가 뒤로 빠지기 시작한다. 부모 대신 친구들과 함께 있기로 선택하는 것은 이 단계에서 자연스런 현상이다. 아이들은 부모와의 자연스러운 유대감에서 벗어나 같은 성적 에너지를 공유하는 다른 사람들과 더 많은 유대감을 형성한다.

아이들이 계속 성장해 감에 따라 몸에서는 페로몬을 방출한다. 페로몬은 이성을 끌어당긴다. 이성이 아이들에게 전혀 매력적이지 않았던 시절이 있었다. 어린 소녀들은 어린 소년들이 곁에 있는 것을 절대 원하지 않았지만, 갑자기 소년들 눈에 소녀들이 들어오고 소녀들도 그들이 곁에 있는 것을 마다하지 않는 것처럼 보인다. 남녀 모두 이 단계에서 신체가 뇌의 논리 능력보다 더 빠르게 발달하고, 충동이 몸 전체를 뒤덮으며 영향을 미치기 시작한다.

뇌의 화학적 변화 때문에 십대들은 이제 거의 본능에 따라 행동하기 시작한다. 이 시기는 이렇게 아이들에게 생기는 변화를 부모가 알아차리게 되는 때이다. 십대 아이들은 자기 자신에게만 집중하게 되고, 부모는 "네 주변에서 무슨 일이 일어나는지 더 이상 신경 쓰지 않니?" "이제 가족은 중요하지 않아?" 같은 말을 종종 하기 시작한다. 이런 대화는 수세기 동안 계속되어 왔다. 그리고 십대들은 자기 자신에게 완전히 몰두하는 것과 함께, 갑자기 주변 사람들의 성적인 행동과 에너지에 큰 관심을 갖게 된다.

체내 세로토닌과 노르아드레날린 수치가 불균형하면 조울증이 나타날 수 있다. 깊은 우울증(더 이상 살고 싶지 않은 것 같은)은 세로토닌과 노르아드레날린 수치의 불균형 증상 중 하나이다. 그 외에 짜증이나 분노, 또는 감정 표현이 안 되는 현상이 올 수도 있다. 여러분은 세로토닌과 노르아드레날린 수치를 직관적으로 조절할 수 있다. 식단을 바꾸는 것도 도움이 될 수 있다.

우리 사회가 고단백·저탄수화물 식단을 강조하다 보니, 뇌의 여러 호르몬 균형을 맞추는 데 필요한 중요한 지방질 성분들이 많이 배제된다. 균형 잡힌 식단은 매우 중요하다. 하지만 많은 부모들이 말하듯이, 식습관에 관해 부모가 하는 말을 십대 아이들이 귀담아 듣도록 하기는 어렵다. 뇌가 발달하는 이 단계에서 십대들은 이 세상 모든 것에 대해 다 안다고 생각하는 경향이 있다. 이것은 실제 뇌 발달 과정의 한 측면이다. 그러나 전두엽이 아직 완전히 발달하지 않았기 때문에, 많은 아이들이 자신의 행동이 미칠 영향을 잘 깨닫지 못하고 생각 없이 행동하는 경향이 있다.

이 시기에는 신체가 아주 다양한 방식으로 빠르게 발달하므로 아이들은 균형을 유지하는 데 어려움을 겪는다. 많은 부모들이 내게 와서 자기 아이들이 방황하는 것 같다고 말한다. 부모들은 자신들이 무엇을 하고 있는지 또 무엇을 해야 하는지 몰라 아이들을 위해 필요한 결정을 내리지 못하는 반면, 아이들은 이성적으로 행동할 수 있는 능력이 없다. 우리는 때때로 이 십대 아이들이 아직 성장 중인 덜 자란 어른과 어린이의 조합이라는 점을 잊는다. 우리도 세상을 이해하는 데 오랜 시간이 걸렸다는 사실을 기억할 수 있다면, 이 나잇대 아이들을 연민 가득한 마음으로 대할 수 있을 것이다.

나는 부모들에게 이때가 자녀들이 직관적으로 하고 있는 것이 무엇인지 관찰해야 할 나이라고 말한다. 많은 아이들, 특히 뉴에이지 아이들은 아주 어린 나이부터 놀라울 정도로 직관적이다. 이 아이들은 수호 천사와 정령을 볼 수 있다. 성장하면서 더 많은 것을 지각하게 되며, 그렇게 많은 영적 경험들을 쌓아간다.

어린 나이에 주로 겪는 경험은 떠도는 영을 포함한 영적인 개체entity들이나 영spirit과 친구가 되는 것이다. 이러한 영적 존재들은 때때로 아이들을 붙잡고서 하지 말아야 할 일들을 하라고 말한다. 이 아이들은 매우 직관적이기 때문에, 그것이 영적 존재라기보다는 자신의 직관이 작용한 것이라고 착각하고, 이것들이 자신에게 힘을 준다고 생각한다. 그래서 영적 존재들은 아이들을 오도하고 이들의 힘을 빼앗는다. 이 존재들은 때때로 아이들의 '빛'을 먹고산다. '더 많은 힘'을 얻으려고 이 영적 존재들을 자신의 공간으로 초대하는 아이들은 오히려 이들에게 자신의 에너지를 빼앗기게 된다. 이런 사실을 깨닫지 못하는 아이들은 자신의 힘을 나누어주게 된다. 이것이 이 십대 아이들이 종종 컬트 종교에 빠지는 이유이다.

이 나이의 아이들이 오래된 종교에 관심을 갖고 다양한 믿음들에 호기심을 갖는 것은 정상적인 일이다. 나는 자기 아이들이 이상한 믿음 체계를 공부하고 있다며 겁에 질린 부모들을 만난 적이 있다. 이러한 믿음 체계에 대한 지식을 갖는 것 자체는 '나쁜' 것이 아니다. 그러나 아이들을 지혜롭게 타이르는 것, 특히 부정적인 영에게 자기 힘을 내어주지 않도록 이야기해 주는 것은 필요하다. 창조주가 진정한 힘이다. 만약 여러분의 자녀가 영적 존재와 접촉할 기회가 생긴다면, 아이들이 습득한 모든 정보를 만물의 창조주에게 확인할 필요가 있고, 그렇게 함으로써 아이들은 안전해질 것이다.

아이들이 자신의 직관력을 지혜롭게 쓸 수 있도록 지도해야 한다. 그러다 보면 아이가 아직 어리더라도 그렇게 거리낌 없이 자기 힘을 내어주는 성향은 줄어들 것이다. 많은 아이들이 세상을 향해 너무 열려 있다 보니 피해자가 되기 쉽다. 아이들에게 스스로를 방어하는 것도 괜찮고 '아니오'라고 말해도 괜찮다는 걸 알도록 아이들을 프로그래밍해 주는 것이 중요하다. 이런 코칭은 어릴 때부터 시작해야 하지만, 십대 청소년기를 지날 때까지 이를 강조하는 것이 매우 중요하다.

부모가 자녀를 위해 할 수 있는 가장 중요한 일 하나는 아이의 성적 욕구와 충동이 잘못된 것이 아니며 전적으로 정상이라는 것을 알게 해주는 것이다. 하지만 동시에 성관계가 매우 진지한 일이라는 것, 또 성관계를 갖는 것은 자신의 일부를 주는 것이란 사실을 알려주는 것 또한 매우 중요하다. 부모로서 아이들을 지도하고 이끄는 데는 한계가 있다. 아이들은 스스로 결정을 내릴 것이다. 이 점을 깨닫는 부모가 현명하다. 하지만 부모가 "안 돼"라고 말해도 괜찮다. 나는 아이들이 열네 살, 열다섯 살이 될 때까지 부모가 아이들 하고 싶은 대로 그냥 내버려두는 것을 본 적이 있다. 이건 너무 늦다. 이건 정말 말도 안 되는 짓이다!

이 무렵쯤 아이들에게는 부모 말을 다 들을 필요가 없다는 것을 깨닫는 날이 올 것이고, 이 또한 발달의 또 다른 단계이다. 이 작은 영혼들 중 일부는 스스로 무언가를 해보기 위해 밖으로 나가기로 결정할 것이다. 이런 일이 일어날 때 부모가 스스로를 실패자처럼 느끼지 않는 것이 매우 중요하다. 부모에게는 여전히 이 아이에 대한 책임이 있고 그 책임의 권리를 포기해서는 안 된다. 적어도 미국에서는 열여덟 살이 될 때까지 아이에게는 법적 책임이 없는 것으로 간주된다. 하지만 그 전에 아이들은 스스로 결정을 내리기 시작할 것이다. 어쩔 수 없는 일이다. 부모는 아이가 어린 나이에 자존감을 갖도록 훈련받았고, 따라서 좋은 결정을 내릴 수 있다는 사실에 의지하면 된다.

아이들은 하나하나 다 특별하고 처한 환경도 제각기 다르다. 나는 아이들이 불리한 환경을 자신에게 최선의 환경으로 만들어 쓰는 것도 보았고, 좋은 환경을 자신에게 최고로 활용하는 것도 보았다. 나는 자녀들이 어려서부터 무언가에 마음을 모으고 활발히 해볼 수 있도록 부모가 도와주면, 아이들이 성장해서도 올바른 방향으로 나아가도록 부모가 영향을 미칠 가능성이 더 커진다고 확신한다. 음악이나 운동 등 어떤 것이 됐든 아이가 참여해서 몰입할 수 있게 해보라. 이렇게 하면 아이의 두뇌 발달에 도움을 줘, 아이가 다양한 영역에서 자신의 능력을 발휘하며 살아갈 수 있을 것이다.

⬤ 열아홉 살에서 성인

열아홉 살이 되면 아이들은 또 다른 발달 단계를 거친다. 이 시기에 아이들은 '이제는' 정말로 자신이 성인이 되었다고 생각하기도 한다. 하지만 대개 자신의 행동에 의해 어떤 결과가 야기될지는 알지 못한다. 아직 전두엽이 완전하게 발달하지 않았기 때문이다. 직관적인 뉴에이지 아이들에게서조차 여자아이들의 전두엽은 전반적으로 남자아이들보다 조금 더 빠르게 발달하는 것으로 보인다. 각각의 아이들이 다르다는 사실을 고려하더라도, 젊은 남자들은 보통 자신의 결정이 지닌 가치를 인식하는 데 시간이 조금 더 걸린다. 이들은 20대가 되면 직업을 훨씬 잘 잡을 수 있고, 가정을 꾸릴 수 있는 능력도 더 커진다.

열여덟 살에서 스물한 살 무렵은 대부분의 아이들이 독립해서 살기로 결심하는 시기이다. 물론 어떤 사람들은 이보다 더 일찍 독립할 수도 있고, 어떤 사람들은 더 늦게 독립할 수도 있다. 바깥세상에 나가 스스로를 돌본다는 것은 커다란 변화이다. 젊은 사람에게 이는 매우 두려운 경험이 될 수 있다. 성인이 되면서 그들은 생각만큼 자기가 세상에 대해 많이 알지 못한다는 것을 빠르게 알아차린다. 어떤 경우에는 젊은이들이 별거 아닐 거라는 생각으로 파트너나 배우자와 함께 세상에 뛰어들려고 할 수도 있다. 하지만 때로는 파트너나 배우자를 돌보기가 훨씬 더 어려울 수도 있다. 은행 계좌를 관리하는 기술, 기본적인 요리법 등 스스로 살아가는 데 필요한 몇 가지 기본 사항만 잘 준비해도 이 단계가 그렇게 어렵게 느껴지지 않을 것이다.

뇌가 발달하는 방식 때문에, 한때는 서른두 살이 될 때까지는 진정한 성인 남자가 되었다고 여기지 않았다. 집에 와서 자기도 인생에 대해 알아야 할 것은 다 알았다면서 여러분에게 조언을 하기 시작하는 스물한 살짜리를 보면 이것은 꽤 합리적인 말처럼 들릴지도 모르겠다. 정말 놀랍지 않은가? 만약 그들이 세상과 인생을 정말로 이해했다면, 그들은 다시 부모님 집으로 돌아오려고 서둘렀을 것이다!

스물두 살에서 스물일곱 살 사이의 청년들은 세상이 복잡다단하다는 것을 점점 더 깨우치게 된다. 스물일곱 살에서 서른두 살 사이 어디쯤에서 그들은 마침내 자신이 이제 막 인생에 대해 배우기 시작했다는 사실을 깨닫고 새로운 사고 방식에 자신을 열며 수용적인 태도를 취하게 된다. 인생에서 진정한 사명을 찾는 것도 바로 이 나이이다. 하지만 이보다 훨씬 일찍 자신의 진정한 사명을 인식하는 뉴에이지 아이들이 많이 있다. 그 이유 중 하나는 그들이 시간에 쫓기기 때문이다.

* * *

오늘날 태어난 많은 아이들이 뉴에이지 아이들이라는 점을 명심하라. 이러한 이야기를 하는 것은 여러분의 아이들이 신체적·정신적·영적으로 균형을 이루고 신체 호르몬과 뇌에 균형을 유지해, 조울증을 앓거나 분노나 악의에 차서 살아가지 않도록 하기 위해서이다. 이 아이들에게는 종교나 피부색, 신념, 인종 등에 대한 편견이 전혀 없다. 이 아이들은 사랑스럽고, 친절하며, 누군가에게 도움이 되고자 한다. 이들의 뇌는 남성과 여성의 에너지가 균형을 이루고 있기 때문에 이들은 종종 성에 대해 혼란을 겪기도 한다. 이들은 자신이 성별보다 사람의 에너지에 끌린다는 것을 알게 되고, 일부는 자신이 양성애자라고 여기며 두 성향 사이를 오가기도 한다. 이들을 잘 이끌어준다면 이들은 진정한 자신의 모습으로 살아갈 수 있을 것이다.

32

최초의 영적 입문: 예수 그리스도

아주 어렸을 때부터 나는 영적인 경험들을 해왔다. 하지만 내 인생이 영원히 바뀐 것은 열일곱 살 때 환상vision을 보고 나서였다. 당시 나는 첫 남편 해리와 결혼을 해서 막 임신을 한 상태였다. 결혼한 지 9개월 정도 되었을 때 내가 책을 읽는 데 어려움을 겪는다는 것을 해리가 알아차렸다. 내가 그때까지 이사를 너무 자주 해온 탓이었다. 한 학교를 다니다가 몇 달 후에 다른 학교로 전학을 가곤 했는데, 이런 생활은 배움에 별로 도움이 되지 않았다.

해리는 교묘한 방법으로 내 읽기 능력을 자극했다. 그는 집에 책을 가지고 와서 나에게 읽어주곤 했다. 그는 나에게 책 내용에 흥미를 갖게 한 다음 책에서 특히 흥미로운 부분에서 멈추고는 "이제 네가 나머지를 읽을 차례야"라고 말하곤 했다. 이럴 때는 정말이지 엄청 스트레스를 받았다! 하지만 나는 책 내용이 너무나 궁금해진 탓에 더 잘 읽고 이해하기 시작했다. 그런 식으로 읽기 시작한 첫 번째 책은 J.R.R. 톨킨Tolkin의 《호빗The Hobbit》이었다. 그 덕분에 나는 책에 흥미를 갖기 시작했다. 남편이 집에 가져온 다음 책은 《반지의 제왕The Lord of the Rings》이었다. 이것은 나에게 더 어려웠지만 너무나 좋은 책이라 어려움을 극복할 수 있었다.

내가 교회에 다니기 시작한 것은 이 무렵이었다. 어머니는 평생 종교를 갖고 계셨고, 항상 '예수님'이 이랬느니 저랬느니 하고 말씀하셨다. 어렸을 때부터 나는 이 '예수의 일'을 결코 이해할 수 없었다. '내가 창조주와 대화할 수 있는데 왜 예수님께 기도해야 하지? 우리가 이야기 나눌 대상은 바로 창조주 아닌가?'라고 생각했다. 나는 교회에 가서나 어머니가 계신 자리에서 이런 말을 했다가 곤경에 처하곤 했다. 하지만 내 인생의 이 시기에 나의 어린 마음은 바뀌었다. 나는 결혼을 했고 엄마가 될 예정이었다. 이제 나는 종교에 더 깊이 빠져들었다. 그러나 시아버지가 제임스 E. 탈마지James E. Talmage의 《예수 그리스도Jesus the Christ》라는 오래된 책을 나에게 주기 전까지는 예수에게 집중할 수 없었다.

이 무렵 나는 책을 더 잘 읽어나갔지만, 이 책은 꽤 큰 도전이었다. 그러나 그 책은 깊은 통찰력으로 내가 전혀 몰랐던 예수의 면모들을 보여주었고, 이는 나를 매료시켰다. 책의 4분의 3 정도 읽었을 때 나는 이 책을 읽으며 갖게 된 질문들에 대해 창조주께 기도를 드렸다. 어느 날 낮이었고, 남편은 직장에 가고 없던 때였다. 나는 이 절박한 질문들을 마음속에 품은 채로 꾸벅꾸벅 졸다가 잠이 들었다. 그때 나는 강렬한 꿈을 꾸었고 환상을 보게 되었다.

이 환상 속에서 나는 아름다운 해변이 있는 멀고 먼 우주 공간 어딘가로 이끌려갔다. 해변은 시간의 모래를 상징하고 물은 지식의 바다Sea of Knowledge라는 것을 직관적으로 알았다. 밀려오는 파도가 부서지는 검은 바위 위에 한 남자가 앉아 있는 것이 보였다. 나는 이 사람이 예수 그리스도라는 것을 알았다. "안녕, 비안나. 우리는 서로를 알고 있어요." 잠시 침묵이 흐르고 그가 덧붙였다. "나와 내 삶에 대해 궁금한 게 있죠?" "네, 주님, 있습니다." 내가 대답했다. 예수께서 손을 흔들며 말했다. "자, 봐요!"

시간으로 향하는 문이 열렸고, 예수가 어린 시절 성지Holy Land에서 있었던 모든 일을 나에게 보여주었다. 환상 속의 또 다른 환상에서 예수는 내게 십자가에 못 박히기 전 만났던 모든 사람들의 진실을 보여주었다. 나는 사두개인과 바리새인, 로마인과 사도 들을 보았다. 그는 이 모든 사람들을 이해했고, 그 누구에게도 어떤 악의도 품고 있지 않았다. 그는 내가 만난 그 누구보다 더 친절한 사람이었다. 그는 당시 주변 모든 사람들이 어떤 마음이었고 현재 무슨 일이 일어나고 있는지를 깊이 이해하고 거기에 공명하고 있었다. 믿을 수 없는 연민의 감정이 그에게서 흘러나왔다. 그런 것을 보고 나서 나는 세상의 종말과 그것이 언제 오게 될지 물었다. 내가 본 것은 여러분이 예상하는 것과는 달랐다. 나는 특별한 아이들이 세상에 태어나는 것을 보았다. 우리가 알고 있는 세상의 종말은 이 아이들의 탄생을 가리켰고, 이 아이들이 바로 새로운 시작이었다.

나는 그에게서 느껴지는 그 믿을 수 없는 연민의 마음에 감명을 받고 겸허한 마음이 들었다. 가능하다면 그처럼 친절하고 연민이 가득한 사람이 되거나 적어도 그렇게 되기 위해 노력하겠다고 결심했다.

이 믿기 어려울 만큼 놀라운 영에게 나는 그가 삶으로 남긴 유언, 그가 보인 연민과 자비에 대한 보답의 선물을 드려야 한다고 느꼈다. 나는 그에게 내가 무엇을 드릴 수 있는지 물었다. 그가 나에게 말했다. "비안나, 그대가 나에게 줄 수 있는 가장 큰 선물은 아름다운 것을 창조하는 것이에요." 나는 내가 줄 수 있는 가장 큰 선물을 그리스도에게 드렸다. 바로 내 창조력으로 만드는 선물 말이다. 나는 '세상의 끝'과 '새로운 시작'을 그림으로 그리겠다고 하나님과 그리스도께 맹세했다. 그러고 나서 나는 미래에 그릴 세 개의 벽화를 환상으로 보았다. 나는 또한 내 뱃속에 있는 아이의 이름을 그리스도를 기리는 의미로 짓겠다고 말씀드렸다. 내 아들 이름은 조슈아 라엘Joshua Lael이다. 조슈아는 '주님의 구원Salvation of the Lord'을 의미하고, 라엘은 '하나님에게 속한 자He is God's'를 의미한다.

그 이후로 나는 많은 종교를 공부했고, 모든 종교에서 지식을 찾았다. 그러나 나는 내가 그리스도 예수라는 영적 본질과 만나 맺은 약속을 항상 기억할 것이다.

나는 여러분이 창조주께서 여러분에게 말씀하는 것을 듣게 되기를 기도한다. 나는 여러분이 받는 대답이 분명하고 진실하다는 것을 알게 되기를 기도한다. 나는 여러분이 이기주의에서 벗어날 수 있기를 기도한다.

이 책이 여러분의 일상의 삶에 도움이 되기를, 이 새로운 지식을 다른 사람들과 공유하게 되기를 진심으로 바란다. 무엇보다도 여러분과 창조주 사이에는 불가능한 일이 없다는 것을 알게 되기를 바란다.

책을 마치며

뉴에이지의 아이들은 어릴 때부터 무언가에 숙달하는 뛰어난 능력을 가지고 있다. 이 아이들은 말을 하기 시작하자마자 마치 작은 사람의 몸에 갇힌 나이든 현자처럼 말을 한다.

내 손녀인 제날레아Jenaleighia가 좋은 예이다. 세 살 때 손녀의 보모인 코니Connie가 저세상으로 갔다. 수년간 알고 지낸 나의 친구였다. 여러 해 동안 우리는 서로에게 의지했고 서로를 위해 많은 것을 해주며 지내왔다. 그녀는 내 가장 친한 친구라고 나는 서슴없이 말할 수 있고, 그녀가 내 소중한 손녀를 돌봐줘서 내 마음에는 평화와 기쁨이 넘쳤다. 나는 그녀가 늘 최선을 다해 내 손녀를 돌보고 안전하게 지켜준다는 것을 알고 있었다.

친구가 세상을 떠나자 나는 그녀가 몹시 그리웠고 또 슬펐다. 어느 날 친구를 생각하며 앉아 있자니 문득 그녀가 수년간 크리스탈을 수집해 왔다는 사실이 생각났다. 크리스탈은 친구가 가장 아끼는 물건이었다. 그녀는 집안 곳곳에 크리스탈을 두었다. 친구는 자기 집에서 아이들을 돌보았기에 아이들은 그녀가 크리스탈을 사랑한다는 것을 알았다.

소파에 앉아 친구를 그리워하며 슬픔에 젖어 있을 때, 제날레아가 다가와 작은 손을 내 손에 얹더니 커다랗고 믿음직한 갈색 눈으로 나를 쳐다보며 말했다. "울지 마세요, 할머니. 코니는 지금 신과 함께 있고, 신은 돌들을 사랑해요."

영감 넘치는 이 한마디 덕분에 나는 내 친구가 지금 이 순간 어쩌면 창조주와 함께 기쁨을 누리고 있을거라는 사실을 떠올릴 수 있었다. 그 생각을 하니 가슴이 뿌듯했다. 내게는 복잡해 보이는 일들이 제날레아에게는 참 간단하고 쉬운 것을 볼 때, 나는 아이의 이런 뛰어난 통찰력에서 영감을 받고 경외심으로 가득해지기도 한다.

우리는 부모, 조부모, 교사, 간병인, 또 의료인으로서 이 뛰어나고 섬세한 영혼들을 사랑과 이해심을 가지고 양육할 책임이 있다. 이 책을 읽으면서 여러분 가운데 많은 사람들이 자신이 뉴에이지 아이들이라는 것을 알았을 것이다. 여러분은 다른 사람들에게 사랑과 연민의 길을 가르칠 책임이 있다.

부록
세타힐링 요약 가이드

리딩

리딩 과정은 간단하다.

1. 중심을 잡고 그라운딩한다.
2. 왕관 차크라를 통해 위로 올라간다.
3. 존재의 일곱 번째 단계로 오른다.
4. 만물의 창조주와 연결한다.
5. 명령 또는 요청을 한다.
6. "감사합니다"라고 말한다.
7. "이루어졌습니다. 이루어졌습니다. 이루어졌습니다"라고 말한다.
8. 창조주와 함께 목격한다.
9. 자신을 씻어내고, 그라운딩하고, 에너지 자르기를 한다.
10. 이 과정에 익숙해질수록, 그라운딩을 하지 않고서도 일곱 번째 단계 에너지에 머무를 수 있을 것이다.

믿음 작업의 원칙

구두 승낙

어떤 믿음 프로그램이든지 우리는 자신이 선택한 믿음 프로그램을 자유 의지를 가지고 지킬 수 있다. 우리의 구두 승낙 없이는 어느 누구도 우리 안의 그 프로그램을 바꿀 권리가 없다. 구두 승낙은 개인의 자유 행동권과 개인의 존엄성을 고려할 때 없어서는 안 되는 것이다. 따라서 믿음 작업을 받는 사람은 '프로그램을 제거하고 대체하기' 위해 프랙티셔너에게 완전한 구두 승낙을 해주어야 한다. 또한 믿음 작업을 받는 사람은 '각각의 개별 프로그램'에 대해서도 프랙티셔너에게 완전한 구두 승낙을 해주어야 한다.

목격

리딩 및 힐링과 마찬가지로 믿음을 바꾸는 과정도 반드시 목격해야 한다.

이중 믿음

많은 사람들이 이중적인 믿음 체계를 가지고 있다. 예를 들어 사람들은 자신이 풍족하다고 믿지만 동시에 가난하다고 믿을 수도 있다. 이 문제를 해결하려면 긍정적인 프로그램은 놔두고, 부정적인 프로그램을 뽑아낸 후, 창조주에게서 오는 긍정적인 프로그램으로 대체한다.

프로그램 재창조

우리가 말하고, 생각하고, 행동하는 것에 의해 프로그램은 재창조될 수 있다. 삶을 바꾸려면 긍정적으로 행동해야 한다.

프로그램 해결하기

믿음 작업을 하다 보면 창조주가 이례적으로 역사적 수준 외의 다른 프로그램을 취소하는 대신 해결해야 한다고 말하는 것을 들을 수 있다. 역사적 수준에서 작업할 때처럼 해당 수준에서 에너지가 해결되는 것을 관찰한다.

잠재의식

잠재의식은 '~하지 않는다' '~이 없다' '~할 수 없다' '~이 아니다'와 같은 말을 이해하지 못한다. 믿음 작업 과정 중 의뢰인이 자신의 믿음을 서술할 때 이런 단어를 사용하지 않게 한다.

예를 들어 "나는 나를 사랑하지 않는다" 또는 "나는 나를 사랑할 수 없다"와 같은 문구를 사용해서는 안 된다. 프로그램을 제대로 테스트하려면 "나는 나를 사랑한다"라고 말해야 하며, 그럴 때 의뢰인은 에너지 테스트에서 프로그램에 대해 부정적으로든 긍정적으로든 반응하게 된다.

스스로 작업하기 또는 프랙티셔너와 함께 작업하기

우리에게 있는 프로그램 중 일부에는 감정적 집착이 함께 있을 수 있다. 이럴 때에는 스스로 작업해서 프로그램을 제거하기보다 누군가의 도움을 받는 것이 바람직하다. 숙련된 세타힐링 프랙티셔너와 함께 작업하면 도움이 될 것이다. 세타힐링 프랙티셔너는 감정적 집착 없이 프로그램을 찾아서 새로운 프로그램으로 적절히 대체할 수 있도록 도와주고 안내해 줄 수 있기 때문이다.

하지만 어떤 사람들은 스스로 작업하는 것을 더 편하게 느낀다. 모두 개인에게 달려 있다.

임신

법적 책임을 미연에 방지하기 위해 임신 초기 3개월이 지나지 않은 여성과는 믿음 작업을 하지 않는다. 믿음 작업은 태아에게 영향을 미치지 않지만, 그래도 이러한 상황은 피하는 것이 최선책이다.

부정적인 프로그램

잠재의식은 어떤 프로그램이 부정적인지 긍정적인지 모르기 때문에, 여러분은 결코 모든 부정적인 프로그램을 몸에서 떠나도록 명령할 수 없다.

수준들 내의 프로그램

믿음 프로그램이 어떤 한 믿음 수준에만 있고 다른 수준들에는 있지 않을 수 있다. 하나 이상의 믿음 수준들에 프로그램이 존재하는 경우, 프로그램을 완전히 제거하려면 프로그램이 있는 모든 수준에서 개별적으로 뽑아내서 대체해야 한다. 프로그램을 모든 수준이 아니라 단지 한 수준에서만 뽑아내면 동일한 프로그램이 다시 만들어진다. 프로그램이 두 개 이상의 수준에 있을 가능성을 살펴보자. 가장 깊은 수준인 영혼적 수준에서 프로그램을 뽑아낸다 하더라도 나머지 수준에서 프로그램이 반드시 제거되지는 않는다.

직관적인 민감성

직관적인 사람들은 정신적·신체적·영적인 모든 수준에서 다른 사람들보다 더 민감하다. 특히 해로운 독성 화학 물질, 해로운 상념체, 정령, 지구의 진동 등에 의해 쉽게 영향을 받는다. 이러한 민감성을 인식하는 것은 이러한 에너지를 다루는 데서뿐만 아니라 일상 생활에서도 중요하다. 이런 과도한 민감성은 믿음 작업으로 재프로그래밍할 수 있다.

말에는 힘이 있다

자신이 하고 있는 말을 잘 들어보라! 입 밖으로 내는 말은 믿음 작업 세션에서 믿을 수 없을 정도로 강력한 영향을 미친다. 예를 들어 남성을 싫어하는 여성에게 "나는 모든 남성을 나에게서 놓아준다"라고 프로그래밍하지 않도록 한다. 만약 "모든 남성을 나에게서 놓아준다"라고 프로그래밍한다면 배우자와 헤어진 다음에 다른 어떤 남성과도 다시는 함께할 수 없게 되기 때문이다. 자신이 그 사람에게 어떤 내용을 프로그래밍하는지 주의를 기울여야 한다.

적합한 언어 사용하기

핵심적 수준의 어떤 믿음은 어린 시절에 사용한, 지금 쓰는 것과는 다른 언어로 형성되었을 수 있다. 이런 경우 테스트 및 명령 절차에서 그 당시 썼던 언어를 사용하는 것이 중요하다. 잠재의식은 정보를 곧이곧대로 이해하기 때문이다.

인생 초기에 언어는 정신적 개념, 사고 패턴 및 기억과 밀접하게 결합된다. 인생 후반기에 새로운 언어를 사용하게 된 사람들도 대부분은 여전히 자신의 모국어로 생각한다. 놀라운 점은 그들의 사고 패턴이 여전히 문장 형태를 취한다는 것이다. 따라서 에너지 테스트 절차에서 정확한 응답을 얻으려면 테스트 대상자에게 모국어로(또는 프로그램이 구성된 언어로) 자신의 프로그램을 소리 내어 말하도록 지시해야 한다. 창조주에게 명령 또는 요청을 할 때, 프로그램을 사용했던 모든 언어로(즉 모국어와 해당 언어로—옮긴이) 뽑아내고 대체하도록 명령 또는 요청한다. 의뢰인에게 프로그램을 해당 언어로 어떻게 표현하는지 물어보고, 다른 명령 절차에서 하듯이 동일하게 해당 언어 프로그램을 언급한다.

창조주에게 묻기

믿음 작업을 가르칠 때 나는 종종 "부정적인 프로그램을 무엇으로 대체하는가?"라는 질문을 받는다. 나의 대답은 언제나 같다. "창조주에게 물어보고 창조주가 말씀하신 대로 대체되는 것을 목격한다."

프랙티셔너가 자기 방식으로 믿음을 바꾸는 것은 허용되지 않는다. 믿음을 대체하는 것은 신성한 영감을 받아서 행해져야 한다.

예를 들어 세션을 할 때 나는 다양한 프로그램들을 에너지 테스트한다. 내가 테스트하는 가장 일반적인 프로그램 중 하나는 "나는 건강하다"이다. 얼마나 많은 사람들이 자신이 정말로 건강하지 않다고 믿는지 알게 되면 놀랄 것이다. 건강에 관한 그들의 현재 프로그램을 풀어주고 그것을 모든 수준에서 "나는 건강하다"로 대체할 필요가 있다. 사람은 누구나 다 개별적이기 때문에 건강을 위한 대체 프로그램도 개인마다 각각 다를 수 있다. 나는 "나는 건강하다, 아니다"를 대체할 적절한 대체 프로그램을 창조주에게 묻는다. 치유 작업을 할 때 나는 나의 에고를 내려놓고 다만 믿음이 풀려나고 대체되는 것을 단순히 목격하기만 한다.

항상 창조주에게 그 자리에 무엇이 필요한지 물어봐야 한다. 창조주는 여러분이 에고를 내려놓기만 하면 여러분에게 무엇이든 허락한다는 것을 기억하자.

감정

'감정emotion'은 자연스러운 것이다. 대부분의 경우 감정은 우리에게 유익하다. 감정은 우리에게 필요하기 때문에, 다른 사람에게서 '감정과 함께 동반되는 모든 것'을 뽑아내려 하지 말아야 한다. 예를 들어 두려움은 우리가 싸우거나 도망갈 수 있는 동기를 제공한다. 그것은 분노로 변할 수도 있다. 가령 어머니는 자신의 아이들을 위해 싸울 수 있다. 또 다른 예로 우리는 사랑하는 사람이 죽었을 때 슬픔을 느낀다. 슬픔은 이별 과정에서 꼭 필요하며, 따라서 이를 뽑아내려 해서는 절대 안 된다. 자연스러운 감정과 자의든 타의든 우리가 형성한 감정에는 차이가 있으며, 감정은 자신의 의지나 타인의 의지에 의해 강박적인 에너지가 된다.

그 반면 '프로그램'은 우리가 입 밖으로 내뱉거나 받아들이는 말을 통해 뇌나 유전적·역사적·영혼적 중심에 각인되어, 반복적이거나 바람직하지 않은 행동을 유발하는 오작동 에너지 장이 될 수 있다. 그러나 증오와 같은 감정을 너무 오래 간직하고 있으면

이는 그 사람에게 문제를 일으키는 프로그램이 될 수도 있다. 그 좋은 예는 "나는 어머니를 미워한다" 또는 "나는 아버지를 미워한다" 프로그램이다. 감정이 프로그램으로 된 것이기 때문에 이것들을 뽑아내고 대체하는 것은 허용된다.

'느낌feeling'은 어떤 사람에 대한 사랑, 동정 혹은 다정함에 대한 감정적 반응일 수 있다. 그것은 또한 '강한 감정을 경험하는 능력'이기도 하다.

진정한 감정의 느낌에는 다섯 가지 다른 느낌이 있다. 분노, 사랑, 슬픔, 행복 그리고 두려움이 그것이다. 이것들은 우리가 삶을 살아가며 매일 경험하는 느낌이다. 실제로 이 느낌들은 우리의 생명을 구한다. '분노'는 대개 부정적인 감정으로 여겨지지만, 그것은 어머니로 하여금 어린 아이를 보호하도록 만드는 힘이기도 하다. '사랑'은 세상을 보듬어 안는 뭐라고 설명하기 어려운 감정이다. 사랑하는 사람이나 친구의 죽음은 우리 안에 깊은 '슬픔'을 일으킨다. 모든 것이 잘되고 만족스러울 때 우리는 '행복'을 느낀다. 위험한 순간에 '두려움'은 상황에 따라 우리를 달아나게 할 수도 있고 혹은 마주서서 싸우게 할 수도 있다. 이 모든 감정들은 적어도 한 번쯤은 우리의 웰빙을 위해 필요하다. 이 모든 감정의 혼합은 사실 특정 순간에 우리가 느낀다고 믿는 감정의 착각일 뿐이다.

이러한 감정들은 또한 독소와 신체의 화학 반응에 의해 변하거나 달라질 수 있다. 독소와 화학 반응 둘 다 우울증 감정을 일으킬 수 있다. 세로토닌이 충분하지 않거나 노르아드레날린이 충분하지 않으면 우울증을 유발한다. 인체 유전자의 DNA를 바꾸면 이러한 화학 반응도 바뀔 수 있다.

감정과 느낌은 우리를 진정으로 장엄한 존재로 만드는 것으로, 우리 삶의 경험에서 주된 부분이다. 긍정적인 감정뿐만 아니라 부정적인 감정도 모두 면역 체계 내에서 세포 성장을 촉진한다. 몸에 부정적인 영향을 끼치게 되는 것은 분노와 슬픔 같은 감정이 통제할 수 없는 상태까지 커지도록 내버려두기 때문이다.

우리 모두는 한 번쯤 머릿속에서 떨쳐버릴 수 없는 생각이나 느낌을 가진 적이 있다. 프로그램은 마음속에서 끝없이 쳇바퀴 돌면서 자유로워지길 구걸하는 믿음이다.

미네랄

산업화된 대기업 농업이 널리 도입된 뒤로 농부들은 대부분의 질소, 칼륨, 인산염이라는 세 가지 기본 미네랄만을 사용해 작물을 길러왔다. 땅은 매년 이렇게 한정된 미네랄만 공급받기 때문에 건강 유지와 질병 예방에 필요한 필수 미량 미네랄이 점점 더 고갈되고 있다. 어떤 곳에서는 특정 필수 미네랄이 더 이상 보이지 않을 수도 있다! 아래 나열한 미네랄과 관련된 많은 문제들이 흔해진 것은 당연한 결과이다.

· 여드름: 황, 아연

· 빈혈: 코발트, 구리, 철, 셀레늄

· 관절염: 붕소, 칼슘, 구리, 마그네슘, 칼륨

· 천식: 망간, 칼륨, 아연

· 선천적 결손증: 코발트, 구리, 마그네슘, 망간, 셀레늄, 아연

· 부서지기 쉬운 손톱: 철, 아연

· 암: 게르마늄, 셀레늄

· 칸디다: 크롬, 셀레늄, 아연

· 심혈관 질환: 칼슘, 구리, 마그네슘, 망간, 칼륨, 셀레늄

· 만성 피로 증후군: 크롬, 셀레늄, 바나듐, 아연

· 변비: 철, 마그네슘, 칼륨

· 근육 경련(쥐): 칼슘, 나트륨

· 우울증: 칼슘, 크롬, 구리, 철, 나트륨, 아연

· 당뇨병: 크롬, 바나듐, 아연

· 소화기 장애: 염소, 크롬, 아연

· 습진: 아연

· 갑상선종(갑상선 저하): 구리, 요오드

· 백발: 구리

· 탈모: 구리, 아연

· 과잉 행동: 크롬, 리튬, 마그네슘, 아연

· 저혈당: 크롬, 바나듐, 아연

· 저체온증: 마그네슘

· 면역 체계 약화: 크롬, 셀레늄, 아연

· 발기부전: 칼슘, 크롬, 망간, 셀레늄, 아연

· 간 기능 장애: 크롬, 코발트, 셀레늄, 아연

· 기억 상실: 망간

· 근육 퇴행 위축/쇠약(또는 낭포성 섬유증): 망간, 칼륨, 셀레늄

· 긴장감: 마그네슘

· 부종: 칼륨

· 골다공증: 붕소, 칼슘, 마그네슘

· 치주염(잇몸 질환): 붕소, 칼슘, 마그네슘, 칼륨

· 생리전 증후군: 크롬, 셀레늄, 아연

· 성 기능 장애: 망간, 셀레늄, 아연

· 주름 및 처짐(안면 노화): 구리

* 참고: 이것은 진단 차트가 아니며, 회복 프로그램을 결정하는 데 건강 관련 전문의 대신
  사용해서는 안 된다.

비타민

모든 천연 비타민은 생물, 즉 식물과 동물에서만 발견되는 유기 식품 물질이다. 거의 예외 없이 신체는 비타민을 제조하거나 합성할 수 없다. 반드시 음식에서 섭취하거나 건강 보조 식품으로 공급받아야 한다.

비타민은 우리 몸이 정상적인 기능을 수행하는 데 필수적이다. 비타민은 우리의 성장과 활력, 전반적인 웰빙에 필수적이다.

▪ 비타민 차트

종류	들어 있는 음식	부족할 때 나타나는 증상
비타민 A	당근, 호박, 참마, 참치, 캔털루프 멜론, 망고, 순무, 근대, 땅콩호박, 시금치, 생선, 달걀	야간 시력 저하, 황반변성, 백내장 위험 증가, 피부 건조, 청각, 미각, 후각, 신경 손상
비타민 B1	쌀겨, 돼지고기, 소고기, 햄, 신선한 완두콩, 콩, 빵, 밀 배아, 오렌지, 농축 파스타, 시리얼	**경증:** 식욕 및 체중 감소, 메스꺼움, 구토, 피로, 신경계 문제 **중증:** 각기병, 근육 약화, DTR 감소, 부종, 심장 비대
비타민 B2	가금류, 어류, 강화 곡물 및 시리얼, 브로콜리, 순무의 어린잎, 아스파라거스, 시금치, 요구르트, 우유, 치즈	**경증:** 입과 혀 끝 갈라짐과 따가움, 눈 충혈, 피부병변, 어지럼증, 탈모, 불면증, 빛에 민감함, 소화불량 **중증(드물게):** 빈혈, 신경질환
비타민 B3	닭가슴살, 참치, 송아지, 소간, 강화빵 및 시리얼, 맥주 효모, 브로콜리, 당근, 치즈, 옥수수가루, 민들레잎, 대추, 달걀, 생선, 우유, 땅콩, 돼지고기, 감자, 토마토	**경증:** 구내염, 설사, 어지럼증, 피로, 구취, 두통, 소화불량, 불면증, 식욕부진, 피부염 **중증:** 펠라그라
비타민 B5	통곡물, 버섯, 연어, 맥주 효모, 신선한 야채, 신장, 콩류, 간, 돼지고기, 로열젤리, 바닷물고기, 토룰라 효모, 통호밀 및 통밀가루	**드물게:** 메스꺼움, 구토, 피로, 두통, 손저림, 수면 장애, 복통, 경련

비타민 B6	바나나, 아보카도, 닭고기, 소고기, 맥주 효모, 계란, 현미, 대두, 통밀, 땅콩, 호두, 귀리, 당근, 해바라기씨	빈혈, 경련 발작, 두통, 메스꺼움, 건조하고 벗겨지는 피부, 혀의 통증, 입 안 갈라짐, 구토
비타민 B12	조개, 햄, 익힌 굴, 킹크랩, 청어, 연어, 참치, 소살코기, 간, 블루치즈, 카망베르와 고르곤졸라 치즈	불안정한 걸음걸이, 만성피로, 변비, 우울증, 소화 장애, 어지럼증, 졸음, 간비대, 환각, 두통, 혀의 염증, 과민성, 감정 기복, 신경 장애, 두근거림, 악성빈혈, 이명, 척수 퇴화
비타민 C	브로콜리, 캔털루프 멜론, 키위, 오렌지, 파인애플, 고추, 핑크 자몽, 딸기, 아스파라거스, 아보카도, 콜라드, 민들레잎, 케일, 레몬, 망고, 양파, 무, 물냉이	**경증:** 상처 치유 불량, 잇몸 출혈, 쉽게 멍듦, 코피, 관절통, 에너지 부족, 감염 취약 **중증:** 괴혈병
비타민 D	햇빛 노출, 정어리, 연어, 버섯, 달걀, 강화 우유, 강화 시리얼, 청어, 간, 참치, 대구 간유, 마가린	**유아의 경우:** 돌이킬 수 없는 뼈 기형 **소아의 경우:** 구루병, 치아 발달 지연, 근육 약화, 두개골 연화 **성인의 경우:** 골연화증, 골다공증, 저칼슘혈증
비타민 E	대두, 옥수수, 홍화, 시금치, 통곡물, 밀 배아, 해바라기씨를 포함한 식물성 및 견과류 오일	**드물게:** 빈혈과 부종
비타민 K	시금치, 케일, 콜리플라워, 브로콜리 등 녹색 잎채소	**드물게:** 신생아를 제외하고 출혈 경향이 있을 수 있음. 비타민 K 수치가 높아지면 항응고제 효과를 방해할 수 있음
아연	익힌 굴, 소고기, 양고기, 계란, 통곡물, 견과류, 요거트, 생선, 콩류, 리마콩, 간, 버섯, 피칸, 호박씨, 해바라기씨, 정어리, 콩, 가금류	미각과 후각의 변화, 손톱이 얇아지고 벗겨짐, 여드름, 성 성숙도 지연, 탈모, 콜레스테롤 상승, 야간 시력 저하, 발기부전, 성장 지체, 감염에 대한 민감성 증가

수은 중독

다음은 증상이 있다고 답한 전체 1,320명의 응답자 비율이다.

· 원인불명의 과민성: 73.3%

· 우울증이 지속적이거나 매우 빈번한 주기로 옴: 72.0%

· 사지 감각 무뎌짐 및 저림: 67.3%

· 야간의 잦은 소변: 64.5%

· 원인불명의 만성피로: 63.1%

· 적당히 따뜻한 날씨에도 오는 수족냉증: 62.6%

· 대부분의 시간 동안 더부룩함: 60.6%

· 기억력의 사용 또는 기억 자체가 어려움: 58.0%

· 설명할 수 없거나 원치 않는 갑작스러운 분노: 55.5%

· 정기적인 변비: 54.6%

· 단순한 결정조차 내리기 어려움: 54.2%

· 손, 발, 머리의 떨림 또는 미세한 떨림: 52.3%

· 얼굴 및 기타 근육 경련: 52.3%

· 잦은 다리 경련: 49.1%

· 지속적으로 또는 빈번하게 귀가 울리거나 잡음이 들림: 47.8%

· 쉽게 숨이 참: 43.1%

· 자주 또는 반복적인 속쓰림: 42.5%

· 과도한 가려움증: 40.8%

· 원인불명의 발진, 피부 자극: 40.4%

· 입 안에서 지속적으로 또는 빈번하게 금속 맛이 느껴짐: 38.7%

· 조마조마함, 초조함, 불안함: 38.1%

· 죽음에 대한 동경 또는 자살 충동이 지속적으로 듦: 37.3%

· 잦은 불면증: 36.4%

· 설명할 수 없는 흉통: 35.6%

· 지속적이거나 자주 발생하는 관절 통증: 35.5%

· 빈맥/심계항진: 32.4%

· 설명할 수 없는 체액 과다 보유: 28.2%

· 혀가 타는 듯한 느낌: 20.8%

· 식사 직후의 두통: 20.1%

· 빈번한 설사: 14.9%

* 미국에서 더 많은 정보를 원하는 경우 1-800-331-2303, 사이언티픽 헬스Scientific Health에 문의한다.

세타힐링® 세미나

세타힐링은 비안나 스티발이 창시한 에너지 치유 기법으로, 공인된 강사들이 전 세계에 있다. 세타힐링 세미나와 책은 마음의 치유력을 개발하기 위한 자조적自助的 치료 가이드로 고안되었다. 세타힐링에는 다음과 같은 세미나와 책이 있다.

공인된 세타힐링 강사들이 가르치는 세타힐링 세미나	세타힐링 지식연구소 (TheaHealing® Institute of Knowledge)에서 비안나가 단독으로 진행하는 인증 세미나
· 세타힐링 기본 DNA 1과 2 프랙티셔너 세미나	· 세타힐링 기초 DNA 강사 세미나
· 세타힐링 고급 DNA 2 ½ 프랙티셔너 세미나	· 세타힐링 고급 DNA 강사 세미나
· 세타힐링 현실 창조와 풍요로움 프랙티셔너 세미나	· 세타힐링 현실 창조 및 풍요로움 강사 세미나
· 세타힐링 직관적 해부학 프랙티셔너 세미나	· 세타힐링 직관적 해부학 강사 세미나
· 세타힐링 레인보우 아이들 프랙티셔너 세미나	· 세타힐링 레인보우 아이들 강사 세미나
· 세타힐링 질병 및 장애 프랙티셔너 세미나	· 세타힐링 질병 및 장애 강사 세미나
· 세타힐링 세계 관계 프랙티셔너 세미나	· 세타힐링 세계 관계 강사 세미나
· 세타힐링 DNA 3 프랙티셔너 세미나	· 세타힐링 DNA 3 강사 세미나
· 세타힐링 동물 프랙티셔너 세미나	· 세타힐링 동물 강사 세미나
· 세타힐링 더 깊게 파고들기 프랙티셔너 세미나	· 세타힐링 더 깊이 파고들기 강사 세미나
· 세타힐링 식물 프랙티셔너 세미나	· 세타힐링 식물 강사 세미나
· 세타힐링 소울 메이트 프랙티셔너 세미나	· 세타힐링 소울 메이트 강사 세미나
· 세타힐링 리듬 프랙티셔너 세미나	· 세타힐링 리듬 강사 세미나
· 세타힐링 존재의 단계 프랙티셔너 세미나	· 세타힐링 존재의 단계들 강사 세미나
· 세타힐링 당신의 관계 성장 강사 세미나	· 세타힐링 당신과 소중한 타인 강사 세미나
· 세타힐링 당신과 소중한 타인 세미나	· 세타힐링 당신과 창조주 강사 세미나
· 세타힐링 당신과 창조주 세미나	· 세타힐링 당신과 이너 서클 강사 세미나
· 세타힐링 당신과 이너 서클 세미나	· 세타힐링 당신과 지구 강사 세미나
· 세타힐링 당신과 지구 세미나	· 세타힐링 단계들 2 프랙티셔너 세미나
	· 세타힐링 단계들 2 강사 세미나

세타힐링은 계속 성장하고 발전하고 있으며 새로운 세미나가 자주 더해지고 있다.

이 책은 세타힐링을 소개하는 책이다. 이 책이 공감을 불러일으킨다면 독자들은 이 책에서 힘을 얻고, 이 책에 언급된 '믿음 파고들기'와 '일곱 가지 존재 단계들'에 숨겨진 지식을 기억할 수 있을 것이다.

세타힐링에서 우리는 여러분이 경험하는 모든 것이 중요하다는 것을 알기 때문에 배움의 경로를 잘 따라가기를 권장한다.

세타힐링은 믿음에 관한 것, 힐러와 의뢰인의 믿음에 관한 것이다. 그 다음에는 알고 실행하는 것이다.

그러므로 연습하고 기술을 익혀야 한다. 또 반드시 승낙을 받아야 한다. 그렇지만 모든 치유가 다 효과를 내는 것은 아니다. 의뢰인에게 믿음 작업이 필요할 수도 있고, 힐러 자신에게 믿음 작업이 필요할 수도 있다. 결국 핵심은 기술 없이 할 수 있는 것이 있고 기술로 할 수 있는 것이 있다는 것이다. 신은 무엇이든 할 수 있지만, 여러분이 그것을 목격할 수 있는 기술 수준을 갖추기 위해서는 더 많은 연습이 필요할 수 있다. 또한 여러분에게는 관련된 모든 사람들의 신뢰가 필요하다.

펴낸 책들

《세타힐링® *ThetaHealing®*》(Hay House, 2006, 2010, 2020)

《고급 세타힐링® *Advanced ThetaHealing®*》(Hay House, 2011)

《세타힐링® 질병과 장애 *ThetaHealing® Diseases and Disorders*》(Hay House, 2012)

《기도의 날개 위에서 *On the Wings of Prayer*》(Hay House, 2012)

《완벽한 체중을 찾아주는 세타 힐링® 리듬 *ThetaHealing® Rhythm for Finding Your Perfect Weight*》(Hay House, 2013)

《세타힐링® 존재의 일곱 단계 *ThetaHealing® Seven Planes of Existence*》(Hay House, 2016)

《세타힐링® 자신의 영혼을 찾아서 *ThetaHealing® Finding Your Soul*》(Hay House, 2016)

《세타힐링® 믿음 파고들기 *ThetaHealing® Digging for Beliefs*》(Hay House, 2019)

옮긴이의 말

상상할 수 없던 일을 해낼 때에는 항상 나를 도와주는 힘이 있었다. 이 책을 번역하는 동안도 그랬다. 신성한 타이밍으로 나를 이끌어준 고차원의 존재들에게 감사한다. 세타힐링 기법이 세상에 소개될 수 있도록 창조주에게 영감을 얻고 끝까지 심혈을 기울여 세타힐링 기법으로 완성해 준, 또 한글로 출판될 수 있도록 격려를 아끼지 않은 비안나에게 감사를 전한다. 한글판이 나온다는 소식에 함께 기뻐해 준 전 세계의 세타힐러들, 한국에 있는 세타힐링 강사들과 프랙티셔너들에게도, 또 샨티출판사 식구들과 특히 교정 작업에 심혈을 기울여준 이홍용 주간께도 감사드린다.

반짝이는 눈망울로 밤하늘을 올려다보며 넓은 우주 공간에 매료되곤 했던 어린 시절, 별들이 저렇게 많은데 이 우주에 오직 우리 인간만이 존재한다는 이야기는 잘 수긍이 되지 않았고, 그렇게 우주는 나에게 오랫동안 미지의 세계로 남았다. 나는 또 피라미드 같은 '세계의 불가사의'들에 매료되기도 했고, 보이지 않는 마음의 세계에 대한 궁금증도 많았다. 《리더스 다이제스트》같은 잡지를 볼 때도 역경을 이겨낸 사람들의 이야기부터 읽으며 인생을 어떻게 살아야 할지 깊은 생각에 잠기기도 했다. 직감이 발달했던 나는 이 세상이 우리가 생각하는 것보다 훨씬 더 조화로운 곳이라는 걸 깊은 기억 속에서 알고 있었던 게 분명하다.

어린 시절 나는 사람들을 도우며 살 때 나에게 참 기쁨이 된다는 걸 깨닫기도 했는데, 돌아보면 우주와 마음의 세계에 대해 궁금해 하고 남을 돕는 기쁨도 맛보면서 나는 이미 힐러의 삶을 향해 나아가고 있었던 게 아닐까 싶다. 과학을 좋아했던 나는 대학에서 식품영양학을 전공하고, 장차 교수가 되겠다는 꿈을 품고 대학원에 진학했다. 그러나 이러한 공부가 결국은 사람들을 돕기보다는 기업의 금전적 유익을 위한 연구로 귀결되리란 것을 직감하고 한 학기 만에 꿈을 접었다. 기업의 이득을 위한 길은 대개 사람들의 웰빙과는 반대되는 방향을 향하기 때문이었다. 사람들에게 도움되는 삶을 살고 싶었던 나는 긴 방황의 시간을 겪게 되었고, 그러다 결국 척추 교정 전문의의 길로 접어들게 되었다.

몸이 아픈 사람들을 많이 접하면서 나는 임상 영양 처방 일도 겸하게 되었고, 사람들이 건강한 삶을 살아가도록 교육하는 일에도 힘을 기울였다. 환자들 앞에 서면 그들이 갖고 있는 근본적인 문제가 보였다. 대부분의 질병은 마음에서 시작된다는 것도 알게 되었다. 그러면서 병에서 나을 수 있는 마음과 그렇지 않은 마음이 보이기도 했다. 이려서부터 관심이 많았던 마음의 세계에 조금씩 눈이 떠지기 시작했다.

나는 한국에는 아직 잘 알려지지 않은 돌로레스 캐논Dolores Canon 여사의 최면 치유QHHT 레벨 2 프랙티셔너 자격을 따서 최면 치유도 시작했다. 형이상학적인 세계에 눈이 떠지면서, 보이지는 않지만 우리 주변에서 일상적으로 일어나는 일들에 관심이 더 커져갔고, 그러면서 영적으로도 깨어나기 시작했다. 내가 무엇을 위해 이 지구별에 왔는지 갈수록 더 선명해졌다.

감정을 알아차리고 생각을 바꾸는 과정에서 몸이 순간적으로 낫는 기적 같은 일들이 나에게 찾아왔다. 심지어 생각을 알아차리고 바꾸면서 고장 났던 기계가 다시 작동하는 신기한 일도 일어났다. 의식의 세계가 물질 세계를 이끈다는 사실을 현실에서 경험하기 시작한 것이다.

이러한 경험은 의식 세계에 대한 궁금증을 더 크게 불러일으켰다. 이 일련의 사건들이 우연히 일어난 일인지, 아니라면 어떤 원리가 작용하는 것인지 알고 싶어 찾아 헤매기 시작했다. 그러다가 최면 치유를 하는 친구의 권유로 운명처럼《세타힐링》책을 손에 집어 들게 되었다. 한 장 한 장 책장을 넘기는데 책을 손에서 내려놓을 수가 없었다. 내가 그렇게 찾던 대답이 바로 내 손에 들려져 있었다.

세타힐링은 하나의 공식처럼 명쾌하다. 적어도 나에게는 그렇게 다가왔다. 그 가운데서도 나는 믿음 작업이 세타힐링의 꽃이라고 학생들에게 자주 이야기하는데, 그것은 믿음 작업이 마음과 물질계를 연결해 매트릭스를 디코딩할 수 있는 방법이 되어주기 때문이다.

세타힐링은 세타파에서 행해지는 힐링이기 때문에 효력이 놀라울 정도로 강력하다. 세타파에 들어가기가 어렵지 않느냐고 묻는 사람이 있다면, "그것을 어렵다고 믿는다면, 어렵다고 믿는 그 어떤 일도 해내기가 쉽지 않을 거"라고 말해주고 싶다. 불가능하다고 믿고 있는 일을 해내는 이가 어디 있을까? 그러나 어떤 일이 불가능하다고 믿고 있는 나 자신에 대해 의문을 던질 수 있다면, 세타힐링의 믿음 작업으로 그 믿음을 바꿀 수 있으며 이때 그 불가능한 일도 가능해진다.

현실을 창조할 수 있다고 믿고 싶지만 잘 안 되었다면, 그 답이 이 책에 있다. 괴로운 마음에서 벗어나야 한다는 걸 알지만 잘 안 되었다면,

그 역시 이 책 안에 답이 있다. 질병에서 벗어나서 진정으로 행복해지고 싶다면, 그 답 또한 이 책에 있다.

치유하고 싶다면 세타힐링 세션을 받거나 세미나를 통해 치유받을 수 있다. 세타힐링 프랙티서너가 되어 다른 이를 돕고 싶다면 우리 말로 진행되는 세타힐링 강의를 듣고 미국의 세타힐링® 본사에서 수여하는 공식 인증서를 받을 수 있다. 그러면 전 세계 어디에서도 세타힐러로 인정된다. 더 나아가 세타힐링 강사가 되고 싶다면, 비안나가 가르치는 과정에 통역자의 도움을 받아 참여할 수 있다.

나는 이제 한국에서도 많은 이들이 세타힐링을 통해 마음의 고통과 몸의 질병에서 벗어나 기쁨과 행복이 가득한 삶을 누렸으면 좋겠다. 내가 치유되고 행복해지면 주변 사람들에게도 치유와 행복을 줄 수 있다. 나를 스스로 용서하면 다른 이를 용서할 수 있고, 나를 사랑하면 다른 이 또한 진정으로 사랑할 수 있다. 나의 에너지가 밝아지면 주변의 에너지도 밝게 물든다. 부정적인 에너지보다 긍정적인 에너지가 훨씬 강력하기 때문이다. 세타힐링이, 또 그 원리와 기법을 충실히 담은 이 책이 그런 변화의 출발점이 될 수 있을 것이다.

양자역학을 비롯한 최신의 과학은 드디어 우리의 직관과 영성을 통해 얻은 통찰들을 객관적인 사실로 증명해 내고 있다. 이 책을 읽은 독자들은 이미 다 알았겠지만, 세타힐링도 그 중의 하나이다. 이 같은 사실은 인터넷의 발달로 점점 더 많은 사람들에게 당연하게 받아들여지고 있다. 현재 인류는 진보의 다음 단계로 발돋움하고 있으며, 많은 사람들이 새로운 세상을 만들어가기 위해 깨어나고 있다. 폭풍 후에 맑고 신선한 공기를 맛보는 것처럼 지금 세상의 카오스, 곧 무질서는 진정한 질서의 전주곡일 뿐이다.

　세타힐링은 순수한 창조의 에너지가 인류에게 주는 이 시대 최고의
놀라운 선물이다.

몬태나 아타나하 센터에서
소울힐링 닥터 양승희

샨티의 뿌리회원이 되어
'몸과 마음과 영혼의 평화를 위한 책'을 만들고 나누는 데
함께해 주신 분들께 깊이 감사드립니다.

뿌리회원(개인)

이슬, 이원태, 최은숙, 노을이, 김인식, 은비, 여랑, 윤석희, 하성주, 김명중, 산나무, 일부, 박은미, 정진용, 최미희, 최종규, 박태웅, 송숙희, 황안나, 최경실, 유재원, 홍윤경, 서화범, 이주영, 오수익, 문경보, 여희숙, 조성환, 김영란, 풀꽃, 백수영, 황지숙, 박재신, 염진섭, 이현주, 이재길, 이춘복, 장완, 한명숙, 이세훈, 이종기, 현재연, 문소영, 유귀자, 윤홍용, 김종휘, 보리, 문수경, 전장호, 이진, 최애영, 김진희, 백예인, 이강선, 박진규, 이욱현, 최훈동, 이상운, 이산옥, 김진선, 심재한, 안필현, 육성철, 신용우, 곽지희, 전수영, 기숙희, 김명철, 장미경, 정정희, 변승식, 주중식, 이삼기, 홍성관, 이동현, 김혜영, 김진이, 추경희, 해다운, 서곤, 강서진, 이조완, 조영희, 이다겸, 이미경, 김우, 조금자, 김승한, 주승동, 김옥남, 다사, 이영희, 이기주, 오선희, 김아름, 명혜진, 장애리, 한동철, 신우정, 제갈윤혜, 최정순, 문선희

뿌리회원(단체/기업)

주)김정문알로에 KIM JEONG MOON ALOE CO. LTD.   환경재단   design Vita   PN풍년

재단법인 한국가족상담협회·한국가족상담센터   생각과느낌 소아청소년 성인 몸 마음 클리닉

경일신경과 | 내과의원   순수피부과 Soonsoo Skin Clinic   월간 풍경소리   FUERZA

회원이 아니더라도 이름과 전화번호, 주소를 보내주시면 독자회원으로 등록되어 신간과 각종 행사 안내를 이메일로 받아보실 수 있습니다.

이메일 : shantibooks@naver.com
전화 : 02-3143-6360 팩스 : 02-6455-6367